Meiner lieben Marion gewidmet

Werner Gitt

Wunder und Wunderbares

CLV

Christliche
Literatur-Verbreitung e.V.
Postfach 11 01 35 · 33661 Bielefeld

Der Autor: Prof. Dr.-Ing. Werner Gitt wurde 1937 in Raineck/Ostpreußen geboren. Von 1963 bis 1968 absolvierte er ein Ingenieurstudium an der Technischen Hochschule Hannover, das er als Dipl.-Ing. abschloss. Von 1968 bis 1971 war er Assistent am Institut für Regelungstechnik der Technischen Hochschule Aachen. Nach zweijähriger Forschungsarbeit promovierte er zum Dr.-Ing. Von 1971 bis 2002 leitete er den Fachbereich Informationstechnologie bei der Physikalisch-Technischen Bundesanstalt (PTB) in Braunschweig. 1978 wurde er zum Direktor und Professor bei der PTB ernannt. Er hat sich mit wissenschaftlichen Fragestellungen aus den Bereichen Informatik, numerische Mathematik und Regelungstechnik beschäftigt und die Ergebnisse in zahlreichen wissenschaftlichen Zeitschriften publiziert. 1990 gründete er die »Fachtagung Informatik«, zu der jährlich etwa 150 Teilnehmer anreisen. Ziel ist es, biblische Leitlinien mit wissenschaftlichen Fragestellungen (besonders im Bereich Informationswissenschaften) zu verbinden. Seit 1984 vertritt er das Gebiet »Bibel und Naturwissenschaft« als Gastdozent an der »Staatsunabhängigen Theologischen Hochschule Basel (StH Basel)«. Seit 1966 ist er mit seiner Frau Marion verheiratet. Im September 1967 wurde Carsten und im April 1969 Rona geboren.

1. Auflage 2005
2. verbesserte Auflage 2007

Postfach 11 01 35 • 33661 Bielefeld
Internet: www.clv.de
Umschlaggestaltung: Dieter Otten, Gummersbach
Satz: CLV
Druck und Bindung: Ebner & Spiegel, Ulm

ISBN: 978-3-89397-658-4

Inhaltsverzeichnis

Wenn nicht anders angegeben, wurden die verwendeten Bibelstellen nach der *Luther*-Übersetzung 1984 zitiert.

Vorwort

Wie der Titel schon sagt, geht es in diesem Buch um Wunder und um Wunderbares. Unter Wunder verstehen wir all jene Ereignisse, von denen die Bibel als Taten und Zeichen Gottes berichtet, die wir jedoch normalerweise nicht auf diese Weise erleben. Das Buch gliedert sich in drei Teile.

Teil I: Anhand von 7 ausgewählten Wundern aus dem Alten und Neuen Testament wird das Prinzipielle dieser Geschehnisse herausgearbeitet. Der Leser soll hineingenommen werden in die besonderen Handlungsweisen des Schöpfers und wieder neu über seine Größe staunen können. Die Beiträge wollen sowohl Kritikern der Bibel eine Antwort auf ihre Einwände geben als auch Glaubenden deutlich machen, dass wir Schaden nähmen, wenn wir etwas von der Bibel aufgeben würden.

Teil II: Im Rahmen meines Vortragsdienstes im In- und Ausland habe ich mancherlei Wirkungen Gottes erlebt. Im Unterschied zu den biblisch bezeugten Wundern nenne ich dieses selbst Miterlebte »Wunderbares«. In 40 Beiträgen wird von Ereignissen in unserer Zeit berichtet.

Teil III: Im dritten Teil des Buches kommen 12 Personen (7 Frauen und 5 Männer) aus den fünf verschiedenen Erdteilen in eigenen Lebenszeugnissen ausführlich zu Wort. Alle sind mir persönlich bekannt. Sie schildern anhand ihres eigenen Erlebens, wie Gott durch seinen Sohn Jesus Christus in ihr Leben eingegriffen und ihrem Leben dadurch eine deutliche Wende gegeben hat.

Dank: Meiner Frau danke ich für die Durchsicht des Manuskriptes und alle hilfreichen Gespräche über die jeweilige Thematik. Auch für die Unterstützung des Buchprojekts und für alle Anregungen bin ich sehr dankbar.

Mein Wunsch ist es, dass wir durch die Schilderungen in diesem Buch wieder staunen lernen über die Aktualität der Bibel und über unseren lebendigen Gott.

Werner Gitt

Teil I

Die Wunder der Bibel – Zumutung oder Tatsache?

Einleitung

Wie schnell doch die Jahre vergehen, sagen wir umso öfter, je älter wir werden. Auch das 20. Jahrhundert haben wir bereits hinter uns gelassen. Im privaten Bereich bleiben jedem von uns persönliche Erinnerungen, aber auch bahnbrechende Erkenntnisse und Erfolge in Wissenschaft und Technik sind nicht vergessen. Nur einige wollen wir hier nennen:

1938 wurde von dem deutschen Erfinder *Konrad Zuse* (1910-1995) der weltweit erste programmgesteuerte Rechner gebaut. Computer haben inzwischen alle Zweige der Wissenschaft und Wirtschaft erobert, und an das Internet sind heute (2007) mit stark steigender Tendenz weltweit mehr als eine Milliarde Nutzer angeschlossen.

Am 3. Dezember 1967 gelang dem südafrikanischen Arzt *Christiaan Barnard* zum ersten Mal die erfolgreiche Transplantation eines menschlichen Herzens. Inzwischen sind weltweit über 50 000 Herzen transplantiert worden.

Am 21. Juli 1969 setzte ein Mensch erstmals seinen Fuß auf den Mond. Der Astronaut *Neil Armstrong* rief uns voller Stolz vom Erdtrabanten den Satz zu: »Ein kleiner Schritt für einen Menschen, aber ein Riesenschritt für die Menschheit.«

Der schottische Embryologe *Ian Wilmut* klonte 1996 das Schaf Dolly. Erstmals gelang es, eine normale Körperzelle so zu manipulieren, dass sie sich wie eine befruchtete Eizelle zu teilen begann und sich zu einem normalen Embryo entwickelte.

Diese wenigen Beispiele könnten den Eindruck vermitteln, als seien dem Menschen kaum noch Grenzen gesetzt. Dem Verstand scheint alles möglich. Bei all dieser Wissenschaftsgläubigkeit haben viele unserer Zeitgenossen Probleme mit der Bibel. Sie machen den Einwand geltend, dass in der Bibel so viele wissenschaftlich nicht nachvollziehbare Dinge geschrieben stehen wie z. B.:

- die Jungfrauengeburt
- die Auferstehung Toter
- Blinde werden sehend, Lahme können plötzlich gehen
- der Sonne wird befohlen: »Stehe still!«

Wir werden hier mit einem Phänomen konfrontiert, das über unseren Verstand hinausgeht: das *Wunder*. Auch in der Alltagssprache und der Dichtung taucht dieser Begriff häufig auf.

Johann Wolfgang von Goethe sagt im *Faust*, dem bekannten Drama, nicht unkritisch: »Das Wunder ist des Glaubens liebstes Kind.«

Friedrich von Schiller sagt in seinem Schauspiel »Die Jungfrau von Orleans«: »Die Wunder ruhn, der Himmel ist verschlossen.«

In dem bekannten Film »*Die große Liebe*« (1942) sang der gefeierte Ufa-Star des deutschen Musikfilms *Zarah Leander* (1907-1981) mit ihrer dunklen, rauchigen Stimme das Lied: »Ich weiß, es wird einmal ein Wunder geschehn.«

Als Drohung hören wir manchmal den Satz: »Du wirst noch dein blaues Wunder erleben.«

Der deutsche Dichter *Christian F. Gellert* (1715-1769) schreibt in seinem Lied »Dies ist der Tag«: »Wenn ich dies Wunder fassen will, so steht mein Geist vor Ehrfurcht still.«

In einem französischen Spruch heißt es einschränkend: »Wunder erleben nur diejenigen, die daran glauben.«

Wenn wir mit unseren realen Möglichkeiten am Ende sind, verwenden wir die Redensart: »Jetzt kann nur noch ein Wunder helfen!«

Ist es nicht so, dass manchmal Menschen auf ein Wunder warten? Ist es dann eingetreten, versuchen sie es mit dem Verstand zu erklären und nehmen dem Besonderen damit das Wunderbare. Die Skepsis des französischen Philosophen *Voltaire* (1694-1778) gipfelt in der Feststellung: »Wenn in Paris auf dem Marktplatz tausend Leute und auch ich ein Wunder sehen würden, dann würde ich den zweitausend Augenpaaren einschließlich meinen eigenen misstrauen.« Wie kommt er zu einer so skeptischen Haltung?

Wunder sind Tatsachen – unbestritten. Was aber ist ein Wunder? Anhand von sieben ausgewählten Beispielen **W1** bis **W7** wollen wir uns nachfolgend ausgiebig mit biblisch bezeugten Wundern beschäftigen.

1.1 W1: Der lange Tag bei Josua

Im Alten Testament wird eine ganz außergewöhnliche Situation geschildert. Ich ordne das, von dem in Josua 10,12-13+14 (Hfa) berichtet wird, als ein astronomisches Wunder ein:

> 12. *An jenem Tag, als der Herr die Amoriter in die Gewalt der Israeliten gab, hatte Josua vor dem ganzen Volk laut zum Herrn gebetet: »Sonne, bleib stehen über Gibeon, und Mond über dem Tal Ajalon!«*
> 13. *Da waren die Sonne und der Mond stehen geblieben, bis die Israeliten sich an ihren Feinden gerächt hatten... Die Sonne stand fast einen Tag lang hoch am Himmel und lief nicht nach Westen.*
> 14. *Weder vorher noch nachher hat es je einen Tag gegeben, an dem der Herr auf eine so außergewöhnliche Bitte gehört hätte. Damals tat er es, denn er kämpfte auf der Seite Israels.*

Auf diesen Text bin ich oft angesprochen worden. Wie ist es astronomisch möglich, dass ein Tag so einfach verlängert wird? Drei wesentliche Punkte sollen uns zu einer Erklärung führen:

1. Gebet: Gott stellt sich immer wieder als derjenige vor, der Gebete erhört. In der Bergpredigt lehrt Jesus: »Bittet, so wird euch gegeben; suchet, so werdet ihr finden; klopfet an, so wird euch aufgetan« (Mt 7,7). Aus dem vorliegenden Text (Jos 10,14) erkennen wir, dass es auch ganz außergewöhnliche Gebete gibt, die Gott nur ein einziges Mal in der ganzen Weltgeschichte erhört. Wenn wir beispielsweise im Urlaub am Strand liegen und Gott darum bitten, er möge die Sonne doch noch ein paar Stunden länger scheinen lassen, dann können wir gewiss sein: Hierauf wird Gott nicht wie im Falle Josuas reagieren. Zum weiten Spektrum der Gebetserhörungen gehört auch, dass es Gebete gibt, auf die Gott sofort und immer und an jedem Ort reagiert. Es ist das Gebet eines Menschen, der Rettung erfleht: »Wer den Namen des Herrn anrufen wird, soll gerettet werden« (Röm 10,13). Es ist das größte Anliegen Gottes, dass wir nicht wegen unserer Sünde ewig verloren gehen. Darum sandte er seinen Sohn in die Welt: »Denn der Menschensohn ist gekommen, selig zu machen, was verloren ist« (Mt 18,11). Von der sofortigen Wirkung eines solchen Gebets erfuhr der eine Schächer am Kreuz aus dem Munde Jesu: »Heute wirst du mit mir im Paradies sein« (Lk 23,43). Alle anderen Gebete liegen zwischen diesen beiden Grenzmarken; Gott entscheidet in seiner Weisheit, wann und wie er auf die Gebete eingeht. Kein Gebet ist vergeblich!

2. Koordinatensystem: Manche Kritiker der Bibel wenden bei dem oben zitierten Josua-Text ein, dass der Sonne befohlen wird, stehen zu bleiben, obwohl es astronomisch gesehen doch gerade umgekehrt ist – die Sonne steht still, und die Erde bewegt sich um sie herum. Hierbei haben wir zu bedenken: Jeder moderne Astronom spricht vom Sonnenaufgang und -untergang, obwohl damit nur die scheinbaren Bewegungen beschrieben werden. Und so können wir in jedem Kalender die Zeiten für Sonnenaufgang und -untergang nachlesen. Anders ausgedrückt: Man legt das Koordinatensystem in den Standort des Beobachters, weil dann die Verhältnisse so beschrieben werden, wie diese von ihm aus gesehen werden.

Ich erinnere mich noch gern an die Mechanikvorlesungen meines geschätzten Lehrers Professor *Eduard Pestel*[1] (1914-1988) an der Techni-

---

[1] *Eduard Pestel* war seit 1956 ordentlicher Professor für Mechanik an der Technischen Hochschule Hannover. 1968 gründete er mit 16 Persönlichkeiten aus Wissenschaft, Wirtschaft und Politik den »Club of Rome«, der 1972 durch seinen Bericht »Die Grenzen des Wachstums« international bekannt

Prof. Dr.-Ing. Eduard Pestel (1914-1988), Technische Universität Hannover.

schen Hochschule Hannover. Er war bei uns Studenten nicht nur wegen seiner gut strukturierten Vorlesungen, sondern auch wegen seiner angenehm freundlichen Art sehr geschätzt. Als er einen Ruf nach München erhielt, aber dennoch in Hannover blieb, haben viele Studenten sich dafür mit einem Fackelzug, der an seinem Haus endete, bei ihm bedankt. Gefürchtet waren allerdings seine Prüfungsklausuren, in denen er nicht wissen wollte, ob wir gut rechnen konnten. Ihm ging es darum, ob wir das Prinzip des mechanischen Systems so gut durchschauten, dass wir in der Lage waren, das Koordinatensystem für die Aufstellung der be-schreibenden Differenzialgleichungen so optimal zu setzen, dass diese leicht lösbar wurden. Hatte man den Nullpunkt des Koordinatensystems an die richtige Stelle gesetzt, war die Lösung der Aufgabe nur noch Anwendung des mathematischen Rüstzeugs. Durchschaute man die Wirkungsweise des Systems jedoch nicht richtig und setzte den Nullpunkt des Koordinatensystems an eine ungünstige Stelle, wurde der Rechenaufwand an den Gleichungen so beträchtlich, dass die Lösung nicht in der angesetzten Zeit zu schaffen war. Damit will ich auf Folgendes hinweisen: Der Nullpunkt des Koordinatensystems kann im Prinzip an beliebiger Stelle gesetzt werden; es gibt aber eine »beste« Stelle, bei der der Rechenaufwand minimal wird.

Genau dasselbe tut die Bibel auch. Es gilt durchgängig für alle biblischen Beschreibungen, dass der Nullpunkt des Koordinatensystems immer an die Stelle des Beobachters gelegt wird. So auch bei der Beschreibung des langen Tages bei Josua. Was an jenem Tag geschah, wird vom Standpunkt des Beobachters geschildert. Für ihn sah es so aus, als würde sich die Sonne am Himmel nicht weiterbewegen.

An zwei weiteren Beispielen sehen wir ebenfalls, dass es auf den Standpunkt des Beobachters ankommt.

---

wurde. In den 70-er Jahren war *Pestel* Vizepräsident der deutschen Forschungsgemeinschaft und Mitglied im Kuratorium der Stiftung Volkswagenwerk. Von 1977-1981 war er Minister für Wissenschaft und Kunst in Niedersachsen.

a) In Lukas 12,54-55 beschreibt Jesus eine allgemeine Wetterbeobachtung: »Wenn ihr eine Wolke aufsteigen seht vom Westen her, so sagt ihr gleich: Es gibt Regen. Und es geschieht so. Und wenn der Südwind weht, so sagt ihr: Es wird heiß werden. Und es geschieht so.«

Als ich in Paraguay war, also in der heißen Zone der südlichen Erdhalbkugel, da lernte ich eine andere Regel kennen: Wenn der Nordwind weht, dann wird es sehr heiß. Es ist dann jene Luft, die vom Äquator kommt. Die obige meteorologische Regel, die Jesus nannte, ist keine weltweit gültige, sondern eine für den Standort Israel gegebene.

b) In Jeremia 16,14-15 finden wir eine Prophetie über die Rückkehr der Juden:

»Darum siehe, es kommt die Zeit, spricht der Herr, dass man nicht mehr sagen wird: ›So wahr der Herr lebt, der die Israeliten aus Ägyptenland geführt hat‹, sondern: ›So wahr der Herr lebt, der die Israeliten geführt hat aus dem *Lande des Nordens* und aus allen Ländern, wohin er sie verstoßen hatte.‹ Denn ich will sie zurückbringen in das Land, das ich ihren Vätern gegeben habe.«

Diese Prophetie wurde in Israel ausgesprochen und nicht in Südamerika oder Australien. Das große Land im Norden von Israel war die frühere Sowjetunion; bemerkenswerterweise liegen Jerusalem und Moskau auf demselben Längengrad. Aus diesem Land sind seit Herbst 1989 über 840 000 Juden nach Israel eingewandert. Auch hier sehen wir, dass sich die gegebene Aussage auf den Standort des Beobachters (in Israel) bezieht.

Halten wir fest: Die Bibel beschreibt die Phänomene und trifft Aussagen oder beschreibt Ereignisse immer vom Standort des Beobachters aus, weil sie dann am einfachsten zu verstehen sind.

3. Das Wunder: Nun kommen wir zu dem Hauptproblem dieses Textes. Die physikalisch relevante Bewegung, die in Josua 10 geschildert wird, ist exakt beschrieben, wenn wir das Koordinatensystem in den Erdmittelpunkt legen: Die Erde wurde bezüglich ihrer Umdrehung um die eigene Achse eine Zeit lang angehalten (oder abgebremst) und später wieder »auf Tour« gebracht. Nach den Gesetzen der Mechanik entstehen dabei Beschleunigungskräfte, die massive Wirkungen auf der Erde auslösen: Die Ozeane schwappen über, das Wasser der Flüsse und Seen tritt über die Ufer, Tassen fallen aus dem Schrank und Menschen kippen um. So geschieht es unter Normalbedingungen.

Aber hier greift derjenige ein, der Himmel und Erde durch sein Allmachtswort geschaffen hat. Es ist eine Kleinigkeit für ihn, in den sonst geltenden Naturgesetzen vorübergehend ein paar Parameter zu ändern. Hierfür verwenden wir die Bezeichnung »Wunder«.

Wie können wir ein Wunder definieren? Zunächst möchte ich eine vorläufige Definition D1 geben, die wir nach weiterer Diskussion als D2 noch präzisieren werden:

> **Definition D1:** Ein Wunder versetzt uns ins Staunen, weil es unerwartet und unberechenbar auftritt und unserer normalen Beobachtung widerspricht.

1.2 Wenn Wunder unerwartet sind, was ist dann das Erwartete?

Diese Frage hilft uns, eine deutliche Trennlinie zwischen Wundern (Unerwartetes) und Nichtwundern (Erwartetes) zu ziehen. Alle Ereignisse in unserer Welt laufen innerhalb eines Rahmens von festgefügten Gesetzmäßigkeiten ab. Diese nicht veränderlichen Fügungen nennen wir Naturgesetze.

1.3 Was ist ein Naturgesetz?

Wir beobachten alle Tage, dass ein Gegenstand nach unten fällt. Das kann eine Tasse, ein Kugelschreiber oder auch ein Apfel am Baum sein – sie fallen alle auf die Erde. Dieselbe Gesetzmäßigkeit gilt auch für einen Turmspringer auf dem Zehnmeterbrett oder für den Absturz eines Meteoriten auf die Erde. Es spielt offenbar überhaupt keine Rolle, was das für ein Gegenstand ist, der da fällt.

Außerdem stellen wir fest, dass das Herunterfallen mit einer Geschwindigkeit geschieht, die ständig zunimmt. Ganz allgemein ausgedrückt handelt es sich hierbei um das so genannte Gravitationsgesetz. Da es von diesem Gesetz in der Natur offenbar keine Ausnahme gibt, nennen wir es ein *Naturgesetz.*[2]

Nach allem, was wir wissen, sind Naturgesetze konstant – sie sind unveränderlich seit ihrer Installation durch den Schöpfer. Sie geben einerseits einen weiten Freiraum für Wirksamkeiten und Abläufe in unserer Welt und erlauben die vielfältigsten technischen Erfindungen und Verfahren, aber andererseits schließen sie viele nur in unserer Vorstellung erdachte Vorgänge als nicht realisierbar aus.

Besonders in den Naturwissenschaften Physik und Chemie wird versucht, diese ständig gegenwärtigen, überall wirksamen Gesetze durch Beobachtung und Experimente herauszufinden und sie dann mathe-

---

2 Weitere Details über Naturgesetze sind in folgendem Buch nachzulesen: *Werner Gitt:* Am Anfang war die Information. Hänssler-Verlag, Holzgerlingen, 3. überarbeitete und erweiterte Auflage 2002, S. 26-67.

matisch oder verbal in allgemeiner Form auszudrücken. Während die Naturgesetze für materielle Größen (z. B. Energie, elektrische Ladung, Viskosität) in den meisten Fällen auch mathematisch formulierbar sind, gelingt dies bei den nicht-materiellen Größen (z. B. Information, Bewusstsein, Wille) (noch) nicht.

Der Schöpfer hat nicht nur diese Welt und das ganze Universum geschaffen; er hat auch die Naturgesetze installiert, die all seinen Werken innewohnen und darum ständig und überall wirksam sind.

Nur dadurch, dass wir die Naturgesetze kennen und sie präzise formulieren können, gelingt es uns, die Tragfähigkeit einer Brücke oder den Energieverbrauch einer Rakete, die zum Mond fliegen soll, im Voraus zu berechnen. Kurz gefasst können wir sagen: Technik ist geniale Anwendung der Naturgesetze.

Am 27. April 2005 hob das bisher größte Passagierflugzeug der Welt, der Airbus A380, in Toulouse (Frankreich) ab. Dieser Gigant ist 73 Meter lang, 24 Meter hoch und über 79 Meter breit. Der Jet bietet bis zu 850 Passagieren Platz und löst damit die amerikanische Boeing 747 als bisher größtes Passagierflugzeug ab. Die Entwicklungskosten betrugen 10,7 Milliarden Euro. Rund 30 Sekunden beschleunigte der Vierstrahler auf der 3500 Meter langen Startbahn. Nach 1800 Metern Startstrecke hob der 421 Tonnen schwere Jet zu seinem Jungfernflug ab. Der Entwicklungsleiter versicherte selbstsicher gegenüber der Presse: »Dass der Jet fliegen kann, ist selbstverständlich.« Warum ist es so sicher, dass

Jungfernflug des Airbus 380 am 27. April 2005.

ein Gigant mit solch einem Gewicht fliegen kann, obwohl es noch nie ausprobiert worden war? Antwort: Der Schöpfer garantiert allezeit die Einhaltung seiner Naturgesetze. Konstruiert man etwas Neuartiges und berücksichtigt alle infrage kommenden Naturgesetze, dann kann man gewiss sein, dass es nach den Vorausberechnungen auch funktioniert.

1.4 Staunenswerte Vorgänge

Wir beobachten in der uns umgebenden Wirklichkeit zahlreiche staunenswerte Vorgänge. Besonders im Bereich des Lebens fehlt uns oft das Verständnis für die genaue Funktionsweise der vielen komplexen Details.

Photosynthese: Alle Nahrung, die wir aufnehmen, ist direkt oder indirekt durch einen äußerst genialen Prozess gelaufen, bei dem das Licht der Sonne in chemische Energieträger umgewandelt wird. Niemand kann bisher diesen Prozess der Photosynthese hinreichend erklären oder ihn gar nachbauen, dennoch funktioniert er z. B. in jeder winzigen Zelle eines Grashalms.

Menschliches Gehirn: Das menschliche Gehirn hat in seiner Großhirnrinde 100 Milliarden Schaltelemente (Neuronen), die untereinander mit Tausenden von (synaptischen) Verknüpfungen verbunden sind. Von der Komplexität dieses etwa 1,5 kg schweren Organs können wir uns schnell einen Eindruck verschaffen, aber die Arbeitsweise dieser genialen Konstruktion ist uns dennoch weitgehend unbekannt.

Würde man einmal alle Verbindungen von Nervenzelle zu Nervenzelle in einem Buch notieren, dann brauchte man schon 40 Druckseiten für jedes einzelne Neuron. Eine Rechnung kann uns ins Staunen versetzen: Wie viele Bücher zu je 400 Seiten wären erforderlich, um nur einmal alle »Kabelverbindungen« des Gehirns aufzuschreiben? Da kommt man auf 10 Milliarden Bände. Die Kongressbibliothek in Washington ist eine der größten Bibliotheken der Welt. Sie umfasst 20 Millionen Bände. Nur für die Aufzeichnung der Kabel unseres Gehirns brauchten wir eine Büchersammlung, die noch 500-mal größer ist als diese immense Bibliothek!

Menschliches Herz: Wie kommt es, dass das menschliche Herz 70 oder 80 Jahre lang ununterbrochen schlagen kann, wo doch alle unsere technischen Geräte eine dazu vergleichsweise geringe Funktionsdauer aufweisen? Dabei ist noch zu bedenken, dass unser Herz 100 000-mal an einem Tag schlägt. In 70 Jahren sind das 2,5 Milliarden Schläge. Dabei hätte es einen New Yorker Wolkenkratzer komplett mit Blut füllen können. In einem dicht verzweigten Netz von 2500 Kilometern – das ist immerhin die Strecke von Paris bis Moskau – strömt das Blut durch unseren Körper.

In den Kapiteln 2.39 und 2.40 von Teil II dieses Buches sind noch einige andere Beispiele aus dem Bereich der Schöpfung genannt, die uns zu einem ehrfurchtsvollen Staunen führen.

Alle diese bewundernswerten und für den Menschen unnachahmlichen Konstruktionen sind reale Systeme in unserer Welt. Wir bezeichnen sie oft als Wunderwerke. Es gilt jedoch festzuhalten, dass alle diese Strukturen dennoch unter den strengen Rahmenbedingungen der Naturgesetze ablaufen. Würde man eine detaillierte Energiebilanz in der lebenden Zelle durchführen, in der Tausende von gekoppelten Prozessen ablaufen, so käme dabei heraus, dass nirgendwo der Energiesatz verletzt wird. Bei allen technischen Vorgängen und Geräten wie auch bei allen biologischen Prozessen in den Lebewesen wird nirgendwo und nie irgendeines der Naturgesetze verletzt. Nach allem, was wir wissen, sind diese Naturgesetze auch in den Weiten des Universums gültig. Naturgesetze kennen offenbar keine Ausnahme.

Wenn wir hier ausgiebig die Frage der biblischen Wunder diskutieren, dann müssen wir zunächst eine klare und treffsichere Abgrenzung finden, die es uns erlaubt, biblische Wunder von anderen wunderbaren Dingen in unserer Schöpfung zu unterscheiden. Das gelingt mit Hilfe der Beschreibung von Naturgesetzen. Auch alle staunenswerten Systeme, die wir in so ungeheuer großer Zahl in den Lebewesen entdecken, laufen vollständig im Rahmen der Naturgesetze ab. Bei den biblischen Wundern hingegen handelt es sich um Vorgänge, bei denen ganz offensichtlich Naturgesetze außer Kraft gesetzt wurden. So haben wir nun einen geeigneten Maßstab, um wunderbare Strukturen und Vorgänge von biblischen Wundern zu unterscheiden.

1.5 Staunen über Naturgesetze

Können wir noch genug staunen über die Wirksamkeit der Naturgesetze? Sie leisten Gewaltiges! Als ich kürzlich im Hamburger Hafen war, beobachtete ich, wie ein Schiff langsame Bewegungen im Hafenwasser ausführte. Darüber nachdenkend fiel mir ein Naturgesetz ein, das schon von *Archimedes* (285-212 v. Chr.) erkannt worden war: »Ein schwimmender Körper verdrängt genau so viel von der Flüssigkeit, in der er schwimmt, wie er selbst wiegt.« Sind wir uns eigentlich bewusst, was für ein großartiges Geschehen das ist? Läuft z. B. eine Ratte an Bord, dann reagiert das Schiff darauf prompt und sinkt genau um so viel tiefer in das Hafenwasser ein, dass die zusätzlich verdrängte Wassermenge genau dem Gewicht der Ratte entspricht. Wollten wir diesen Betrag der neuen Eintauchtiefe berechnen, so wäre uns dies gar nicht möglich. Wir kennen nicht die genaue Form des Schiffes; an manchen

Stellen ist die Farbe abgeblättert, und vielleicht ragt ein wenig von der Antriebsschraube aus dem Wasser heraus.

Alle diese Details müssten aber genau erfasst werden, weil sie in die Berechnung eingehen. In der Realität geschieht das augenblicklich, und zwar in exakter Weise. Wer gibt den Wassermolekülen den Befehl, ein wenig zur Seite zu gehen, damit das Schiff, genau dem Rattengewicht entsprechend, tiefer eintauchen kann? Eine Minute später geht vielleicht der Kapitän von Bord, der gerade noch ein kräftiges Abendessen zu sich genommen hat. Nun muss sich das Schiff um einen ganz bestimmten Betrag anheben. Dieser Hub ist genau jener verdrängten Wassermenge äquivalent, die dem Gewicht des Kapitäns einschließlich seines Abendmenüs entspricht. Woher wissen die Wassermoleküle, wer da gerade von Bord geht oder wer dazukommt oder wie auch immer sich die Ladung verändert? Das geschieht am helllichten Tag, aber auch bei dunkelster Nacht. Mehr noch: Das Naturgesetz gilt nicht nur für das eine Schiff im Hamburger Hafen, sondern für alle Schiffe der Welt. Es gilt für einen Ast, der vom Baum ins Wasser fällt, und es gilt ebenso für das Spielzeugentchen in der Badewanne. Es gilt natürlich auch für eine echte Ente auf einem See oder Fluss. Niemand könnte aufgrund der nicht berechenbaren Form und Struktur der Federn die Eintauchtiefe einer Ente genau berechnen. Wer sorgt dafür, dass die Bedingungen für dieses so einfach formulierbare Naturgesetz mit den so komplizierten Folgen ständig berechnet werden, damit es zu jeder Zeit und an jedem Ort exakt erfüllt werden kann? Können wir über die präzise Einhaltung dieser Vorgänge noch staunen? Das alles ist doch nicht selbstverständlich! Es muss doch jemand da sein, der diese Berechnungen anstellt und dann nach diesen Ergebnissen auch alles so ausführt!

1.6 Woher kommen die Naturgesetze?

Genauso wie diese Welt nicht von alleine entstanden ist, so sind es auch die Naturgesetze nicht. Alles hat seinen Ursprung in der Schöpfung, die Gott durch seinen Werkmeister (Spr 8,30), den Herrn Jesus Christus, hat ausführen lassen. In Kolosser 1,16 lesen wir:

»Denn in ihm (= Jesus Christus) ist alles geschaffen, was im Himmel und auf Erden ist, das Sichtbare und das Unsichtbare … es ist alles durch ihn und zu ihm geschaffen.«

So ist die Schöpfung selbst ein Ereignis, das nicht mit Hilfe der Naturgesetze abgelaufen ist. Hier hat der Schöpfer aufgrund seiner Vollmacht, seines Wortes, seiner Kraft und seiner Weisheit alles gestaltet. Dazu brauchte er keine Naturgesetze. Die Naturgesetze sind somit nicht die Ursache, sondern erst das Ergebnis der Schöpfung. Vertreter der Evolutionsanschauung versuchen dagegen, die Entstehung der Welt und allen Lebens mit Hilfe der Naturgesetze zu erklären, was nach meiner Auffassung niemals möglich sein wird.

1.7 Wer sorgt für die Einhaltung der Naturgesetze?

In der Tat: Es ist wirklich jemand da, der für die Einhaltung der Naturgesetze sorgt. Von ihm lesen wir in Kolosser 1,17: »Denn es besteht alles in ihm.« Dieser Erhalter der Welt ist auch derjenige, durch den alle Dinge geschaffen sind: »Denn in ihm ist alles geschaffen, was im Himmel und auf Erden ist, das Sichtbare und das Unsichtbare, … es ist alles durch ihn und zu ihm geschaffen« (Kol 1,16). Dieser Eine, der der Schöpfer aller Dinge ist, ist auch ihr Erhalter; es ist Jesus Christus! Wir können es auch so sagen: Jesus hat die Oberhoheit über alle Dinge vom Mikrokosmos bis zum Makrokosmos. In einem Kirchenlied heißt es treffend von ihm: »Jesus Christus herrscht als König, alles wird ihm untertänig.«

Nach vollendeter Schöpfung sind alle Naturgesetze »in Betrieb«, so dass nun alle Vorgänge danach ablaufen. Jesus ist der Garant dafür, dass sie immer und überall eingehalten werden. Dazu braucht er weder Computer noch sonstige Hilfsmittel. Sein Vollmachtswort genügt, dass alles eingehalten wird. Im Hebräerbrief Kapitel 1,3 heißt es darum von ihm: »Er trägt alle Dinge mit seinem kräftigen Wort.« Im wissenschaftlichen Befund drückt sich dieses Erhaltungshandeln Jesu durch die Naturgesetze aus. In ihrer Gesamtheit bilden sie einen festgefügten Rahmen, innerhalb dessen alle Vorgänge in dieser Welt ablaufen.

1.8 Wo aber ist da noch Platz für Wunder?

Aus dem bisher Gesagten ist deutlich geworden, dass die Naturgesetze einen erfahrungsgemäß gleich bleibenden Rahmen bilden, innerhalb dessen alle Vorgänge, Geschehnisse und Prozesse ablaufen. Normalerweise sind immer mehrere Naturgesetze an einem Ablauf beteiligt.

In der Praxis haben die Naturgesetze die Wirkung eines »Obersten Gerichtshofes«, der entscheidet, ob ein Vorgang in unserer Welt erlaubt ist oder nicht. So verbietet es ein Naturgesetz zum Beispiel, dass ein Kupferstab von 50 °C von alleine seine Wärme so aufteilt, dass die Temperatur der einen Hälfte 0 °C und die der anderen 100 °C beträgt. Das würde zwar nicht den Energiesatz verletzen, wohl aber ein anderes Naturgesetz, den Entropiesatz. Gemessen an unserer obigen Definition für Wunder sind viele in der Schöpfung ablaufende Vorgänge staunenswert und für den Menschen unnachahmlich. Sie treten für uns aber nicht unerwartet oder unberechenbar auf. Darum zählen wir auch die komplexesten und noch unverstandenen Dinge in unserer Welt nicht zu den Wundern. Nach diesen Überlegungen können wir nun eine präzisere Definition für Wunder geben:

> **Definition D2:** Wunder sind solche Ereignisse in Raum und Zeit, die außerhalb des Rahmens unserer Naturgesetze ablaufen.

Kein Physiker oder Chemiker ist in der Lage, irgendein Naturgesetz auch nur für eine Tausendstelsekunde außer Kraft zu setzen. Wir Menschen können nichts tun, um Naturgesetze zu umgehen. Wunder sind damit von Menschen nicht machbar. Die Bibel berichtet uns von zahlreichen Situationen, in denen Gott oder Jesus Wunder gewirkt haben, wie z. B.:

- der Durchzug des Volkes Israel durchs Rote Meer (2Mo 14,16-22)
- der lange Tag bei Josua (Jos 10,12-14)
- die Verwandlung von Wasser in Wein auf der Hochzeit zu Kana (Joh 2,1-12)
- die Stillung des Sturmes (Mk 4,35-41)
- Jesus wandelt auf dem Meer (Joh 6,16-21)
- die Heilung des Blindgeborenen (Joh 9,1-7)
- die Speisung der 5000 (Joh 6,1-15)
- die Auferweckung des Lazarus (Joh 11,32-45).

Hinweis: Wenn Menschen gelegentlich dennoch Dinge tun können, die außerhalb des naturgesetzlichen Rahmens liegen, dann handeln sie im Namen anderer Mächte. Entweder sind es Jünger Jesu, die von ihrem Herrn bevollmächtigt sind (z. B. Petrus geht auf dem Wasser [Mt 14,29], Petrus heilt im Namen Jesu den Lahmen vor der Tempeltür [Apg 3,1-9]), oder aber es sind Zauberer und Gurus, die durch dämonische Mächte gesteuert werden (z. B. die Zauberer des ägyptischen Pharaos [2Mo 7,11-12]).

1.9 W2: Jona im Bauch des Fisches

Der britische Autor *Herbert Lockyer*[3] bezeichnete das Buch Jona als »die wunderbarste Geschichte, die je geschrieben wurde«. In der Tat ist das

---

3 *Herbert Lockyer:* All the Miracles of the Bible. Pickering & Inglis Ltd. 3. Auflage 1965.

ganze Buch voller übernatürlicher Elemente. Selten findet man in einem so kurzen Bericht eine solche Fülle von großen Wundern. Nur so ist es wohl zu erklären, dass die Jona-Geschichte des Alten Testaments (Jona 1-4) zu den am meisten kritisierten Büchern der Bibel gehört. Hier seien nur die elf Verse des 2. Kapitels wiedergegeben:

1. *Aber der Herr ließ einen großen Fisch kommen, Jona zu verschlingen. Und Jona war im Leibe des Fisches drei Tage und drei Nächte.*
2. *Und Jona betete zu dem Herrn, seinem Gott, im Leibe des Fisches*
3. *und sprach: Ich rief zu dem Herrn in meiner Angst, und er antwortete mir. Ich schrie aus dem Rachen des Todes, und du hörtest meine Stimme.*
4. *Du warfst mich in die Tiefe, mitten ins Meer, dass die Fluten mich umgaben. Alle deine Wogen und Wellen gingen über mich,*
5. *dass ich dachte, ich wäre von deinen Augen verstoßen, ich würde deinen heiligen Tempel nicht mehr sehen.*
6. *Wasser umgaben mich und gingen mir ans Leben, die Tiefe umringte mich, Schilf bedeckte mein Haupt.*
7. *Ich sank hinunter zu der Berge Gründen, der Erde Riegel schlossen sich hinter mir ewiglich. Aber du hast mein Leben aus dem Verderben geführt, Herr, mein Gott!*
8. *Als meine Seele in mir verzagte, gedachte ich an den Herrn, und mein Gebet kam zu dir in deinen heiligen Tempel.*
9. *Die sich halten an das Nichtige, verlassen ihre Gnade.*
10. *Ich aber will mit Dank dir Opfer bringen. Meine Gelübde will ich erfüllen dem Herrn, der mir geholfen hat.*
11. *Und der Herr sprach zu dem Fisch, und der spie Jona aus ans Land.*

Außer diesem Wunder der Errettung durch einen großen Fisch begegnen uns in diesem biblischen Bericht der aufkommende Orkan, die Rizinusstaude, der Wurm und der Ostwind, die durch Gottes Einwirken ebenfalls *wunderbar* in Erscheinung treten. Das Wunder in diesem Zusammenhang allerdings ist, dass eine so riesige Stadt wie Ninive Buße tat. Fünf Auffälligkeiten wollen wir im Folgenden ansprechen:

1. *Die Souveränität Gottes über seine Schöpfung:* Die Aussagen »Der Herr *ließ* einen großen Fisch *kommen*« (Luther 1984) oder »Der Herr *bestellte* einen großen Fisch« (Genfer Studienbibel) unterstreichen, wie souverän Gott in seiner Schöpfung handelt und wie ihm, dem Allmächtigen, alles untertan und gehorsam ist. Auch Jona 4,6 unterstreicht diesen Tatbestand durch die Wahl des Verbs: »Da *beorderte* Gott, der Herr, eine Rizinusstaude« (Genfer).

2. *Der Riesenfisch:* Es wurde früher behauptet, dass kein Wal einen Menschen verschlingen könne, was aber widerlegt ist. Das hebräische

Wort, das *Luther* mit »großer Fisch« übersetzt hat, ist genau genommen kein Wal, sondern ein Meerungeheuer. In Matthäus 12,40 nimmt Jesus Bezug auf diesen Fisch: »Denn wie Jona drei Tage und drei Nächte im Bauch des Fisches (griech. *ketos*) war, so wird der Menschensohn drei Tage und drei Nächte im Schoß der Erde sein.« Im Neuen Testament steht das Wort »ichthys« grundsätzlich für »Fische«. Nur an dieser einen Stelle lesen wir »ketos«, was in anderen Übersetzungen präziser als bei *Luther* mit *Riesenfisch* (Schlachter), *Meeresungetüm* (Zürcher), *Seeungeheuer* (Jerusalemer), *huge fish* (New International Version) wiedergegeben wird.

3. *Im Bauch des Riesenfisches:* Jona blieb drei Tage und drei Nächte lebendig im Bauch des Meeresungetüms. Er wurde weder von aggressiven Magensäften angegriffen noch mangelte es ihm an Atemluft. Er war wach und bei vollem Bewusstsein, denn er betete (V. 2).

4. *Der Riesenfisch gehorchte dem Befehl Gottes:* Er schwamm bis zum Ufer, um Jona unverletzt auszuspeien. Wir kennen auch andere biblische Berichte, bei denen Tiere dem Befehl Gottes folgten, wie z. B. die Raben, die Elia am Bach Krit mit Nahrung versorgten (1Kö 17,4-66) und die Eselin von Bileam, die auf Gottes Geheiß sprechen konnte (1Mo 22,28).

5. *Der Hinweis auf Jesu Auferstehung:* Jesus verbindet seine Auferstehung mit der Jona-Geschichte. Die Verknüpfung zwischen beiden Texten (Mt 12,40 und Jona 2,1) geschieht über den riesigen Fisch. Dieser taucht noch einmal in der Bibel auf, nämlich im Schöpfungsbericht. Bei der Erschaffung der Tiere am fünften und sechsten Schöpfungstag werden beispielhaft nur einige große Tierklassen genannt, wie »allerlei Getier im Wasser, gefiederte Vögel, Vieh, Gewürm und Tiere auf Erden«. In einer solchen groben Aufzählung ist es auffällig, dass ein ganz bestimmtes Tier sogar namentlich erwähnt wird: »Und Gott schuf große Walfische (hebr. *tannin*) und alles Getier, das da lebt und webt, davon das Wasser wimmelt, ein jedes nach seiner Art« (1Mo 1,21). Die genaue Spezies kann nicht mit Sicherheit zugeordnet werden. *Luther* hat sich für den Begriff Walfisch entschieden und damit angedeutet, dass hier ein spezielles Tier gemeint ist. In anderen Übersetzungen wird treffender auf die Größe des Seetieres hingewiesen: große Meerestiere (Schlachter 2000), große Fische (Genfer Studienbibel), große Seetiere (Zürcher, Jerusalemer). Da es in der Bibel nichts Zufälliges gibt, sondern hinter allem ein tiefer Sinn steht, kommen wir hier zu einer bemerkenswerten Feststellung: Durch die namentliche Nennung nur dieser einen Tierart im Schöpfungsbericht wird hier bereits – wenn auch sehr verborgen – ein erster Hinweis auf die Auferstehung Jesu gegeben. Dieses große Seetier wird wegen der geistlichen Bedeutung besonders erwähnt, weil es jene

Art ist, die Jona verschlingen wird, und weil dieses Ereignis wiederum ein Zeichen der Auferstehung Jesu sein wird.

Woran Kritiker sich im Einzelnen stoßen, soll im Folgenden mit einigen Zitaten belegt werden[4]:

»Auf die literarische Gattung des Märchens weist auch, dass der König von Ninive keinen Namen hat.«

»Märchenhafte Züge trägt auch die Erzählung des 4. Kapitels, in der Gott eine Rizinusstaude über Nacht wachsen lässt, dann einen Wurm bestimmt, um die Rizinusstaude zu stechen und schließlich einen Ostwind bestellt, um Jona einer Ohnmacht nahe zu bringen.«

»Vor allem aber ist es der den Jona verschlingende und wieder ans Land speiende Fisch, der in den Bereich der Seemannsmärchen hineingehört.«

»Hingewiesen sei schließlich noch darauf, dass eine so totale Bekehrung Ninives, wie sie das Buch schildert, wohl keinen Anspruch auf geschichtliche Glaubwürdigkeit erheben kann.«

Ebenso kritisch äußert sich *H. Greschner* im Internet[5], wenn er meint: »Das Buch (Jona) ist keine Schilderung biographisch-historischer Ereignisse.« Er sieht in Fisch und Wind Märchenmotive. Die Größe der Stadt Ninive (drei Tagesreisen), die prompte Buße der Niniviten und die Rizinusstaude hält er für weitere Unwahrscheinlichkeiten. Daraus schließt er, es sei nur eine »Lehrerzählung« mit der für ihn nahe liegenden Deutung, Ninive sei ein »Symbol für die gottferne Welt« und Jona ein »Symbol für Israel, das nach dem babylonischen Exil auf Rache sinnt«.

All diese Argumente reduzieren das Handeln Gottes auf die Begrenztheit unseres eingeschränkten Verstands und entsprechen darum überhaupt nicht der Intention der Bibel, in der uns immer wieder vor Augen geführt wird, dass da ein Gott ist, bei dem »kein Ding unmöglich ist« (Lk 1,37). Die historische Tatsache der Jona-Geschichte wird von Jesus selbst bezeugt. Er vergleicht den dreitägigen Verbleib Jonas im Magen des Fisches mit seinem dreitägigen Aufenthalt im Totenreich (»Schoß der Erde«), und er bezeugt uns auch, dass die Niniviten aufgrund der Predigt des Jona Buße taten (Mt 12,41). Im Jüngsten Gericht werden sie auftreten und die Zeitgenossen Jesu verurteilen, weil sie dessen Ruf zur Umkehr nicht folgten. Für Jesus ist die Jona-Geschichte weder eine Allegorie noch ein Gleichnis noch eine Lehrerzählung, sondern ein Bericht, der fest in der historischen Realität verwurzelt ist. Der Text aus Matthäus 12,39-41 entlarven die Kritiker der Jona-Geschichte als Lügner.

---

4 *Franz Josef Stendebach:* Novelle oder Geschichte? Die literarische Gattung des Büchleins Jona. Bibel und Kirche, Heft 3/3. Quartal 1972, S. 66-67.

5 http://www.zum.de/Faecher/kR/BW/greschn/jona04.htm

1.10 W3: Die Jungfrauengeburt Jesu

Das erste Wunder, von dem wir im Neuen Testament lesen, ist die Jungfrauengeburt Jesu. Wir zitieren hierzu die beiden Texte aus Matthäus 1,18-25 und Lukas 1,26-38.

Matthäus 1,18-25:

18. *Die Geburt Jesu Christi geschah aber so: Als Maria, seine Mutter, dem Josef vertraut war, fand es sich, ehe er sie heimholte, dass sie schwanger war von dem heiligen Geist.*
19. *Josef aber, ihr Mann, war fromm und wollte sie nicht in Schande bringen, gedachte aber, sie heimlich zu verlassen.*
20. *Als er das noch bedachte, siehe, da erschien ihm der Engel des Herrn im Traum und sprach: Josef, du Sohn Davids, fürchte dich nicht, Maria, deine Frau, zu dir zu nehmen; denn was sie empfangen hat, das ist von dem heiligen Geist.*
21. *Und sie wird einen Sohn gebären, dem sollst du den Namen Jesus geben, denn er wird sein Volk retten von ihren Sünden.*
22. *Das ist alles geschehen, damit erfüllt würde, was der Herr durch den Propheten gesagt hat, der da spricht (Jesaja 7,14):*
23. *»Siehe, eine Jungfrau wird schwanger sein und einen Sohn gebären, und sie werden ihm den Namen Immanuel geben«, das heißt übersetzt: Gott mit uns.*
24. *Als nun Josef vom Schlaf erwachte, tat er, wie ihm der Engel des Herrn befohlen hatte, und nahm seine Frau zu sich.*
25. *Und er berührte sie nicht, bis sie einen Sohn gebar; und er gab ihm den Namen Jesus.*

Lukas 1,26-38:

26. *Und im sechsten Monat wurde der Engel Gabriel von Gott gesandt in eine Stadt in Galiläa, die heißt Nazareth,*
27. *zu einer Jungfrau, die vertraut war einem Mann mit Namen Josef vom Hause David; und die Jungfrau hieß Maria.*
28. *Und der Engel kam zu ihr hinein und sprach: Sei gegrüßt, du Begnadete! Der Herr ist mit dir!*
29. *Sie aber erschrak über die Rede und dachte: Welch ein Gruß ist das?*
30. *Und der Engel sprach zu ihr: Fürchte dich nicht, Maria, du hast Gnade bei Gott gefunden.*
31. *Siehe, du wirst schwanger werden und einen Sohn gebären, und du sollst ihm den Namen Jesus geben.*

32. *Der wird groß sein und Sohn des Höchsten genannt werden; und Gott der Herr wird ihm den Thron seines Vaters David geben,*
33. *und er wird König sein über das Haus Jakob in Ewigkeit, und sein Reich wird kein Ende haben.*
34. *Da sprach Maria zu dem Engel: Wie soll das zugehen, da ich doch von keinem Mann weiß?*
35. *Der Engel antwortete und sprach zu ihr: Der heilige Geist wird über dich kommen, und die Kraft des Höchsten wird dich überschatten; darum wird auch das Heilige, das geboren wird, Gottes Sohn genannt werden.*
36. *Und siehe, Elisabeth, deine Verwandte, ist auch schwanger mit einem Sohn, in ihrem Alter, und ist jetzt im sechsten Monat, von der man sagt, dass sie unfruchtbar sei.*
37. *Denn bei Gott ist kein Ding unmöglich.*
38. *Maria aber sprach: Siehe, ich bin des Herrn Magd; mir geschehe, wie du gesagt hast. Und der Engel schied von ihr.*

In einer schier endlosen Kette von Verheißungen kündigt Gott im Alten Testament den Retter an. Die erste Verheißung gibt Gott gleich unmittelbar nach dem Sündenfall (1Mo 3,15). Mit dem Sündenfall Adams fiel die gesamte Menschheit unter den Fluch und Bann der Sünde: »Deshalb, wie durch einen Menschen die Sünde in die Welt gekommen ist und der Tod durch die Sünde, so ist der Tod zu allen Menschen durchgedrungen, weil sie alle gesündigt haben« (Röm 5,12). Die Sünde hat somit alle Menschen erfasst; davon gibt es in der ganzen Menschheitsgeschichte nicht eine einzige Ausnahme: »Kann wohl ein Reiner kommen von Unreinen? Auch nicht einer!« (Hiob 14,4).

Der Retter musste drei Bedingungen erfüllen, um uns erlösen zu können:

1. Er musste Mensch sein. Die Sünde kam in Adams Fleisch, und darum musste der Erlöser auch Adams Fleisch annehmen: »Er musste unter das Gesetz getan werden, damit er die, die unter dem Gesetz waren, erlöste« (Gal 4,4-5). Der Erlöser musste darum Mensch werden und auch, genau wie wir, der Macht der Sünde ausgesetzt sein. Er musste stellvertretend Gottes Verurteilung über die Sünde auf sich nehmen: »Gott sandte seinen Sohn in der Gestalt des sündigen Fleisches … und verdammte die Sünde im Fleisch« (Röm 8,3).

2. Er musste Gott sein. Der Erlöser musste gleichzeitig auch ewiger Gott sein, weil Sünde gegen den heiligen Gott ewige Verdammnis nach sich zieht: »Weh ihnen! Denn sie gehen den Weg Kains und fallen in den Irrtum Bileams … sie sind wilde Wellen des Meeres, die ihre eigene Schande ausschäumen, umherirrende Sterne; deren Los ist die dunkelste Finsternis in Ewigkeit« (Judas 11.13).

3. Er musste sündlos sein. Als Sünder können wir uns nicht selbst von der Sünde befreien. Der Erlöser musste darum selbst ohne Sünde sein.

Wie ist es möglich, diesen drei schwierigen Anforderungen gleichzeitig zu entsprechen? Kein Mensch könnte diese Aufgabe lösen, aber Gott als der Allmächtige kann es: »Denn bei Gott ist kein Ding unmöglich« (Lk 1,37). Wie sieht die göttliche Lösung aus?

1. Der Erlöser als Mensch: Wenn der Erlöser Mensch sein soll, dann muss er konsequenterweise von einer Frau geboren werden. Genau das lesen wir in Galater 4,4: »Als aber die Zeit erfüllt war, sandte Gott seinen Sohn, geboren von einer Frau.« Die von Gott für diese Aufgabe ausgewählte Frau war Maria. Sie war gewiss eine ganz besondere Frau, die in völligem Gehorsam gegenüber Gott lebte. Das bezeugen die wenigen biblischen Texte über Maria: »Siehe, ich bin des Herrn Magd; mir geschehe, wie du gesagt hast« (Lk 1,38), »Meine Seele erhebt den Herrn« (Lk 1,46), »Was er euch sagt, das tut« (Joh 2,5). Während die meisten Jünger flohen, als Jesus gekreuzigt wurde, blieb Maria in seiner Nähe. Jesus setzt sie über Johannes mit den Worten: »Siehe, das ist deine Mutter!« (Joh 19,27).

2. Der Erlöser als Gott: Das Neue Testament beschreibt uns das Geheimnis, wie Menschliches und Göttliches zusammenkam: »Der heilige Geist wird über dich kommen, und die Kraft des Höchsten wird dich überschatten; darum wird auch das Heilige, das geboren wird, Gottes Sohn genannt werden« (Lk 1,35). Jesus war somit der Einzige, der eine menschliche Mutter, aber keinen menschlichen Vater hatte; er war Mensch und Gott zugleich. Der Philipperbrief bringt diese Menschwerdung Gottes anschaulich zum Ausdruck: »Er, der in göttlicher Gestalt war … entäußerte sich selbst und nahm Knechtsgestalt an, ward den Menschen gleich und der Erscheinung nach als ein Mensch erkannt« (Phil 2,6-7). Jesus war während seiner Zeit auf der Erde **wahrer Mensch** und **wahrer Gott**. Er war der *Menschensohn* und damit wahrer Mensch:

- Er wurde müde nach einem anstrengenden Tag.
- Ihn hungerte und dürstete.
- Sein Geist konnte betrübt sein.
- Er musste die Füße vom Staub reinigen.
- Er benutzte einen Esel zum Reiten.

Gleichzeitig war er *Gottes Sohn* und hatte Vollmacht über alle Naturgewalten, er konnte Tote auferwecken, alle Krankheiten heilen und Dämonen austreiben. Nur er konnte sagen: »Wer mich sieht, der sieht den Vater!« (Joh 14,9) und »Mir ist gegeben alle Gewalt im Himmel und auf Erden« (Mt 28,18).

3. Der Erlöser ohne Sünde: Wie sind diese beiden Forderungen zusammenzubringen, dass der Erlöser von einer Frau geboren wird und dabei dennoch sündlos bleibt? Eine zunächst denkbare Möglichkeit wäre, dass auch Maria sündlos war.

a) War Maria sündlos? Dann wären wir bei der katholischen Lehrauffassung, nach der Maria die absolut Reine und Makellose war. Diese Annahme verschiebt aber das eigentliche Problem zunächst nur um eine Generation. Dann müssten auch die Eltern der Maria sündlos sein. Diese aber könnten nur dann sündlos sein, wenn auch ihre Eltern wiederum sündlos wären. Das bedeutet schließlich, dass alle Glieder des Stammbaumes Jesu sündlos sein müssten. Das kann aber nicht sein: Wie auch sonst alle Menschen Sünder sind, befinden sich auch im Stammbaum Jesu ausschließlich Sünder. Ihre Sünden werden keineswegs verschwiegen: Die Hure Rahab (Mt 1,5) befindet sich ebenso in der Heilslinie wie David mit seinem Ehebruch und Mord (2Sam 11,3-17) und Salomo mit seinem Götzendienst (1Kö 11,1-13). Der Stammbaum Jesu geht nach Lukas 3 sogar bis auf Adam zurück (V. 38), und er ist ja gerade derjenige, durch den alle Menschen mit der Sünde infiziert wurden. Es bleibt bei dem, was wir z. B. im Römerbrief so unmissverständlich lesen und was auf alle Menschen zutrifft: »Denn es ist hier kein Unterschied: sie sind allesamt Sünder« (Röm 3,22-23). Die katholische Lehrauffassung von der sündlosen Maria ist darum aus der Sicht der Bibel nicht nachvollziehbar.

b) Wenn Möglichkeit a) aus Gründen zentraler biblischer Aussagen ausscheidet, wie wird dann das Problem gelöst? Nach biblischer Lehre ist das Blut der Sitz des Lebens: »Denn des Leibes Leben ist in seinem Blut« (3Mo 17,14). Als Adam sündigte, geschah damit etwas Gravierendes mit seinem Blut. Der Sünde Lohn ist der Tod. Als nun der Tod auf Adam kam (geistlicher Tod und als Folge dessen auch der leibliche Tod), gelangte sein Blut und damit auch sein Leben unter den Einfluss des Todes. Alle Nachkommen Adams haben ihr Blut von Adam und sind darum durch sein sündiges Wesen alle infiziert. Aus diesem Grund müssen wir auch alle sterben. Der Todeskeim geht auf alle Menschen über. Niemand ist davon ausgenommen: kein Volk, keine Nation, keine Sprachgruppe. Die Volksgruppen dieser Erde haben oft weitreichende Unterschiede. Bezüglich der Hautfarbe unterscheiden wir Schwarze und Weiße, Rote und Gelbe und alle Schattierungen. In Gestalt und Größe, Haarfarbe und Form der Augen, Nasen und Ohren gibt es weiterhin unzählige Unterschiede. Und doch gibt es ein Merkmal, in dem wir alle gleich[6] sind, und das ist das Blut:

---

6 Das Wort »gleich« bezieht sich hier auf das allen Menschen Gemeinsame des Blutes, nämlich die Abstammung von Adam. Bei Bluttransfusionen ist auf

»Und er hat aus einem Blute[7] jede Nation der Menschen gemacht, um auf dem ganzen Erdboden zu wohnen« (Apg 17,26; *Unrevidierte Elberfelder*).

Wie sonst überall, ist auch hier die Bibel wissenschaftlich korrekt. Das Blut eines Norwegers unterscheidet sich nicht von dem Blut eines afrikanischen Buschmanns, das eines Juden nicht von einem Nichtjuden, das Blut eines Navajo-Indianers nicht von dem eines Russen, und das Blut eines Aborigines aus Australien nicht von dem Blut eines Chinesen. Das Blut des Angehörigen irgendeiner Nation kann zur Transfusion für jemanden aus einer völlig anderen Volksgruppe verwendet werden, vorausgesetzt man beachtet die medizinischen Regeln bezüglich der Blutgruppen.

Während der Embryonalentwicklung findet keine Blutübertragung aus dem Kreislauf der Mutter in den Blutkreislauf des »Kindes« statt und umgekehrt. Das Blut des werdenden Kindes wird im Kind selbst ohne Zutat der Mutter produziert. Alle Menschen haben Adams »sündenkrankes« Blut ererbt. Erlösung ist aber nur durch sündloses Blut möglich, das dem Blut Adams entgegenwirkt. Das sündige Blut Adams durfte nicht in den Adern des Erlösers fließen. Das geschah durch das Wunder der Jungfrauengeburt.[8] Kein Tropfen Blut von dem Leib der Jungfrau Maria trat in den Leib des noch ungeborenen Jesuskindes. Maria versorgte das Kind zwar mit allen nötigen Nährstoffen zur leiblichen Entwicklung, aber aufgrund des göttlichen Blutes, das seinen Ursprung in der Empfängnis durch den heiligen Geist hatte, hatte Jesus sündloses Blut.

---

die Verträglichkeit der Blutgruppen (A, B, AB und 0) zu achten, nicht jedoch auf die ethnische Zugehörigkeit. Diese Blutgruppen kommen in allen Völkern vor; ihre statistische Verteilung kann jedoch variieren.

7 Statt aus »einem einzigen Blut« sind auch andere Lesarten möglich wie »aus einem einzigen Ursprung«. In der Lutherübersetzung von 1984 heißt es darum: »Und er hat aus einem Menschen (Adam) das ganze Menschengeschlecht gemacht.« Die englische »King James Version« betont wie die Unrevidierte Elberfelder Übersetzung den Gedanken, dass wir alle »aus einem Blut« sind: »And hath made of *one blood* all nations of men for to dwell on all the face of the earth.«

8 **Jungfrau**: Im Hebräischen gibt es zwei Wörter für Jungfrau: *betula* und *alma*. Während bei *betula* die Betonung auf der Unberührtheit liegt (z. B. Rebekka: 1Mo 24,16; die Tochter des Jeftah: Ri 11,38; Tamar, die Tochter Davids: 1Sam 13,2), hebt *alma* mehr den Aspekt des herangereiften und heiratsfähigen Mädchens hervor (z. B. 1Mo 24,43; Hohelied 1,3). Aber auch bei *alma* wird die Unberührtheit stillschweigend vorausgesetzt. Bibelkritiker haben eingewandt, dass im alttestamentlichen Bezugstext von Jesaja 7,14 das zweite Wort steht und darum statt *Jungfrau* auch *junge Frau* übersetzt werden könne. Diese Auffassung wird jedoch durch die bezeugte Erfüllung der Prophezeiung (Mt 1,23 und Lk 1,27) widerlegt.

Am Kreuz wurde das unschuldige Blut Jesu Christi vergossen. Nur dieses Blut ist das »Gegengift« gegen die Sünde: »Das Blut Jesu macht uns rein von aller Sünde« (1Joh 1,7). Dass die Erlösung nur durch das vergossene Blut des Erlösers möglich ist und uns die Gewissheit der Rettung bringt, lesen wir in 1.Petrus 1,18-19: »Denn ihr wisst, dass ihr nicht mit vergänglichem Silber oder Gold erlöst seid von eurem nichtigen Wandel …, sondern mit dem teuren Blut Christi als eines unschuldigen und unbefleckten Lammes.«

Das Wunder der Jungfrauengeburt haben wir so ausführlich behandelt, weil es uns die wunderbare Menschwerdung Gottes in Jesus erklärt und weil es die Grundlage dafür ist, dass wir einmal den Himmel erreichen. Es hätte fatale Folgen, würden wir auch nur das geringste Detail von diesem außergewöhnlichen Handeln Gottes auf der Opferstätte unseres Verstandes preisgeben.

1.11 W4: Die Stillung des Sturmes

In drei Evangelien (Mt 8,23-27; Mk 4,35-41; Lk 8,22-25) wird von einem Ereignis berichtet, über das sich die Augenzeugen nur wundern konnten. Wir wählen hier den Text aus Matthäus 8,23-27 (Hfa):

> 23. *Danach stieg er (Jesus) in ein Boot und fuhr mit seinen Jüngern weg.*
> 24. *Mitten auf dem See brach plötzlich ein gewaltiger Sturm los, so dass die Wellen ins Boot schlugen. Aber Jesus schlief.*
> 25. *Da weckten ihn die Jünger und riefen voller Angst: »Herr, hilf uns, wir gehen unter!«*
> 26. *Jesus antwortete: »Warum habt ihr Angst? Habt doch mehr Vertrauen zu mir!« Dann stand er auf und bedrohte den Wind und die Wellen. Sofort legte sich der Sturm, und der See lag still da.*
> 27. *Alle fragten sich voller Staunen: »Was ist das für ein Mensch? Selbst Wind und Wellen gehorchen ihm!«*

Die hier geschilderte Situation spielte sich auf dem See Genezareth ab. Er liegt 212 Meter unter dem Meeresspiegel und ist damit der tiefstgelegene Süßwassersee der Welt. Nach dem Toten Meer (ca. 400 m unter NN) ist er der zweittiefste Punkt der Erdoberfläche. Mit seiner Oberfläche von 165 km^2 beträgt seine Größe etwa ein Drittel der Größe des Bodensees. Nördlich des Sees erhebt sich der Berg Hermon mit 2800 Metern Höhe. Von Mai bis Oktober fallen häufig starke Winde durch die engen Schluchten in die Senke und können ganz plötzlich gewaltige Stürme verursachen. Der obige Text beschreibt eine solche Situation mit heftigem Sturm. Während Jesus im Boot schlief, rangen die Jünger mit den Naturgewalten und wähnten sich dem Tode nahe. Auf dem Höhepunkt ihrer Todesangst weckten sie den Herrn. Was sich dann abspielte, geschah innerhalb weniger Sekunden:

- Jesus stand auf.
- Er bedrohte Wind und Wellen.
- Augenblicklich war der Sturm beendet, und der See lag friedlich da.

Bemerkenswert ist hier die Aussage »*Sofort* legte sich der Sturm«. Ein Physiker fragt sich zu Recht: Wo ist denn in den wenigen Sekunden die Energie des Sturmes und der Wasserwellen geblieben? Nach dem Energiesatz kann Energie weder vernichtet noch gewonnen, sondern nur umgewandelt werden. Jedes Luft- und Wassermolekül hat einen Energieinhalt, der rechnerisch mit $\frac{1}{2} \cdot m \cdot v^2$ beschreibbar ist. Wo ist die riesige Energiemenge des Unwetters geblieben?

Antwort: Derjenige, der den Energiesatz erfunden hat und ihn in diese Schöpfung installiert hat, ist auch Herr darüber. Er kann ihn wirksam werden lassen oder auch nicht. Hier nun hat er mittels seiner Vollmacht dieses sonst immer gültige Naturgesetz außer Kraft gesetzt. Die Reaktion der Leute ist verständlich, wenn sie sagen: »*Was ist das für ein Mensch? Selbst Wind und Wellen gehorchen ihm!*« Die richtige und einzige Schlussfolgerung wäre gewesen: Hier sitzt der Schöpfer selbst im Boot. Jesus kam nicht mit einem Reisepass in diese Welt mit dem Eintrag »Schöpfer und Gottes Sohn«. Er hat sich durch seine mächtigen Taten und Reden als der Herr über alle Dinge ausgewiesen. Manche seiner Zeitgenossen verstanden sein Wirken richtig und beteten ihn an. So tat es der geheilte Blindgeborene (Joh 9,38). Er zieht auch die richtige Schlussfolgerung, wenn er feststellt: »Wäre dieser nicht von Gott, er könnte nichts tun« (Joh 9,33).

1.12 W5: Die Heilung des Lahmen an der Tempeltür

Die Bibel berichtet besonders häufig von medizinischen Wundern an Menschen. Aus der Fülle an Heilungsberichten greifen wir hier jenen heraus, den wir in Apostelgeschichte 3,1-11 (Hfa) aufgeschrieben finden:

1. *An einem Nachmittag gegen drei Uhr gingen Petrus und Johannes wie gewohnt zum Tempel. Sie wollten dort am gemeinsamen Gebet teilnehmen.*
2. *Zur selben Zeit brachte man einen Gelähmten und setzte ihn an eine der*

Tempeltüren, an das so genannte ›Schöne Tor‹. Der Mann war seit seiner Geburt krank und bettelte dort wie an jedem Tag.
3. *Als Petrus und Johannes den Tempel betreten wollten, bat er auch sie um etwas Geld.*
4. *Sie blieben stehen, und Petrus sagte: »Sieh uns an!«*
5. *Erwartungsvoll blickte der Mann auf: Würde er etwas von ihnen bekommen?*
6. *Doch Petrus sagte: »Geld habe ich nicht. Aber was ich habe, will ich dir geben. Im Namen Jesu Christi von Nazareth: Stehe auf und geh!«*
7. *Dabei fasste er den Gelähmten an der rechten Hand und richtete ihn auf. In demselben Augenblick konnte der Kranke Füße und Gelenke gebrauchen.*
8. *Er sprang auf, lief einige Schritte hin und her und ging dann mit Petrus und Johannes in den Tempel. Außer sich vor Freude rannte er umher, sprang in die Luft und lobte Gott.*
9. *So sahen ihn die anderen Tempelbesucher.*
10. *Sie erkannten, dass es der Bettler war, der immer an der ›Schönen Tür‹ des Tempels gesessen hatte. Fassungslos starrten sie den Geheilten an. Wieso konnte er jetzt laufen?*
11. *Alle drängten aufgeregt in die Halle Salomos. Dort umringten sie Petrus, Johannes und den Geheilten, der nicht von der Seite der Apostel wich.*

Bettler hielten diesen Ort vor der Tempeltür für den einträglichsten, denn hier kamen tagtäglich Menschenmengen vorbei, die Gott mit ihren guten Werken beeindrucken wollten. Vor dem Schönen Tor bot sich für die eintretenden Leute das täglich gewohnte Bild: Ein von Geburt an gelähmter Mann saß dort und bettelte. Man kannte ihn schon seit Jahren. Noch nie im Leben hatte er einen Schritt getan. Von Beinmuskeln konnte also bei diesem Mann keine Rede sein.

Nun geschah das Unerwartete. Petrus gebot im Namen Jesu Christi von Nazareth: »Steh auf und geh!« Augenblicklich war der von Geburt an Kranke geheilt. Er wurde nicht erst in eine Reha-Klinik geschickt, um die Muskeln zu trainieren und ihn durch Massagen auf das Gehen vorzubereiten. Sobald das »Steh auf und geh!« ausgesprochen war, war die Heilung perfekt. Er konnte sofort umherrennen und in die Luft springen (V. 8). Die Leute kannten den Bettler, den sie nie zuvor hatten gehen sehen. Jetzt »starrten sie den Geheilten fassungslos an«. Ihre Frage war berechtigt: »Wieso kann er plötzlich laufen?« Die Antwort lautet: Im Namen des Herrn Jesus geschah hier ein Wunder, bei dem die sonst immer gültigen Naturgesetze umgangen wurden und die Kraft Jesu wirksam wurde.

1.13 W6: Die Auferstehung Jesu von den Toten

Die Auferstehung Jesu Christi von den Toten wird von allen vier Evangelisten berichtet (Mt 28,1-10; Mk 16,1-6; Lk 24,1-12; Joh 20,1-10). Auf keine andere Aussage des Neuen Testaments wird so häufig Bezug genommen wie auf sie (150-mal). Es war das krönende Wunder während seines irdischen Aufenthaltes. Wir zitieren hier den Text aus dem Lukasevangelium:

> 1. *Aber am ersten Tag der Woche sehr früh kamen sie (einige Frauen) zum Grab und trugen bei sich wohlriechende Öle, die sie bereitet hatten.*
> 2. *Sie fanden aber den Stein weggewälzt von dem Grab*
> 3. *und gingen hinein und fanden den Leib des Herrn Jesus nicht.*
> 4. *Und als sie darüber bekümmert waren, siehe, da traten zu ihnen zwei Männer mit glänzenden Kleidern.*
> 5. *Sie aber erschraken und neigten ihr Angesicht zur Erde. Da sprachen die zu ihnen: Was sucht ihr den Lebenden bei den Toten?*
> 6. *Er ist nicht hier, er ist auferstanden. Gedenkt daran, wie er euch gesagt hat, als er noch in Galiläa war:*
> 7. *Der Menschensohn muss überantwortet werden in die Hände der Sünder und gekreuzigt werden und am dritten Tage auferstehen.*
> 8. *Und sie gedachten an seine Worte.*
> 9. *Und sie gingen wieder weg vom Grab und verkündigten das alles den elf Jüngern und den anderen allen.*
> 10. *Es waren aber Maria Magdalena und Johanna und Maria, des Jakobus Mutter, und die anderen mit ihnen; die sagten das den Aposteln.*
> 11. *Und es erschienen ihnen diese Worte, als wär's Geschwätz, und sie glaubten ihnen nicht.*
> 12. *Petrus aber stand auf und lief zum Grab und bückte sich hinein und sah nur die Leinentücher und ging davon und wunderte sich über das, was geschehen war.*

Wohl kaum eine andere Aussage der Bibel ist so häufig attackiert oder angezweifelt worden wie die leibhaftige Auferstehung des gekreuzigten Christus. Einer Umfrage zufolge glauben nur noch 17 % der evangelischen Pfarrer in Deutschland an die Auferstehung. Und während einer Veranstaltung der katholischen Erwachsenenbildung hörte ich einen Priester lamentieren: »Zu Ostern komme ich in einen Predigtnotstand.« Fällt einem Pfarrer zu diesem Kernpunkt biblischer Lehre wirklich nichts ein? Was bleibt denn auch noch zu predigen übrig, wenn die Auferstehung Jesu, die grundlegende Voraussetzung unseres Heils, nicht mehr bezeugt werden kann? In der Zeit der Aufklärung erhob man den

Verstand des Menschen zum Maß aller Dinge. Damit verbunden war ein radikaler Angriff auf die Bibel, denn alles, was dem Verstand nicht begreifbar erschien, wurde kurzerhand verworfen. Dieser »Entrümpelung« fielen nicht nur die Heilungswunder und sonstigen Taten Jesu zum Opfer, sondern erst recht seine Auferstehung von den Toten, seine Himmelfahrt und seine Wiederkunft. Machen wir unser Verstehen zum Maßstab, dann müssten wir in gleicher Konsequenz auch die Photosynthese und das menschliche Gehirn als nicht real verwerfen, denn beide sind nahezu vollständig unverstanden, und nachbauen kann man beides nicht. Was aber Gott tut, wird immer unsere Gedanken sprengen (Jes 55,8-9) – seien es die biblisch bezeugten Taten oder die genialen Gedanken in den Werken der Schöpfung.

Die dramatische Tatsache der Auferstehung veränderte den Lauf der Geschichte. Kritiker, die die Auferstehung leugnen wollen, stehen in einem Zugzwang, sieben historische Fakten[9] wegerklären zu müssen:

1. Die gefürchtete Macht Roms wurde durch das Brechen des römischen Siegels missachtet.
2. Sowohl Juden als auch Römer gaben zu, dass das Grab leer war.
3. Ein Zwei-Tonnen-Stein wurde irgendwie vom Grab fortbewegt, während eine römische Wacheinheit auf Posten stand.
4. Eine hoch disziplinierte römische Militärwache floh von ihrem Posten und musste von den Behörden bestochen werden, um eine Lüge als Wahrheit zu verbreiten.
5. Die unveränderten Grabtücher enthielten keinen Leib mehr.
6. Christus erschien anschließend mehr als 500 Zeugen in verschiedenen Situationen.
7. Wegen der niedrigen jüdischen Meinung von der Zuverlässigkeit von Frauen hätten die Erfinder einer Auferstehungslegende sie niemals als erste Zeuginnen des Geschehens gewählt.

Der Existenzphilosoph *Martin Heidegger* (1889-1976), der nicht vom Glauben her argumentierte, stellte dennoch richtig fest: »Ist Jesus von Nazareth von den Toten auferstanden, dann ist jede naturwissenschaftliche Erkenntnis vorletztlich.« Alle unsere Naturwissenschaft kann darum nicht der Weisheit letzter Schluss sein. Darum scheitert auch jeder Versuch, die Auferstehung Jesu physikalisch, biologisch, medizinisch oder sonst wie wissenschaftlich erklären zu wollen. Wir leben in einer dreidimensional begrenzten Welt, die außerdem einer linear ablaufenden Zeit unterworfen ist. Bei Gott aber gilt das keineswegs: »Er wohnt in einem

---

[9] *Josh McDowell:* Die Tatsache der Auferstehung. CLV Bielefeld, 4. Auflage 2005, S. 103.

Licht, da niemand zukommen kann« (1Tim 6,16), d. h. er lebt in höheren Dimensionen, die zwar unsere Welt durchdringen, aber nicht umgekehrt. Nach dem Tod ist Jesus mit einem Leib auferstanden, der unsere einengenden Grenzen nicht mehr kennt und darum nicht mehr an die drei Dimensionen gebunden ist. Verschlossene Türen waren für ihn kein Hindernis (Joh 20,19), und er konnte nach Belieben in unserer Dimension erscheinen und wieder in die göttliche hinüberwechseln: »Danach ist er (Jesus) gesehen worden von mehr als 500 Brüdern auf einmal« (1Kor 15,6). Im griechischen Grundtext ist das Geschehnis noch genauer ausgedrückt: *»Er ist sichtbar (= für unsere Dimension) gemacht worden.«* So gilt es, in Klarheit und Gewissheit zu predigen, dass Jesus wahrhaftig auferstanden ist und damit den endgültigen Sieg über Tod und Teufel errungen hat und dass dies das einzige Unterpfand unserer Errettung ist: »Ist Christus aber nicht auferstanden, so ist euer Glaube nichtig, so seid ihr noch in euren Sünden; so sind auch die, die in Christus entschlafen sind, verloren« (1Kor 15,17-18). Der folgende Vers geht in seiner Schlussfolgerung noch weiter und betont: Wenn jemand nur deswegen an Christus glaubt, um irdischen Schutz und Beistand zu haben, dann ist er wegen seiner Erdversessenheit nur als bemitleidenswerte und jämmerliche Kreatur zu bezeichnen: »Hoffen wir allein in diesem Leben auf Christus, so sind wir die elendesten unter allen Menschen« (1Kor 15,19).

Diese Texte weisen auf die zentrale Bedeutung der Auferstehung Jesu hin. Alles andere, was durch Jesus und die Apostel gesagt wurde, ist im Vergleich zu der Bedeutung der Auferstehung nur zweitrangig. Wenn die Auferstehung kein reales Ereignis war, dann ist das Christentum eine genauso falsche Religion wie alle anderen auch. Wenn sie aber wirklich stattfand, dann ist Jesus Gott und die biblische Botschaft absolute Wahrheit. Alle Religionsgründer (z. B. *Buddha, Mohammed, Konfuzius*) sind gestorben. Nur ein einziges Grab der Weltgeschichte ist leer, denn nur Jesus ist wahrhaftig auferstanden. So ist das größte aller Wunder seit der Schöpfung die glorreiche Auferstehung Jesu. Damit hat Jesus gezeigt, dass er Gott ist und dass der Vater sein Opfer für die Sühnung der Sünde angenommen hat. Wer die Auferstehung aufgibt, der hat alles verschleudert.

Die Auferstehung ist ein gemeinsames Werk des Vaters, des Sohnes und des Heiligen Geistes:

- »Gottes Kraft hat ihn (Jesus) auferweckt von den Toten« (Kol 2,12).
- »Ich lasse mein Leben, dass ich's wieder nehme« (Joh 10,17).
- »Wenn nun der Geist dessen, der Jesus von den Toten auferweckt hat, in euch wohnt, so wird er, der Christus von den Toten auferweckt hat, auch eure sterblichen Leiber lebendig machen durch seinen Geist, der in euch wohnt« (Röm 8,11).

1.14 Kann es sein, dass unser wissenschaftlicher Kenntnisstand (noch) nicht ausreicht, um Wunder zu erklären?

Dieser Gedanke kann naturwissenschaftlich nicht strikt verneint werden. Er fußt jedoch auf einer Vorstellung über Gottes Wirken, die nicht dem biblischen Zeugnis seines Handelns entspricht. Die Bibel bezeugt Gottes ständige Wirksamkeit in zweifacher Weise:

- Er wirkt in gewöhnlichen, regelhaften Geschehnissen, die durch Naturgesetze beschrieben werden können.
- Er handelt in einmaligen, besonderen, nicht wiederholbaren Ereignissen, die einer naturwissenschaftlichen Untersuchung gar nicht zugänglich und auch nicht naturgesetzlich erfassbar sind.

Würde Gottes Handeln nur in den außergewöhnlichen Ereignissen gesehen werden, so machte man ihn zum Lückenbüßer unverstandener Phänomene. Das hätte zur Folge, dass mit zunehmender Erkenntnis sein Wirkungsbereich immer mehr eingeschränkt werden würde. Weil Gott aber der Schöpfer aller Dinge ist, ist er erhaben über unseren derzeitigen Wissens- und Erkenntnisstand, und sowohl die von uns verstandenen als auch die unverstandenen (durch die Wissenschaft bisher nicht erklärbaren) Phänomene kommen von ihm.

1.15 Werden bei den biblisch bezeugten Wundern immer Naturgesetze verletzt?

Gottes Handeln kann im Rahmen der Naturgesetze geschehen *(Fall a)*, aber auch außerhalb dieser Gesetze ablaufen *(Fall b)*. In Jakobus 5,17-18 wird von Elia berichtet, dass sein Gebet 3½ Jahre lang den Regen verhinderte und nach einem weiteren Gebet der Regen prompt einsetzte. Natürlich hat Gott hier gehandelt. Es geschah sein Wille, dennoch würde ein Meteorologe hier aus seiner Sicht kein Naturgesetz als verletzt ansehen. Als David im Kampf mit Goliat stand, traf er diesen tödlich mit einem Stein aus einer simplen Steinschleuder. Auch dies geschah offenbar ohne Verletzung eines Naturgesetzes, aber eindeutig unter der Mithilfe Gottes. Ich bin sogar gewiss: Hätte David den Stein nach hinten losgehen lassen – was bei einer so einfachen Konstruktion von einem Stück Leder mit zwei anhängenden Schnüren leicht denkbar ist –, so hätte er dennoch die eine kleine ungeschützte Stelle an der Stirn Goliats, die nicht gepanzert war, getroffen. Wenn *Karl May* schon um die Ecke schießen kann – wie viel mehr David im Namen Gottes! Beide Beispiele gehören somit zu *Fall a*.

Im Zeitalter der Aufklärung durchforstete man alle biblischen Texte danach, ob die berichteten Ereignisse auf natürliche Weise erklärbar seien, d.h., ob sie zu *Fall a* gehören. Wunder gemäß *Fall b* wurden als unmöglich verworfen und die entsprechenden Berichte damit als unwahr abgetan. Die moderne Theologie knüpft an diesen Gedanken an und stuft die meisten Berichte als mythologisch ein. In seinem berühmt gewordenen Aufsatz »Neues Testament und Mythologie« (1941) bezeichnete der Marburger Theologe *Rudolf Bultmann* (1884-1976) die Wunder als unzumutbar für jenen modernen Menschen, der elektrisches Licht benutzt und Radios verwendet.

Die Ereignisse der Bibel wollen und können in den meisten Fällen gar nicht im Rahmen der Naturgesetze verstanden werden. Gott handelt souverän. Er ist der Geber der Naturgesetze und steht somit selbst über ihnen. In seinem Handeln unterliegt er keiner Einschränkung, denn »bei Gott ist kein Ding unmöglich« (Lk 1,37). Sein Wille geschieht. Die **Schöpfung** selbst, so wie sie in 1.Mose 1 beschrieben wird, ist das erste in der Bibel berichtete Wunder. Er schafft in einem Sechstagewerk nach seinen Ideen und nach seinem Plan einen wunderbaren Kosmos.

Die **Auferstehung Jesu** ist ein weiteres markantes Ereignis, das sich jeder naturgesetzlichen Erklärung entzieht. Jeder Ansatz, hier eine biologische oder medizinische Deutung zu versuchen, geht am Eigentlichen vorbei. Die Auferstehung ist und bleibt eine besondere Handlung Gottes und geschah außerhalb der Naturgesetze.

Auch die Herkunft des **Wortes Gottes** entzieht sich jeder menschlichen Erklärung. Es ist ein göttliches Wunder. Paulus formuliert es in 2.Timotheus 3,16: »Denn alle Schrift ist von Gott eingegeben.«

Wir müssen geradezu damit rechnen, dass Wunder gemäß *Fall b* ständig der Kritik von Nichtglaubenden ausgesetzt sind. Aus ihrer Sicht wird nicht akzeptiert, dass Gottes Gedanken und Taten höher sind als unser menschlicher Verstand (Jes 55,8). So werden statt der Anerkennung der Größe Gottes Erklärungen gesucht, die sein übernatürliches Handeln überflüssig machen und Wunder auf eine menschlich einsichtige oder rein materialistische Ebene zu reduzieren versuchen. Solche Ideen sind von Anfang an zum Scheitern verurteilt und führen in die Irre.

1.16 Welche der biblisch bezeugten Wunder werden am häufigsten in Frage gestellt?

Ich denke, dass es bei den drei größten Wundern, die uns die Bibel nennt, die heftigste Kritik und demzufolge auch die meisten Irrlehren gibt:

1. Das Wunder der **Schöpfung** wurde durch die Evolutionslehre ersetzt. Sie ist keineswegs wissenschaftlich nachvollziehbar und versucht bei der Erklärung der Herkunft der Welt und allen Lebens ohne Gott auszukommen. Kerngedanke der Evolution ist, dass die in allen Lebewesen zu findende Information entweder gar nicht berücksichtigt wird oder allein in der Materie entstanden sein muss. Der Begründer der Evolutionslehre, *Charles Darwin* (1809-1882), hatte weder von der Tatsache der Information in den DNS-Molekülen den blassesten Schimmer noch von der immensen Informationsdichte. Die erst in den letzten Jahren erkannten Naturgesetze über Information stehen einem Evolutionsprozess, der ja nie beobachtet worden ist, strikt entgegen. Ein solches Perpetuum mobile der Information ist ein unmöglicher Vorgang und wird in dem Buch »Am Anfang war die Information«[10] ausführlich widerlegt.

2. Die siegreiche **Auferstehung Jesu** ist die feste und unaufgebbare Glaubensgrundlage christlicher Lehre. Ohne diesen realen Tatbestand in Raum und Zeit wäre niemand errettet: »Ist Christus aber nicht auferstanden, so ist euer Glaube nichtig, so seid ihr noch in euren Sünden; so sind auch die, die in Christus entschlafen sind, verloren« (1 Kor 15,17-18). Atheisten und liberale Theologen ersetzen das »leere« durch das »volle« Grab Christi und reden wie *Rudolf Bultmann*: »Eine Leiche kann nicht auferstehen.« In letzter Zeit hat der Göttinger Theologie-Professor *Lüdemann* viel Aufsehen durch seine Auffassung erregt, dass Jesus nicht auferstanden sei.

3. Bei der **Entstehung der Bibel** haben wir es mit einem Geheimnis der Informationsübertragung von

- Gott, dem Vater (z.B. 2 Tim 3,16)
- seinem Sohn Jesus Christus (z.B. Gal 1,12; Offb 1,1)
- und dem Heiligen Geist (z.B. 2 Petr 1,21)

zu den einzelnen Schreibern der Bibel hin zu tun. Wer diese Tatsache durch eine rein menschliche Entstehung und historische Zufälligkeiten zu erklären versucht, reduziert dieses Wunder in unangemessener Weise bis zur Unkenntlichkeit in den Bereich des menschlich Machbaren.

1.17 Warum hat Jesus die Wunder getan?

Die Wunder Jesu sind untrennbar mit seiner Verkündigung verbunden. Seine Autorität wird durch die begleitenden Wunder und Zeichen unterstrichen. In der Pfingstpredigt des Petrus erfahren wir den Grund: »Jesus von Nazareth, von Gott unter euch ausgewiesen durch Taten

---

[10] *Werner Gitt:* Am Anfang war die Information. Hänssler-Verlag, 3. überarbeitete und erweiterte Auflage 2002, 360 S.

und Wunder und Zeichen, die Gott durch ihn in eurer Mitte getan hat« (Apg 2,22). Die Wunder Jesu sind ein integraler Bestandteil seiner Mission und Lehre. Sie sind ein Zeichen Gottes, das von uns Menschen als Reaktion den Glauben und den Gehorsam fordert. In richtiger Weise reagierten auf das Wunder bei der Hochzeit zu Kana nur die Jünger Jesu. Von ihnen heißt es am Ende des biblischen Berichts: »Und seine Jünger glaubten an ihn« (Joh 2,11). Durch die Wunder wird der Schöpfer verherrlicht (Joh 9,3). Nie geschehen sie zur Befriedigung menschlicher Sensationslust.

1.18 Ist all das, was außerhalb der Naturgesetze geschieht, immer von Gott?

Als Mose und Aaron zum Pharao gingen, gab Gott ihnen eine Legitimation:

»*Wenn der Pharao zu euch sagen wird: Weist euch aus durch ein Wunder!, so sollst du zu Aaron sagen: Nimm deinen Stab und wirf ihn hin vor dem Pharao, dass er zur Schlange werde!*« (2Mo 7,9).

Das taten die Gottesmänner, und aus dem Stab wurde eine Schlange. Der Pharao holte seine Zauberer, und auch diese konnten ihre Stäbe in Schlangen verwandeln. Dieses Beispiel zeigt uns, dass auch der Teufel Unerklärliches tun kann. Selbst heute noch geschehen Dinge, die außerhalb des Rahmens der Naturgesetze ablaufen und dennoch nicht von Gott sind:

- Okkulte Praktiken
- Spiritismus
- UFO-Phänomene
- Heilungen durch Besprechen.

Wir müssen sehr sorgfältig die Quellen unterscheiden.

1.19 Zusammenfassende Definition der biblischen Wunder

Nach all dem zuvor Gesagten können wir die von Gott gewirkten Wunder präziser fassen. So nenne ich jetzt eine dritte Definition D3:

Definition D3: Wunder sind staunenswerte und außergewöhnliche Taten und Geschehnisse, die Gott oder sein Sohn Jesus Christus tut, wobei die Vorgänge meistens außerhalb der naturgesetzlichen Wirksamkeit ablaufen und einmalig sind.

Im Unterschied zu den dämonischen Wirkungen dienen die Wunder Gottes

- zur Verherrlichung Gottes (z. B. die Schöpfung, Ps 19,2; die Heilung des Blindgeborenen, Joh 9,3),
- als Hilfe für Menschen (z. B. ein Felsen in der Wüste gibt Wasser, 2Mo 17,1-6; Raben versorgen den hungrigen Elia, 1Kö 17,6),
- zur Stärkung des Glaubens (z. B. der Wein auf der Hochzeit zu Kana, Joh 2,11b),
- zur Rettung aus der Not (z. B. die Stillung des Sturmes, Mt 8,23-27),
- zur Rettung aus der Verlorenheit (z. B. der Kerkermeister von Philippi, Apg 16,31).

1.20 Sieht Gott seine Taten als Wunder an?

Die Bibel macht einen deutlichen Unterschied zwischen **Wundern** und **Werken**. Alle Taten Gottes sind für ihn »Werke«. So redet die Bibel bezüglich der Schöpfung von den Werken Gottes (1Mo 2,2; Ps 8,7; Ps 19,2; Röm 1,20). In Johannes 9,4 sagt Jesus:

*»Ich muss wirken die **Werke** des, der mich gesandt hat.«*

Aus der Sicht der Menschen sind diese Werke jedoch als Wunder zu bezeichnen.

Diesen Unterschied können wir uns einmal anhand der *mathematischen Dimensionen* verdeutlichen. Stellen wir uns (rein fiktiv) Wesen in der zweiten Dimension vor, so kennen diese konsequenterweise nur Gesetzmäßigkeiten der zweiten Dimension. All ihre Naturgesetze sind gegenüber uns dreidimensionalen Wesen eingeschränkt, weil sie nur in ihrer Fläche gültig sind. Sollten diese Flächenleute zwei deckungsgleiche, aber spiegelbildliche unregelmäßige Dreiecke zur Deckung bringen, so wäre das für sie eine unmögliche Aufgabe. Ihre Naturgesetze erlauben das nicht. Wir hingegen würden das eine Dreieck durch die dritte Dimension klappen und dann mit dem anderen in der Ebene verbliebenen Dreieck zur Deckung bringen. Das wäre für uns ein einfacher Vorgang – also ein **Werk** –, für die Flächenleute wäre unser Handeln eine Wirkung außerhalb ihrer gültigen Naturgesetze, und sie würden es daher als **Wunder** bezeichnen. Da Gott aus höheren Dimensionen als der unsrigen handelt, gelten bei ihm nicht unsere einschränkenden, dreidimensional wirksamen Naturgesetze. Was für ihn normale Werke sind, erweist sich für uns als Wunder.

1.21 Können auch Menschen Wunder tun?

Aus eigener Kraft kann kein Mensch ein Wunder vollbringen, es sei denn, Gott bevollmächtigt hier und da einen Menschen dazu:

- Mose schlug den Felsen in der Wüste, und es kam genug Wasser für die durstenden Israeliten heraus (2.Mose 17,1-6).
- Mit seinem Stab teilte er das Rote Meer, so dass das Volk Israel trockenen Fußes durchziehen konnte (2.Mose 14,16.21-22).
- Elia erweckte den toten Knaben (1Kö 17,17-24).
- Zu neutestamentlicher Zeit konnten die Jünger im Namen Jesu Wunder tun: Sie trieben böse Geister aus (Lk 9,1), sie heilten Kranke (Apg 3,1-9), und Paulus weckte einen Toten auf (Apg 20,9-12).

1.22 Geschehen auch heute noch Wunder?

Wenn Gott unsere Gebete erhört, sind das häufig Wirkungen, die außerhalb des für uns naturwissenschaftlich Erklärbaren liegen.

Die *Schöpfung* ist das größte übernatürliche Ereignis. Es ist bemerkenswert, dass die Bibel die Rettung des Menschen und die Schöpfung zueinander in Beziehung setzt (2Kor 4,6). Wer in Christus ist, ist damit zu einer neuen Schöpfung geworden (2Kor 5,17; Gal 6,15). Als das größte Wunder in unserer Zeit empfinde ich es, wenn Menschen zum lebendigen Glauben an Jesus kommen und dadurch ewiges Leben finden.

1.23 W7: Das Wunder des Glaubens

Ein Wunder ganz anderer Art wollen wir jetzt betrachten. Hierbei müssen nicht Naturgesetze außer Kraft gesetzt werden, sondern altes Denken muss durch neues ersetzt werden. In Apostelgeschichte 16,23-34 wird dieser Wandel von der Gottesferne zum Glauben beschrieben. Es handelt sich um die Bekehrung des Gefängnisaufsehers von Philippi:

23. *Nachdem man sie (Paulus und Silas) hart geschlagen hatte, warf man sie ins Gefängnis und befahl dem Aufseher, sie gut zu bewachen.*
24. *Als er diesen Befehl empfangen hatte, warf er sie ins innerste Gefängnis und legte ihre Füße in den Block.*
25. *Um Mitternacht aber beteten Paulus und Silas und lobten Gott. Und die Gefangenen hörten sie.*
26. *Plötzlich aber geschah ein großes Erdbeben, so dass die Grundmauern des Gefängnisses wankten. Und sogleich öffneten sich alle Türen, und von allen fielen die Fesseln ab.*

27. *Als aber der Aufseher aus dem Schlaf auffuhr und sah die Türen des Gefängnisses offen stehen, zog er das Schwert und wollte sich selbst töten; denn er meinte, die Gefangenen wären entflohen.*
28. *Paulus aber rief laut: Tu dir nichts an; denn wir sind alle hier!*
29. *Da forderte der Aufseher ein Licht und stürzte hinein und fiel zitternd Paulus und Silas zu Füßen.*
30. *Und er führte sie heraus und sprach: Liebe Herren, was muss ich tun, dass ich gerettet werde?*
31. *Sie sprachen:* Glaube an den Herrn Jesus, *so wirst du und dein Haus selig!*
32. *Und sie sagten ihm das Wort des Herrn und allen, die in seinem Hause waren.*
33. *Und er nahm sie zu sich in derselben Stunde der Nacht und wusch ihnen die Striemen. Und er ließ sich und alle die Seinen sogleich taufen*
34. *und führte sie in sein Haus und deckte ihnen den Tisch und freute sich mit seinem ganzen Hause, dass er zum Glauben an Gott gekommen war.*

In fünf Punkten wollen wir das Besondere dieses Berichtes herausstellen:

1. Der Gefängnisaufseher war ein brutaler Mann: Mit der Peitsche verdrosch er die Insassen des Gefängnisses von Philippi, so dass sie mit Striemen übersät waren.

2. Gegen Mitternacht wackeln infolge eines Erdbebens die Mauern des Gefängnisses, und die Türen zur Flucht stehen offen. Der Aufseher gerät in Ängste, denn wenn die Gefangenen geflohen sein sollten, würde er zur Rechenschaft gezogen und unzweifelhaft einen Kopf kürzer gemacht werden.

3. Keiner der Gefangenen ist geflohen.

4. Nun wird ihm von Paulus und Silas erstmals das Evangelium von Jesus Christus verkündigt. Ihm wird gesagt: »Glaube an den Herrn Jesus!« Warum sagt Paulus nicht: »Glaube an Gott!«? Darauf hätte er sicherlich geantwortet: »Götter haben wir hier in Griechenland genug – Zeus, Kronos und Rhea, Poseidon, Hades, Apollo, Artemis, Hermes, Ares und Dionysos. Auf der Akropolis in Athen verehren wir sogar eine Göttin, die Nike.« Aber Paulus nennt Jesus, den Gekreuzigten und Auferstandenen. Nur in ihm ist Heil und ewiges Leben zu haben. Im kanadischen Parlament wurde früher zur Eröffnung einer neuen Legislaturperiode ein Gebet zu Jesus gesprochen. Gegner beschwerten sich, und man fand den Kompromiss eines Gebets allein zu Gott. Damit waren alle einverstanden, auch die Vertreter anderer Religionen. Die Tragik aber war, dass man damit den Retter Jesus ausgeschlossen hatte. Auf die Frage des Kerkermeisters, »Was muss ich tun, um gerettet zu werden?«, gab es nur eine einzige Antwort – sie lautet: Jesus! Das verstand dieser Mann, und er nahm Jesus als persönlichen Retter an. Bemerkenswert ist, wie lange dieser Mann dazu brauchte, um eine Entscheidung zu treffen. Um Mitternacht hörte er zum ersten Mal, welches der Weg der Errettung ist. Sicherlich haben Paulus und Silas noch ausführlicher mit ihm gesprochen, doch selbst wenn wir einige Stunden dafür annehmen, geschah alles innerhalb eines Tages. Das kann für manch einen Leser ermutigend sein, der heute das Evangelium zum ersten Mal hört. Man braucht nicht erst 23 oder 168 oder 350 Predigten zu hören, um sich zu bekehren. Von der Kraft des Evangeliums her reicht eine einzige Botschaft aus. Es ist immer die fast unüberwindliche Mauer unseres Willens, die uns abhält.

5. Die Annahme des Herrn Jesus hat das Leben des Aufsehers auf einen Schlag verändert:

a) Benutzte er vor einigen Stunden noch die Peitsche, um die Gefangenen zu traktieren, so wusch er nun ihre Striemen und bemühte sich um erste Hilfe und Linderung der Schmerzen.

b) Auch die Gastfreundschaft ist eine deutliche Veränderung. Der Hass von vor wenigen Stunden schlug in Liebe um.

c) Offensichtlich wurde er gleich missionarisch gesinnt, denn er ließ auch seiner Familie das Evangelium sagen.

d) Nachdem er das Evangelium angenommen hatte, ließ er sich aufgrund des Glaubens taufen. Dieser Text wird fälschlicherweise immer wieder zur Begründung der Säuglingstaufe herangezogen. Hier steht jedoch ausdrücklich: »Und sie sagten ihm das Wort des Herrn und *allen*, die in seinem Hause waren« (V. 32). *Alle*, die in seinem Haus waren, hörten also zuerst auf das Wort. Sie konnten es verstehen und annehmen; und erst daraufhin ließen sie sich taufen.

Im folgenden Kapitel 1.24 finden wir eine Liste von Wundern sehr unterschiedlicher Art. In den meisten Fällen können die berichteten Ereignisse dadurch erklärt werden, dass der Schöpfer als der Allmächtige und Erfinder der Naturgesetze diese in einzelnen Fällen außer Kraft gesetzt hat und sich damit als der Herr über alle Dinge ausweist. Bei den »Wundern des Glaubens« müssen nicht Naturgesetze, sondern oft hohe Mauern des eigenen Ichs überwunden werden; es sind dies

- Mauern des eigenen festgefahrenen Denkens
- Mauern des Stolzes und der Selbstgerechtigkeit
- Mauern des Zweifels und der Ängste
- Mauern des verhärteten Herzens.

Die Wirkung bei dem Betreffenden, der zum Glauben kommt, übersteigt alles menschlich Fassbare und Vorstellbare. Er gelangt von seinem Weg der Verlorenheit auf den Weg des Heils und wird von dem Tag an eingeschrieben als Bürger des Himmels: »Unser Bürgerrecht aber ist im Himmel« (Phil 3,20). Die Wirkung ist ungleich bedeutsamer, als wenn ein Toter auferweckt wird und dann später doch wieder unerlöst stirbt. Was hilft es ihm, wenn er sein Leben um ein paar Jahre verlängert bekommt und dann doch wieder sterben muss, aber nicht errettet ist? Wir sehen daran: Zum persönlichen Glauben an Jesus Christus zu kommen, ist das Größte, was in unserem Leben überhaupt passieren kann.

Wir beobachten, dass es eine Häufung von Wundern zur Zeit Jesu gab. Auch die Apostel konnten im Namen Jesu Wunder vollbringen. Verglichen mit jener Zeit gibt es zwar auch heute noch Wunder, aber ihre Häufigkeit hat signifikant abgenommen. Geblieben aber ist das größte Wunder, das auch heute überall geschehen kann und auch immer wieder geschieht: das Wunder des Glaubens.

1.24 Verschiedenartige biblische Wunder

In Hiob 9,10 heißt es: »Er tut große Dinge, die nicht zu erforschen, und Wunder, die nicht zu zählen sind.« Die Bibel gibt uns keine vollständige Auflistung aller durch Gott geschehenen Wunder. Der Apostel Johannes beendet darum sein Evangelium mit der einschränkenden Formulierung: »Es sind noch viele andere Dinge, die Jesus getan hat. Wenn aber eins nach dem anderen aufgeschrieben werden sollte, so würde, meine ich, die Welt die Bücher nicht fassen, die zu schreiben wären« (Joh 21,25). Dabei sind die Wunder, von denen die Bibel berichtet, nur solche, die hier auf Erden geschehen sind. Auch im Himmel handelt der Herr wunderbar, denn »er tut Zeichen und Wunder im Himmel und auf Erden« (Dan 6,27). Die folgende Liste von Wundern ist keineswegs vollständig hinsichtlich der biblischen Berichte. Es wurde nur eine Auswahl getroffen, um zu zeigen, in welch unterschiedlichen Gebieten und Kategorien Gott wunderbar gehandelt hat.

Astronomische Wunder

- Wolken- und Feuersäule als Wegweiser beim Auszug des Volkes Israel aus Ägypten (2Mo 13,21-22)
- Der lange Tag zur Zeit Josuas (Jos 10,12-14)
- Als Zeichen für Hiskia ging die Sonnenuhr zehn Striche rückwärts (2Kö 20,1-11; Jes 38,1-8)
- Der Stern von Bethlehem als Wegweiser für die Weisen aus dem Morgenland (Mt 2,1-12)

- Die dreistündige Verfinsterung der Sonne bei der Kreuzigung (Mt 27,45; Mk 15,33; Lk 23,44)
- Die Verfinsterung von Sonne und Mond und die Veränderung der Gravitationskräfte bei der Wiederkunft Jesu (Mt 24,29; noch nicht geschehen).

Physikalische Wunder

- Durchzug des Volkes Israel durchs Rote Meer, während das Wasser rechts und links eine Mauer bildete (2Mo 14,29)
- Der Fall der Mauern Jerichos durch den Schall der Posaunen (Jos 6,1-27)
- Das Volk Israel ging trockenen Fußes durch den Jordan, während das Wasser seitlich wie eine Mauer stand (Jos 3,12-17)
- Feuer aus dem Fels verzehrte Fleisch und Brote bei Gideon (Ri 6,20-21)
- Das thermodynamische Wunder des Taus auf dem Boden der Tenne bei Gideon (Ri 6,36-40)
- Elia teilte mit seinem Mantel den Jordan (2 Kön 2,8)
- Elisa teilte ebenfalls mit Elias Mantel den Jordan (2 Kön 2,14)
- Überwindung des Schwimmgesetzes: Eisen schwamm auf dem Wasser zur Zeit Elisas (2 Kön 6,4-7)
- Überwindung des Energiesatzes bei der Stillung des Sturmes auf dem See Genezareth (Mt 8,23-27; Mk 4,35-41; Lk 8,22-25)
- Überwindung der Schwerkraft: Jesus ging auf dem See Genezareth (Mt 14,25-33; Mk 6,48-52; Joh 6,16-21)
- Der Vorhang im Tempel zerriss von oben bis unten ohne menschliche Einwirkung (Mt 27,51; Mk 15,38; Lk 23,45).

Ballistische Wunder

- Auf Anhieb traf David den gepanzerten Goliat an der einen kleinen verletzlichen Stelle mit einem Stein aus einer Steinschleuder (1Sam 17,33-51).

Chemische Wunder

- Schwefel und Feuer regneten vom Himmel herab auf Sodom und Gomorra (1Mo 19,24-25)
- Lots Frau erstarrte zur Salzsäule (1Mo 19,26)
- Der nicht verbrennende Dornbusch bei Mose (2Mo 3,2-3)
- Beim Auszug aus Ägypten fand das Volk Israel bitteres Wasser in der Wüste. Durch ein Holz wurde es zu Süßwasser (2Mo 15,22-25)

- Das Feuer bei Elia, mit dem sogar Steine und Wasser verbrannten (1Kö 18,38)
- Das Feuer vom Himmel verzehrte zweimal je einen Hauptmann mit seinen 50 Leuten (2Kö 1,9-14)
- Jesus verwandelte Wasser in Wein (Hochzeit zu Kana; Joh 2,1-11).

Wunder der Nahrungsvermehrung

- Versorgung des Volkes Israel während der Wüstenwanderung (2Mo 16,1-35)
- Der ständig gefüllte Mehltopf und Ölkrug (1Kö 17,8-16)
- Elia wurde in der Wüste mit Brot und Wasser versorgt (1Kö 19,4-8)
- Die mit Öl gefüllten Gefäße der Witwe (2Kö 4,1-7)
- Die Speisung der hundert Mann (2Kö 4,42-44)
- Die Speisung der 5000 (Mt 14,13-21; Mk 6,30-44; Lk 9,10-17; Joh 6,1-10)
- Die Speisung der 4000 (Mt 15,32-39; Mk 8,1-9).

Biologische Wunder

- Die Sammlung aller Arten der Landtiere in Noahs Arche (1Mo 6,14-16)
- Der Stab des Mose wurde zur Schlange (2Mo 4,2-4)
- Die zehn Plagen in Ägypten (2Mo 7 – 11)
- Schlangengift wurde durch den Blick zur ehernen Schlange unwirksam (4Mo 21,6-9)
- Simson zerriss mühelos einen jungen Löwen, der also noch im Vollbesitz seiner Kräfte war (Ri 14,5-6)
- Simson brachte durch seine Hände eine Stadthalle, in der sich 3000 Männer und Frauen aufhielten, zum Einsturz (Ri 16,26-30)
- Jona überlebte drei Tage im Bauch eines Fisches (Jona 2,1-11)
- Daniel wurde in der Löwengrube bewahrt (Dan 6,17-25)
- Paulus tat ein Schlangenbiss nichts an (Apg 28,3-5).

Botanische Wunder

- Aarons grünender Stab (4Mo 17,16-28)
- Das schnelle Wachstum der Staude und der Wurm bei Jona (Jona 4,6-7)
- Der plötzlich verdorrte Feigenbaum (Mt 21,18-22; Mk 11,12-24).

Wunder mit Fischen

- Die kaum zu bergende Menge beim Fischzug des Petrus (Lk 5,1-11)

- Der Fischfang (153 große Fische) des Petrus nach der Auferstehung Jesu (Joh 21,1-14)
- Die Münze im Maul des Fisches (Mt 17,27).

Geologische Wunder

- Wasser sprudelte aus einem Felsen am Horeb; Mose soll den Felsen schlagen (2Mo 17,6)
- Wasser kam aus dem Felsen am Haderwasser; Mose sollte diesmal mit dem Felsen reden (4Mo 20,8-13)
- Simson wurde mit Wasser versorgt, das aus einer Höhlung floss (Ri 15,18-19).

Meteorologische Wunder

- Vor der Sintflut regnete es weltweit ununterbrochen 40 Tage und 40 Nächte lang (1Mo 7,12)
- Der plötzliche heiße Ostwind bei Jona (Jona 4,8)
- Das Gebet des Elia verhinderte 3½ Jahre den Regen, und dann bewirkte es einen plötzlichen Regen (Jak 5,17-18).

Medizinische Wunder

- Die Hand des Mose wurde aussätzig und wieder geheilt (2Mo 4,4-7)
- Die Heilung des syrischen Hauptmanns Naaman (2Kö 5,1-19)
- Heilung eines Aussätzigen (Mt 8,1-4; Mk 1,40-45; Lk 5,12-16)
- Heilung des Knechtes des Hauptmanns von Kapernaum (Mt 8,5-13; Lk 7,1-10)
- Heilung von zwei Blinden und einem Stummen (Mt 9,27-33)
- Heilung des Mannes mit der verdorrten Hand (Mt 12,9-13; Mk 3,1-5; Lk 5,6-10)
- Heilung des Gichtbrüchigen (Mt 9,1-8; Mk 2,1-12; Lk 5,17-26)
- Heilung der blutflüssigen Frau (Mt 9,20-22; Mk 5,25-34; Lk 8,43-48)
- Heilung des blinden und stummen Besessenen (Mt 12,22-23)
- Heilung eines Blinden in Betsaida (Mk 8,22-26)
- Heilung der beiden Blinden bei Jericho (Mt 20,29-34)
- Heilung des blinden Bartimäus (Mk 10,46-52; Lk 18,35-43)
- Heilung eines Wassersüchtigen am Sabbat (Lk 14,1-6)
- Heilung der zehn Aussätzigen (Lk 17,11-19)
- Heilung eines abgeschlagenen Ohres (Lk 22,50-51)
- Heilung des Sohnes eines königlichen Beamten (Joh 4,46-53)
- Heilung des Kranken am Teich Betesda (Joh 5,1-18)

- Heilung des Blindgeborenen (Joh 9,1-41)
- Zacharias wurde stumm (Lk 1,20) und bekam die Sprache wieder (Lk 1,64)
- Heilung des Gelähmten an der Tempeltür (Apg 3,1-12)
- Heilung des Gelähmten von Lystra (Apg 14,8-20)
- Paulus heilte den Vater des Publius vom Fieber und von der Ruhr (Apg 28,8-9).

Gynäkologische Wunder

- Sechs unfruchtbare Frauen wurden nach Gebet schwanger:
  - Sara bekam Isaak (1Mo 21,1-3)
  - Rebekka bekam die Zwillinge Jakob und Esau (1Mo 25,21.26)
  - Die Frau von Manoach bekam Simson (Ri 13,3.24)
  - Rahel bekam Josef (1Mo 30,1.22-24)
  - Hanna bekam Samuel (1Sam 1,5.20)
  - Elisabeth bekam Johannes (Lk 1,7.57-66)
- Die Geburt Jesu durch die Jungfrau Maria (Mt 1,18-25; Lk 1,26-38).

Wunder der Erhaltung

- Während der 40-jähigen Wüstenwanderung erlebten die Israeliten, dass die Kleider nicht verschlissen, die Füße nicht anschwollen und die Schuhe sich nicht abnutzten (5Mo 8,4; 29,4)
- Die drei Männer Schadrach, Meschach und Abed-Nego im Feuerofen hatten weder Spuren der Versengung noch Brandgeruch an Kleidern und Haupthaar (Dan 3,12-30).

Linguistische Wunder

- Die plötzliche Entstehung der Sprachenvielfalt in Babel (1Mo 11,1-9)
- Die sprechende Eselin bei Bileam (4Mo 22,23-30)
- Die Schrift an der Wand bei Belsazars Gastmahl (Dan 5,1-30)
- Das Sprachwunder zu Pfingsten (Apg 2,1-13).

Wunder der Dämonenaustreibung

- Zwei Männer aus den Grabhöhlen in der Gegend der Gadarener/ Gerasener (Mt 8,28-34; Mk 5,1-20; Lk 8,26-39)
- Ein Stummer und Besessener (Mt 9,32-33)
- Ein blinder und stummer Besessener (Mt 12,22-23; Lk 11,14)
- Die Tochter der kanaanäischen Frau (Mt 15,21-28;Lk 7,24-30)

- Der Mann in der Synagoge von Kapernaum (Mk 1,23-27; Lk 4,33-37)
- Die Magd aus Philippi mit dem Wahrsagegeist (Apg 16,16-18).

Wunder der Totenauferweckung

- Der Sohn der Witwe zu Zarpat (1Kö 17,17-24; durch Elia)
- Der Sohn der Schunemiterin (2Kö 4,32-37; durch Elisa)
- Der Mann im Grab des Elisa (2Kö 13,20-21)
- Lazarus (Joh 11,1-45; durch Jesus)
- Tochter des Jaïrus (Mk 5,35-43; durch Jesus)
- Der Jüngling zu Nain (Lk 7,11-17; durch Jesus)
- Die Heiligen nach der Auferstehung Jesu (Mt 27,52-53)
- Die Jüngerin Tabita (Apg 9,36-43; durch Petrus)
- Eutychus (Apg 20,8-12; durch Paulus).

Das Wunder der Schöpfung

- Erschaffung der Welt und allen Lebens (1Mo 1+2; Joh 1,1-3; Kol 1,16-17; Hebr 1,2; Hebr 11,3).

Das Wunder der Auferstehung Jesu

- Mt 28,1-7; Mk 16,1-8; Lk 24,1-12; Joh 20,1-10.

Das Wunder des Wortes Gottes

- Ps 19,8-15; Ps 119
- Die drei Autoren:
  Gott (1 Tim 3,16), Jesus Christus (Gal 1,12), Heiliger Geist (2 Petr 1,21)
- Das Wort Gottes ist:
  - wahr (Ps 119,160; Joh 17,17)
  - lauter (Ps 19,9; Ps 119,140)
  - vollkommen (Ps 19,8)
  - ewig (Ps 19,10)
  - kostbar (Ps 19,11)
  - vertrauenswürdig (Apg 24,14).

Wunder der Überwindung von Raum und Zeit

- Die Entrückung des Henoch (1Mo 5,24)
- Das Erscheinen von Engeln (Ri 13,3; Lk 2,9)

- Die Entrückung des Elia in den Himmel mit einem feurigen Wagen mit feurigen Rossen (2Kö 2,11-12)
- Der plötzliche Ortswechsel (Entrückung von einem Ort zum anderen) des Hesekiel (Hes 3,14-15)
- Die Befreiung des Petrus aus dem Gefängnis (Apg 12,1-17)
- Die Befreiung der Apostel aus dem Gefängnis (Apg 5,19)
- Der plötzliche Ortswechsel (Entrückung von einem Ort zum anderen) des Philippus (Apg 8,39)
- Entrückung des Paulus ins Paradies (2Kor 12,2-4)
- Die zehn berichteten Erscheinungen Jesu nach seiner Auferstehung. Wahrscheinlich geschah es in der folgenden Reihenfolge. Es sahen ihn:
  1) Maria Magdalena – Joh 20,11-18; Mk 16,9
  2) die anderen Frauen – Mt 28,8-10
  3) Petrus – Lk 24,34; 1Kor 15,5
  4) die Jünger zu Emmaus – Lk 24,13-35; Mk 16,12
  5) die zehn Jünger (ohne Thomas) – Lk 24,36-43; Joh 20,19-29
  6) die elf Jünger acht Tage später (mit Thomas) – Joh 20,24-29
  7) die sieben Jünger am See Tiberias – Joh 21,1-23
  8) die fünfhundert Brüder – 1Kor 15,6
  9) Jakobus – 1Kor 15,7
  10) die elf Jünger bei der Himmelfahrt – Apg 1,3-12

  Wahrscheinlich erschien Jesus noch weitere Male während der 40 Tage zwischen seiner Auferstehung und Himmelfahrt (Apg 1,3). Als der erhöhte Herr wurde er auch gesehen von Stephanus (Apg 7,56), von Paulus (Apg 9,3-8) und von Johannes (Offb 1,12-18)
- Die Himmelfahrt Jesu (Mk 16,19; Lk 24,50-53; Apg 1,1-11)
- Die Entrückung der Gläubigen (1Thes 4,15-17)
- Die Wiederkunft Jesu (Mt 24,25-30; Lk 21,25-27; Offb 1,7).

Das Wunder des Glaubens

- Die Berufung des Matthäus (Mt 9,9)
- Zachäus (Lk 19,1-10)
- Die 3000 nach der Pfingstpredigt des Petrus (Apg 2,38-42)
- Der Finanzminister von Äthiopien (Apg 8,26-39)
- Die Bekehrung des Saulus, genannt Paulus (Apg 9,1-19; Apg 13,9)
- Die Leute von Lydda und Scharon nach der Heilung des Äneas (Apg 9,32-35)
- Viele in Antiochia wurden gläubig (Apg 11,21)
- Der Statthalter Sergius Paulus (Apg 13,7+12)
- Der Kerkermeister von Philippi (Apg 16,23-34)
- Die Bekehrung der Lydia (Apg 16,14-15).

Teil II

Wunderbares
– Selbst erlebte Geschichten

Einleitung

In diesem zweiten Teil des Buches berichte ich von Begegnungen und Bekehrungen, die ich weltweit erlebt habe und die mir wie ein Wunder vorkommen. Wie schon erwähnt, empfinde ich es als das größte Wunder im Leben eines Menschen, wenn er den rettenden Glauben an Jesus Christus annimmt. Die meisten Berichte drehen sich um diese zentrale Frage: »Wie kann ich zum Glauben kommen?« Es ist für mich etwas Besonderes, dass ich in den vergangenen Jahren so oft erleben durfte, wie Gott aus den unterschiedlichsten Lebenssituationen Menschen für die Ewigkeit rettet, wobei sich die meisten Gespräche über den Glauben direkt nach Vorträgen ergaben. Im Unterschied zu den in der Bibel genannten Wundern nenne ich das selbst Erlebte »Wunderbares«.

Mit den zahlreichen Beispielen möchte ich einen Bezug zu vielleicht ähnlichen Situationen in Ihrem Leben herstellen. Das Wirken Gottes ist jederzeit aktuell! Die meisten der nachfolgend geschilderten eigenen Erlebnisse zeigen, durch welche Umstände Menschen zum Glauben an Jesus kommen. Daran will ich Sie gerne teilhaben lassen. Es bleibt jedoch nicht aus, dass die biblische Botschaft hier und da auf Ablehnung stößt. Auch solche Beispiele klammere ich nicht aus.

Bei meinen Vorträgen verwende ich aus dem so entstandenen Fundus immer wieder auch Erlebtes und Erfahrenes, um damit das Wirken Gottes in heutiger Zeit zu demonstrieren. *Christian Brandt,* Inhaber eines Mediendienstes[1], reist oft mit mir zu den verschiedenen Einsatzorten und nimmt die Vorträge live auf, die dann unmittelbar nach der Veranstaltung als Kassette oder CD erhältlich sind. So gelangt die biblische Botschaft, die durch heute Erlebtes aktualisiert und lebendig wird, auch an Orte, an die ich nie hinkomme. Nicht selten sind Kassetten oder CDs der Auslöser dafür, dass auch andernorts Menschen zum lebendigen Glauben kommen.

Oft sind die Tonträger auch der Auslöser für Einladungen zu anderen Vortragsdiensten. An einem Beispiel will ich das schildern: In der Zeit vom 9. August bis 29. September 2001 war ich zu meiner ersten Vortragsreise in Paraguay. Ein Jahr zuvor hatte ich abends einen Anruf erhalten, ob ich mir vorstellen könne, zu einem mehrwöchigen Dienst nach Paraguay zu kommen. Nach einer Bedenkzeit sagte ich zu. Als meine Frau und ich während des Paraguay-Aufenthaltes an einem Samstagmorgen durch den Supermercado (Supermarkt) gingen, kam ein freundlicher Mann auf uns zu und stellte sich als Leiter dieses Einkaufszentrums vor. Er fragt mich: »Wissen Sie eigentlich, warum Sie hier

---

1 Christlicher Audiodienst, Lemgo

in Paraguay sind?« – »Ja, ich wurde hierher eingeladen, und da habe ich zugesagt.« – »Stimmt, aber ich will es Ihnen genauer erklären: Vor längerer Zeit erhielt ich aus Deutschland eine Kassette mit einem Vortrag von Ihnen. Ihre klaren Ausführungen zu dem behandelten Thema und die evangelistische Zuspitzung haben mich beeindruckt. Ich gab die Kassette den leitenden Brüdern in den Gemeinden mit der Bitte um Prüfung, ob man den Mann einmal hierher einladen sollte. Sie haben geprüft und Sie dann eingeladen – darum sind Sie hier.« – »Von diesen Details habe ich nichts gewusst. Danke für Ihre Erklärung.« Hätte ich diesen Mann nicht »zufällig« im Supermercado getroffen, wüsste ich bis heute nicht die näheren Hintergründe.

Die vielen erfreulichen Erlebnisse, von denen ich im Folgenden berichten werde, könnten den Eindruck vermitteln, es sei doch sehr leicht, Menschen für den Glauben zu gewinnen. Die selektive Auswahl von meist sehr eindrücklichen Erlebnissen unterstützt diese Annahme weiterhin. Aus diesem Grund nenne ich ganz bewusst auch hier und da Gespräche, die nicht mit einer Entscheidung für Christus endeten. Es ist ein Markenzeichen der Bibel, dass die Begegnungen mit Jesus immer authentisch sind. Nicht zuletzt wird dies daran deutlich, dass die Bibel uns immer wieder berichtet, wo, wann und bei welchem Anlass etwas geschah. So werden wir als heutige Bibelleser nicht mit langweiligen theoretischen und theologischen Abhandlungen konfrontiert, sondern sind hineingenommen an jene Orte in Raum und Zeit, wo sich alles ereignete. Daran möchte ich mich anlehnen, und darum nenne ich in den meisten Fällen auch, an welchem Ort, bei welchem Anlass und zu welcher Zeit sich das Erlebte zutrug. Meistens nenne ich die Namen, wenn ich sie kenne, manchmal lasse ich sie jedoch aus Personenschutzgründen weg.

Bei den biblischen Berichten fällt ein weiterer Aspekt bei der Art der Informationsübermittlung auf: Viele zentrale Lehraussagen der Bibel stehen nicht isoliert in irgendeinem Kapitel, sondern sind vielmehr eingebunden in Begegnungen mit Menschen. Erst auf die Frage des Thomas: »Herr, wir wissen nicht, wo du hingehst, wie können wir den Weg wissen?«, antwortet Jesus mit dem viel zitierten Satz: »Ich bin der Weg und die Wahrheit und das Leben; niemand kommt zum Vater denn durch mich« (Joh 14,6). Ebenso ist das so wichtige *Ich-bin-Wort Jesu* »Ich bin die Auferstehung und das Leben« (Joh 11,25) eingebettet in die Schilderung des Todes und der Auferweckung des Lazarus. Auch hier möchte ich aus der Bibel lernen und in den folgenden Berichten immer wieder auch biblische Lehre vermitteln.

Bei allen Auslandsreisen führe ich ein Tagebuch, damit mir bei der Flut von Neueindrücken nichts Wichtiges verloren geht oder durcheinander gerät. Auf diese Weise ist es möglich, auch Jahre zurückliegende Ereignisse und Gespräche noch detailliert wiederzugeben.

Die folgenden Berichte beginnen zunächst mit Erlebnissen aus den Ländern der früheren Sowjetunion. Auch meine frühere Heimat Nordostpreußen gehört heute zu Russland. Sie trägt den Namen Oblast Kaliningrad. Damit Sie einen Eindruck von meinem persönlichen Hintergrund bekommen, stelle ich den Bericht über meine Kindheitserlebnisse voran.

In den meisten der folgenden Beiträge werden Personen namentlich genannt. In all diesen Fällen waren die Betreffenden mit dem Abdruck der Texte in der vorliegenden Form einverstanden. Dafür möchte ich mich an dieser Stelle bei jedem bedanken.

Die Kapitel 2.39 und 2.40 fallen insofern etwas aus dem Rahmen dieses Teils II, da es hier nicht um Personen, sondern um Pflanzen und Tiere geht, die mich wegen des Wunderbaren sehr beeindruckt haben.

Dank: Die Teile II und III dieses Buches wurden auch von der Diplom-Übersetzerin *Dörte Götz* und der Journalistin *Bettina Hahne-Waldscheck* durchgesehen. Für alle mir gegebenen Hinweise und Verbesserungsvorschläge danke ich beiden sehr herzlich.

2.1 Meine Kindheit in Ostpreußen

Unbeschwert in Raineck

Ich wurde am 22. Februar 1937 in Raineck[2] (Kr. Ebenrode; russ. *Nesterow*) im nördlichen Ostpreußen geboren. Das Dorf hatte 133 Einwohner (Stand: 7. Mai 1939)[3] und war nur 15 Kilometer von der litauischen Grenze entfernt.

---

2 Bis 1938 gab es in Ostpreußen teilweise recht merkwürdige und ungewöhnliche Ortsnamen. Im Laufe der Besiedlung des Landes waren Menschen aus unterschiedlichen Gegenden und Ländern eingewandert. Manche wurden in ihrem Ursprungsland aus Glaubensgründen verfolgt (z. B. die evangelischen Salzburger aus Österreich oder die Hugenotten aus Frankreich), andere kamen aus wirtschaftlichen Gründen, um günstig Land zu erwerben. In Gumbinnen gab es einmal so viele eingewanderte Franzosen, dass in jener Zeit Französisch Amtssprache war. Aufgrund unterschiedlicher Einflüsse entstanden die alten Ortsnamen, von denen sich manche direkt lustig anhörten, bei anderen war es fast unmöglich, sie richtig zu schreiben, wenn man sie nur gehört hatte. Mein Geburtsort Raineck hieß zuvor Uszdeggen (gesprochen: Uschdegg). Einige weitere Beispiele sind (in Klammern die neuen Namen ab 1938): Jodszleidszen (Altlinden), Jentkutkampen (Burgkampen), Packallnischken (Bergendorf), Schwirgallen (Eichhagen), Skrolienen (Buchenrode), Kiaulacken (Quellbruch), Gr. Schurschienen (Moorgrund), Tublauken (Schweizerfelde), Brakupöhnen (Rosslinde), Warckallen (Rolofseck).

3 *Georg Hermanowski*: Ostpreußen Wegweiser durch ein unvergessenes Land. Kraft-Verlag, Würzburg, 2. Auflage 1989, S. 317.

Meine Mutter Emma Gitt als Konfirmandin, 1917.

Eine Wiege habe ich nie besessen, dafür lag ich im Sommer in einem Wäschekorb unter den Bäumen des Gartens, der das etwa 100 Jahre alte Fachwerkhaus umgab. Ich verbrachte eine schöne und unbeschwerte Kindheit auf dem elterlichen Bauernhof. Soweit ich mich erinnern kann, waren heiße Sommer und kalte Winter mit sehr viel Schnee damals das Normale. Wenn es einmal so heftig regnete, dass der Hof überflutet war, dann schwammen die meterlangen Futtertröge für die Enten und Gänse auf dem »Hofsee« und wurden von mir sogleich als Boot genutzt.

Oft strolchte ich auf der Wiese umher, die an das Haus grenzte und zu der auch ein Teich gehörte. Der Teich versorgte die Kühe mit dem notwendigen Trinkwasser, und die Enten schnäbelten im Wasser nach allerlei Essbarem. Tauchte ich im Sommer hier auf und ging dann in Richtung Hof, verließen alle Enten schlagartig den Teich und folgten mir im Entenmarsch. Sie hatten sich gemerkt, dass nun bald der Tisch für sie reich gedeckt werden würde, denn auf dem Hof angekommen, eilte ich zum Getreidespeicher, um mit reichlich Körnern zurückzukommen. So wurde ich zum Liebling der Enten.

Ganz anders beurteilten mich die Hühner. Manchmal öffnete ich die Tür des Hühnerstalls, nachdem das Federvieh sich bereits auf den Stangen zum Schlafen eingefunden hatte. Mein lauter Schrei »Husch, husch!« unterbrach die Ruhe, und alle Hühner flatterten wild im Stall umher. Was ich als Gaudi empfand, war für die Hühner weniger zum Lachen. So galt ich bei ihnen wahrscheinlich als der Hühnerschreck.

Im Winter gab es oft so viel Schnee, dass sich meterhohe Schneeberge auf dem Hof türmten, die durch Schneeverwehungen zustande kamen. Zwischen der Scheune und den beiden Ställen konnte der Wind vom verschneiten Feld ständig neuen Schnee herbeischaffen. Statt Lederschuhen trug ich ausschließlich »Klompe«, also Holzschuhe, die mein Vater selbst in der gut ausgestatteten Werkstatt anfertigte. Mit diesem

Schuhwerk bekam man keine kalten Füße, und wenn der Schnee schon »pappte«, bildeten sich manchmal zehn Zentimeter hohe oder noch höhere Schneebatzen, die am Holz klebten.

Die liebevolle Art meiner Mutter rührt mich noch heute in meiner Erinnerung. Überall, wo sie etwas auf dem Bauernhof verrichtete, durfte ich dabei sein. Sie hatte ein Herz für alle. Immer wieder kamen Bettler

Bauernhof Gitt in Raineck. Im Vordergrund steht mein Vater auf dem Feld. Rechts: Stall mit davor stehender Baumreihe. Links: Hinter den hohen Birken befindet sich das von hier aus nicht sichtbare Wohnhaus, 1943.

und Landstreicher zu uns. Niemand verließ unseren Hof, ohne reichlich mit Essen versorgt worden zu sein. Meine Mutter ließ die Landstreicher manchmal sogar übernachten.

Wenn Vater vom Feld kam und im Wohnzimmer seinen Stammplatz einnahm, eilte ich auf seinen Schoß, und er erzählte mir allerlei Geschichten. Er hatte immer Zeit für mich.

Vater war mit großer Freude Bauer. Er erzählte später oft, wie er jene Felder, die an der Straße lagen, besonders gut düngte, um Vorübergehende in Staunen zu versetzen. Rüben an der Straße hatten oft Übergröße und wären heutzutage weltrekordverdächtig, denn sie standen wie die »Thomasmehlsäcke«. Mein Vater verglich gern seine Rüben mit den 50 kg schweren Säcken für Düngemittel.

Er war sehr fortschrittlich und hatte oft als Erster im Dorf eine neue landwirtschaftliche Maschine, die gerade auf den Markt gekommen war. Im Gegensatz dazu war mein Großvater, was Neukäufe anbetraf, sehr zurückhaltend. Da alle im selben Haus miteinander wohnten, gab es vor jeder größeren Anschaffung heftige Diskussionen.

Während sich die heutigen Bauern aus wirtschaftlichen Gründen entweder auf Viehzucht oder auf Getreideanbau spezialisieren, gab es damals auf einem Bauernhof von allem etwas. Wir hatten Pferde, Kühe, Schweine, Schafe und eine Vielfalt an Federvieh: Puten, Gänse, Enten und Hühner. Angebaut wurden verschiedene Getreidesorten und Hackfrüchte. Auch der Mohn für den berühmten ostpreußischen

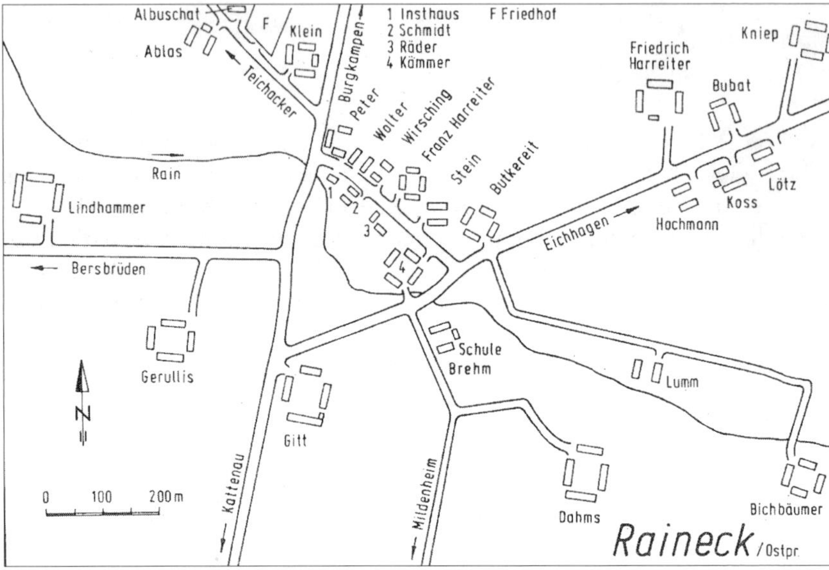

Lageplan des Dorfes Raineck, vor 1945.

Mohnkuchen durfte nicht fehlen. Die Kühe wurden selbstverständlich noch von Hand gemolken. Wenn das Vieh versorgt war, ging es von frühmorgens bis abends aufs Feld. Da kam im Sommer keine Langeweile auf. Im Winter sah das schon anders aus. Da galt es nur die Tiere zu versorgen und die Geräte auszubessern, so dass wir viel Zeit hatten, um abends zusammen am Kachelofen zu sitzen.

Bei uns auf dem Land wurde ausschließlich Platt gesprochen, und so konnte ich kein einziges Wort Hochdeutsch[4], als ich im Sommer 1943 eingeschult wurde. Die Rainecker Dorfschule hatte, wie es damals auf

[4] Da Ostpreußisch Platt meine eigentliche Muttersprache ist, habe ich später einmal das 24. Kapitel des Matthäusevangeliums in diese inzwischen verloren gegangene Mundart übersetzt. Hier nenne ich einmal nur die Verse 35 bis 51. (Hinweis für die Aussprache: Manche Laute kommen im Hochdeutschen nicht vor und können darum schriftlich nur ungenau erfasst werden, wie z. B. »oa«. Dies ist ein offener langer, zwischen a und o schwebender Laut wie im Englischen »nought«.)
35. De Himmel un de Eerd ware vargoane; obber miene Woord ware nich vargoane.
36. Obber äver dissem Dach un disse Stund weet keiner Bescheed, uck nich de Engel im Himmel un uck nich de Sähn; dat weet alleen de Voader.
37. So wie et sich tur Tied Noahs avjespählt had, so wart et uck sön, wenn de Mönsche Sähn kemmt.

dem Lande so üblich war, nur ein einziges Klassenzimmer, in dem die Schüler aller acht Klassen gleichzeitig unterrichtet wurden. Die erste Klasse saß auf den ersten beiden Bänken des linken Blocks. Die achte Klasse saß in der letzten Reihe des rechten Blocks, dazwischen saßen nach Jahrgängen geordnet die anderen Klassen. Der Lehrer konnte natürlich immer nur zu den Schülern einer Klasse sprechen – es sei denn, er sagte zum Beispiel: »Nun die Klassen drei bis sechs hinhören.« Die anderen lasen, rechneten, schwatzten oder schauten einfach nur in die Luft. Lehrer *Brehm* unterrichtete zwar auf Hochdeutsch, aber er akzeptierte es, dass ich alles auf Platt sagte. Wie die anderen mit mir eingeschulten Kinder sprachen, daran kann ich mich allerdings nicht mehr erinnern.

Als ich eingeschult wurde, hatte mein acht Jahre älterer Bruder *Fritz* (* 29. Oktober 1929) bereits die Rainecker »Bildungsstätte« durchlaufen und arbeitete als angehender Bauer auf dem Hof.

Unser Lehrer war offenbar schon damals seiner Zeit weit voraus und verfügte über feinste pädagogische Sensibilität. Da ich bezüglich Musik

---

38. Denn groad so wie de Mönsche doamals vaare groate Flut beschäftigt were möt äte, drinke, friee un sich friee loate böt hen to däm Dach, wo Noah önne Arche jing
39. un op nuscht horchde, böt de Flut keem un se alle wejjeräte hett. So wart dat uck goane, wenn de Mönsche Sähn kemmt.
40. Denn ware zwei oppem Föld oarbeide, eener wart anjenoahme un där andere wart varloate ware.
41. Zwei Frues ware oppe Mähl moahle, eene wart anjenoahme un dä andere wart varloate ware.
42. Doarom bliewt woak, denn ju weete nich, an wat farrem Dach jun Herr koame wart.
43. Dat kenn ju joa ensehne: Wenn een Husvoader wußd, to wat farre Stund önne Nacht de Enbräker kemmt, denn micht he joa woak bliewe un nich önnet Hus enbräke loate.
44. Doarom sied uck ju oppem Damm! Denn de Mönsche Sähn kemmt to de Stund, wo ju awsolut nich möt räkene.
45. Nun sächt mie emoal: Wär ös där treie un kloage Knecht, däm de Herr äwer siene Lüüd stelle kann, dat he änne to rechter Tied to äte jävt.
46. Sälig ös jen Knecht, wenn sien Herr kemmt, un trefft äm so an, dat he dat jeroad deit.
47. Ganz jewöss, öck säg ju dat: He wart äm äwer alle siene Jieter doone.
48. Wenn obber jen böser Knecht bie sich sölwst denkt: Mien Herr kemmt noch lang nich.
49. un fangt an de andere Knechts oppem Hoff to schloage, ät un drinkt mööte Besoapene:
50. denn wart dissem Knecht sien Herr annem Dach koame, wo he nich möt räkene deit, un to dä Stund, wo he nich weet
51 un wart äm ön Stecke haue loate un äm sien Deel jäwe möt de Heichler. Doa wart sön Hule un Tähnjeklapper.

weder eine »Resonanzstelle« hatte noch eine natürliche Begabung mitbrachte, vermied es unser Dorfpädagoge, mich auch nur zum Lernen der Liedstrophen zu animieren, um meine »musikalische Entwicklung« nicht etwa zu gefährden. So kam es, dass ich bei dem gemeinsamen Gesang in der Klasse meine eigene Melodie erfand und in Unkenntnis des Liedtextes ein neues Libretto kreierte. Die gleiche individuelle Art legte ich an den Tag, wenn es bestimmte Kräuter zu sammeln galt. Ich pflückte irgendetwas, von dem ich meinte, das könnte wohl das verlangte Kraut sein. Ich kann mich nicht daran erinnern, dass meine Sammlung jemals nicht akzeptiert wurde.

Außer über uns Schüler verfügte unser Lehrer über ein wenig Land und eine Kuh. Sicher wollte er nur das Beste für uns, wenn er uns zur Verrichtung kleinerer Aufgaben auf seinem Grundstück heranzog. Schließlich besteht das Leben nicht nur aus Theorie, sondern auch aus der Praxis. Zur Zeit der Erdbeerreife engagierte er uns zum Pflücken. Während er anderen Dingen nachging, taten sich seine Erntehelfer gütlich an den wohlschmeckenden Früchten. Hatte er seine eigene Jugendzeit vergessen oder unseren ungebremsten Appetit falsch eingeschätzt? Seine Dankesworte jedenfalls fielen recht harsch aus, als er sich die kärgliche Ernte ansah.

Obwohl sich Deutschland zur Zeit meiner Einschulung bereits im vierten Kriegsjahr befand, lebten wir nach meinem Empfinden in Ostpreußen immer noch wie im tiefsten Frieden. Etwas Neues war jedoch hinzugekommen: In der Schule wurde ständig irgendeine Sammlung durchgeführt. Waren es einmal nicht die Kräuter, dann waren es Lumpen oder auch Tierknochen. Ich staunte, was man so alles noch verwerten konnte. Eines Tages, ich ging noch nicht zur Schule, wurden in meines Bruders Klasse und wohl auch in anderen Klassen Knochen gesammelt. Mutter hatte ihm ein Päckchen zusammengestellt, das er aber vergessen hatte mitzunehmen. So beauftragte sie mich, dieses zur Schule zu bringen. Ich machte mich auf den Weg, öffnete die Tür des Klassenzimmers, ging direkt auf den Tisch des Lehrers zu und legte die Knochen dort ab. Dies tat ich – natürlich auf Platt – mit den Worten: »Eck bring dem *Fretz* sine Knoakes.« (Ich bringe die Knochen von *Fritz*). Ich verstand nicht, warum die ganze Klasse in fröhliches Gelächter ausbrach.

Im Frühjahr und Frühsommer war die Zeit der Verwandtenbesuche. Mit Pferd und Wagen konnte man zu den meisten Verwandten an einem Tag hin- und zurückfahren – so kurz waren die Entfernungen. Der Höhepunkt des Zusammentreffens bestand jeweils in einer guten und reichhaltigen Mittagsmahlzeit, zu der traditionsgemäß mehrere deftige Bratensorten gehörten. Ja, essen konnte man gut in Ostpreußen! Nach dem Nachtisch gab es ein paar zünftige Schnäpse, die dem Magen wieder auf die Beine halfen. Derart gestärkt besichtigten der Besuch und meine Eltern die Felder und rühmten den Stand des Korns. Nun kam meine Stunde: Ich ging von Platz zu Platz und leerte aus jedem Glas auch noch den letzten Tropfen! Wer weiß, ob ich dadurch ins Torkeln kam oder mich in ostpreußischer Standfestigkeit übte?

Bis zu dieser Zeit erlebte ich eine schöne und unbeschwerte Kindheit in ländlich-bäuerlichem Umfeld. Aber bald sollte sich vieles ändern.

Die jungen Bauern waren bereits zum Krieg eingezogen, so dass auf den meisten Höfen nur noch Frauen und alte Männer wirtschafteten. Da mein Vater handwerklich sehr geschickt war und es allgemein bekannt war, dass er Reparaturen an Landmaschinen, Elektroanlagen, Pumpen usw. ausführen konnte, wurde er zum Ortsbauernführer gewählt und darum uk gestellt. Mit diesem »**u**nab**k**ömmlich« war er vom Wehrdienst befreit mit der Auflage, auch bei den anderen Bauern die Hilfe zu leisten, die den Fortbestand der Landwirtschaft sicherte.

In jener Zeit war es gefährlich, sich kritisch zum Naziregime zu äußern, was mein Vater nicht immer beachtete. Eines Tages wurde er von dem Knecht eines Nachbarn angezeigt mit den Worten: »Der *Gitt* ist politisch nicht zuverlässig.« Bald darauf erschien ein Beauftragter der Partei zur Überprüfung. Als er auf den Hof kam, begrüßte er meinen Vater mit einem lautstarken »Heil Hitler!« Darauf mein Vater: »Ich bin nicht der *Hitler*!« – »Da haben wir es ja schon«, stellte der Parteibeauftragte sofort fest. Schon wenige Tage danach wurde die uk-Stellung aufgehoben und der Gestellungsbefehl zur Wehrmacht folgte. Mein Vater kam zu einer kurzen Ausbildung nach Preußisch-Holland in Ostpreußen und wurde danach als Soldat nach Frankreich beordert und an der Atlantikküste bei St. Nazaire zur Küstenbewachung eingesetzt. Nachträglich kann man nur sagen, dass es eine gute Fügung war. In St. Nazaire gab es während des ganzen Krieges keinerlei kriegerische Handlungen, so dass er dort nicht einen einzigen Schuss abgeben musste. Wäre er in Ostpreußen geblieben, hätte er unausweichlich zum Volkssturm gehen müssen, und diese Männer sind fast ausnahmslos gefallen, wie auch mein Onkel *Franz*, der Mann meiner Tante *Lina*.

Flucht vor der Roten Armee

Im Oktober 1944 rückte die Rote Armee bis an die ostpreußische Grenze vor.[5] So mussten auch wir die Flucht ergreifen. Ich war damals sieben Jahre alt und gerade in die zweite Klasse der Dorfschule gekommen. Im Gegensatz zu den anderen Bauern des Dorfes, die gemeinsam mit

5 Am 16. Oktober 1944 überschritten Soldaten der Roten Armee erstmals in der Rominter Heide die deutsche Reichsgrenze.

Pferd und Wagen flüchteten, entschied meine Mutter, zunächst nach Altlinden (12 km westlich von Gumbinnen) aufzubrechen, wo ihre Halbschwester *Lina* auch einen Bauernhof besaß. Mein bei uns lebender Großvater mütterlicherseits (*Friedrich Girod*)[6] baute einen Erntewagen zum Fluchtwagen um; die leinenen Transportbänder des Selbstbinders (Vorläufer der heutigen Mähdrescher) gestaltete er zu einem Spitzdach. Ich empfand den Aufbruch mit Pferd und Wagen als etwas Abenteuerliches und erkannte keineswegs den Ernst der Lage. Wir fünf – Mutter, Großvater, Bruder *Fritz,* die Hausangestellte *Meta* und ich – wohnten dann einige Wochen in Altlinden, bis wir gemeinsam mit den Altlindener Verwandten[7] am 20. Oktober mit drei Fuhrwerken erneut aufbrachen. Nach zwei oder drei[8] Tagen erreichten wir Gerdauen und warteten dort etwa zehn Tage, in der Hoffnung, es gehe bald wieder zurück. Weil die Rote Armee weiter vorrückte, mussten wir jedoch die Flucht nach Südostpreußen fortsetzen. Anfang November erreichten wir das etwa 180 Kilometer[9] entfernte Peterswalde und wurden alle zusammen im Haus der allein stehenden Lehrerin *Troyka* einquartiert. Dieses 688-Einwohner-Dorf[10] liegt 18 Kilometer südlich von Osterode. Hier blieben wir, und ich ging auch wieder zur Schule (mit Frau *Troyka* als Klassenlehrerin). Aber eigentlich warteten wir nur darauf, dass es wieder nach Hause zurückging. Ich kann mich noch recht gut an das Weihnachtsfest 1944 erinnern. Wir hatten einen Weihnachtsbaum, und es gab reichlich Gänseschenkel zu essen, die aus dem Vorrat von Tante *Lina* stammten. Die in Weckgläsern eingemachten Fleischvorräte gehörten unbedingt zum Fluchtgepäck. Als bei dem eiligen Aufbruch von Altlinden versehentlich die Gänseschenkel im Rauchfang vergessen wurden, kehrte

---

6 Der Urgroßvater (*Ludwig Girod*) meines Großvaters *Friedrich Girod* (* 11.12.1865 in Bibehlen/Ostpr., † 30.10.1945 in Osterode/Ostpr.) war zusammen mit zwei Brüdern aus Frankreich (oder der franz. Schweiz?) nach Ostpreußen eingewandert. Es waren höchstwahrscheinlich verfolgte Hugenotten.

7 Meine Tante *Lina Riek*, mein Onkel *Franz Riek*, eine weitere Tante *Marie Bischoff* und meine Cousine *Rena Schmidtke.*
Tante *Marie* (1882-1962) hatte die Gabe, viele Liedstrophen auswendig zu können. Später auf der Insel Föhr, als ich schon schreiben konnte, diktierte sie mir auf meinen Wunsch hin alle 16 Strophen des Weihnachtsliedes »Vom Himmel hoch, da komm ich her«, die sie mühelos aus dem Gedächtnis hersagen konnte.

8 Manche Daten lassen sich nicht mehr exakt, aber oft doch mit ± 1 Tag angegeben.

9 Gemeint ist die Entfernung Altlinden – Peterswalde. Diese und alle anderen Distanzen sind einer detaillierten Ostpreußenkarte entnommen und immer in Luftlinien-Kilometern gemessen.

10 *Georg Hermanowski*, s.o., S. 388

Rena vom Nachbardorf aus um, um den wichtigen Proviant noch herbeizuschaffen.

Damals war es üblich, dass ein älterer Mann die amtlichen Bekanntmachungen im Dorf ausrief. Mit dem Fahrrad fuhr er jeweils einige Häuser weiter, blieb dann stehen, klingelte mit seiner nicht zu überhörenden Handglocke – daraufhin öffneten die Bewohner die Fenster – und dann rief er sein monotones lang gestrecktes »Amt – li – che Be – kannt – ma – chung!« Von einem Papier verlas er dann das, was den Dorfbewohnern mitzuteilen war. Es war am 22. Januar 1945[11], das Thermometer war auf etwa 25 bis 30 Grad unter Null gefallen, und diesmal war alles anders. Ungewohnt war seine Eile. Auch seine Meldung war so knapp wie nie zuvor: »Die Russen kommen, rette sich, wer kann!« Nun war die Aufregung groß. Schnell wurden die wenigen Habseligkeiten auf zwei Wagen geladen, die Pferde angespannt, und los ging es in Richtung Deutsch-Eylau nach Westen. Da ich gerade zu der Zeit hohes Fieber hatte, wurde ich einschließlich Federbett auf dem Fuhrwerk verstaut. Ein Wagen wurde von meiner Mutter gelenkt, der andere von meiner Tante. Onkel *Franz* war Anfang Dezember 1944 zum Volkssturm eingezogen worden und ist, wie fast alle Männer, gefallen.

Wegen der bald verstopften Straßen kamen wir nur sehr langsam voran. Konnten wir die erste Nacht noch in irgendeinem Saal eines Dorfes übernachten, mussten wir an den Folgetagen bei eisiger Kälte die Nächte auf dem nach beiden Seiten offenen Planwagen verbringen. Tante *Marie* hatte sich in diesen Tagen einen Finger erfroren, der nach etlicher Zeit schwarz wurde und dann schmerzlos von der Hand abfiel.

Ab und zu fielen Granatsplitter auf die Abdeckung unseres Fluchtwagens, die zweifellos tödlich sein konnten. Aber niemand von uns wurde dadurch verletzt. Vor einem etwas größeren Ort wurde der Treck von der Roten Armee gestoppt. Russen gingen von Wagen zu Wagen. Mein Bruder *Fritz*, damals 15 Jahre alt, wurde heruntergeholt. Was würde mit ihm geschehen? Tiefe Angst befiel uns. Wir waren über Nacht zu Rechtlosen geworden, mit denen man machen konnte, was man wollte. Meine Mutter ging nach einiger Zeit zur russischen Kommandantur, um ihn abzuholen. Man sagte ihr, er komme morgen wieder. Es stimmte

---

11 Die meisten der genauen Daten verdanke ich meiner Tante *Lina*. Bei einem Besuch auf der Insel Föhr hatte ich mir damals die Daten aufgeschrieben. Andere Details gehen auf das gute Erinnerungsvermögen meiner Cousine *Rena* zurück, die in diesem Bericht noch manches ergänzt hat.
Rena(te) Schlesiger, geb. *Schmidtke* (* 31.07.1929 in Altlinden, immer noch wohnhaft in Wyk auf Föhr)
Lina Riek, geb. *Girod*, verw. *Schmidtke* (* 17.12.1897 in Raineck, † 24.08.1972 in Wyk auf Föhr)

nicht – er kam nie wieder. Vielleicht haben sie ihn erschossen, weil sie ihm unterstellten, er sei in der Hitlerjugend gewesen.

Von einem unserer beiden Fuhrwerke wurden uns die Pferde weggenommen. Daher ging es mit nur einem Wagen nach Peterswalde zurück, wo wir am 24. (oder 25.) Januar 1945 wieder eintrafen.[12] Wir bezogen das Nachbarhaus von Frau *Troyka*, ein inzwischen leer stehendes Bauerngehöft. In diesem Dorf und auch schon bei der Fahrt dorthin erwartete uns ein Bild des Grauens und der Verwüstung: Tote Menschen und Pferde lagen am Straßenrand, Häuser waren abgebrannt. Es begann eine schreckliche Zeit, denn der sowjetische Diktator *Stalin* hatte den Soldaten erlaubt, sieben Tage lang alles zu tun, was sie nur wollten. So waren Raub, Plünderung und Vergewaltigung[13] an der Tagesordnung. Am meisten gesucht wurden Uhren und Stiefel. Alle waren von großer Angst erfüllt, wenn ein Russe das Haus betrat.

Als eines Tages wieder ein Russe auftauchte, verlangte er mit wütender Stimme unsere Uhren. Längst besaßen wir keine mehr, und meine Tante sagte es ihm. Darauf reagierte der Russe mit erhobenem Gewehr: »Urr – oder ich schieße!« Ich staune noch heute, wie meine couragierte Tante darauf antwortete: »Dann schießen«. Nun war er überzeugt, dass hier nichts mehr zu holen war, und schoss nicht.

Erst im Februar trat eine gewisse Entspannung ein. Der Hauptteil der Armee war weiter nach Westen gezogen, und es gab jetzt erheblich weniger Russen als zur Zeit des Einmarsches. Eines Tages ging ein Russe durchs Dorf von Haus zu Haus und forderte alle Einwohner auf, zum Dorfplatz zu kommen. Man ahnte nichts Böses, und die meisten folgten der Aufforderung, weil man annahm, jetzt gäbe es etwas zu essen oder es würde angesagt, wie das Leben unter der Besatzung weitergehen wird. Es bildete sich schnell eine lange Schlange, in der sich auch meine Mutter, ihre Schwester *Lina, Meta* und ich befanden. *Rena* war schon einige Tage zuvor von russischen Offizieren abgeholt worden, damit sie in deren Quartier für sie kochte. Die vorbeiziehende Schlange bewegte sich auch an diesem Haus vorbei. Plötzlich entdeckten wir *Rena* mit einem Russen auf der Treppe des Hauses. *Renas* Mutter, also meine Tante

---

12 Es gab zwei Gründe, wieder nach Peterswalde zurückzukommen: Die Rote Armee zog westwärts, und darum war es nicht angeraten, der Front nachzufolgen. Außerdem bestand noch die (geringe) Hoffnung, dass *Fritz* freigelassen würde, und in dem Fall würde er sich sicherlich auch nach Peterswalde auf den Weg machen, um uns zu finden.

13 Einer Studie des Bundesarchivs zufolge gab es 3300 Tatorte von Gewaltverbrechen an der Bevölkerung in den deutschen Ostgebieten. Schätzungen zufolge wurden 1,4 Millionen Frauen vergewaltigt (Quelle: GEO, 11/2004, S. 120).

Lina, wurde aus der Schlange herausgeholt und schnell in das Haus gebracht. *Renas* Bitte an den Russen, auch meine Mutter aus der von bewaffneten Russen bewachten Menschenmenge herauszuholen, wurde abgelehnt mit den Worten: »Eine ist genug!« Nun war klar: Das ganze Vorhaben hatte nichts Gutes zu bedeuten.

Auf dem Dorfplatz angekommen, wurden noch arbeitsfähige Frauen aussortiert. Wir Kinder wurden gewaltsam von unseren Müttern getrennt, auch wenn wir uns noch so fest an sie klammerten. Wie schrecklich war es, als man uns Kindern die Mutter wegnahm. Wir ahnten nicht, dass dies der Tag sein sollte, an dem wir unsere Mütter zum allerletzten Mal sahen. Wenn etwa zehn Kinder beisammen waren, ordnete man willkürlich eine Frau den Kindern zu mit den Worten: »Du Mutter für alle!« Leider wurde meine Mutter nicht einer der Kindergruppen zugeordnet. Mit anderen Frauen, die als arbeitsfähig angesehen wurden, darunter auch *Meta,* trieb man sie nun zu Fuß in Richtung des nächsten Dorfes. So etwas Schreckliches hatte ich bisher noch nicht erlebt. Man hatte mir in herzloser Weise die Mutter genommen. Was sollte nun werden? Nachdem die Kolonne sich schon weit entfernt hatte, rannte ich laut weinend die Dorfstraße entlang zu meiner Tante.

Obwohl die ganze Aktion gewaltsam geschehen war, hatten wir uns immer noch einen Schimmer an Hoffnung bewahrt. Wir fragten uns, ob die Frauen nur zu einem kurzfristigen Arbeitseinsatz abgeholt worden waren. Täglich schauten wir aus dem Fenster in Richtung Dorfstraße und erwarteten die Rückkehr meiner Mutter.[14] Erst nach Wochen schwand diese Hoffnung mehr und mehr, bis sie schließlich endgültig starb. Niemand kam mehr zurück, und so wurde uns klar: Es handelte sich um eine Verschleppung ins entfernte Russland. Erst nach Jahren erfuhren wir von einer Augenzeugin, dass meine Mutter schon im April 1945 in der Ukraine gestorben ist. Sie starb in den Armen dieser Zeugin mit den Worten: »Was wird nur aus meinem kleinen *Werner* werden?«

Den Sommer 1945 verbrachten wir – meine Tanten *Lina* und *Marie,* mein Großvater und ich – immer noch in dem Nachbarhaus von Frau *Troyka. Rena* war im März von Russen zu dem etwa sechs Kilometer entfernten Gutshof Schmückwalde gebracht worden, der schon zur Kolchose umfunktioniert worden war. Dort musste sie schwere Arbeit in der Mühle verrichten. Mein Großvater baute im Sommer einen zweirädrigen Handwagen mit einer Ladefläche von etwa 2 x 2 Metern. Er hatte die Idee, zu

---

[14] Meine Mutter: *Emma Gitt*, geb. *Girod* (* 20.07.1902 in Raineck, † im April 1945 in der Ukraine).
Mein Vater: *Hermann Gitt* (* 06.06.1901 in Seekampen/Ostpr., † 23.01.1974 in Hohenlimburg/Westf.).

Fuß nach Raineck zurückzugehen (Luftlinie = 160 km). Dazu ist es nie gekommen. Vielmehr wurde der Wagen für einen sehr traurigen Zweck benutzt: Durch das Dorf fuhren regelmäßig vier russische Lkw, die von uns sehr argwöhnisch beobachtet wurden. Als eines Tages ein Vater mit seiner erwachsenen Tochter Kartoffeln aus der Miete (= Kartoffelvorrat, der mit Stroh und Erde abgedeckt war) holen wollten, kamen gerade diese Autos vorbei. Erschrocken rannten die beiden über das freie Feld. Das war ihr Verderben, denn wer weglief, galt als Partisan. Die Wagen stoppten, und ein russischer Fahrer erschoss die Flüchtenden. Opas Wagen wurde nun zum Abtransport der Leichen benutzt. Auffällig war für uns, dass in der Folgezeit nur noch drei Lkw durchs Dorf fuhren.

Ohne es zu ahnen, befand ich mich etwas später mit einem anderen Jungen in ähnlicher Todesgefahr. Wir spielten auf der Dorfstraße. Plötzlich entdeckten wir, wie hinter der Straßenbiegung ein russischer Reiter herannahte. Voller Angst liefen wir, so schnell wir nur konnten, weg, zuerst in Richtung »unseres« Hofes, bogen dann aber doch zum Nachbargehöft ab, krochen mit Mühe unter einen Bretterzaun hindurch und erreichten dann den Friedhof. Hier versteckten wir uns zwischen Gräbern und Büschen und harrten so lange aus, bis uns die Gefahr vorüber schien. Als ich nach Hause kam, berichtete meine Tante, dass der Reiter wütend in das Haus gekommen sei und intensiv nach uns gesucht habe. Hätte er uns gefunden, wären wir als verdächtigte Partisanen wahrscheinlich auch sofort erschossen worden. Ich ahnte nicht, in welcher Todesgefahr ich geschwebt hatte.

Eines anderen Tages blieb ein Lkw vor dem Haus von Frau *Troyka* stehen, und der Russe eilte in ihr Haus, um nach dem Weg zu fragen. Sie glaubte, er wollte sie vergewaltigen, und schluckte sofort ihre stets griffbereit liegenden Gifttabletten. Da sie nicht sofort starb, versuchte meine Tante sie durch Verabreichung von Brechmitteln zu retten. Sie lehnte jedoch jede Hilfe ab, denn in dieser wirren und hoffnungslosen Zeit wollte sie nicht weiterleben.

In jener Zeit lebten wir von dem, was noch auf dem Hof vorhanden war: Getreide und Kartoffeln. Zum Glück gab es auch Brennmaterial. Da wir jedoch keine Streichhölzer hatten, musste ständig das Feuer erhalten werden. Zu Beginn der Nacht legte man ein Brikett in den Ofen, bis es glühte, tat Asche darauf und entfachte die Glut am anderen Morgen zu neuem Feuer.

Im Laufe des Sommers bekamen wir zusätzliche Mitbewohner auf »unserem« Hof. Eine polnische Frau mit ihren fünf Kindern zog bei uns ein. Sie sprach gut Deutsch, und ich habe sie als freundliche Person in Erinnerung. Auch sie waren Vertriebene, denn sie kamen aus jenem östlichen Teil Polens, der an die Sowjetunion abgetreten worden war. Der südliche Teil Ostpreußens war durch die damit einhergehende Westverschiebung Polens den Polen zugewiesen worden.[15]

Vertreibung

Im Oktober 1945 begann die Vertreibung der Deutschen durch die Polen. Am 29. Oktober 1945 wurden wir mit einem Fuhrwerk nach Osterode in die Nähe des Bahnhofs gebracht. Mit uns trafen noch viele andere Deutsche dort ein. Auf dem Hof vor einem Getreidespeicher verbrachten wir die Nacht im Freien auf dem Kopfsteinpflaster. Am anderen Morgen starb dort mein Großvater, den wir, ohne ihn beerdigen zu können, liegen lassen mussten, denn der Zug, der ausschließlich aus Viehwaggons bestand, stand schon zu unserem Abtransport nach Westen bereit. Von Raineck waren wir im Oktober 1944 mit fünf Personen aufgebrochen. Opa war nun schon der Vierte, der nicht überlebte. War ich nun der Nächste?

Was wir mitnehmen durften, war streng reglementiert: nur das, was wir am Leib tragen konnten. So hatte jeder ein Mehrfaches an Unterwäsche und womöglich zwei Hemden an. Unser Handgepäck für vier Personen bestand aus einem Marmeladeneimer, der nur die letzten Habseligkeiten enthielt (z. B. Messer, Gabeln).

In einer zehntägigen strapaziösen Tour erreichten wir nach häufigen und oft langen Stopps das stark zerstörte Berlin. Diese Bahnfahrt ist mir noch in schrecklicher Erinnerung. Manche älteren Menschen starben während dieser Tortur in der Kälte und ohne Versorgung. Dann öffnete man die Waggontür und warf die Leichen ins Freie. Schlimm waren auch die Überfälle, wenn herumstreunende Polen uns noch berauben wollten, obwohl es doch schon lange nichts mehr zu holen gab. Von Berlin aus ging die Fahrt über Rostock in das 16 Kilometer östlich davon gelegene Sanitz, wo wir bei einer Familie einquartiert wurden.

---

15 Auf der Teheran-Konferenz vom 28.11.1943 hatten sich die »Großen Drei«, der Kreml-Herrscher *J. Stalin*, US-Präsident *F.D. Roosevelt* und der britische Premier *W. Churchill*, zum Kriegsrat zurückgezogen. Es ging auch um die künftigen Grenzen Polens. Der kränkliche *Roosevelt* ging nach dem Essen früh zu Bett. *Stalin* wollte die polnischen Ostgebiete behalten, die er zu Beginn des Krieges und nach Absprache mit *Hitler* annektiert hatte. Mit leichter Hand entschied *Churchill* über das Schicksal der Bevölkerung von Ostpreußen, Schlesien und Pommern und ihre Heimat und hatte nichts gegen *Stalins* Raub einzuwenden. Die Polen, so sagte er, könne man dafür in ihrem Westen mit den deutschen Gebieten bis zur Oder entschädigen. Neun Millionen Deutsche lebten zu dieser Zeit noch in den Gebieten östlich von Oder und Neiße. *Churchill* meinte, dass zumindest logistisch die »Verpflanzung« der Deutschen kein Problem sei. »Über die moralische Seite werde ich mich mit meiner eigenen Nation auseinander setzen müssen.« (Quelle: Flucht und Vertreibung, GEO Nr. 11, November 2004, S. 102-142)

Bei einem längeren Stopp entfernten sich die Frauen oft kilometerweit von dem Zug, um auf den Feldern nach Essbarem (z. B. Steckrüben) zu suchen, denn wir wurden weder mit Essen noch mit Trinken versorgt. Unvergesslich ist mir folgende dramatische Situation: Einige Frauen hatten sich so weit vom Zug entfernt, dass man sie nicht mehr sehen konnte. Plötzlich setzte sich der Zug ohne jegliche Vorwarnung in Bewegung. Die Frauen kamen nicht rechtzeitig zurück. Nun war die Not für die Angehörigen im Viehwaggon groß. Würden sie ihre Zurückgebliebenen jemals wiedersehen? Was könnte man tun? Mir ist in Erinnerung, dass das Vaterunser gebetet wurde. Wir waren bereits etliche Tage in Sanitz, da hörten wir, dass die Vermissten mit einem späteren Zug mitgenommen wurden. Gott sei's gedankt!

Unfreiwillige Endstation Föhr

In Sanitz erfuhren wir auch, dass mein Cousin *Waldemar* (* 25. März 1925), der als Soldat verwundet worden war, nach seinem Lazarettaufenthalt in Bark, einem kleinen Dorf in der Nähe von Bad Segeberg (Schleswig-Holstein), bei einem Bauern untergekommen war. Das war wieder einmal eine gute Nachricht. Im Rahmen der Familienzusammenführung bot sich nun die Chance, die russische Zone zu verlassen. Bald schon wurde ein Zug bereitgestellt, der außer uns noch viele Familien westwärts befördern sollte. Es war zwar nicht Bad Segeberg, das wir erreichten, vielmehr befanden wir uns letztendlich an der Nordseeküste. In der Nähe von Lübeck gab es einen Zwischenstopp. Alle mussten den Zug verlassen und sich in den halbrunden Wellblechbaracken, den so genannten Nissenhütten, einer gründlichen Entlausung unterziehen. Dick eingestaubt mit dem weißen Pulver durften wir den Zug wieder besteigen, der nun Richtung Niebüll dampfte. Wo immer auch dieser für uns unbekannte Ort liegen mochte! Dort angekommen hieß es: »Alle in die Kleinbahn umsteigen!« War das eine Aufregung! Ohne zu wissen, wo es nun hinging, befolgten alle den Umsteigebefehl. Nach kurzer Zeit war Dagebüll erreicht. Das war aber immer noch nicht das Ziel, denn nun lautete der Befehl: »Alle aussteigen, gleich geht's mit dem Schiff weiter!« Und das mit uns Landratten! In aller Eile wurde auch dieser Befehl befolgt, denn keiner wollte irgendwo zurückbleiben. Als das Schiff schon von der Mole abgelegt hatte und sich auf der Nordsee in Richtung Insel Föhr bewegte, stellten wir fest, dass wir den Marmeladeneimer mit den letzten Habseligkeiten in der Kleinbahn vergessen hatten. Am 24. (oder 25.) Januar 1946 erreichten wir Wyk auf Föhr: Wir hatten nur das, was wir am Leib trugen, doch wir hatten immerhin unser Leben gerettet.

In Wyk wurden wir am Südstrand bei einem schon sehr alten Ehepaar einquartiert. Sie waren Eigentümer eines großen Kolonialwaren-

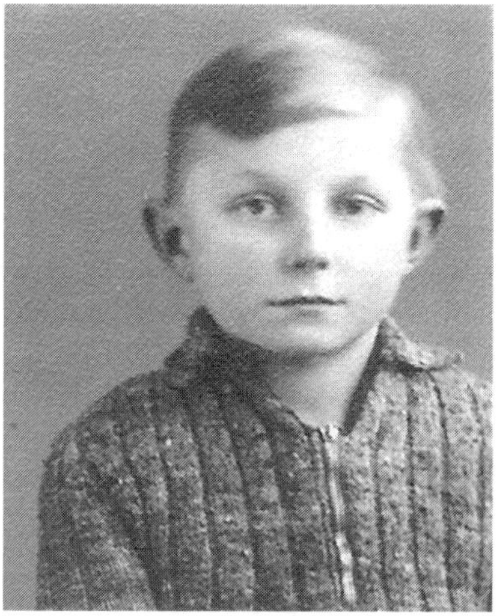

Werner Gitt als 9-Jähriger, 1946.

Geschäfts in der Osterstraße. Außer uns waren hier schon andere Flüchtlingsfamilien untergebracht worden, so dass für uns nur noch eine kleine Abstellkammer unter dem Dach übrig blieb. Sie hatte kein Fenster, dafür aber eine kleine Luke. Das wenige einfallende Licht zeigte uns aber immerhin an, ob es Tag oder Nacht war. Die markanteste Erinnerung aus dieser Zeit war für mich der nicht enden wollende Hunger. Anfangs wurde für die Flüchtlinge im Kurhaus Suppe gekocht. Diese Bezeichnung war fast übertrieben, denn wir konnten von Glück reden, wenn wir in unserer Kelle ein Kartoffelstückchen erwischten, von Fett ganz zu schweigen. Meine Tante sagte manchmal lachend: »Zwei Augen schauen in die Suppe und eines schaut heraus.« Mit dem einen herausschauenden Auge war das kleine Fettauge in der Suppe gemeint. Nach dem langen Rückweg war die Suppe schon wieder vergessen, und der Magen meldete sich aufs Neue.

In Wyk begann für mich nach langer Zeit auch wieder der Schulunterricht. Zwecks Einstufung in die richtige Klasse musste ich einen Text lesen. Nach über einem Jahr »Zwangsferien« fiel dieser Test nicht gerade überzeugend aus, und so musste ich als Neunjähriger noch einmal mit den ABC-Schützen durchstarten. Diesen Rückschritt konnte ich später jedoch bequem wettmachen.

Seit Februar 1945 galt ich als Vollwaise. Meine Mutter war verschleppt worden; die letzte Nachricht von Vater lag bereits einige Jahre zurück. So wurde die Vermutung, dass Vater im Krieg umgekommen sei, immer stärker. Doch dann geschah etwas schier Unglaubliches. Meine Tante erhielt von einem entfernten Verwandten aus Bochum einen außergewöhnlichen Brief. Wie es dazu kam, sehe ich als ein Wunder an.

Nach Kriegsende kam mein Vater in französische Gefangenschaft, und er wusste nichts von dem Schicksal seiner Familie. Es wurde den Gefangenen gewährt, pro Monat einen Brief nach Deutschland zu schreiben. Dafür gab es einen formularartigen Papierbogen mit wenigen vorgegebenen Zeilen; der Inhalt wurde stets kontrolliert. Da nahezu alle unsere Verwandten in Ostpreußen wohnten, schrieb mein Vater immer wieder dorthin. Als er aber nie eine Antwort erhielt und auch nicht wusste, wo wir uns inzwischen befanden, stellte er das Schreiben ein. Was muss das für ein Gefühl gewesen sein, von niemandem etwas zu hören! Es gab für ihn zwei Vermutungen über den Verbleib seiner Familie: Entweder war sie in Ostpreußen durch die Rote Armee umgekommen, oder sie konnte noch rechtzeitig flüchten und befand sich irgendwo im Westen. Wo aber mochten seine Lieben sein, wenn das Letztere zutraf?

Eines Nachts hatte Vater im Lager einen Traum: Er traf darin einen weit entfernten Verwandten, der schon etliche Jahre vor dem Krieg im Rheinland wohnte. Sie hatten sich jahrelang nicht gesehen, und als sie sich nach ihrem Wiedersehen verabschiedeten, lud der Verwandte meinen Vater ein mit den Worten: »*Hermann*, besuch mich doch mal!« Mein Vater sagte im Traum zu und stellte noch die entscheidende Frage: »Aber wo wohnst du denn? Ich kenne doch deine Anschrift nicht.« Der Verwandte erklärte ihm deutlich: »Bochum, Dorstener Str. 134a.« Da wachte mein Vater auf, zündete in der Nacht ein Licht an und schrieb die soeben im Traum erfahrene Adresse auf. Den wach gewordenen Kameraden im Schlafsaal erzählte er die sonderbare Traumgeschichte. Sie verlachten ihn, weil er sie ernst nahm und sogar beteuerte, dass er gleich am folgenden Tag dorthin schreiben wollte. Welch eine Überraschung! Bald traf der Antwortbrief ein, der die geträumte Adresse als exakt richtig bestätigte. Über diesen entfernten Onkel kam der Kontakt zu meiner Tante *Lina* nach Wyk auf Föhr zustande. Nun erfuhr mein Vater Schreckliches: Fast die ganze Familie war umgekommen; nur der kleine *Werner* war übrig geblieben. Bei allem schwer zu Verarbeitenden war dennoch auch Freude dabei. Der Jüngste von allen lebte.

Die Nachricht, dass mein Vater am Leben war, machte mich überglücklich. Ich weiß heute noch, wie ich draußen vor Freude gehüpft bin. Ich konnte es zunächst gar nicht fassen, dass ich nicht mehr Waise war, sondern einen Vater hatte. Nach allem Elend eine Freudenbotschaft: Ich bin nicht der einzige Überlebende. Ich habe einen Vater, zu dem ich gehöre. Nun hatte mein Leben eine ungeahnte Wende erfahren. Es gab wieder eine Perspektive.

Als Vater im Frühjahr 1947 aus französischer Gefangenschaft entlassen wurde, lautete seine Zieladresse Gut Wensin (Kreis Bad Segeberg). Seinem älteren Bruder *Fritz* war es gelungen, mit Pferd und Wagen von Ostpreußen bis zu diesem Ort in Schleswig-Holstein zu flüchten. Kurz darauf kam er nach Föhr, um mich abzuholen. Offensichtlich wussten wir nicht seine Ankunftszeit, sonst wäre ich schon Stunden vorher am Schiffsanleger gewesen. Unvergesslich ist mir unsere erste Begegnung im Treppenhaus. Ich lief gerade »zufällig« nach oben, da sprach mich Vater an, ohne mich jedoch zu erkennen: »Sag mal, wohnt hier die Frau *Riek*?« Ich hatte ihn sofort wiedererkannt, ging aber gar nicht auf seine Frage ein, sondern fragte ihn auf Platt: »Papa, kennst mi nich?« So lange hatten wir uns nicht gesehen, dass er mich nicht wiedererkannte. Welch unbeschreibliche Freude, nach so langer Trennung von einem liebenden Vater umarmt zu werden.

******

Während ich diesen Text sehr lange nach all diesen Ereignissen niederschreibe, wird mir so recht bewusst, dass ich oft in Todesgefahr gewesen bin – und Gott hat mich bewahrt und geschützt. Ich staune und danke meinem Herrn für alles Durchtragen und für das Geleit im Leben. Die dritte Strophe von »Lobe den Herren« bewegt mich immer wieder zutiefst, und ich kann sie von ganzem Herzen mitsingen:

Lobe den Herren,
der künstlich und fein dich bereitet,
der dir Gesundheit verliehen,
dich freundlich geleitet;
in wie viel Not
hat nicht der gnädige Gott
über dir Flügel gebreitet.

Die Rückkehr meines Vaters war das größte Geschenk nach all den schrecklichen Kriegsereignissen. Er hat noch einmal geheiratet, so dass ich wieder ein familiäres Zuhause hatte. Meinem Vater und der mir ebenfalls sehr zugetanen Stiefmutter habe ich es zu verdanken, dass ich eine gute Ausbildung bekam. Den weiteren Verlauf meines Lebens habe ich in dem Buch »Fragen, die immer wieder gestellt werden«[16] geschildert, so dass ich meinen Bericht hier an dieser Stelle beende.

Ein Sprung in das Jahr 1990

Eines Tages erhielt ich einen Anruf von einem mir bis dahin unbekannten Mann. Er erklärte mir, dass er in der Sowjetunion geboren sei und auch dort studiert habe. Er ist jedoch trotzdem Deutscher und beherrscht die russische Sprache in Wort und Schrift. Sein Anliegen: »Ich habe einige Bücher von Ihnen gelesen. Könnten Sie sich vorstellen, dass Sie mit mir in die ehemalige Sowjetunion reisen und dort Vorträge halten? Ich würde die Übersetzung ins Russische übernehmen.« Ich erbat mir Bedenkzeit. In den folgenden Tagen kam mir immer wieder der Gedanke: Kann ich in ein Land reisen, mit deren Bewohnern ich so schreckliche Kind-

16 *Werner Gitt*: Fragen, die immer wieder gestellt werden, CLV Bielefeld, 20. Auflage 2005, S. 177-188.

heitserlebnisse verbinde? Schließlich siegten die Gedanken Jesu, zu dem ich mich 1972 bekehrt hatte. Im Vaterunser lehrt er uns: »Und vergib uns unsere Schuld, wie auch wir vergeben unsern Schuldigern« (Mt 6,12). Jesus hatte auch geboten: »Liebt eure Feinde!« Wir haben in Ostpreußen die Russen als Feinde erlebt. Durch sie habe ich Mutter und Bruder verloren. Und nun kommt zur Vergebungsbereitschaft auch noch das Gebot der Feindesliebe. Welch eine Spannung in meinem Herzen. Im Missionsbefehl in Markus 16,15 schließt Jesus kein Volk der Erde aus, denn er sagt ausdrücklich: »Gehet hin in *alle* Welt und predigt das Evangelium aller Kreatur!« Konnte ich zu diesem Ruf noch NEIN sagen?

Bei einem späteren Telefonat sagte ich zu. So ging die erste Reise nach Moskau, wo wir im Mai 1991 zehn Tage lang an verschiedenen Orten (z. B. Pädagogische Hochschule, Berufsschulen, Krankenhäuser, eine Fabrik und auch eine Kaserne) das Evangelium weitersagten. Gott schenkte viele offene Herzen für das Gesagte, und erstaunlich viele waren bereit, sich Jesus Christus in einer persönlichen Entscheidung hinzuwenden. Wer ist dieser Mann, mit dem Gott mich so zusammengebracht hat? Es ist Dr. *Harry Tröster*, der in seinem Alltag bis 2004 bei DaimlerChrysler in der Entwicklung tätig war. Inzwischen haben wir fast jährlich eine Missionsreise in den Osten unternommen. Unsere Wege führten uns weitere Male nach Moskau, aber auch je zweimal nach Kasachstan und Kirgisien, nach Weißrussland, mehrmals in das (heute russische) nördliche Ostpreußen und auch nach Polen. Wir haben bei allen Reisen viele liebenswerte Menschen kennen gelernt. Über all dieses gerade in der ehemaligen Sowjetunion Erlebte zu schreiben, würde mehrere Bücher füllen. Heute sehe ich all jene Dienste, die wir im Osten tun durften, als eine segensreiche Führung Gottes an. Die folgenden 14 Berichte sollen ein Zeugnis von dem gnädigen Handeln Gottes ablegen.

Sprung in das Jahr 2005

Im Mai 2005 waren wir zu einer Vortragsreise in Polen[17], die auf Einladung von *Zbyszek Kołak* (Osterode) zustande kam. Er hatte eine Tour zusammengestellt, die uns nach Posen, Elbing, Osterode, Danzig und Marienburg führte. Ich hatte den Wunsch geäußert, Peterswalde (poln. *Pietrzwałd*) noch einmal zu sehen, denn von unserem Hotel in Osterode (poln. *Ostroda*) aus waren es bis dahin nur etwa 20 Kilometer. Ich nenne dieses Dorf den traurigsten Ort meines Lebens (siehe Seiten 64 bis 69). Es sind die schlimmsten

17 Reise vom 17. bis 27. Mai 2005. Mitreisende: *Marion Gitt*, *Gunda* und *Gerhard Perteck*. Übersetzer aller Vorträge an den Universitäten Posen, Elbing und Danzig sowie in den Gemeinden aller fünf besuchten Städte war *Henryk Mach* aus Bielsko-Biała (Südpolen).

Bauernhof in Peterswalde, auf dem wir bis zur Vertreibung wohnten; links Wohnhaus, rechts Stall (Mai 2005).

Kindheitserinnerungen, die ich mit diesem Ort im früheren Südostpreußen verbinde: Einmarsch der Roten Armee, Verschleppung meiner Mutter, Vertreibung mit völlig unbekanntem Ziel. Nie zuvor wusste ich, was Krieg bedeutet. 1945 wurde ich an diesem Ort Augenzeuge aus allernächster Nähe, welche Brutalität und Grausamkeit ein Krieg entfesselt.

Am Sonntag, den 22. Mai 2005, hielt ich die Predigt in der Baptistengemeinde Osterode. Am Nachmittag machten wir uns mit *Henryk Machs* Auto auf den Weg nach Peterswalde. Würde ich wohl etwas wieder erkennen? Sechzig Jahre sind wahrlich eine lange Zeit! Wir fuhren zunächst die einzige Dorfstraße entlang, um einen Überblick zu erhalten. Auf dem Rückweg fiel mir sofort ein alter Bauernhof auf. Das aus roten Ziegeln erbaute Wohnhaus an der Straße konnte ich mühelos als jenes Haus identifizieren, in dem wir bis zur Vertreibung wohnten. Als ich damit begann, das Gehöft von allen Seiten zu fotografieren, kam auch sogleich ein älterer Mann[18] aus dem Haus, um zu sehen, warum gerade seine Wohnstätte auf solch ein besonderes Interesse stieß. Mit *Henryk Mach* als Dolmetscher konnten wir alles sehr schnell aufklären. Ich erzählte ihm, dass wir bis Oktober 1945 in diesem Haus gewohnt haben und dass im Sommer 1945 eine Polin mit mehreren Kindern aus Ostpolen hier einzog. Diese Kinder

---

18 *Henryk Wozniak* (* 1931), Pietrzwałd Nr. 8.

Vor dem Wohnhaus von Henryk Wozniak in Peterswalde. Von links nach rechts: Übersetzer Henryk Mach, Gunda Perteck, Henryk Wozniak, Werner und Marion Gitt (Mai 2005).

waren damals meine Spielgefährten, von denen ich als Kind auch sehr schnell so viel Polnisch lernte, dass wir miteinander spielen konnten. Nun erzählte er weiter: »Es waren drei Söhne und zwei Töchter, von denen ich eine geheiratet habe. Wir hatten eine gute Ehe, aber leider ist meine Frau vor drei Jahren ›300 Meter weitergezogen‹ (und damit meinte er den nahe gelegenen Friedhof).« Ich fragte nach seiner Schwiegermutter, die ich als eine sehr korpulente Frau in Erinnerung habe. »O ja«, stimmte er zu und deutete mit abgespreizten Armen auf ihren Umfang: »taka maszyna« (gesprochen: tacka maschinna) – und meinte damit, sie war »so eine Maschine«. Nun gab es nicht mehr den geringsten Zweifel: Ich hatte das richtige Haus gefunden. Er wohnt hier ganz alleine auf diesem Bauernhof, den er aus Altersgründen nicht mehr bewirtschaftet. Als wir uns von diesem freundlichen Mann verabschiedeten, gaben wir ihm drei christliche Bücher in Polnisch.

Den Dorfplatz, von dem damals die Verschleppung aller arbeitsfähigen Frauen durch die Russen ausging, gibt es nicht mehr, weil inzwischen Häuser darauf errichtet wurden. Hingegen existierte jener Weg, auf dem damals der Abmarsch begann, auch heute noch, denn er führt in das nächste Dorf. Dieser Weg lädt heute manch einen zu einem Maispaziergang ein, denn die frisch belaubten Bäume am Wegesrand spenden Schatten, und die angrenzenden Raps- und Getreidefelder verbreiten einen angenehmen Frühlingsduft. Wie ganz anders wirkte das auf mich – ich empfand das alles als äußerst beklemmend. Von hier aus begann im Februar 1945 in Schnee und Eiseskälte die Leidenszeit meiner Mutter. Es war für sie der Anfang der Straße des Todes. Von den heutigen polnischen Dorfbewohnern, die erst später das Dorf in Besitz nahmen, war niemand Augenzeuge davon, was damals geschah und was aus meiner Erinnerung nie ausgelöscht werden wird.

Am Abend desselben Tages hatten wir eine Veranstaltung im Osteroder Schloss. Am Ende fand ein Mann zu Christus, der in jungen Jahren auch mit viel Leid konfrontiert worden war. Er berichtete von vier verschiedenen von den Nazis errichteten Arbeitslagern, in denen er während des Krieges hart arbeiten musste. Er zeigte mir eine tiefe Narbe am Bein, die aus jener Zeit stammte. Merkwürdig: Gerade einen Deutschen benutzte Gott, um ihn zu Christus zu führen.

Am nächsten Morgen hatten wir ein Rundfunkinterview bei dem Osteroder Regionalsender »Radio Mazurky«. Der Reporter sagte zu meinem Übersetzer, dass er noch nie in so kurzer Zeit über die Herkunft des Lebens und über das Leben nach dem Tod gehört habe. Danach wollte ich noch einmal den Bahnhof Osterode sehen, jenen Bahnhof, von dem aus wir im Oktober 1945 in den Westen abgeschoben wurden. Von hier aus starteten wir unsere Odyssee in eine völlig ungewisse Zukunft. Nun stand ich erstmals nach 60 Jahren wieder an dieser schicksalhaften Stelle, wo damals niemand mehr eine Hoffnung hatte. Jetzt empfand ich die Rückkehr an diesen Ort als einen Kreis, der sich hier zu schließen schien. Die 60 Jahre dazwischen liefen mir wie ein Film im Zeitraffer ab. Was war doch inzwischen alles geschehen: Schulausbildung, Studium, Familiengründung, Beruf und der Glaube an Jesus Christus. Gott hatte einen neuen Weg für mich und mir außerdem ewige Hoffnung geschenkt. Wie merkwürdig das alles gefügt ist. Jetzt war ich eingeladen, gerade nach Osterode zu kommen. Es galt, den Menschen, die jetzt hier leben und die auch von Gott geliebt sind, die gute Botschaft des Evangeliums zu bringen. Wer versteht die Wege Gottes? Wie groß ist doch unser Gott!

2.2 Der »schwerhörige« Professor aus Moskau

Im Mai 1991[19] unternahmen wir unsere erste missionarische Reise in

---

[19] Vortragsreise nach Moskau vom 11. bis 20. Mai 1991. Es war unsere erste Reise in die frühere Sowjetunion. Mitreisende: Mein Russisch-Übersetzer Dr. *Harry Tröster, Annerose* und *Waldemar Busse, Dietrich Müller, Karl Schumann* und aus unserer Gemeinde *Christian Fell, Carsten Gitt, Hartmut Lack, Anna Martens, Youri* und *Dagmar Wall, Heike Wang.*

Von links nach rechts: Prof. Anatoli Rogow, Dr. Harry Tröster, Schirinai Dossowa und Werner Gitt, August 2004.

die frühere Sowjetunion, und zwar in die Metropole Moskau. Wegen der damals noch schwierigen Einreisebedingungen brauchten wir einen offiziellen Reisegrund. Nun war Phantasie gefragt. Es kam uns zugute, dass mein Übersetzer Dr. *Harry Tröster* sich für eine Gruppe von Querschnittsgelähmten in Moskau engagierte und versuchte, sie auf mancherlei Weise zu unterstützen. So hatte er 23 Rollstühle überlassen bekommen, die kostenlos in der Aeroflot-Maschine mitgenommen werden konnten. Im Gegenzug erhielten wir eine Einladung zur »Internationalen Autorallye für Querschnittsgelähmte«, die zu jener Zeit in Moskau stattfand. Außer meinem Übersetzer und mir bestand unsere Mannschaft aus zehn weiteren Personen, insbesondere jungen Leuten aus unserer Braunschweiger Gemeinde. *Dietrich Müller, Karl Schumann* und ich waren als Sportreferenten, die jungen Leute als Begleiter und *Harry* als Leiter der Mannschaft deklariert. Sieht man von jenen »Rallyefahrten« ab, bei denen uns einige Querschnittsgelähmte durch Moskau zu unseren evangelistischen Einsatzorten brachten, dann haben wir von der offiziellen Rallye nichts gesehen.

Wir blieben etwa zehn Tage in Moskau und waren von der unerwarteten Offenheit für das Evangelium völlig überrascht. Meine zu verschiedenen Themen ausgearbeiteten Manuskripte, die ich vorgesehen hatte, waren hier völlig fehl am Platz. Sie hätten weder Kopf noch Herz der

Zuhörer erreicht, denn es waren überwiegend Leute, die aufgrund ihrer atheistischen Erziehung noch nie etwas vom Evangelium gehört hatten. Noch nie habe ich das Gleichnis vom großen Abendmahl (Lukas 14,16-24) so sehr geschätzt wie in jenen Tagen. Diesen Text empfand ich als geradezu maßgeschneidert für unsere Situation. Menschen, die hochoffiziell von Gott selbst in den Himmel eingeladen waren, lehnten sein Angebot ab. Wir waren in Krankenhäusern, Berufsschulen, Universitäten, in der Bibliothek eines großen Autoherstellers, und wir sprachen vor Rollstuhlfahrern und in Hausversammlungen. Welch ein kostbar aufbereitetes Evangelium hatten wir doch in Form dieses Gleichnisses. »Wir sind zu euch gekommen, weil Gott noch Plätze im Himmel frei hat«, so sagte ich es den Zuhörern immer wieder. »Kommt, nehmt Jesus an, den Sohn Gottes, und ihr seid einmal beim großen Fest im Himmel dabei.« Das verstanden die Leute, und nach dem Aufruf zur Entscheidung gingen überall viele Hände hoch. Da wir viele Bibeln und evangelistische Bücher zur Verfügung hatten, bekam jeder eine Ration an geistlicher Verpflegung mit auf den Weg. Am Ende eines jeden Tages waren wir von all den Einsätzen müde und erschöpft, aber die Freude war groß über das, was Gott an den Menschen gewirkt hatte.

Wir wurden ständig von *Anatoli Rogow*, einem Universitätsprofessor, den *Harry* noch aus seiner Studienzeit kannte, begleitet. In Moskau hörte er in jenen Tagen mehrmals täglich das Evangelium, und bei den vielen Fahrten quer durch Moskau hatten wir sehr angeregte Gespräche mit ihm. Einmal sagte er mir, dass zwei Deutsche ihn beeindruckt haben, nämlich *Hegel* und *Gitt*. Immer hofften wir, dass er bei einem der Einsätze auch einmal die Hand heben würde, um Jesus in sein Herz zu lassen, doch leider vergeblich. Vorbilder hatte er ja inzwischen sehr viele. Aber er blieb eisern, ja er verhielt sich gegenüber der Botschaft geradezu immun. Das Evangelium beschäftigte ihn zwar irgendwie, aber es schien ihn letztlich doch nicht zu erreichen. So nahte unser Abreisetag, und bei ihm blieb alles beim Alten.

Blieb wirklich alles beim Alten? Schon wenige Wochen nach unserer Rückkehr hatte er dienstlich in Stuttgart zu tun. So traf er sich auch mit *Harry*. Kurz entschlossen lud dieser ihn ins Auto, und sie besuchten uns an einem Wochenende in Braunschweig. Abends luden wir einige junge Leute von der Moskau-Reise zu uns nach Hause ein, um das Wiedersehen ein wenig zu feiern. Es war eine nette Begegnung. Am anderen Morgen besuchten wir den Gottesdienst in unserer Gemeinde. Da Prof. *Rogow* kein Deutsch verstand, reduzierte sich für ihn alles auf das Erleben der Gemeinschaft. Während des Mittagessens sprachen wir über Zachäus. Gespannt hörte er jetzt zu und achtete konzentriert auf das, was *Harry* übersetzte. Er legte Messer und Gabel beiseite, um kein Wort zu verpassen. In diesem Augenblick spürte ich: Jetzt rührt Gott sein Herz an. So fragte ich ihn direkt, ob er sich bekehren wolle. Es kam die klare Antwort: JA! Nach dem inzwischen fast erkalteten Essen konnten wir ihm den Weg zu Jesus erklären und zusammen beten. Was in Moskau nicht möglich war, begriff er in unserem Wohnzimmer. Erst jetzt fiel die rettende Botschaft in sein Herz. Nun war das Evangelium für ihn reif geworden. Es bleibt für uns ein unergründliches Geheimnis, wann und wo der Herr Jesus ein Herz öffnet.

Bei unserer nächsten Moskau-Reise im Mai 1993, also zwei Jahre später, trafen wir ihn wieder. Er lud uns zu einem Jugendabend in seiner Gemeinde ein und bat uns darum, auf Fragen, die die jungen Leute beschäftigten, einzugehen. Er sagte, dass er nun seine Aufgabe gefunden habe: »Die Jugend Russlands muss für Christus gewonnen werden, denn sie ist die Zukunft des Landes.«

2.3 Nach fünfzig Jahren wieder in Ostpreußen

Fünfzig Jahre nach der Flucht und Vertreibung waren wir zum ersten Mal wieder in Ostpreußen[20], und zwar im nördlichen Teil, in dem auch mein Geburtsort Raineck lag. Zehn Tage hielten wir uns dort auf, um Vorträge zu halten. Gebangt hatten wir uns vor der Abreise gefragt, wie man wohl aufgenommen werden würde in einer Gegend, die so viele Jahre militärisches Sperrgebiet war und in die niemand aus dem Westen einreisen durfte. Doch nach dem Zusammenbruch der Sowjetunion hatte sich auch diese Tür geöffnet.

In den zehn Tagen erlebten wir beides: Negatives und Großartiges. Die Auswirkungen von fast fünfzig Jahren Kommunismus sind verheerend. Die Städte und Dörfer in einem einstmals schönen Land sind völlig zerstört. Den Menschen erging es nicht besser; sie lebten weitgehend ohne Hoffnung und Ziel. *Karl Marx* hatte einmal gesagt: »Die Praxis ist das Kriterium der Wahrheit.« Zumindest mit diesem Satz hat er Recht. Wer Anschauungsunterricht über die praktischen Auswirkungen des Kommunismus sucht, der findet dort genug Beispiele. Wie würden diese Menschen, die jetzt hier wohnen, auf das Evangelium reagieren? Unser erstes Ziel war Palmnicken.

1. Palmnicken: Palmnicken ist ein ehemals wunderschöner Kurort an der Samland-Küste der Ostsee, weltbekannt durch seine reichen

---

[20] Erste Vortragsreise nach Nordostpreußen vom 7. bis 15. Mai 1994. Mitreisende: Dr. *Harry Tröster, Waldemar* und *Annerose Busse, Klaus* und *Karin Freudenthal, Marion Gitt, Dietrich* und *Dorle Müller, Ewald Reschke, Karl Schumann, Eckhard Veit.*

Der Königsberger Dom, 1998.

Bernsteinvorkommen. Auf Russisch heißt Bernstein »jantar«, und davon ist auch der heutige Ortsname abgeleitet. 94 % der Weltbernsteinproduktion kommt von hier. Wir kamen am Samstag gegen Mittag an. Ursprünglich hieß es, wir seien zu einer Bibelstunde eingeladen, und ich hatte mir einen kleinen Hauskreis vorgestellt. Wer nach Russland reist, um zu evangelisieren, muss wissen, dass er immer wieder mit Desorganisation konfrontiert wird. So erging es uns auch in Jantarny. Als wir dort ankamen, hatte es den Anschein, als ob uns niemand erwartete. Es war ein schöner sonniger Tag, und wir vertrieben uns die Zeit auf dem Rasenplatz vor dem Kino. Zunächst geschah nichts, bis nach und nach einige Leute aus dem Dorf auftauchten: erst vereinzelte, dann mehrere, schließlich waren es etwa fünfzig. Sie gingen alle zielstrebig in den Kinosaal. Ob da wohl gleich ein Film lief? Neugierig gingen wir hinein. Kurz danach wurde uns klar, dass wir uns in unserer eigenen Veranstaltung befanden. Einen Verantwortlichen konnten wir immer noch nicht ausmachen, aber die Leute schienen etwas Besonderes zu erwarten. Es war ein bunt zusammengewürfeltes Völkchen. Die meisten von ihnen schienen uns ungläubig zu sein. Nach Absprache mit *Harry* erkannten wir: Das Gebot der Stunde heißt Evangelisation. Es war also nicht eine Bibelstunde für Gläubige, wie wir ursprünglich angenommen hatten. Wer nach Russland geht, muss oft blitzschnell reagieren, umdisponieren, Gedanken umschalten, Planungen umwerfen. Kurz entschlossen trugen wir eine verständliche evangelistische Botschaft vor. Das Erstaunliche: Von den fünfzig Leuten bekehrten sich am Ende zwanzig zu Jesus. Das war für uns ein großes Wunder.

2. Palast der Eisenbahner: Das eigentliche Ziel unserer Reise war jedoch die Evangelisationswoche in der Stadt Königsberg (russ. *Kaliningrad*). Die einstige ostpreußische Metropole und auch die anderen Orte sind geradezu vollständig russifiziert. Es ist kaum noch eine deutsche Spur zu finden, und wo es an Gebäuden aus deutscher Zeit Inschriften gab, hat man diese beseitigt. Hier also sollten die Veranstaltungen stattfinden. Wir waren schon sehr darauf gespannt.

Der Palast der Eisenbahner, ein Gewerkschaftshaus in der Nähe des früheren Südbahnhofs, war der Vortragsplatz. Als wir am ersten Abend erst kurz vor Beginn am Veranstaltungsort ankamen, enttäuschte uns der fast leere große Parkplatz. Ob niemand kommen würde? Würden wir in einem Saal zu leeren Stühlen predigen? Doch dann waren wir überrascht über die große Menschenmenge, die drinnen schon Platz genommen hatte. Fast alle waren mit öffentlichen Verkehrsmitteln gekommen oder hatten einen langen Fußmarsch hinter sich. Nach der Predigt luden wir all jene ein, auf die Bühne zu kommen, die sich an diesem Abend für Jesus Christus entscheiden wollten. Jeden Abend war es eine stattliche Gruppe, die sich da einfand, so dass *Harry* und ich uns auf eine Bank stellen mussten, um von allen gut gesehen und verstanden zu werden.

Etwas Unvergessliches erlebten wir am letzten Abend: Wir baten alle diejenigen, die sich in den vergangenen Tagen für den Glauben entschieden hatten, einmal auf die Bühne zu kommen. Es war bewegend: Erst kamen einige, dann mehr und mehr, so lange, bis die Bühne bis hinten hin überfüllt war. Viele hatten Tränen in den Augen, weil sie von der Verlorenheit zum ewigen Leben durchgebrochen waren.

Wir erlebten eine Art des Dankens, wie wir sie hierzulande gar nicht kennen. So bekamen wir z.B. einen Rosenstrauß geschenkt. Eine Kostbarkeit, wenn man bedenkt, dass eine Rose umgerechnet 2,50 Euro (damals 5 DM) kostete. Und drei Rosen, das entsprach 7,50 Euro oder 15 000 Rubel (nach damaligem Kurs). Das waren immerhin etwa zehn Prozent eines durchschnittlichen Monatsgehalts! Andere wiederum brachten mit selbst verfassten Gedichten, die sie auf der Bühne vortrugen, ihren Dank gegenüber Gott zum Ausdruck. Sie freuten sich, dass sie in diesen Tagen Jesus als ihren Retter gefunden hatten. Das alles hat uns tief beeindruckt, und wir waren froh, diese Reise unternommen zu haben.

3. Universität: In den folgenden Tagen waren auch einige Vorträge an der Universität Königsberg angesetzt. Nach einem Vortrag am Mathematischen Institut stand ein Professor während der Diskussion auf und sagte: »Sie haben uns heute viel fachlich Interessantes gesagt, aber was Sie über Gott gesagt haben, das hat mich noch viel stärker beeindruckt.« Ich weiß nicht, ob wir uns eine vergleichbare Situation an einer deutschen Hochschule vorstellen können: Ein Professor steht vor versammeltem Auditorium auf – vor Studenten, Assistenten und Kollegen – und bekundet sein größeres Interesse an Glaubens- denn an Fachfragen. Übrigens: In dem Hörsaal hing ein großes Porträt von einem der bedeutendsten deutschen Mathematiker, *David Hilbert*[21] (1862-1943).

21 *David Hilbert*, in Königsberg geboren, war ab 1892 Professor in Königsberg

Darunter stand in großer deutscher Antiqua-Schrift sein viel zitierter Satz »Wir müssen wissen. Wir werden wissen.«

Hinweis: Später waren wir noch dreimal im nördlichen Ostpreußen und haben immer wieder – wie auch die noch folgenden Einzelberichte zeigen – Gottes gnädiges Handeln erfahren. Diese überwältigende Aufgeschlossenheit gegenüber dem Evangelium haben wir bei den Folgereisen allerdings nicht mehr so erlebt.

2.4 Vom Professor für Atheistik zum Radiomissionar

Es war im Mai 1992[22], als wir zu Vorträgen in Karaganda[23] in Kasachstan unterwegs waren. Im überfüllten Hörsaal der Universität sind offenbar Menschen aus allerlei Völkern der ehemaligen Sowjetrepubliken. Ich sehe ganz verschiedene Augenformen, auch Schlitzaugen – das müssen Kasachen, Kirgisen, Tataren, Usbeken oder auch Russen sein.

In meinem Vortrag »Wozu gibt es Sterne?« bringe ich zahlreiche astronomische Details; im zweiten Teil gehe ich auf den ein[24], der die Sterne geschaffen hat: Jesus Christus. Der Schöpfer ist auch der Retter; es ist der Mann von Golgatha, der für uns am Kreuz starb, um Sündenvergebung zu ermöglichen. Am Ende des Vortrags frage ich in den Hörsaal hinein: »Wer möchte die Botschaft Jesu für sich persönlich annehmen? Wer möchte sich durch Jesus erretten lassen?« Ich kann es kaum fassen:

---

und 1895-1930 in Göttingen. Er behauptete, in der Mathematik sei alles beweisbar; was noch nicht bewiesen sei, könne mit entsprechendem Aufwand eines Tages bewiesen werden. Es war geradezu eine Revolution in der Mathematik, als der österreichische Mathematiker *Kurt Gödel* (1906-1978) mit Hilfe seiner Methode der Gödelisierung bewies, dass nicht alle wahren Aussagen bewiesen werden können (Gödelscher Unvollständigkeitssatz, 1931).

22 Vortragsreise vom 5. bis 18. Mai 1992 nach Kasachstan (Karaganda und Saran; 6. bis 9.05.) und Moskau (10. bis 18.05). Mitreisende: Dr. *Harry Tröster, Irene Tröster, Dietrich Müller, Youri Wall.*

23 Karaganda (russ.), Karaghandy (kasach.) bedeutet in der kasachischen Sprache »Schwarzes Loch« und weist damit auf den Steinkohlenbergbau hin. Karaganda ist mit 573 000 Einwohnern die zweitgrößte Stadt Kasachstans. Kasachstan umfasst 2,7 Millionen km^2 und ist damit 7,5-mal so groß wie Deutschland, aber mit 17 Millionen entspricht die Einwohnerzahl nur derjenigen der früheren DDR. Das weltbekannte Raumfahrtzentrum Baikonur gehört regional zum Gebiet Karaganda.

24 Nach Johannes 1,1-3 ist Jesus der Schöpfer aller Dinge. Auch in Kolosser 1,16-17 wird Jesus als der Schöpfer ausgewiesen: »Denn in ihm (Jesus Christus) ist alles geschaffen, was im Himmel und auf Erden ist, das Sichtbare und das Unsichtbare, es seien Throne oder Herrschaften oder Mächte oder Gewalten; es ist alles durch ihn und zu ihm geschaffen. Und er ist vor allem, und es besteht alles in ihm.«

Teil eines handschriftlich angefertigten Werbeplakats für die Vorträge (Original in DIN A0) in Russland. Auch das Bild wurde aufgrund eines Passbildes als Federzeichnung ausgeführt.

Erstaunlich viele Leute stehen auf; es sind etwa die Hälfte aller Hörer. Nach einem abschließenden Gebet verspreche ich allen mehrere evangelistische Bücher und eine Bibel. Viele Hände strecken sich uns entgegen, um das versprochene Geschenk entgegenzunehmen. Schnell bildet sich eine Schlange von Studenten, die sich ein Autogramm des Autors in ihrem Buch wünschen.

Wenn wir von solchen Reisen zurückfliegen, frage ich mich oft, wie das Gehörte auf die Menschen im Nachhinein wohl wirken mag? Ist dann alles schnell verflogen, oder gibt es bleibende Frucht? Nie wird es darüber eine Statistik geben. Das alles weiß wirklich nur der Herr, der uns in seinen Dienst gestellt hat.

Zwei Jahre später sind wir wieder in Karaganda, und wieder ist ein Vortrag an derselben Universität angesagt. Wie es so landesüblich ist, suchen wir zunächst den Rektor auf, der uns zu einem kurzen Willkommensgespräch empfängt. Dann geht es in den Hörsaal, und ein Professor namens *Pawel Kulikow* stellt uns den Studenten als Gäste aus Deutschland vor. Ich traue meinen Ohren nicht, als ich seine einführenden Worte höre:

»Ich begrüße den deutschen Wissenschaftler Professor *Gitt*, seinen Übersetzer Dr. *Tröster* und die mitgekommene Begleitung. Vor zwei Jahren war er bereits hier gewesen und hatte einen Vortrag über die atemberaubende Größe und Vielfalt der Sterne gehalten. Ich saß damals inmitten der Studenten und wartete auf das, was dieser Mann aus Deutschland uns wohl sagen würde. Was es in diesem Hörsaal noch nie gab: Mit freundlicher, aber entschlossener Stimme lud er uns ein, eine Entscheidung für Christus zu treffen. Als Zeichen der Annahme standen damals viele Studenten auf. Ich wusste überhaupt nicht, was mit mir geschah. Plötzlich erhob ich mich auch, obwohl ich gar nicht begriff, was ich da tat. Es war eine merkwürdige Kraft, die mich geradezu schob. Ich hatte auch die Bücher mitgenommen, die damals verschenkt wurden, und begriff erst später, was es mit diesem Aufstehen auf sich hatte: Ich hatte für Christus eine Entscheidung getroffen. Ihr kennt mich. Ich lehrte viele Jahre das Fach ›Atheistik‹[25] an dieser Uni. Jetzt bin ich Christ. Ihr bekommt heute auch die Chance, euch zu entscheiden. Tut es!«

---

25 Von *Chruschtschow* (1894-1971) wurde Anfang der 60-er Jahre in der Sowjetunion das Fach »Grundlagen des wissenschaftlichen Atheismus« zum Pflichtfach für Studenten aller Fachrichtungen eingeführt. Es sollte der atheistischen Erziehung der Jugend dienen. Vermutete man, dass ein Examenskandidat ein Christ sei, dann wurde in der Prüfung nicht das vermittelte Wissen über den Atheismus abgefragt, sondern er wurde vielmehr auf Herz und Nieren geprüft, ob er tatsächlich vom Atheismus überzeugt sei. War dies nicht der Fall, war er automatisch durchs ganze Examen gefallen.

Gott hatte jemanden überwunden, der ein überzeugter Gottesleugner[26] war und der jahrelang den Studenten mit wissenschaftlichen Argumenten beigebracht hatte, dass es keinen Gott gibt. Mir wurde bewusst, wie weitreichend doch Gottes Retterliebe ist. Hier gilt, was uns Jesus in Lukas 18,27 sagt: »Was bei den Menschen unmöglich ist, das ist bei Gott möglich.«

Wir erfuhren später, dass nach dem Zusammenbruch der Sowjetunion das Fach »Wissenschaftlicher Atheismus« abgeschafft worden war. An seine Stelle trat die Vorlesung »Geschichte des Atheismus und der Religionen«. Zu diesem neuen Fach gab es keinerlei Lehrmittel. So verwendete er das von mir geschriebene Buch »Und die anderen Religionen?«, das es auch in Russisch gibt. Es ist ein durch und durch evangelistisch konzipiertes Buch. So missioniert der frühere Professor für Atheistik nun in seinen Vorlesungen. Er hat später eine Radiomission für Kasachstan gegründet, um viele Menschen in der Landessprache mit dem Evangelium zu erreichen.

2.5 Die Kirgisin, die in letzter Sekunde den Himmel fand[27]

Vor einigen Jahren[28] waren wir mit einigen Mitreisenden zu einer evangelistischen Vortragsreihe im Theater in Bischkek, der Hauptstadt Kirgisiens, eingeladen. Am letzten Abend – es war ein Donnerstag – ging es um die Frage: »Wie komme ich in den Himmel?« Der Vortrag und auch alle Nachgespräche waren bereits beendet, und der Hausmeister stand schon mit seinem Schlüsselbund bereit, um den Saal abzuschließen. Da kam in letzter Sekunde eine Kirgisin auf die Bühne und stellte erregt die Frage: »Stimmt es wirklich, dass man ohne Jesus nicht in den Himmel kommen kann?« Ich bestätige ihr das. – »Aber wenn ich zu Jesus komme, dann wird mir Allah böse sein.« Wie konnte ich dieser suchenden Frau mit muslimischem Hintergrund das kurz erklären? Ich sagte: »Wissen Sie, diesen Allah gibt es gar nicht. Weil Sie in

---

26 Auch *Kulikows* Frau war Atheistin. Sie trat ihrem Mann nach seiner Entscheidung zunächst entschieden entgegen. Erst später traf auch sie eine Glaubensentscheidung.

27 Siehe auch Andachtsbuch »Leben ist mehr 1999« (CLV Bielefeld), Andacht vom 07.02.1999. Kirgisien, Kirgistan oder auch Kyrgystan ist ein Staat der ehemaligen Sowjetunion, liegt in Mittelasien und grenzt an Kasachstan, China, Tadschikistan und Usbekistan. Kirgisien umfasst 198500 km² (etwas mehr als halb so groß wie Deutschland mit 357 000 km²) und hat 4,7 Millionen Einwohner (Vergleich: Berlin 3,4 Millionen).

28 Vortragsreise nach Kasachstan (Karaganda) und Kirgisien (Bischkek) vom 12. bis 26. April 1993. Mitreisende: Dr. *Harry Tröster, Dietrich Müller, Annerose* und *Waldemar Busse.*

diese Religion hineingeboren sind, haben Sie von Allah gehört, er ist aber lediglich eine Erfindung von Menschen. In Afrika glauben viele Leute an böse Geister. Wenn diese Menschen von Jesus hören und sich für ihn entscheiden, verlieren sie alle Angst vor ihnen. Sie gehören dann zu Jesus und gewinnen den Himmel. Sollte das für Sie nicht genauso gelten?« – »Sagen Sie, wie kann ich diesen Jesus finden?« – »Sie haben die beste Frage gestellt, die man überhaupt stellen kann.« Ich erklärte ihr den Weg zum Herrn. Immer noch auf der Bühne stehend, beteten wir in dem inzwischen leeren Theater. Sie hat ihr Leben an der Person Jesu festgemacht und damit den Himmel gebucht.

In Anbetracht der Umstände war dies wohl das kürzeste Bekehrungsgespräch, das ich je geführt habe. Wenn Gott eines Menschen Herz öffnet, sind nicht mehr viele Erklärungen nötig.

2.6 Vor kirgisischen Dichtern

Unvergesslich ist mir jener Nachmittag des 22. April 1993, als wir anlässlich einer evangelistischen Vortragsreise[29] in Kasachstan und Kirgisien unterwegs waren. In Bischkek, der Landeshauptstadt Kirgisiens, bekamen wir eine Einladung, an einem Treffen von Dichtern und Schriftstellern[30] teilzunehmen. Etwa 24 Männer hatten sich versammelt, wie sie es in bestimmten Zeitabständen immer wieder tun. Nach freundlichen Worten der Begrüßung durch den Präsidenten dieses Verbandes schlug dieser vor, dass sich alle Teilnehmer vorstellen und dabei ihr Tätigkeitsfeld beschreiben sollten. Es kamen nach und nach alle an die Reihe, und jeder erzählte von seinen schriftlichen Werken. Der eine war ein Meister der Lyrik, und er sprach begeistert über dieses Thema. Andere berichteten von ihren Prosawerken. Dann erzählte jemand, dass er »den Goethe« ins Kirgisische übersetzt habe. Er schilderte das voller Begeisterung, weil er offenbar Freude bei uns Deutschen auslösen wollte. Alle hatten im Laufe der Jahre Großartiges geleistet.

Am Schluss der Runde war ich an der Reihe. Ich überlegte hin und her: Wie kann ich diese Leute ansprechen, um ihnen bei dieser geschenkten Gelegenheit etwas vom Evangelium zu übermitteln? Mir war bewusst, dass die meisten aus muslimischem Hintergrund kamen. So knüpfte ich an meine eigene Schriftstellertätigkeit an und erzählte ihnen zeugnishaft, wie ich zu schreiben begonnen hatte:

---

29 Vortragsreise nach Kasachstan (Karaganda) und Kirgisien (Bischkek) vom 12. bis 26. April 1993.

30 Siehe auch *Werner Gitt*: »Zeit und Ewigkeit«, CLV Bielefeld, 2. Auflage 2000, S. 81-83.

»Wenn ich an die schönen Seiten meiner Schulzeit zurückdenke, fallen mir als Letztes die Deutschstunden ein. Lieber schrieb ich zehn Mathematikarbeiten als auch nur einen Aufsatz. Das kann sicher nicht jeder nachvollziehen, aber so war es nun einmal. Wie aber kam ich dennoch dazu, Bücher zu schreiben? In meinem Leben gab es ein einschneidendes Ereignis, das eine Reihe von Veränderungen nach sich zog. Im November 1972 bekehrte ich mich nach einer Veranstaltung in der Stadthalle Braunschweig zu Jesus Christus. Ich erkannte, dass er die beste Botschaft für uns Menschen hat. Nie wieder ist den Menschen so etwas Gutes gesagt worden wie durch sein Evangelium. Mir wurde klar: Nur durch ihn können wir ewiges Leben erhalten. Nun schreibe ich davon, und es macht mir sogar Spaß. Ich möchte es vielen Menschen weitersagen, was ich gefunden habe. Ich freue mich, dass einige meiner Bücher ins Russische übersetzt sind.« Dann sagte ich weiter:

»Was Sie denken und schreiben, das lesen und lernen die Kinder in der Schule und die Angehörigen Ihres Volkes. Sie haben durch Ihre schriftlichen Werke einen großen Einfluss auf Ihr Volk. Ich möchte Ihnen einen Rat aus meiner Sicht geben: Lesen Sie die Bibel, und wenn Sie sich einmal bekehrt haben, schreiben Sie über diese Thematik, über Gott und über Jesus Christus. Das ist das Einzige, was in Ewigkeit bleibend ist. Alles andere ist vergänglich. Ja, wenn wir sogar 1000 Bücher in unserem Leben geschrieben hätten, für die Ewigkeit wäre das dennoch unbedeutend. Schaffen Sie Ewigkeitswerte!«

Ich staunte, wie gespannt alle zugehört haben, obwohl mein Zeugnis wegen der Übersetzung sicherlich über eine halbe Stunde gedauert hatte. Der Präsident bedankte sich für meinen Beitrag, und anschließend wurden viele Fragen gestellt (z. B. Was ist der Unterschied zwischen Christentum und Islam? Ist die Bibel wahr?), auf die ich ausführlich antworten konnte. Am Ende der Versammlung erhielt jeder als Gastgeschenk einen kleinen Bücherstapel, bestehend aus einer Bibel und meinen ins Russische übersetzten Büchern. Sie wurden gern genommen, und ich bin mir sicher, dass diese Leute die Bücher lesen werden, denn sie sind den Umgang mit dem geschriebenen Wort gewohnt.

Was mag der Herr durch diesen Nachmittag gewirkt haben? Er allein weiß es, und doch wurde bereits etwas sichtbar. Der Vizepräsident dieser Dichtervereinigung hat inzwischen das Buch »Fragen, die immer wieder gestellt werden« ins Kirgisische übersetzt. Da er die spezifischen biblischen Begriffe nicht kennen konnte, haben Mitarbeiter einer Bibelschule anschließend überprüft, ob die biblischen Zusammenhänge richtig wiedergegeben wurden. Das Buch wurde in Deutschland gedruckt und ausgeliefert. Als wir zwei Jahre später erneut nach Kirgisien kamen, waren rechtzeitig für unseren Einsatz viele dieser Bücher verfügbar.

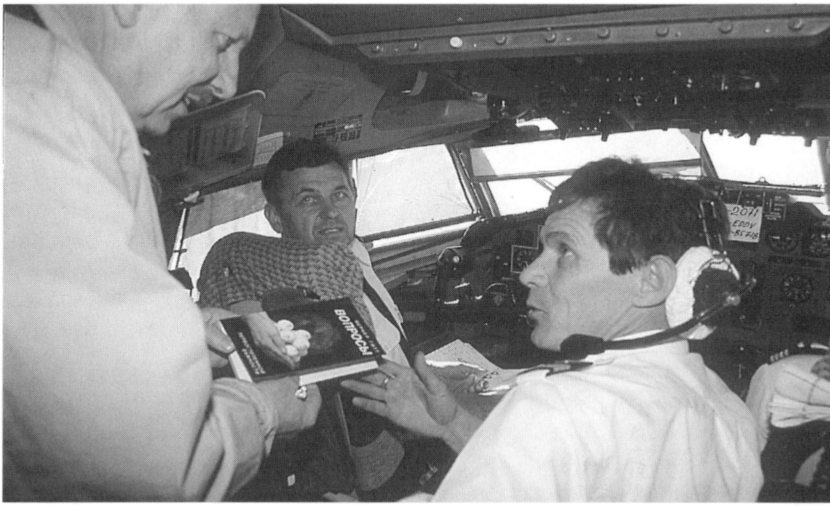

Es ist fast immer möglich, evangelistische Bücher im Cockpit und an die Stewardessen zu verteilen.

2.7 Bekehrt in der Luft oder auf dem Land?

Im April 1993[31] sind wir mit einer kleinen Gruppe mit dem Flugzeug von Frankfurt über Moskau nach Kasachstan unterwegs, um dort evangelistische Vorträge zu halten. Wir bekommen keine zusammenhängenden Plätze mehr und sitzen hier und da im Flugzeug verteilt. Mein Platz ist in einer Dreierreihe neben einem Ehepaar, das etwa dreißig Jahre alt ist.

Wie es schon auf allen unseren GUS-Flügen gute Tradition ist, möchten wir auch diesmal wieder evangelistische Bücher in russischer Sprache an die Flugzeug-Crew weitergeben. *Harry* trägt einer der Stewardessen unser Anliegen vor, und nach Rücksprache mit dem Piloten können wir das Cockpit betreten. Diese Aktion bleibt meinen Nachbarn *Claudia* und *Matthias Schindler* nicht verborgen, und so kommen sie, neugierig geworden, auch zum Cockpit hin, da die Tür weit offen steht. Erstaunt sehen sie, wie die Bücher von der Mannschaft gern angenommen werden, und können es noch nicht fassen, dass so etwas möglich ist.

[31] Es ist Ostermontag, der 12. April 1993. Wir sitzen im Flugzeug von Frankfurt/M. nach Moskau, um anschließend nach Kasachstan weiterzufliegen. Neben mir im Flugzeug sitzt das Ehepaar *Claudia* und *Matthias Schindler*. Es ist der Beginn unserer Vortragsreise nach Kasachstan (Karaganda) und der ersten nach Kirgisien (Bischkek) vom 12. bis 26. April 1993. Mitreisende: Dr. *Harry Tröster, Dietrich Müller, Annerose* und *Waldemar Busse*.

Wieder auf unseren Sitzplätzen angekommen, ergibt sich ein intensives Gespräch mit *Claudia* und *Matthias*. Sie erkundigen sich nach diesen Büchern und erfahren, dass wir aus unserem christlichen Glauben heraus diese christliche Literatur gern verbreiten. Sie hören interessiert zu, und bald ist eine Brücke des Vertrauens gebaut. Unvermittelt taucht bei *Claudia* die Frage auf, ob unser Leben von Anfang an vorherbestimmt sei. Ich verstehe noch nicht, warum sie genau diese Frage stellt. Aber dann kommt auch gleich ihre große Sorge zur Sprache, die *Claudia* freimütig benennt: »Ich habe ein Problem: Ich kriege keine Kinder. Wir würden aber sehr gerne welche haben.« Es klingt geradezu lustig, als sie fortfährt: »Können Sie mir helfen?«, und ich auch ebenso spontan wie unbedacht »Ja« sage. – Was habe ich da nur gesagt? Ich korrigiere mich und erkläre ihr, dass ich einen kenne, der hier helfen kann. Es ist Gott, dem kein Ding unmöglich ist.

Gott erhört Gebet. Wir können ihn darum bitten. »Soll ich jetzt für Sie beten?« – »Ja!« – Ich wage es, dort im Flugzeug, für ein Kind zu beten. Was wird Gott wohl tun? Mir schwirren Gedanken des Unglaubens durch den Kopf. Wenn Gott ihnen aber kein Kind schenkt, wird dann die Enttäuschung über diesen Gott nicht groß sein? Hätte ich überhaupt so direkt und konkret um ein Kind bitten dürfen?

Claudia ergreift weiterhin die Gesprächsinitiative, und sie kommt auf Maria zu sprechen. Sie fragt mich, ob wir durch Maria zu Gott kommen können. Ich zeige ihr, dass dies nicht geht. Gott hat dazu einen anderen Weg bestimmt, und das ist der Herr Jesus. Die Bibel sagt uns, dass wir nur durch ihn allein zu Gott finden können. Anhand einiger Bibelstellen (Joh 14,6; Apg 4,12; Röm 3,25) weise ich auf diesen einzigen Weg zu Gott hin: »Nur durch diesen Jesus werden wir zu Kindern Gottes, und nur durch ihn finden wir Errettung. Nur er gibt ewiges Leben. Wollen Sie diesen Jesus auch kennen lernen?« – »Ja!« – So erkläre ich, wie man zu Jesus findet, und dann beten wir in der Aeroflot-Maschine zu ihm. Auch *Matthias* betet mit. Punkt 18.00 Uhr setzt die Maschine auf dem Moskauer Flughafen Scheremetjewo auf. Wir sind noch mitten im Gebet. Nach einer kurzen Pause beenden wir dann das Übergabegebet. Wann wurden diese vorbereiteten Menschen zu Kindern Gottes? Noch in der Luft oder erst auf dem Boden? Jesus weiß es genau!

Drei Jahre später bin ich in Wiesbaden, um Vorträge zu halten. Viel zu spät erinnere ich mich an dieses liebe Ehepaar. Ich rufe wenige Minuten vor meiner Abreise von Braunschweig an, aber es meldet sich niemand. So versuche ich es abends vom Hotel aus erneut. Nun erreiche ich *Matthias*. Ich teile ihm mit, dass ich zwar nicht in unmittelbarer Nähe, aber immerhin nur eine Autostunde von ihnen entfernt einen Vortrag halte. »Wollen Sie auch herkommen?« Er sagt spontan zu. Als ich mich am nächsten Tag vom Hotel aus erkundige, ob es wohl klappt, erreiche ich

Claudia, und erfahre, dass ihre Eltern auf den Jungen aufpassen werden. Tatsächlich sind abends beide gekommen, und wir freuen uns sehr über dieses Wiedersehen nach drei Jahren. Während des Vortrags erzähle ich von unserer Begegnung im Flugzeug nach Moskau und wie Menschen auf ungewöhnliche Weise zu einer persönlichen Beziehung zu Jesus fanden. Das passt genau zu meinem Thema »Begegnungen von entscheidender Bedeutung«. Etwas Besonderes ist es für die Zuhörer, dass dieses Ehepaar heute Abend unter uns ist und zu ihrer Glaubenserfahrung direkt befragt werden kann.

Was war inzwischen geschehen? Wir hatten im April 1993 für ein Kind gebetet. Selbst unter Einhaltung »normaler Lieferzeiten« wäre frühestens Anfang 1994 mit einem Baby zu rechnen gewesen. Sie erhielten aber völlig unerwartet im Mai/Juni einen Gesprächstermin beim Jugendamt wegen einer Adoption.

Am 16. August 1993 war ein Baby geboren worden, das am 8. September zur Adoption freigegeben wurde. Da es zu früh auf die Welt gekommen war, musste es noch einige Wochen im Krankenhaus verbringen. Am 29. Oktober konnten *Claudia* und *Matthias* als glückliche Eltern mit ihrem kleinen *Sebastian* im Arm die Klinik verlassen. Nun bereitet er ihnen schon seit einigen Jahren viel Freude, und sie sind von Herzen dankbar für das erbetene Geschenk.

Wie gut, dass wir im Flugzeug keine zusammenhängenden Plätze erhalten hatten. Hoch über den Wolken fanden *Claudia* und *Matthias* zum Glauben an Jesus. Morgens vor Antritt der Reise hatten sie nicht geahnt, dass sie noch am selben Tag zu Kindern Gottes wurden. Auch hätten sie nicht gedacht, dass ihr Kinderwunsch sich so schnell erfüllen würde. Gott hatte alles besser geplant. Ihm sei Dank für sein Handeln!

2.8 Gottes nicht nachvollziehbare Mathematik

Im Juni 1996[32] waren wir zum zweiten Mal in meiner früheren Heimat Nordostpreußen, um an verschiedenen Orten evangelistische Vorträge zu halten.

In **Insterburg** (russ. *Tschernjachowsk*) hatten wir einen Termin für einen Vortrag im Kulturhaus[33]. Da wir schon früh von Königsberg losgefahren

---

[32] Zweite Vortragsreise nach Nordostpreußen (Königsberg, Insterburg, Tilsit) vom 17. bis 28. Juni 1996. Mitreisende: Dr. *Harry Tröster, Annerose* und *Waldemar Busse, Dietrich Müller.*

[33] Kulturhäuser (russ. *dom kultury* – »Haus der Kultur«) gab es in der früheren Sowjetunion in allen Städten und den meisten Dörfern. Sie dienten kulturellen und politischen Veranstaltungen.

waren, erreichten wir Insterburg gut zwei Stunden vor Beginn der Veranstaltung. Um die Zeit zu nutzen, verteilten wir vor dem Kulturhaus, das direkt an der Hauptstraße liegt, an die Passanten evangelistische Bücher und luden dabei zum Abendvortrag ein.

Lassen Sie mich Ihnen zunächst eine mathematische Frage stellen: An einer x-beliebigen Stelle irgendeiner Stadt verteilen wir während einer Stunde einige Bücher. An einem x-beliebigen Tag nach etwa zwei Jahren kommen wir wieder in diese Stadt; wir befinden uns jedoch an einer ganz anderen Stelle und verteilen wieder einige Bücher. Wie groß ist die Wahrscheinlichkeit dafür,

- dass wir von denen jemanden wiedertreffen, der vor zwei Jahren ein Buch bekommen hat,
- dass dieser einer von den wenigen war, der damals eine Unterschrift im Buch haben wollte,
- dass er dieses Buch gerade jetzt bei sich trägt und
- dass er durch dieses Buch zum Glauben gekommen ist?

Nun, genau das haben wir in Insterburg erlebt: Als wir einem etwa Dreißigjährigen, der dort die Straße entlangkam, die russische Version des Buches »Fragen, die immer wieder gestellt werden« schenken wollten, nahm er ein solches Exemplar aus seiner Aktentasche mit der Bemerkung »Das habe ich schon!« Ich war sehr erstaunt, und auf meine überraschte Frage, wie denn dieses spezielle Buch hierher komme, antwortet er fast selbstverständlich: »Na, das haben Sie mir doch vor zwei Jahren hier in Tschernjachowsk auf der Straße gegeben. Ich habe es gelesen und bin dadurch zu Christus gekommen.« Als wir noch darüber staunten, schlug er das stark zerschlissene – wohl vielfach gelesene – Buch auf und zeigte auf meine Unterschrift, die ich sicher als meine Handschrift identifizierte. Wie aber gelangte dieser junge Mann in den Besitz dieses Buches? Das wiederum ist eine Geschichte für sich:

Rückblende: Zwei Jahre zuvor (1994)[34] waren wir in Königsberg und hatten dort mehrere Tage im Palast der Eisenbahner evangelisiert. Der 9. Mai ist in Russland ein sehr wichtiger Feiertag (»Tag des Sieges«), und man hatte uns empfohlen, diesen Tag veranstaltungsfrei zu halten. So konnte ich mir einen lang gehegten Wunsch erfüllen, nämlich einmal die Gegend meines Geburtsortes Raineck aufzusuchen. Von Verwand-

---

34 Erste Vortragsreise nach Nordostpreußen vom 7. bis 15. Mai 1994. Mitreisende: Dr. *Harry Tröster, Waldemar* und *Annerose Busse, Klaus* und *Karin Freudenthal, Dietrich* und *Dorle Müller, Ewald Reschke, Christel* und *Karl Schumann, Eckhard Veit.*

ten wusste ich bereits, dass das Dorf nicht mehr existiert. Die Russen haben es 1957 vollständig abgetragen, so dass bis zu den umliegenden noch bestehenden Orten eine zusammenhängende große Freifläche entstand. Mein Wunsch wurde erfüllt, denn *Viktor Schumeev* aus Königsberg, Pastor der Baptistengemeinde von Preußisch-Eylau, konnte einen wenn auch sehr alten Kleinbus auftreiben, mit dem er uns dorthin fuhr. Dieser Bus war so klapprig, dass er bei uns in Deutschland niemals durch den TÜV gekommen wäre, und es war ein Abenteuer, mit ihm unterwegs zu sein. Mussten wir einmal verkehrsbedingt halten, erhob sich die Frage: Tut er's oder tut er's nicht? Man hatte allmählich den Eindruck, der Motor war nur durch Gebet wieder zum Anspringen zu bewegen.

Mit diesem Gefährt begaben wir uns nun auf die abenteuerliche Reise, immer ostwärts auf der alten Reichsstraße Nummer 1[35]. Mitten in Gumbinnen (russ. *Gusev*) brach der Ganghebel, und so lief nichts mehr. Was konnte man tun? Es war Feiertag, und selbst wenn es hier eine Werkstatt gegeben hätte, an diesem Tag wäre sie geschlossen gewesen. Aber Gottes Hilfe ist in der Not nicht fern. Schon nach wenigen Minuten traf *Harry* einen Russen auf der Straße, der sagte, er habe zu Hause eine Bohrmaschine und könne uns helfen. So wurden die beiden Enden des Ganghebels durchbohrt und notdürftig mit einem Splint verbunden. Nun konnte die aufregende Fahrt weitergehen. Ob wir damit wohl wieder bis nach Königsberg zurückkommen werden? Wie wir Raineck ausfindig machten und erlebten, schildere ich ausführlich im nächsten Beitrag: »Die Suche nach meinem Geburtsort Raineck«.

Nach diesem mir unvergesslichen Tag, dem 9. Mai 1994, der sehr ans Herz rührte, traten wir die Rückfahrt nach Königsberg an. Würde unser Bus das Ziel der Rückfahrt erreichen? Wenn wir doch erst einmal die alte Reichsstraße erreicht hätten! Hurra, der geflickte Ganghebel überstand das unwegsame Gelände. Nun ging es auf der Hauptstraße immer westwärts. 120 Kilometer lagen noch vor uns bis Königsberg. Wir kamen durch Gumbinnen und schließlich nach Insterburg. Irgendwo aber in Insterburg gab der Ganghebel seinen Geist erneut auf. Das Material war durch die Bohrung derart geschwächt, dass es noch einmal brach. Wer konnte uns jetzt helfen – es war immer noch Feiertag!? *Harry* und *Ewald* konnten auf der Straße jemanden ausfindig machen,

---

[35] Die frühere **Reichsstraße 1** begann in Eydtkuhnen (russ. *Tschernyschewskoje*), dem Grenzort zwischen Ostpreußen und Litauen, und endete ganz im Westen in Aachen. Die heutige Bundesstraße B1 ist noch identisch mit dem Verlauf von Küstrin über Berlin, Magdeburg, Braunschweig, Hildesheim, Paderborn, Dortmund, Düsseldorf nach Aachen.

der in seiner Datscha ein Schweißgerät sein Eigen nannte. Sie gingen mit ihm dorthin, und der Ganghebel wurde diesmal geschweißt. Für uns im Bus ergab sich ein unfreiwilliger Zwangsaufenthalt irgendwo in der Stadt. Hier verteilen wir noch die restlichen etwa 30 »Fragen«-Bücher an Passanten.

Bücherverteilung am 9. Mai 1994 in Gumbinnen (russ. Gusev). Waldemar Busse und ein russischer Kriegsveteran.

So war auch jener junge Mann einer von denen, die damals ein Buch erhielten. Ich bin gewiss, Gott wollte uns damit Mut machen, auch weiterhin mit Büchern zu missionieren. Was wir bei der Tour als Behinderung und unnützen Zeitverlust empfanden, nutzte Gott ganz anders. Ein Mensch wurde für die Ewigkeit gerettet. Und wenn Jesus den Wert einer Seele höher bemisst als die ganze Welt (Mk 8,36), dann wollen wir uns von ganzem Herzen darüber freuen, wie Gott handelt. Nicht immer zeigt uns Gott, wie er Schwierigkeiten unseres Lebens in Ewigkeitsfrucht umbucht.

2.9 Die Suche nach meinem Geburtsort Raineck

Als wir von Königsberg kommend nach etwa 120 Kilometern von der alten Reichsstraße Nr. 1 abbogen, erreichten wir die Überreste unseres früheren Nachbardorfes Kattenau (russ. *Fumanowka*). Es war wirklich nicht mehr viel stehen geblieben. Vor den wenigen noch verbliebenen Häusern trafen wir freundliche, aber offensichtlich verarmte Russen. Ein paar Bücher und Kleidungsstücke wurden gerne angenommen. Auf die Frage, ob sie sich noch an ein Dorf erinnern könnten, das etwa zwei Kilometer von hier entfernt lag, schüttelten sie nur den Kopf. Dass es meinen Geburtsort Raineck nicht mehr gab, wusste ich ja. Aber seit wann war er vom Erdboden verschwunden und wodurch? Durch den Krieg war es jedenfalls nicht geschehen. Ein etwa 60-jähriger Mann kam etwas später hinzu und sagte, dass er das Dorf noch kenne. Bis 1957 habe es noch existiert; auf Russisch hieß es *Simonowka*. Aber dann wurde das ganze Dorf abgerissen, um Nutzfläche für eine große Kolchose zu schaffen. Raineck lag wie der Mittelpunkt eines Kreises rings von anderen Dörfern (*Kattenau, Tutschen, Burgkampen, Eichhagen*) umgeben. Daher bot es sich

An dieser Stelle stand früher unser Bauernhof. Ich halte ein Papier in der Hand mit der Aufschrift: »Hier wurde ich am 22. Februar 1937 geboren. Hier stand einst Raineck.«

an, gerade den mittleren Ort dafür zu beseitigen. Und was geschah mit dem Schutthaufen? Nach dem Krieg wurde jeder Stein und jeder krumme Nagel gebraucht und wiederverwendet. Sogar aus Litauen kamen damals Leute, um sich das begehrte Baumaterial zu holen.

Der so plötzlich aufgetretene Mann wollte uns nun den Weg zu dem einstigen Dorf zeigen. So bestieg er mit uns den alten Bus und führte uns auf einer holprigen Straße durch das Dorf Tutschen (russ. *Watutino*). Am Ortsausgang bogen wir rechts ab. Schon bald aber endete der Weg und mündete in eine wüste Steppenlandschaft. Das früher von den Bauern geschätzte und intensiv genutzte Land stellte sich uns als ungenutzte und verwahrloste weiträumige Einöde dar. Wo wohl mochte in dieser weiten Ebene, in der wir keinerlei Anhaltspunkte eines einstigen Dorfes erkennen konnten, unser früherer Bauernhof gelegen haben? Den Bus ließen wir am Ende des Weges zurück, um nun alles Weitere zu Fuß zu erkunden. *Ewald Reschke* entdeckte als Erster einen kleinen Hügel mit einigen Birken darauf und ging darauf zu. Wir folgten ihm und waren froh, endlich überhaupt etwas entdeckt zu haben. Mir wurde sofort klar: Das musste der einstige Friedhof von Raineck gewesen sein. Kein Grab war mehr zu erkennen, nur einzelne Grabumrandungen lagen wüst im Gelände verstreut. Plünderer hatten jedes Grab geöffnet und durchwühlt, um irgendetwas zu ergattern, was noch von Wert sein könnte. Auf diesem Friedhof waren einst meine Vorfahren mütterlicherseits beerdigt worden. Auch mein fast genau ein Jahr älterer Bruder *Dieter* (* 29.02.1936), der schon wenige Wochen nach seiner Geburt gestorben war, lag hier. An sein kleines, stets gepflegtes Grab kann ich mich noch gut erinnern, denn meine Mutter nahm mich oft zum Friedhof mit, wenn sie dort Blumen pflanzte oder goss. Nun wurden Kindheitserinnerungen nach ziemlich genau 50 Jahren wach. Im Oktober 1944 hatten wir Raineck während des Krieges mit Pferd und Wagen verlassen.

Ich konnte nun in etwa abschätzen, wo unser Hof gelegen haben musste. Nach meiner Erinnerung war der Friedhof nördlich von unserem Hof gelegen und etwa ein Kilometer entfernt. Da ich jedoch wusste, dass einem als Kind alles weiter und größer erscheint, schätzte ich die Entfernung des Hofes vom Friedhof realistischerweise auf 500 Meter. Ich weiß auch noch, dass es unweit von unserem Hof einen Bach gab, der jene Wiese begrenzte, die direkt am Gehöft lag. Dieser Bach hieß »Rain« und war auch der Namensgeber des Ortes »Raineck«. »Wenn wir jetzt südwärts gehen«, so vermutete ich gegenüber den Mitreisenden, »müsste dieses kleine Flüsschen bald erscheinen.« Meine Erinnerung war korrekt: Plötzlich standen wir vor dem »Rain« – den gab es also immer noch. Wir schafften es spielend, diesen »ostpreußischen Heimatstrom« trockenen Fußes zu überwinden, denn er war zu dieser Jahreszeit kaum mehr als einen Meter breit. Nach weiteren 400 Metern südwärts standen wir am Ort meiner Geburt, denn ich bin, wie es damals üblich war, zu Hause auf dem elterlichen Hof geboren. Wie habe ich diese Stelle so genau erkannt? Auf dem Gelände entdeckten wir ein verrostetes Scharnier. Unzweifelhaft stammte es von dem doppeltürigen Tor, das einst den Hof verschloss. Das Tor befand sich zwischen zwei massiven Pfosten quadratischen Querschnitts, die mit Ziegelsteinen gemauert waren. Das eiserne Scharnier war das einzige Erinnerungsstück, das es dort noch gab – von einem Gehöft mit Wohnhaus, zwei Ställen, einem Torfhaus und einer Scheune. Was lag näher, als dieses Teil nach Braunschweig mitzunehmen. Jetzt rostet es in unserem Garten weiter vor sich hin.

Am Ort meiner Herkunft kamen mir die Tränen. Viele Kindheitserinnerungen wurden wach. Ich dachte an die Eltern, meinen älteren Bruder *Fritz* und all jene, die damals hier lebten. Wir hielten Gebetsgemeinschaft. Mir wurde bewusst: Nichts in dieser Welt ist beständig, alles ist hier der Vergänglichkeit unterworfen. Römer 8,18-20 erlebe ich nicht als theoretisches Wort, es wird mir zur praktisch erlebten Exegese, die keiner weiteren Auslegung mehr bedarf.

2.10 Eine gut genutzte Bahnfahrt

In einem Kinosaal in Königsberg (russ. *Kaliningrad*) hielten wir 1996 evangelistische Vorträge[36]. Ein Erlebnis stimmte uns besonders froh: Es war nach der Samstagmorgen-Veranstaltung, zu der relativ wenig Leute gekommen waren. Eine junge Frau berichtete: »Im Oktober des

---

36 Zweite Vortragsreise nach Nordostpreußen (Königsberg, Insterburg, Tilsit) vom 17. bis 28. Juni 1996. Mitreisende: Dr. *Harry Tröster, Annerose* und *Waldemar Busse, Dietrich Müller.*

vergangenen Jahres war ich zu Ihren Vorträgen in Bischkek (das ist die Hauptstadt von Kirgisien) gekommen. Ich habe mich dort im Theatersaal bekehrt. Nun wohne ich in Kaliningrad und gehöre hier zur Baptistengemeinde.« Ein junger Mann fügte nun seine Geschichte hinzu: »Ich war auch bei den Vorträgen in Bischkek gewesen, aber ich habe mich damals nicht bekehrt.« – Ich fragte ihn: »Warum haben Sie es nicht auch getan?« Darauf antwortete er: »In Bischkek wurden Ihre Bücher verteilt, die ich auch erhalten habe. Auf der mehrere Tage dauernden Bahnfahrt von Kirgisien nach Kaliningrad habe ich diese gelesen, und dann habe ich mich im Zug bekehrt. In den Büchern war alles genau beschrieben, was hierfür nötig ist.«

2.11 Hindernisse auf dem Weg nach Tilsit

Es waren zwei Vorträge in Tilsit geplant[37]. Bis es aber dazu kam, gab es noch einige Aufregung. Am Tag zuvor war noch ein Vortragsdienst an der Universität Vilnius/Litauen[38] vorgesehen. Wir waren mehrere Tage in Nordostpreußen gewesen und begaben uns nun an die russisch-litauische Grenze, um von Eydtkuhnen (russ. *Tschernyschewskoje*) nach Litauen einzureisen. Zu unserer Verblüffung sagte der russische Grenzbeamte, als er unsere Visa in die Hand nahm: »Sie haben nur ein einmaliges Ausreisevisum. Das bedeutet: Sie können nicht wieder über diese Grenze zurück, wenn Sie erst einmal ausgereist sind.« Was nun? Sollten wir in Russland bleiben oder nach Litauen gehen, wo man uns noch am selben Tag erwartete? Wir entschlossen uns zur Ausreise. Das bedeutete aber: Wenn wir wieder nach Ostpreußen zurückwollten, mussten wir zwangsläufig zur russischen Botschaft in Vilnius, um neue Visa zu beantragen. Also begannen wir – in Vilnius angekommen – mit den Vorbereitungen. Nur weil ich in meiner Brieftasche noch ein Passfoto fand, blieb mir der Gang zum Fotografen erspart, und ich konnte mich auf den Weg zum Mathematischen Institut der Uni begeben. Alle anderen mussten Passfotos machen lassen und den Weg zur russischen Botschaft antreten. Bei der russischen Bürokratie mahlen die Mühlen langsam. So konnten die beantragten Visa erst am nächsten Tag abgeholt werden. Wir übernachteten in einem zur Uni gehörenden Doktoranden- und Studentenheim und staunten über die niedrigen Preise für allerlei litauische Leckereien. Am anderen Morgen ging's schnurstracks

37 Während derselben Reise wie 2.10.

38 Vortrag an der »Vilniaus Universitetas Mathematikos Fakultetas« am 24. Juni 1996 in Vilnius, der Hauptstadt Litauens. Es ist während derselben Reise wie 2.10.

zur Botschaft. Nach etlicher Wartezeit und Zahlung der Visagebühren wurden uns die notwendigen Einreisepapiere ausgehändigt.

Wer meint, damit hätten wir die russische Bürokratie hinter uns gelassen, der irrt. Kurz vor dem Erreichen der russischen Grenze fiel mir auf, dass mein Visum mit dem Passbild von *Dietrich Müller* geziert war, während auf sein Dokument mein Foto geklammert worden war. Würde der Beamte das merken? Wir beteten, dass Gott ihm die Augen hielte. Aber Gott wollte es offenbar anders, denn der akribische Beamte entdeckte wider Erwarten die Bildverwechslung. Was nun? Er schickte uns zurück nach Vilnius mit der Bemerkung: »Da kann ich nichts machen. Das kann nur die russische Botschaft richtig stellen.« Wir erklärten, dass wir alles ordnungsgemäß beantragt hatten und es überhaupt nicht unser Fehler war. Außerdem müssten wir heute Abend noch in Tilsit sein. Da die Reisepässe korrekt waren und die Visa auch alle richtigen Daten enthielten, meinten wir, es sei nur eine kleine Übung, die Bilder auszutauschen. Doch der Beamte kannte kein Pardon und übergab die Angelegenheit seinem nächsten Vorgesetzten, dem *Harry* alle Details erklärte. Natürlich erhielten er und seine Mitarbeiter einige Bücher. Wir befanden uns jetzt alle im Niemandsland zwischen Litauen und Russland. Schon über zwei Stunden standen wir dort und warteten und warteten. »Wie gut sind unsere Nerven?«, fragten wir uns. Ungeduld machte sich unter uns breit, die wir auch mit Worten zum Ausdruck brachten. Nur einer behielt die Ruhe und hatte nicht ein einziges negatives Wort auf seinen Lippen – unser russlanderfahrener *Harry*. Er vermittelte: »Wenn sich schon so lange nichts tut, dann ist das ein gutes Zeichen. Hätte man uns nach Vilnius zurückschicken wollen, dann hätten sie es gleich gesagt. Wenn wir nun schon so lange warten, dann passiert noch etwas.« In der Tat: Nach vollen vier Stunden erhielten wir unsere Visa mit den umgetauschten Bildern zurück.

Der Erfindungsreichtum russischer Bürokratie war auch mit diesem Akt noch nicht ausgeschöpft. Wir erhielten hier an der Grenze noch die Auflage, dass wir in Kaliningrad noch einmal zur Passbehörde müssten, wenn wir ordnungsgemäß ausreisen wollten. Das kostete uns einen vollen Vormittag Wartezeit und erneute Gebühren.

Nun aber ging's im Eiltempo nach Tilsit, wobei wir durch Ebenrode, der früheren Kreisstadt meines Geburtsortes Raineck, rasten. Fast minutengenau trafen wir in dem Tilsiter Saal ein.

Nach dem Vortrag kam noch etwas Unangenehmes auf uns zu. Eine Russin ging auf meinen Übersetzer *Harry* zu und schimpfte heftig mit ihm. Was hatten wir nur angerichtet, dass sie sich so erregte? Sie hatte sich sehr über die Botschaft geärgert und machte *Harry* nun einen Vorwurf nach dem anderen: »Wen habt ihr uns da denn mitgebracht? Der kann ja nicht einmal richtig Russisch.« Ich starte meine evangelistischen

Nachversammlung nach dem Vortrag vom 26. Juni 1996 in Tilsit. Auch die im Text erwähnte Lehrerin ist dabei.

Vorträge oft mit einer kleinen Einstiegsgeschichte, die mir jemand zuvor ins Russische übersetzt hatte. Sicherlich hatte ich dabei einige Wörter völlig falsch betont. Dennoch nahm sie eines der Bücher mit, die wir bei solchen Veranstaltungen immer kostenlos an alle Besucher verteilen. Sie griff zu dem Titel »Fragen«[39] in russischer Sprache.

Wir staunten nicht schlecht, als sie am nächsten Abend wieder unter den Zuhörern saß und sogar einige Lehrerinnen aus dem Kollegium ihrer Schule mitgebracht hatte. Nach dem Vortrag kam sie gezielt auf mich zu. Ich ahnte nichts Gutes, aber sie war wie ausgewechselt. Außergewöhnlich freundlich trat sie mir gegenüber auf. Welch eine Veränderung! Was war nur geschehen? Sie hatte mein Lebenszeugnis am Ende des Buches gelesen, und nun zählte sie einiges auf:

- Sie sind ja auch hier in diesem Gebiet geboren!
- Ich habe gelesen: Sie sind ja auch im selben Jahr wie ich – 1937 – geboren.
- Ja, und Sie sind genau wie ich auch im Februar geboren!
- …

39 »Fragen, die immer wieder gestellt werden«, in Russisch: »Вопросы первостепенной важности« (CLV Bielefeld, 9. russische Auflage 2002).

Sie nannte so viele gleichartige Dinge aus ihrem und meinem Leben, dass ich geradezu den Eindruck gewann, sie sei meine Zwillingsschwester. Das Bemerkenswerteste an dieser Begegnung war jedoch, dass Gott ihr das Herz auftat und sie sich an diesem zweiten Abend bekehrte. Ich erinnerte mich an das Wort von *Heinrich Kemner*[40], dessen Erfahrung es auch war: »Die Siege Jesu sind oft hinter Widerständen verborgen.« Wie gut, dass ich in dem Buch so viele Details aus meinem Leben geschrieben habe, denn gerade das war letztlich der Anstoß dafür, dass auch sie in dem Nachgespräch zu Christus fand. Sie verabschiedete mich mit den Worten: »Wann kommen Sie wieder hierher? Dann müssen Sie auch an unsere Schule kommen!«

2.12 Die drei von der Landstraße

Am 30. Mai 1998 waren wir mit dem Gemischten Chor unserer Gemeinde[41] im nördlichen Ostpreußen in der Stadt Preußisch-Eylau (russ. *Bagrationowsk*), die etwa 20 Kilometer südlich von Königsberg und heute nahe der polnischen Grenze liegt. Dort gibt es eine kleine Baptistengemeinde. Das frühere Bahnwärterhäuschen war umgebaut worden und wurde bis 2004 als Versammlungsraum genutzt. Die aus deutscher Zeit stammende Aufschrift »Preußisch-Eylau« an der Außenwand hatte man mit weißer Farbe überstrichen, allerdings so schwach, dass die schwarzen Buchstaben des früheren Ortsnamens noch durchschimmerten.

Es war Sonntagnachmittag, und wir wollten mit den russischen Gläubigen einen evangelistischen Gottesdienst gestalten (mit Einsegnung eines Diakons und Übergabe von Abendmahlsgeräten, die wir mitgebracht hatten). Zusammen mit unserem Chor war die Gruppe so groß, dass wir nicht alle in dem Bahnwärterhäuschen Platz fanden. Daher hielten wir den Gottesdienst bei dem warmen sommerlichen Wetter draußen auf der Wiese ab. Sogleich tat sich ein Problem auf. Draußen gab es keine Mikrofonanlage. Ein Gemeindemitglied wusste aber, wo man eine solche Anlage ausleihen konnte. Drei junge Russland-Aussiedler aus Bielefeld, die gerade zu dieser Zeit hier waren, um die Gemeinde zu unterstützen, machten sich sogleich mit ihrem VW-Bus auf den Weg,

---

[40] *Heinrich Kemner* (1903-1993) war ein bekannter Pfarrer und Evangelist in Norddeutschland. Er ist der Gründer des »Geistlichen Rüstzentrums Krelingen«, dem größten christlichen Freizeit- und Tagungszentrum in Norddeutschland.

[41] Dritte Reise nach Nordostpreußen (nur Tagesreise am 28. Mai 1998 nach Preußisch-Eylau). Reise mit dem Gemischten Chor der Baptistengemeinde Braunschweig vom 23. Mai bis 1. Juni 1998 nach Ostpreußen. Die meisten Vorträge fanden in Masuren in den vier Orten Ortelsburg, Rastenburg, Lyck und Loetzen (jetzt polnisch: *Szczytno, Kętrzyn, Ełk, Giżycko*) statt.

um die Anlage aus dem Nachbarort abzuholen. Leider trafen sie aber niemanden an und mussten unverrichteter Dinge umkehren.

Auf der Rückfahrt begegneten sie drei russischen Mädchen[42] im Alter von 14, 15 und 16 Jahren, die in Richtung Preußisch-Eylau zu Fuß unterwegs waren. Die Bielefelder hielten den Wagen an und luden die drei ein, mit zur Evangelisation zu kommen. Ein Mädchen erkundigte sich: »Was ist denn das, eine Evangelisation?« Da sie offenbar kein bestimmtes Ziel hatten, ließen sie sich einladen und hörten die Botschaft unter freiem Himmel. Während der Predigt kamen die in der Nähe grasenden Kühe näher und schienen ebenfalls interessiert zuzuhören. Das erinnerte mich an den Auftrag Jesu, der da lautet: »Predigt das Evangelium aller Kreatur!« (Mk 16,15).

Wie waren wir freudig überrascht, als neben anderen Zuhörern auch diese drei Mädchen an diesem Nachmittag ihr Leben bei Jesus festmachten. Aber würde ihr Entschluss von Dauer sein? Darüber erfuhren wir Näheres, als *Harry* später mit dem Pastor telefonierte. Während zwei der Mädchen aus atheistischen Familien zu Hause kein Widerstand entgegengebracht wurde, hatte das dritte einen schweren Stand, als sie gläubig wurde. Die orthodoxe Mutter attackierte sie wegen ihres Bekenntnisses. Wie freuten wir uns, als *Harry* zwei Jahre später erfuhr, dass sich alle drei Mädchen inzwischen hatten taufen lassen und zu der Gemeinde im Bahnwärterhäuschen gehörten.

2.13 Eine Saat, die nach 60 Jahren aufging

Während unserer Reise nach Weißrussland[43] erlebten wir eine weit geöffnete Tür für das Evangelium. Hier möchte ich von einem Erlebnis in Minsk berichten:

In einer Baptistengemeinde in **Minsk**, der Hauptstadt Weißrusslands mit 1,7 Millionen Einwohnern, hielt ich am Freitagabend, dem 6. September 2002, einen naturwissenschaftlich/biblisch orientierten Vortrag und am folgenden Sonntagmorgen die Predigt. Nach dem Vortrag kam ein 71-jähriger Mann[44] auf mich zu, und er erzählte uns eine bewegende Geschichte aus seiner Kindheit, bei der ein deutscher Soldat eine wichtige Rolle spielt:

---

42 *Olga Gawrilowa*, *Angelika Leontewa* und *Violeta Serebrjakowa*.

43 Vortragsreise nach Weißrussland (Brest, Kobrin, Minsk und Pinsk) vom 30. August bis 11. September 2002. Mitreisende: Dr. *Harry Tröster* und *Gerhard Perteck* (der Reiseorganisator; er ist erstmals dabei).

44 Sein Name ist *Wolodja Baranow*. Im August 2004 kam er nach Deutschland und besuchte *Horst Krüger*, den Sohn des damaligen Soldaten in Minsk.

Nachversammlung nach dem Gottesdienst am 8. September 2002 in Minsk (Weißrussland). In der zweiten Reihe rechts etwas verdeckt Wolodja Baranow.

Es war während des Zweiten Weltkrieges. Zu jener Zeit ging hier vieles drunter und drüber, und der Hunger war ein ständiger Begleiter. Ich war damals in einem Waisenhaus untergebracht. Dorthin kam immer wieder ein deutscher Soldat. Er hatte sich viele Taschen auf die Innenseite seines Mantels genäht und darin Brot versteckt. Wenn er kam, wussten wir, dass es nun wieder etwas zu essen geben würde. Er verteilte nicht nur das Brot, sondern er nahm sich Zeit, um uns Kindern immer wieder von Jesus zu erzählen. So etwas war zu der damaligen Kriegszeit nicht nur ungewöhnlich, sondern geradezu unmöglich. Dieser ›feindliche‹ Soldat aber tat das unerschrocken und auch unbehelligt, denn die deutsche Wehrmacht war von ihm abhängig, weil er sehr gut Russisch sprach. Auf diesen hervorragenden Dolmetscher konnte man nicht verzichten, und so drückte man wegen seines ungewöhnlichen Tuns offenbar ein Auge zu.

Diese Geschichte erzählte uns der Mann, der selbst so ergriffen war, dass wir fast den Eindruck hatten, er hätte all das Berichtete gerade erst gestern erlebt. Diese Kindheitserinnerung war so tief in sein Leben eingegraben, dass er uns sofort daran teilhaben lassen wollte, als er erfuhr, dass wir aus Deutschland gekommen seien. Inzwischen selbst alt gewor-

Vortrag am Mathematischen Institut der Universität Brest am 3. September 2002 bei voll besetztem Hörsaal. Anschließend erhält jede(r) Student(in) drei christliche Bücher in Russisch.

den, hatte er erfahren, dass ein Sohn dieses Soldaten, *Horst Krüger*, noch in Deutschland lebte. In mühsamer Arbeit hatte er mit Hilfe eines Wörterbuches eine Wort-für-Wort-Übersetzung für einen deutschen Brief zusammengestoppelt. Er bat uns nun, den Brief an den Sohn des Soldaten weiterzuleiten. Da er aber nicht dessen Adresse kannte, vermutete er, dass die Aushändigung über eine ihm bekannte Kontaktadresse möglich sein könnte.

Am darauf folgenden Sonntagmorgen hielt ich eine evangelistische Predigt in der Gemeinde und rief all jene auf, nach vorne zu kommen, die heute eine Entscheidung für ein Leben mit Jesus treffen wollten. Zunächst kamen einige junge Leute, die in der ersten Reihe Platz nahmen. Wie sehr war ich erstaunt, als dieser ältere Mann sich in der zweiten Reihe dazugesellte. Auch er wollte nun sein Leben an Christus binden.

Nach dem Vortrag wollen die meisten ein Autogramm des Autors.

Wie kam es, dass dieser Mann so spontan zu einer Entscheidung fand? Vor über 60 Jahren wurde ihm von einem gläubigen deutschen Soldaten erstmals von Jesus erzählt, und dieser Wehrmachtsangehörige bezeugte auch mit seiner Tat, dass er zu Jesus gehörte. Diese ausgestreute Saat bewahrte er mehrere Jahrzehnte in seinem Herzen. Nun ging sie nach über einem halben Jahrhundert auf und brachte Frucht für die Ewigkeit. Davon durften wir Zeuge sein.

Den Brief haben wir weitergeleitet, und er ist tatsächlich in die Hände von *Horst Krüger,* dem Soldatensohn, gelangt. Er kam im Januar 2003 zu der Informatik-Tagung, die ich jedes Jahr veranstalte. Wir drei Weißrussland-Reisenden konnten ihn dort persönlich kennen lernen. Nun erfuhren wir auch den Namen dieses »unbekannten Soldaten«: *Gerhard Krüger* (1914-1987). Nach dem Krieg war er zu einem weltweiten Verkündigungsdienst unterwegs und hat dadurch vielen Menschen das rettende Evangelium bezeugt.

2.14 Gottes minutiöse Planung in Pinsk

Im September 2002 waren wir auf einer missionarischen Vortragsreise[45] in Weißrussland. Wir erlebten wieder große Offenheit für das Evangelium. Hier möchte ich ein Erlebnis aus der Stadt Pinsk herausgreifen:

In **Pinsk,** einer Stadt im Südwesten Weißrusslands mit 130 000 Einwohnern, hatten wir Zugang zu zwei Schulen, wo uns jeweils etwas mehr als eine volle Stunde für Vorträge eingeräumt wurde. Ein eindrucksvolles Erlebnis möchte ich etwas ausführlicher schildern. Pinsk ist die Partnerstadt der deutschen Stadt Altena im westfälischen Sauerland. In diesem Zusammenhang gab es in den vergangenen Jahren mehrfach Besuche von Schulklassen aus Pinsk, die mit Bussen nach Altena gereist waren. Die Schüler kamen immer in Begleitung von einigen Lehrern und einer Ärztin. Mehrmals war darunter auch der Direktor einer Schule mit 1 500 Schülern. Bei der Quartierverteilung ergab es sich, dass er bei einer gläubigen Familie untergebracht war. Die Gastgeber hatten versucht, ihm etwas vom Evangelium weiterzugeben. Da die Unterhaltung wegen der Sprachbarriere sehr eingeschränkt war, gaben sie ihm einige meiner ins Russische übersetzten Bücher zum Lesen. Beim offiziellen Abschied im Rathaus von Altena sagte er im Beisein des Bürgermeisters, man habe ihm Bücher gegeben, die sein bisheriges Weltbild stark erschüttert hätten.

Als wir nun in Pinsk waren, gab es ein Zusammentreffen gerade mit diesem Schuldirektor. Bei der Ankunft zeigte er uns zunächst einige der

---

45 Vortragsreise nach Weißrussland vom 30. August bis 11. September 2002 (dieselbe Reise wie 2.13).

schulischen Einrichtungen, bevor in der Aula der angesetzte Vortrag vor mehreren Klassen begann. Dem Direktor sagte dieser zu, und so fragte er mich, ob wir bereit seien, denselben Vortrag auch noch für die Lehrer zu halten. Ich stimmte spontan zu, und so hielt ich den Vortrag nach der Mittagspause noch einmal. In der sich anschließenden Fragezeit hatte er sich auffallend häufig zu Wort gemeldet. Insbesondere interessierte ihn der Unterschied zwischen den vielen Religionen, dem Christentum und dem Judentum.

Danach lud er uns noch ein, in sein Büro zu kommen. Auf dem Weg dorthin meinte er: »Falls ich jemals Christ werden sollte, dann sind mir Ihre Bücher dabei eine Hilfe gewesen.« Er sagte das alles in einem sehr zurückhaltenden Konjunktiv. In seinem Zimmer angekommen, erklärte ich ihm, dass ich mich über seine gezielten Fragen sehr gefreut hätte, da sie doch ein reges Interesse bekundeten. Nicht wenig erstaunt war er, als ich ihm meinen Eindruck vermittelte, von ihm sei bereits im Neuen Testament geschrieben. Ich begründete dies mit jener Stelle im Markusevangelium, wo davon berichtet wird, dass Jesus mit einem Mann im Gespräch war, der auffallend verständige Antworten gab. Jesus bestätigte ihm daraufhin, dass er vom Reich Gottes nicht fern sei (Mk 12,34). Mein Übersetzer übersetzt nicht in starrer 1:1-Fassung. So erklärte er dem Direktor, dass jener Mann nur einen Millimeter vom Reich Gottes entfernt war. Nun kam meine Frage an ihn: »Wie schätzen Sie sich selbst ein – sind Sie bereits im Reich Gottes oder noch außerhalb?« Eindeutig kam die Antwort: »Ich bin außerhalb!« Ich hakte nach: »Wollen Sie nicht hereinkommen?« Von ihm kam daraufhin ein spontanes »JA«. So erklärten wir ihm anhand der Bibel den Weg zu Jesus und festigten das Gehörte im Gebet. Er hatte den rettenden Herrn in seinem eigenen Büro gefunden. Das hatte er morgens bei seinem Frühstück nicht ahnen können.

Mit strahlenden Augen erzählte er uns dann von den Gastgebern aus Altena, dem Ehepaar *Annette* und *Reinhard Goseberg*, bei denen seine Geschichte mit Gott begann. Er gab uns ihre Anschrift und Telefonnummer mit, um Grüße auszurichten. Als ich dann nach unserer Reise dort anrief und von der Bekehrung des Direktors berichtete, war die Freude übergroß. Frau *Goseberg* konnte es kaum fassen, denn: »Er war für uns ein so harter Brocken, der uns für das Evangelium kaum erreichbar erschien.« Sie betonte: »Er war nicht nur ein ›normaler‹ Kommunist, sondern aus Überzeugung sogar ein Erzkommunist. Er hatte sich in seiner Stadt mit großem Engagement für die Umsetzung dieser Ideologie eingesetzt. Ich muss das gleich am nächsten Sonntag in unserer Gemeinde berichten; das wird dort wie eine Bombe einschlagen. Für ihn ist auch dort immer wieder gebetet worden.«

Der Schuldirektor Viktor Konowalow aus Pinsk unmittelbar nach seiner Bekehrung zu Jesus Christus am 9. September 2002 in seinem Büro.

Alle Gebete und aller Einsatz haben sich gelohnt. Ich staune, welch merkwürdige Wege Gott führt, um einen fragenden Menschen zu gewinnen. Für uns war es irgendeine Schule, an der wir einen Vortrag halten durften, aber nach Gottes Planung musste es genau diese und keine andere sein.

Hier kommt mir die statistische Frage in den Sinn: Wie groß ist die Wahrscheinlichkeit dafür,

- dass der Direktor einer weißrussischen Schule nach Deutschland kommt und unter vielen denkbaren Möglichkeiten gerade in einer christlichen Familie einquartiert wird?
- dass diese Familie zudem missionarisch sehr engagiert ist?
- dass diese Familie unter unzählig anderen möglichen Büchern gerade die von mir weitergibt?
- dass der Direktor diese liest und auch persönlich angesprochen ist?
- dass wir drei Weißrussland-Reisenden unter vielen möglichen Orten des Landes gerade auch Pinsk in unserem Programm haben? Bemerkenswert ist, dass bei der Reiseplanung nur von den drei Städten Kobrin, Brest und Minsk die Rede war. Erst in Minsk fragte man uns, ob wir auch bereit seien, eine erst kürzlich eingegangene Einladung nach Pinsk anzunehmen.

- dass wir unter vielen Schulen in Pinsk ausgerechnet in seine Schule kommen?
- dass es zu einer persönlichen Begegnung mit dem Autor der von ihm gelesenen Bücher kommt?
- und dass Gott die Regie so führt, dass durch alle diese für uns unwahrscheinlichen Details dieser Mann zu Jesus, dem Retter, findet?

Von alledem haben wir nichts gewusst; erst hinterher sind uns die unsichtbaren Fäden Gottes als deutliche Linien seiner gnädigen Führung bewusst geworden. So bleibt uns nur das eine – unserem großen Herrn dafür zu danken und ihm die Ehre zu geben.

2.15 Überraschendes in einem leeren Hörsaal an der Universität von Königsberg

Während unserer vierten Vortragsreise ins nördliche Ostpreußen[46] waren Vorträge in Königsberg (russ. *Kaliningrad*), Preußisch-Eylau (russ. *Bagrationowsk*), Insterburg (russ. *Tschernjachowsk*), Tilsit (russ. *Sowjetsk*) und Hohenbruch (russ. *Grommowo*), einem kleinen Dorf in der Elchniederung, geplant. Berichten möchte ich hier von einer Veranstaltung an der Universität Königsberg.

Es ist Montag, der 7. Juli 2003, und für 14 Uhr ist im Hauptgebäude der Universität Königsberg ein Vortrag an der naturwissenschaftlichen Fakultät angesagt. Wir sind rechtzeitig da, um den Hörsaal zu finden, und vor allem, um den Overhead-Projektor zu testen – das ist in Russland eine unbedingt notwendige Maßnahme, denn Technik ist nicht selten mit Zufallsmechanismen korreliert. Kurz nach 14 Uhr ist der Professor, der uns eingeladen hatte, immer noch der einzige russische Zuhörer. Er erklärt die Situation, indem er den leeren Hörsaal mit der Ferienzeit der Studenten entschuldigt. Zehn Minuten später kommt seine Assistentin mit ihrem etwa 15-jährigen Sohn dazu. Außer uns vieren sind in dem geräumigen Hörsaal nun schon immerhin drei Hörer. Wir warten bis etwa 14:30 Uhr, um auch verspäteten Hörern noch eine Chance einzuräumen. In der Tat: Mit halbstündiger Verspätung betritt noch eine junge schwangere Frau den Hörsaal. Wir wissen nicht, ob es eine Studentin oder vielleicht auch eine Assistentin an seinem oder einem

---

[46] Vierte Vortragsreise ins nördliche Ostpreußen vom 1. bis 8. Juli 2003. Mitreisende: Dr. *Harry Tröster*, unser Reise-Organisator *Gerhard Perteck* und der gebürtige Königsberger *Dietrich Müller*.

anderen Institut ist. Die gesamte »Zuhörerschaft« hat Platz an einem einzigen Tisch. Und tatsächlich wählen sie auch einen gemeinsamen Tisch in der zweiten Reihe. Nun begrüße ich das »Auditorium«, wie gewohnt, mit meinem Standardsatz in Russisch: »Sdrawstwujte daragie drusja!«[47] (Guten Tag, liebe Freunde). Ich tue zwar so, als spräche ich vor einem überfüllten Hörsaal, bin aber dennoch in ständigem Blickkontakt zu meinen vier ortsansässigen Interessenten. Mein naturwissenschaftlich/biblisches Thema wird nach meinem Eindruck aufmerksam verfolgt, wenngleich der Overhead-Projektor ebenfalls sein Recht auf Aufmerksamkeit beansprucht. Er hat eine so milchige Glasscheibe, dass nur durch die Mitte das Licht so einigermaßen die Leinwand erreicht. Um immer durch das »Schlüsselloch« schauen zu können, muss ich jede Folie mindestens 5- bis 6-mal neu positionieren, damit der ganze Blattinhalt präsentiert werden kann. Hinzu kommt noch, dass der wackelige Stecker ständig von jemandem gehalten werden muss, damit er nicht aus der Buchse fällt.

Mein Vortrag nähert sich mehr und mehr dem geplanten Ende. Da schießt es mir durch den Kopf: Bei unserem letzten Besuch an der Uni Königsberg habe ich fast ausschließlich wissenschaftlich argumentiert. Wenn ich das heute wieder tue, habe ich vielleicht einige weitere Denkanstöße gegeben, aber dadurch wird noch niemand gerettet. So entschließe ich mich kurzerhand, den Vortrag möglichst ohne Bruch evangelistisch zuzuspitzen. Ich spüre bereits nach den ersten Sätzen, dass sich niemand empört oder den Eindruck zu haben scheint, ich tue jetzt etwas, was nicht in den Hörsaal passt. Im Gegenteil: Die Aufmerksamkeit steigt noch an. Dann frage ich meine vier Zuhörer, ob sie diesen Jesus, den ich als Retter vorgestellt habe, auch persönlich annehmen möchten. Von links beginnend, wende ich mich zuerst der Studentin zu. Meine Hoffnung war, dass sie als junge Frau am ehesten bereit sein würde, eine Entscheidung zu treffen. Das könnte Vorbildcharakter für die anderen haben. Aber ich täusche mich. Sie sagt ein klares »NJET« (Nein). Dann geht mein fragender Blick an den jüngsten Zuhörer, und er sagt »DA« (Ja). Wie freue ich mich, dass er zustimmt! Die Assistentin weiß nun, dass sie an der Reihe ist. Ich merke, sie wirkt unsicher und unentschieden, und so antwortet sie etwas diplomatisch: »Man muss sich jeden Tag entscheiden.« Nun steigt bei uns vier Deutschen die Spannung steil an. Wie wird wohl der Professor reagieren? Von ihm kommt – wir können es kaum fassen – ein klares und deutliches »Ja!« Damit hatte keiner von uns gerechnet.

---

47 Hier so wiedergegeben, wie es ausgesprochen wird.

Nun nehme ich meine Bibel zur Hand und erkläre anhand einiger zentraler Verse den Weg zu Jesus. Es ist eine Entscheidung für das irdische Leben, aber auch für das ewige Leben. Nach all den Erklärungen frage ich noch einmal alle vier in derselben Reihenfolge, wer wohl mitbeten wolle. Insgeheim hoffe ich, dass die vorhin »Nein« sagende Studentin sich jetzt doch noch anders entschließt. Es geht ja um sehr viel – den Himmel zu gewinnen oder zu verlieren.

Aber sie bleibt bei ihrem unmissverständlichen »Nein«. Wie schade, wenn jemand so dicht auf den Schatz im Acker gestoßen ist und ihn dann doch nicht hebt. Die Mutter hat inzwischen auf den Sohn eingewirkt, und dieser artikuliert nun ein zögerndes »Nein«. Es ist nach unserem Eindruck nicht seine eigene Überzeugung, aber er gehorcht ganz offensichtlich der Mutter. Sie selbst hat sich nun zu einem deutlichen, wenn auch sehr traurig wirkenden »Nein« entschieden. Der Vergleich mit dem reichen Jüngling drängt sich auf, von dem es in Lukas 18,23 heißt: »Als er aber das hörte, wurde er traurig.« Nun wird es noch einmal spannend. Was wird der Professor sagen, nachdem die drei Vorgänger alle abgelehnt haben? Welch ein Wunder! Er sagt ein fröhliches »Ja!« Über seinen Mut vor ablehnenden Zeugen können wir nur staunen! Ich spreche – wie zuvor ausführlich erklärt – das Übergabegebet vor, das *Harry* Satz für Satz ins Russische übersetzt und das der Professor nun als eigenes Gebet nachsprechen kann. Mir fällt auf, dass er jeden Satz auffallend deutlich und laut wiederholt. Er tut es ohne Scheu in Gegenwart der drei Neinsager. Es ist offensichtlich seine feste Überzeugung. Uns wird bewusst: Hier ist jemand »vom Tode zum Leben hindurchgedrungen« (Joh 5,24).

2.16 Alles einsetzen, um nichts zu gewinnen

Nach einem Vortrag beim »Gesprächsforum Leben + Glauben« in Gerlingen[48] bei Stuttgart kommt es am Tisch zu einem anregenden Gespräch. Nur eine Frau hatte die ganze Zeit gar nichts gesagt. Erst nach meiner Frage, was für einen Eindruck sie nach dem Vortrag habe, entwickelt sich ein lebhaftes Gespräch mit ihr:

»Ich denke nicht, dass es einen Gott gibt. Ebenso denke ich nicht, dass es ein Leben nach dem Tod gibt.« (Sie verwendet die Wendung »ich denke« statt »ich glaube« oder »ich nehme an«).

»Wenn es aber doch ein Leben nach dem Tod gibt, dann haben Sie einen sehr großen Verlust. Sie leben sehr risikobehaftet. Wenn ein Spieler

---

48 Vortrag mit dem Thema »Naturwissenschaftliche und biblische Denkweisen« am 1. Mai 1998. Die Gesprächspartnerin bezeichnet sich als Atheistin.

1 000 DM einsetzt, dann geht er zwar das Risiko ein, diese 1 000 DM zu verlieren, aber er tut es in der Hoffnung, einen erheblich größeren Betrag zu gewinnen, sagen wir 7 000 DM. Wenn Sie nun das Risiko eingehen, das ewige Leben zu verlieren, was wäre für Sie der anvisierte Gewinn?«

»Nichts! Ich will so leben, wie ich jetzt lebe. Ich will nichts ändern.«

Zwei Konsequenzen werden mir aus dem Gespräch deutlich:

1. Auch wenn wir jemanden Gott beweisen könnten, würde er dennoch nicht zwingend an ihn glauben. Er würde von seiner Freiheit Gebrauch machen, ob er diesen Gott persönlich annehmen will oder nicht. Diese Freiheit räumt Gott jedem Menschen ein, und so haben wir die Entscheidung des Einzelnen zu akzeptieren, auch wenn wir dies im Falle einer Ablehnung als schmerzlich empfinden. Jesus ließ den reichen Jüngling davongehen, der den Preis der Nachfolge zu hoch fand (Lk 18,22-24). Jesus hatte Mitleid über seine Jerusalemer Zeitgenossen, die in die Irre gingen, weil sie ihn ablehnten. Er akzeptierte aber ihre Entscheidung: »Ihr habt nicht gewollt!« (Mt 23,37).

2. Viele Leute wollen ihr bisheriges Leben nicht ändern. Sie sind ausschließlich aufs Diesseits orientiert und wollen nicht glauben, dass das eigentliche Leben erst jenseits der Todeslinie stattfindet.

2.17 Immer auf der Suche bleiben

Nach Vortragsveranstaltungen biete ich die Gelegenheit zu persönlichen Gesprächen über den Glauben und auch zur Bekehrung zu Jesus. So war es auch in Mettmann[49]. Eine ca. 45-jährige Frau hatte viele Fragen auf dem Herzen. Ich zeigte anhand der Bibel, wie wir zu Jesus finden können, und fragte dann, wer den Weg beschreiten möchte. Die Frau sagte von sich: »Ich bin noch auf der Suche. So einfach, wie Sie das hier darstellen, kann das doch nicht gehen!«

Diesen Einwand höre ich immer wieder. Offenbar wollen es manche Leute schwieriger haben. Muss man erst 1 000 Predigten gehört haben, oder muss erst ein schreckliches Ereignis eintreten? Eine andere Frau (an einem anderen Ort) sagte mir einmal, es muss erst so etwas passieren wie bei Paulus. Dieser fiel zu Boden und erblindete (Apg 9,3-19), und erst dann wurde ihm klar, dass er sich bekehren muss. Da kann ich nur antworten: »Seien Sie doch froh, dass Sie nicht erst stürzen und dann auch noch erblinden müssen, damit Sie sich einmal bekehren. Gott versucht es mit Ihnen ohne blaue Flecke, ohne Beinbruch

[49] Es war während einer Evangelisation in Mettmann am 19. März 1996.

und ohne Verlust des Augenlichtes.« Gott will, dass wir auf den Ruf seines Wortes antworten. Das ist der Normalfall, denn nach Römer 10,17 »kommt der Glaube aus der Predigt«. Diese letztgenannte Frau begriff, dass sie nicht erst auf einen Schock oder Unfall warten muss, um von Gott angesprochen zu sein. Sie traf eine Glaubensentscheidung.

Die Frau aus Mettmann war zu diesem Schritt noch nicht bereit. Sie gab plötzlich vor, doch auch an Gott und Jesus zu glauben. Das passte allerdings überhaupt nicht zusammen mit der Behauptung, sie sei noch auf der Suche.

Wer noch auf der Suche ist, der hat das Richtige auch noch nicht gefunden. Wer sich wirklich zu Jesus bekehrt hat, der sucht nicht mehr. Der hat das Ziel gefunden, der ist vor Anker gegangen. Der hat sein Glaubenshaus auf Felsen gebaut. Er wird diesen Felsengrund nie wieder gegen den Fließsand eigener Vorstellungen eintauschen wollen.

Am Beispiel dieser Frau wird deutlich: Wir können einen gewissen rationalen Glauben haben. Nach meiner Beobachtung sind viele Menschen, die zwar formal zu einer Kirche gehören, dennoch nicht gerettet. Sie würden es weit von sich weisen, als Atheisten bezeichnet zu werden. Sie nennen sich Christen, weil sie eine Kirchenzugehörigkeit benennen können, an die Existenz Gottes glauben und auch erklären, Jesus habe in Israel gelebt und sei an einem Kreuz gestorben. Fragt man sie, ob sie genau wüssten, ob sie in den Himmel kommen, wenn sie in der kommenden Nacht sterben würden, dann antworten sie: »Nein, das weiß ich nicht.« Ein solcher Kopfglaube ist wertlos, weil er keine rettende Kraft besitzt. Erst die persönliche Hinwendung zu Jesus Christus, die Bekehrung zu ihm, gibt die Gewissheit der Errettung: »Und das ist das Zeugnis, dass uns Gott das ewige Leben gegeben hat, und dieses Leben ist in seinem Sohn« (1Joh 5,11).

2.18 Fromm und doch nicht gerettet

Es war bei einer Evangelisationsveranstaltung in Nordrhein-Westfalen. Jeden Abend blieben einige Leute zu klärenden Glaubensgesprächen zurück. Eine der Zuhörerinnen war durch die Vorträge besonders aufgewühlt, aber zu einer Nachversammlung mochte sie nicht kommen. Sie wollte nicht von den anderen gesehen werden, daher nahm sie allen Mut zusammen und fragte meine Gastgeber nach einem Nachmittagstermin mit mir.

Ihr Aufgewühltsein begründete sie damit, dass der Teufel sie ganz durcheinander gebracht habe. Ich antwortete ihr: Niemals wird uns der

Teufel durch die Evangeliumsbotschaft unruhig machen. Er möchte uns am liebsten Schlaftabletten verpassen, damit sich das beunruhigte Gewissen so schnell wie möglich wieder hinlegt. Die Unruhe bei der Evangeliumsverkündigung bringt vielmehr der Heilige Geist, denn er will uns zur Gewissheit der Rettung führen. Der Heilige Geist hat eine gute Absicht mit uns.

Es interessierte mich, wie sie zum Glauben gekommen war. Das war vor einigen Jahren gewesen, erzählte sie, als sie beim Janz-Team[50] einmal nach vorne gekommen war und eine Seelsorgehelferin mit ihr gebetet hatte. Nun arbeitete sie schon viele Jahre in der Gemeinde mit, aber Gewissheit der Rettung kannte sie nicht. Mir wurde klar, dass bei dem damaligen Gespräch grundlegende Dinge nicht im Gebet festgemacht worden waren: Sündenerkenntnis, Sündenvergebung, Zuspruch der Vergebung, Annahme von Jesus und Gewissheit der Errettung. Es gibt Geburtsfehler, die sich noch jahrelang auswirken können. Sie hatte keine klare Bekehrung erlebt, weil ihr in der Seelsorge nicht die Gewissheit der Sündenvergebung und das Heil zugesprochen worden waren.

Ist das nicht merkwürdig? Da liebt jemand den Herrn Jesus und arbeitet gerne in der Gemeinde in der Kinderarbeit mit. Alle Gemeindeglieder schätzen sie als eine gläubige und fleißige Frau. Sie wollte dieses Image aufrechterhalten, darum sprach sie mit niemandem über ihre Ungewissheit.

Nun gingen wir alle zentralen Punkte einer Bekehrung Schritt für Schritt durch. Im Gebet zu Jesus Christus machten wir alles fest. Am Ende ist sie gewiss geworden, und sie brach in Tränen aus. Sie brauchte mehrere Tempo-Taschentücher für ihre Freudentränen.

Als ich sie vor der Abendveranstaltung traf, sagte sie mir, den 18. März werde sie nie mehr vergessen. Ihr Durchbruch war echt. Sie ist sich nun ihres Heils ganz gewiss.

Am nächsten Tag rief sie bei meinen Gastgebern an, wie sie sich bei mir bedanken könne. Man schlug ihr vor, vorbeizukommen und es mit ein paar Worten zu tun. Das tat sie, und nach dem Gespräch beteten wir.

Sie hatte nun erstmals den Mut, eine Arbeitskollegin zu den Veranstaltungen einzuladen. Diese kam mit und bekehrte sich gleich am ersten Abend. Riesig groß war nun auch die Freude bei *Ursula*. Der Herr hatte sie sehr ermutigt.

---

50 Das Janz-Team war eine Gruppe aus Kanada, die vorwiegend Großevangelisationen in Stadt- oder Sporthallen durchführte. Die Predigten wurden von dem Evangelisten *Leo Janz* gehalten.

2.19 Wer ist »der liebe Gott«?

Es häufen sich bei mir immer wieder Gespräche mit Menschen, die schon seit ihrer Kindheit im christlichen Glauben erzogen wurden und die auch zu Gott beten, doch Jesus als persönlichen Heiland kennen sie nicht. So auch im folgenden Fall:

Nach einer Predigt über 1.Mose 1 in einer Baptistengemeinde kam eine sehr selbstbewusst wirkende Frau zum Nachgespräch. Ihr sei heute deutlich geworden, dass etwas in ihrem Glauben fehle. Sie sagte: »Ich bin katholisch. Von Kind auf bin ich von meinen Eltern im christlichen Glauben erzogen. Ich glaube an Gott, und ich bete auch immer zum lieben Gott.«

Als ich mehrmals »der liebe Gott« hörte, hakte ich nach und sagte ihr, dass mir diese Formulierung so unpersönlich und auch nicht bibelgemäß vorkomme. Im Hebräerbrief 10,31 steht: »Schrecklich ist's, in die Hände des lebendigen Gottes zu fallen.« Gott ist die Liebe (1Joh 4,8), aber ohne Jesus kann es niemand ertragen, in die Hände dieses heiligen Gottes zu fallen, der keine einzige Sünde duldet. Erst wenn wir uns zu Jesus bekehrt haben, wird Gott unser Vater, zu dem wir Zugang haben. Ich fragte sie: »Beten Sie auch zu Jesus?« – »Nein, nur zum lieben Gott.«

Gott hat uns den Herrn Jesus als Glaubensziel gegeben: »Den (Herrn Jesus) hat Gott für den Glauben hingestellt« (Röm 3,25). Auf dem Berg der Verklärung erscholl die Stimme Gottes aus der Wolke: »Dies ist mein lieber Sohn, … den sollt ihr hören« (Mt 17,5). Und Jesus bezeugt uns in Johannes 14,6: »Niemand kommt zum Vater denn durch mich.« Ohne den Herrn Jesus haben wir gar keinen Zugang zu Gott. Dann sind wir noch an der Stelle, wo die Juden stehen. Paulus liebte die Angehörigen seines Volkes und wollte selbst verloren gehen, wenn dadurch die Juden errettet würden: »Ich selber wünschte, verflucht und von Christus getrennt zu sein für meine Brüder« (Röm 9,3). Aber der Tausch geht nicht. Jeder muss sich selbst zu Jesus bekehren! Anhand einiger Bibelstellen schauten wir uns den Weg an, der zu Jesus führt, und dann fragte ich: »Wollen Sie diesen Weg gehen?«

»Ja, ich will!« Sie bekehrte sich zu Jesus und betete zum ersten Mal in ihrem Leben zu Jesus, dem Retter. Wir lasen die beiden Verse aus Apostelgeschichte 16,14-15. Die kurze Biographie der Lydia ist offensichtlich auch ihre Biographie:

- Sie ist gottesfürchtig,
- sie hört die Botschaft von Jesus,
- Gott tut ihr das Herz auf,
- sie bekehrt sich,

- sie ist sich am Anfang noch unsicher, ob sie wirklich gläubig ist,
- aber sie lässt sich aufgrund ihrer Bekehrung taufen.

»Wollen Sie sich ebenso taufen lassen wie die Lydia? Die Bibel kennt nur eine Taufe, und das ist diejenige, die auf die Bekehrung zu Jesus Christus folgt.« – »Ja, das will ich auch tun.« – »Nun beten Sie selbst und sagen es dem Herrn Jesus, dass Sie ihm auch hierin gehorsam sein wollen.«

2.20 Mein Baby ist im Himmel!

Im Dezember 1999 war ich auf einer Evangelisation in Mannheim. Vor Beginn der Abendveranstaltung stand ich noch am Büchertisch und schaute mich dort etwas um. Da kam eine Frau auf mich zu und sagte voller Freude, ja fast aufgeregt:

»Wissen Sie, mein Kind ist im Himmel; es ist in den Händen Jesu.« Ich konnte diesen Satz gar nicht so recht einordnen, und so fragte ich nach. »Ja!«, sagte sie, »es liegt erst einige Wochen zurück, da habe ich meine erst drei Monate alte Tochter zu Grabe getragen. Aber ich bin gewiss, sie ist jetzt bei Jesus. Als meine Tochter starb, da gab mir meine gläubige Mutter Ihr Buch ›Und die anderen Religionen‹[51], und darin haben Sie geschrieben, was mit jenen Kindern geschieht, die zu früh gestorben sind. Sie haben das erklärt mit dem Wort Jesu: ›Den Kindern gehört das Himmelreich.‹ Das ging mir durchs Herz. Ich liebe mein Kind über alles. Ich will auch einmal dort sein, wo mein Kind ist, und so habe ich mich daraufhin bekehrt. Nun weiß ich es genau: Ich werde mein Kind im Himmel wiedersehen.«

Dies erzählte sie sehr emotional und mit bewegtem Herzen. Wie vielen anderen wird sie wohl noch von diesem einschneidenden Erlebnis berichten und dadurch auf den Retter Jesus hinweisen?

An diesem Beispiel ist mir etwas deutlich geworden, was nicht jeder unbedingt auch so sehen muss. Was tut Gott nicht alles, um einen Menschen zu erretten? Er schenkt einer Frau ein Kind und nimmt es bald darauf zu sich. Er redet dadurch so stark zu der Frau, dass sie auch für den Himmel gewonnen wird.

2.21 Der Atheist von Bayern

Nach einem IVCG-Vortrag[52] in Bayern kam ein auffällig großer Mann

---

[51] *Werner Gitt*: »Und die anderen Religionen?«, CLV Bielefeld, 8. erweiterte Auflage 2004, S. 135-136.

[52] Die IVCG (Internationale Vereinigung Christlicher Geschäftsleute) ist eine missionarische Bewegung. In zahlreichen größeren Städten Deutschlands,

auf mich zu – ich schätzte ihn auf mindestens zwei Meter! An seinem Gesichtsausdruck merkte ich sofort: Er hatte vor, mit mir abzurechnen. Und prompt griff er mich unter heftigen Emotionen an:

»Ich bin Atheist. Ich habe mich über das geärgert, was Sie über Himmel und Hölle gesagt haben.«

»Da können Sie doch als Atheist völlig unbesorgt sein, denn Sie glauben doch nicht, dass es ein Jenseits gibt.«

»Wie kann Gott nur so etwas Schreckliches wie die Hölle zulassen?«

»Die Absicht Gottes ist doch, uns vor jenem Ort zu warnen und durch Jesus zu retten, damit wir nicht in die Hölle, sondern in den Himmel kommen.«

Seinen Zorn brachte er mit vielen weiteren und sehr erregten Worten zum Ausdruck.

»Warum erregen Sie sich so über Gott? Er ist doch sehr fair. Er informiert uns darüber, dass es diese beiden Orte gibt. Entscheiden wir uns für ihn, werden wir ewig bei ihm im Himmel sein. Entscheiden wir uns gegen ihn, sind wir ewig von ihm getrennt – in der Hölle. Das sagt er uns hier und heute, so dass wir noch die Möglichkeit zu einer Kurskorrektur ergreifen können. Wir sind von Gott hervorragend informiert. Niemand wird daher über seinen ewigen Aufenthaltsort überrascht sein. Sie auch nicht, denn Sie sind ja spätestens jetzt informiert.«

Wutentbrannt drehte er sich um und ging von dannen. Nach meiner Erfahrung habe ich bei Menschen, die sich nach einer biblisch orientierten Botschaft sehr erregen, mehr Hoffnung, dass sie schließlich doch umkehren und das ewige Leben annehmen, als bei denen, wo alles Gesagte wie in sanfte Watte fällt. Am schwersten sind Menschen für eine ganze Hinwendung zu Christus zu gewinnen, die sich für Christen halten, aber sich dennoch nie bekehrt haben.

2.22 Dann kommen ja fast alle in die Hölle

Während einer Vortragsveranstaltung in Hessen saß an meinem Tisch ein emeritierter Biologie-Professor[53]. Er kannte sich recht gut in der Bibel aus, aber er lehnte fast alles ab, was ich vorgetragen hatte, und hielt mir vor: »Sie lassen ja kaum noch jemanden in den Himmel – es sei denn, er hat sich bekehrt. Bei solcher Enge bleibt ja kaum noch jemand übrig: keine Moslems, keine Buddhisten, und bei den Christen machen

---

der Schweiz und Österreichs werden Vortragsveranstaltungen organisiert mit dem Ziel, Menschen in Verantwortung für den Glauben zu gewinnen.

53 Vortrag beim »Gesprächsforum Leben + Glauben« in Wetzlar am 30. Januar 1999.

Sie auch noch allerlei Einschränkungen. Dann kommen ja fast alle in die Hölle.« – »Ich habe nur das berichtet, was Jesus gesagt hat«, entgegnete ich. »Und sein Wort sagt uns: ›Niemand kommt zum Vater denn durch mich‹ (Joh 14,6). Außerdem lesen wir in der Bibel: ›In keinem andern ist das Heil, ist auch kein anderer Name unter dem Himmel den Menschen gegeben, durch den wir sollen selig werden‹ (Apg 4,12).« Nun erregte er sich noch mehr: »Nein, nein, das kann doch so nicht gemeint sein! Buddhisten und Moslems und viele andere glauben doch auch.«

Jesus hat nicht gesagt: »Wenn ihr nur irgendetwas glaubt, dann kommt ihr in den Himmel.« Er hat gesagt: »*Ich* gebe ihnen das ewige Leben« (Joh 10,28). Und in Johannes 3,36 heißt es: »Wer an den Sohn (Gottes) glaubt, der hat das ewige Leben. Wer aber dem Sohn nicht gehorsam ist, der wird das Leben nicht sehen.« Doch dies wollte er überhaupt nicht akzeptieren, und wir kamen auf keinen gemeinsamen Nenner.

Schließlich sagte ich: »Erlauben Sie mir doch, dass ich das glauben darf, was Jesus sagte. Sie glauben doch auch, was Sie wollen.«

2.23 Warum ließ Gott den Sündenfall zu?

An der Technischen Universität Braunschweig[54] fragte mich eine Studentin nach einem Vortrag: »Warum hat Gott den Menschen so unvollkommen gemacht, dass er in Sünde fallen konnte? Er hat doch vorher gewusst, dass es dazu kommen würde.«

»Gott hatte die gesamte Schöpfung ›sehr gut‹ gemacht, und davon war auch der Mensch nicht ausgeschlossen. So können wir sagen: Der Mensch war keineswegs unvollkommen geschaffen. Aber Gott gab dem Menschen die volle Freiheit, und das schließt mit ein: Er kann und darf auch von Gott weggehen. Was eingeschränkte Freiheit ist, kennen wir hinlänglich von solchen Systemen wie Kommunismus und Nationalsozialismus, aber auch vom Islam. Eingeschränkte Freiheit gibt es auch in der Tierwelt. In welcher Weise eine Amsel ein Nest baut, ist ihr genetisch vorgegeben. In der Nestbauart ist sie also als Amsel festgelegt. Niemals wird sie kunstvoll konstruierte, herabhängende Nester wie die Webervögel bauen; ihr Freiheitsgrad besteht nur noch darin zu entscheiden, ob sie eine Hecke, einen Busch oder einen Baum bevorzugt und wo genau dann das Nest platziert werden soll.«

Studentin: »Ja, das verstehe ich, aber Gott hätte doch den Freiheitsradius bis an jene Grenze ziehen können, bei der gerade das In-Sünde-Fallen unmöglich wird.«

---

54 Vortrag im Rahmen der SMD (Studenten-Mission Deutschland) zum Thema »Zehn Argumente für den Unglauben!?« am 12. Januar 1999.

Daraufhin ging ich auf das Wesen von Freiheit und Errettung ein:
Gott hat unsere Freiheit an die Liebe und den Gehorsam ihm gegenüber gekoppelt. Er schuf den Menschen nicht als Ameise oder Schwalbe oder Schimpanse, sondern nach *seinem* Bilde und damit in der Wesensart Jesu. Wir haben also eine unvergleichlich hohe Berufung erhalten, denn in der Ewigkeit werden wir einmal – so unvorstellbar uns das jetzt auch erscheinen mag – *dem Herrn Jesus gleich sein.* In 1.Johannes 3,2 lesen wir es: »Meine Lieben, wir sind schon Gottes Kinder; es ist aber noch nicht offenbar geworden, was wir sein werden. Wir wissen aber: wenn es offenbar wird, werden wir ihm gleich sein.«

Jesus hatte selbstverständlich alle Freiheit, als er hier auf unserer Erde war:

- Er hätte sich auch von Gott trennen können, *aber er tat es nicht.*
- Er hätte vom Kreuz steigen können, *aber er tat es nicht.*
- Nach 40-tägigem Aufenthalt in der Wüste hätte er den Verlockungen des Teufels nachgeben können, *aber er tat es nicht.*

Jesus hat uns vorgelebt, dass man auch bei größtem Freiheitsradius Gott gehorsam sein kann. Und genau dasselbe Maß an Freiheit hat uns Gott seit der Schöpfung auch zugestanden.

Wir Menschen haben uns leichtsinnigerweise für den Ungehorsam entschieden und uns damit die ewige Trennung von Gott eingehandelt. Aber Gott wollte uns in seiner Güte nicht für immer verloren gehen lassen. Der Kreuzestod Jesu war der hohe Preis für unsere Sünde. Schon in Jesaja 43,24 können wir nachlesen: »Du hast mir Arbeit gemacht mit deinen Sünden und hast mir Mühe gemacht mit deinen Missetaten.«

2.24 Jesus, der den Herrn Jesus nicht kannte

Es war während eines Einsatzes bei der Zeltmission[55] in Übach-Palenberg (bei Aachen). Neben dem großen Zelt gab es ein kleineres für Gespräche. Nach der Predigt kam ein junger Mann zur Aussprache. Zunächst fragte ich ihn nach seinem Namen. – »Ich heiße Jesus.« Ich war erstaunt über diesen ungewöhnlichen Namen. Mir schoss es durch den Kopf: Du hast an diesem Abend so viel über Jesus gesagt; nun weiß er schon selbst nicht mehr, wie er heißt. Er spürte meine Verwunderung, und darum klärte er mich auf: »Meine Eltern sind Spanier, und in Spanien verwendet man hier und da Jesus als Vornamen. Und so bin

55 Zelteinsatz mit der Neuland-Mission Plettenberg (Gründer: *Paul Meyer*) vom 10. bis 14. September 1986.

ich auch genannt worden.« Ich fragte ihn in Anbindung an den Vortrag: »Kennen Sie denjenigen, nach dem Sie vielleicht unbewusst genannt wurden, den *Herrn* Jesus?« Zu meinem Erstaunen antwortete er mit NEIN. »Wollen Sie ihn kennen lernen?« Er antwortete mit einem klaren JA und verließ nach dem abschließenden Gebet das kleine Zelt als einer, der sich zum Herrn Jesus bekehrt hatte.

So etwas gibt es also: Da heißt jemand Jesus und kennt den Herrn Jesus, den Retter, nicht. Das ist vergleichbar mit vielen Menschen, die sich Christen nennen, aber Christus nie in ihr Leben aufgenommen haben.

Zum Schluss fragte ich ihn: »Wie kam es, dass Sie heute hier im Zelt waren?« Ich staunte über seine Antwort: »Ich hatte eigentlich ein ganz anderes Ziel, stand am Straßenrand und winkte, damit mich jemand mitnähme. Ein Auto mit drei jungen Leuten hielt an, und ich stieg ein. Als ich während der Fahrt mein Ziel nannte, meinten sie, sie hätten etwas Besseres vor, und erzählten mir begeistert von einer Zeltevangelisation und meinten, dass die auch für mich wichtig sei und ich unbedingt mit ihnen kommen müsse. So ließ ich mich überreden und kam hierher.«

Später erfuhr ich, dass Jesus eine Bibelschule besucht hat. Dann verliert sich die Spur von ihm. Vielleicht ist er jetzt irgendwo auf dem Missionsfeld und führt den Auftrag seines Herrn aus: »Gehet hin in alle Welt und predigt das Evangelium« (Mk 16,15). Auch hier staune ich im Nachhinein, was die jungen Autofahrer mit ihrer Einladung an Frucht für die Ewigkeit bewirkt haben.

2.25 Eine bunt gemischte Gruppe im Nachgespräch

Beispielhaft schildere ich hier eine Nachversammlung, wie ich sie in ähnlich bunter Zusammensetzung häufig nach Vorträgen antreffe. An diesem Abend waren vier Frauen und ein Mann zurückgeblieben. Sie kamen aus sehr unterschiedlichen Situationen – wie es im Leben nun einmal so ist. In einer kurzen Vorstellungsrunde nannten sie den Grund ihres Kommens:

Frau A sagt, sie sei schon einmal bei einem Frauenfrühstück gewesen und habe dort etwas vom »lieben Gott« gehört. Heute wäre so viel von Jesus die Rede gewesen; das wäre neu für sie und habe sie sehr fragend gemacht. Aus ihrer unpersönlichen Redeweise vom »lieben Gott« war ersichtlich: Sie wusste noch sehr wenig von dem lebendigen Gott der Bibel und von Jesus, unserem Erretter. Aber die Neugier war geweckt, und sie suchte die Wahrheit.

Frau B ist eine junge Ukrainerin mit pechschwarzem Haar. Sie kann recht gut Deutsch und erklärt mir, in ihrem Glauben habe sie überhaupt kein festes Fundament. Alles schwimme nur so dahin.

Frau C ist entwurzelt; sie hat keinen richtigen Wohnsitz und geht einem zweifelhaften Gewerbe nach. Ich freue mich, dass sie sich von jemandem zum Vortrag hat einladen lassen und sogar zum Nachgespräch geblieben ist.

Frau D erkenne ich wieder; sie war schon am Abend zuvor zurückgeblieben. Ihre Not war ihre Ehe – eine Tortur: »Wir haben jeden Tag heftigen Streit miteinander. Was kann ich nur tun? Können Sie mir helfen?«, fragte sie. Ich sagte ihr, dass für Christus kein Problem zu groß sei und ob sie sich ihm nicht anvertrauen wolle. Sie könne sich ja erst einmal anhören, was Jesus auch für sie getan hat. »Wenn Sie sich für ein Leben in der Nachfolge Jesu entscheiden könnten, sind Sie in Ihrer Ehe nicht mehr allein, sondern haben in Ihrem Leben den auf Ihrer Seite, der gesagt hat: ›Mir ist gegeben alle Gewalt im Himmel und auf Erden‹« (Mt 28,18). Sie traf wirklich eine Entscheidung und fragte mich am Ende: »Wie soll ich nun weiter mit meinem Mann umgehen?« Ich riet ihr: »Fangen Sie jetzt an für ihn zu beten, das wird die Situation im Laufe der Zeit verändern.« Mit dieser Empfehlung ging sie an dem vorigen Abend nach Hause. Ich traue meinen Augen nicht, sie an diesem Abend wiederzusehen, und zwar mit ihrem Mann, der neben ihr sitzt. Sollte Gott so schnell auf Gebet reagiert haben? Ja, er hat! Gott tut an diesem Abend auch dem Mann das Herz auf, und auch er entscheidet sich für ein Leben in der Nachfolge Jesu. Nun hat diese Ehe eine Chance. Beide werden jetzt beginnen, die Bibel zu lesen. Das Wort Gottes kann auch ihr Leben verändern und die kranke Ehe heilen.

Ich gehe auf alle Fragen ein, die von so unterschiedlicher Art sind, weil jeder ein anderes Problem hat, und zeige den Weg der Bekehrung zu Jesus auf. Niemand sagt NEIN, und so nehmen alle den Herrn an diesem Abend an. Am Ende des Gesprächs gibt jeder seinen eigenen Kommentar ab. *Frau A* sagt: »Jetzt weiß ich, was Glauben heißt, nämlich den Herrn Jesus seinen Herrn nennen.« *Frau B* stellt voller Freude fest: »Jetzt habe ich wieder festen Grund unter den Füßen.« *Frau C* meint: »Mein Leben muss sich jetzt grundlegend ändern.« *Frau D* drückt mit einem kurzen »Danke« alles aus, was sie an diesen beiden Tagen mit Gott erlebt hat.

2.26 So eine will ich auch werden

Nach einer Großveranstaltung in einer Stadthalle war ich wegen mehrerer Gespräche einer der letzten Anwesenden. Da traf ich noch mit der Hausmeisterin zusammen. Ich bedankte mich bei ihr, weil alles sehr gut geklappt hatte – die Beleuchtung, die Positionierung der Mikrofone, Bereitstellung des Projektors –, und gab ihr mein Buch »Fragen, die immer wieder gestellt werden«. Sie blätterte ein wenig darin und stellte entsetzt fest: »Das ist ja ein christliches Buch!« – »Ja, das stimmt.« – »Hören Sie mir damit auf. Mit allem Christlichen bin ich fertig.« – »Warum das?« – »Das will ich Ihnen sagen: Mit 25 Jahren starb mein Bruder an Leukämie. Ein Gott, der so etwas zulässt, mit dem will ich nichts zu tun haben. Wie kann man einen so jungen Menschen einfach aus dem Leben reißen, der noch so vieles vor sich hatte? Nein, mit diesem Gott bin ich endgültig fertig.«

»Ich kann Sie verstehen. Es ist mir auch unerklärlich, warum Gott so etwas zulassen kann. Solche Fragen stelle ich mir auch. Schauen Sie, in diesem Buch habe ich einige Fragen beantwortet, die ich beantworten konnte. Eigentlich müsste ich ein zweites Buch schreiben mit dem Titel ›Fragen, die ich auch *nicht* beantworten kann‹.« Sie geht sofort darauf ein: »So ein Buch brauchen Sie gar nicht erst zu schreiben, denn das will ja doch niemand lesen.« Ich stimme ihr sofort zu: »So etwas werde ich auch nicht schreiben!«

Noch einmal machte sie ihren Ärger gegenüber allem Christlichen Luft und wetterte los: »Ich will Ihnen sagen, was mich weiterhin so ablehnend gegenüber Gott macht. Da gab es die Kreuzzüge, die im Namen Gottes und der Kirche geführt wurden. Das alles trieft nur so von Blut. Die Inquisition war eine schreckliche Einrichtung, bei der Menschen unsagbar gequält wurden. Und all die Hexenverbrennungen gehören in dieselbe Kategorie des Abscheulichen.«

Ich stimmte ihr nicht nur zu, sondern stieß sogar in dasselbe Horn: »Sie haben völlig Recht. Wie schrecklich ist das alles, was Menschen im Namen Gottes und Christi da getan haben. Fürchterliche Barbarei ist das. Würdenträger mit großartigen Kreuzen auf der Brust gaben schreckliche Befehle heraus. Ja, mit den schlimmsten Verbrechern der Weltgeschichte haben wir es hier zu tun.«

Ich spürte: Sie konnte es nicht begreifen, dass der, der im Saal so eindringlich über Gott gepredigt hatte, nun so ganz auf ihrer Seite stand. Vielleicht war es das erste Mal, dass sie sich verstanden und angenommen fühlte. Ich bestätigte ihr, dass all die hohen Kleriker massiv gegen das Evangelium gehandelt haben. Jesus lehrte: »Liebt eure Feinde und bittet für die, die euch verfolgen« (Mt 5,44), »Selig sind die Sanftmütigen …, selig sind die Barmherzigen…, selig sind die Friedfertigen« (Mt 5,5.7.9). Jene Leute aber handelten den Aussagen Jesu extrem zuwider; sie werden im Gericht ein hartes Urteil empfangen. Den selbstgerechten Theologen seiner Zeit sagte Jesus: »Ihr geht nicht in das Himmelreich hinein, und die hinein wollen, lasst ihr nicht hineingehen« (Mt 23,13).

Nun fiel mir spontan eine Geschichte ein, die ich ihr erzählte: »Es liegt schon Jahre zurück, da las ich von einer Begebenheit, die mich sehr beeindruckt hat. Es war während des Zweiten Weltkrieges. In Rumänien war die Rote Armee einmarschiert. Da ging ein russischer Offizier in eine Kirche und traf dort – ich habe die genauen Zahlen nicht mehr in Erinnerung, aber die Größenordnung stimmt – etwa 100 Kirchenbesucher an. Er hielt sein Maschinengewehr hoch und sagte: ›Jetzt ist Kommunismus und Atheismus angesagt; euch Christen brauchen wir nicht mehr. Wir werden euch einfach erschießen, dann haben wir das Problem nicht mehr. Aber ich gebe euch noch eine Chance. Wer jetzt von seinem Glauben ablässt und sich von Gott lossagt, der ist frei und kann dort zum Ausgang gehen.‹ Einige stehen auf und gehen, dann lösen sich weitere aus der Menge und verlassen die Kirche, einer nach dem anderen. Am Ende bleiben nur noch zehn Leute sitzen. Die widerrufen nicht, auch nicht, wenn ihnen dann die Erschießung droht. Sie bleiben Gott treu. Was geschieht nun? Für alle unfassbar, legt der Offizier sein Maschinengewehr hin und sagt: ›Die Lauen sind wir los. Jetzt sind nur noch die Echten hier. Nun können wir zusammen beten.‹«

Diese Geschichte hatte die Frau tief beeindruckt. Sie vermag Echtes und Heuchlerisches zu unterscheiden. Zu meinem Erstaunen sagte sie plötzlich: »So eine wie die zehn Standfesten möchte ich auch werden.« Nur das Echte ist letztlich das, was wirklich überzeugt. Gott überwindet selbst die stärksten Gegner. In Jesaja 53,12 heißt es von dem Retter Jesus: »Er soll die Starken zum Raube haben, dafür dass er sein Leben in den Tod gegeben hat.«

2.27 Die erforderliche Initialzündung

In der Gemeinde unserer Freunde *Werner* und *Hanna Trauernicht* in Spetzerfehn/Ostfriesland fand im Februar 2003 ein Gästeabend statt. Der Raum war festlich geschmückt, und man saß an liebevoll dekorierten Tischen. Mein Thema war: »Freu dich auf den Himmel«. *Werner* hatte einen Mitarbeiter eingeladen, der erstmalig mit seiner Frau eine solche Veranstaltung besuchte. Am Ende des Vortrags wurde gesagt, dass Gott uns zu einem ewigen Fest, zum Himmel, einlädt.

Andre und seine Frau *Sandra* saßen an meinem Tisch, und so kamen wir ins Gespräch. Das allgemeine Gemurmel war störend, daher gingen wir zu dritt in einen Extraraum. Ich fragte, ob sie beide auch einmal im Himmel sein wollten. *Andre* war aufgrund von gelegentlichen Gesprächen mit *Werner* am Arbeitsplatz schon gut vorinformiert und bejahte die Frage. Seine Frau dagegen war noch etwas skeptisch und begründete ihre Unentschlossenheit damit, dass sie vom Glauben noch nichts gehört habe. Der Glaube müsse erst einmal wachsen, und dann könne sie ja später noch einmal darüber nachdenken. Ich saß am Kopfende des Tisches, rechts von mir *Andre* und links *Sandra*. Sie war hochschwanger und hatte einen ungewöhnlich kugeligen Bauch. Auf ihr Argument des erst wachsenden Glaubens wandte ich nun Folgendes ein: »Sie werden in Kürze ein Kind bekommen. Im Augenblick wächst es noch in Ihrem Leib heran. Für dieses Wachstum war eine Initialzündung erforderlich, und erst dann begann das Wachstum. So ist es auch mit dem Glauben. Ohne Initialzündung wächst gar nichts. Im Falle des Glaubens heißt diese Zündung Bekehrung zu Jesus Christus.« Diese gleichnishafte Erklärung war ihr sofort einsichtig. Bei beiden kam es während dieses Gesprächs zu der »Initialzündung«, die das ewige Leben bewirkt.

Am 6. Juni 2004 traf ich *Andre* mit seinem inzwischen 15 Monate alten Sohn beim 60. Geburtstag von *Werner* wieder. Voller Freude berichtete er mir, dass er und *Sandra* im Glauben gewachsen seien und gerne in der Gemeinde mitarbeiten. Mit einer Initialzündung fing einmal alles an.

2.28 Das weltweite Netzwerk Gottes

Im März 2003 war ich in Namibia, dem früheren Deutsch-Südwestafrika, zu evangelistischen Vorträgen[56]. Einige Wochen zuvor berichtete ich meinem australischen Freund *Carl Wieland* (siehe auch Zeugnis 1 in Teil III) per E-Mail von diesem Vorhaben. Er gab diese Information an seine ebenfalls in Australien lebende Schwester *Gisela* weiter, die wiederum einen Schwager *A*[57] in Namibia hat. Als wir vor der Veranstaltungsreihe in Windhoek noch zu Vorträgen in Swakopmund waren, gingen wir mit unseren Gastgebern, dem Ehepaar *Johannes* und *Hanni Trauernicht* (siehe auch Zeugnis 2 in Teil III), in ein deutsches Restaurant zum Mittagessen. Wir ahnten nicht, dass Farmer *A* auch dort war, allerdings in einem anderen Raum. Als wir mit dem Essen fertig waren, unterhielt ich mich noch mit einem Gast am Nachbartisch. Nur durch diese kleine Verzögerung trafen wir draußen mit Farmer *A* zusammen, den unsere Gastgeber kannten. Wir luden ihn zu der bald beginnenden Evangelisation in Windhoek ein. Wir waren erstaunt, als er sagte, er wisse bereits von seiner australischen Schwägerin davon. War das alles nur Zufall?

Während der Tage in Windhoek schauten wir uns immer wieder nach *A* um. Leider ist er nie gekommen. An einem der Abende blieb jedoch eine Frau *C* mit ihrer 15-jährigen Enkelin zurück, um sich für Chris-

---

56 Siehe auch Andachtsbuch »Leben ist mehr 2005 – Impulse für jeden Tag«, CLV Bielefeld, Andacht vom 11.06.2005.

57 Da ich nicht die Namen aller Personen kenne, bezeichne ich sie hier mit A, B, C.

Die Farmersfrau Ulla Metzger (Frau C im Text) bekehrt sich am 12. März 2003 zusammen mit ihrer Enkelin Daniela zu Jesus Christus.

tus zu entscheiden. Nach dem Gespräch fragte ich, woher sie komme. »Ich komme von einer Farm, die 150 Kilometer von hier entfernt ist« – »Woher wussten Sie denn von diesen Veranstaltungen?« – »Meine australische Schwägerin aus Adelaide sandte mir eine E-Mail.« Was war geschehen? *Gisela* hat eine Freundin *B* in Adelaide und wies per E-Mail auf die Evangelisation hin. *B* wiederum schrieb eine E-Mail an ihre in Namibia lebende Schwägerin C. Hat Gott nicht ein wunderbares Netzwerk, um Menschen, die für das Evangelium offen sind, zu retten?

2.29 Die Frau, die zur Hölle wollte

Es ist nicht zu fassen, aber es gibt immer wieder Menschen, die einmal in der Hölle sein möchten.

- Sie meinen, dort wäre mehr los als im Himmel.
- Sie meinen, dort würden sie ihre Freunde wiedertreffen.
- Sie meinen, dort könnten sie ihr gewohntes Leben fortführen…

Hat unsere Verkündigung versagt? Haben wir die Schrecknisse und Qualen dieses Ortes nicht eindringlich genug geschildert, so dass so viele nicht darüber informiert sind, was sie an jenem Ort erwartet?

Oder noch schlimmer: Haben wir nie über die Hölle gepredigt? Oder haben wir gar gesagt: »Es gibt gar keine Hölle?« Neulich sagte mir ein guter Freund: »In unserer Kirche wird nie etwas über die Hölle gesagt.« Die Pastoren haben wohl Angst, dass man ihnen unterstellt, sie seien beim Mittelalter stehen geblieben.

Ich habe mich dafür entschieden, das zu predigen, was Jesus den Menschen gesagt hat. Und er hat nicht selten von der Hölle und dem Verlorengehen gesprochen.

Der 1928 in London geborene TV-Star *Chris Howland*, der in Deutschland als Humorist (»Heinrich Pumpernickel«) und Schlagersänger (»Fräulein«) berühmt wurde, äußerte sich vor einiger Zeit (1999), er möchte einmal lieber in der Hölle als im Himmel sein, weil alle seine Freunde auch dort sind.

Er irrt gründlich, denn in der Hölle gibt es keine Freunde mehr. Freunde sind etwas Gutes. In der Hölle gibt es aber überhaupt nichts Gutes mehr, weil Gott, die Quelle und Ursache alles Guten, nicht da ist. Darum gibt die Bibel auch nirgends den leisesten Hinweis darauf, dass es am Ort der Qual und der Finsternis noch irgendeine Form von Gemeinschaft gibt.

Die Hölle ist der einsamste Ort, den man sich überhaupt vorstellen kann.

Auch *Jean Paul Sartre* hat die Hölle noch viel zu gut beschrieben, wenn er meint, sie wäre so, als wenn Menschen, die sich überhaupt nicht verstehen, ständig und untrennbar in einem Raum eingesperrt sind.

In einem Vortrag (in Mannheim) hatte ich über Himmel und Hölle gesprochen. Danach kommt eine junge Frau auf mich zu und erklärt, sie wisse genau, wohin sie will. Ich war mir sicher, nun kommt die Antwort: »In den Himmel«. – »Nein«, meint sie, »ich werde mich auf keinen Fall bekehren, denn ich will zur Hölle.« – Ich kann es nicht fassen; habe ich etwa so falsch gepredigt, dass die Hörer die Hölle dem Himmel vorziehen? Ihre Begründung hat mich erstaunt: »Ich habe eine enge Bindung an meine Mutter gehabt; sie ist gestorben, als ich 20 war. Sie hat nicht geglaubt, darum ist sie nach alledem, was Sie gesagt haben, in der Hölle. Ich möchte auch dorthin, wo sie ist.« Ich erklärte ihr, dabei doch Folgendes zu beachten:

»Erstens: Niemand kann von einem anderen mit letzter Gewissheit sagen, dass dieser in der Hölle sei. Die Mutter des einen Schächers hatte vielleicht erlebt, wie ihr Sohn auf die schiefe Bahn kam. Er wurde zum Mörder und Verbrecher; nun hatten ihn die Römer gefasst und ihn zur Strafe ans Kreuz geschlagen. Hätten wir die Mutter gefragt, wo ihr Sohn jetzt ist, wäre ihre Antwort sehr klar: ›Er hat nicht geglaubt, und er wurde darüber hinaus noch zum Verbrecher – der ist in der Hölle!‹ Sie beurteilte ihn nach der ihr bekannten Lebensführung; außerdem endete sein Leben am Kreuz, nachdem man ihn als Verbrecher gestellt hatte. Er aber rief Jesus an und wurde dadurch gerettet (Lk 23,40-43). Diesen Schächer werden wir im Himmel antreffen. Die Mutter wusste möglicherweise nichts davon.

Zweitens: Ich erinnere mich noch an die Zeit nach dem Zweiten Weltkrieg. Durch Flucht, Vertreibung und Kriegsgefangenschaft waren viele Familien auseinander gerissen worden. Da gab es noch etliche Jahre nach dem Krieg im Radio regelmäßig Suchmeldungen des Roten Kreuzes, um die getrennten Familienangehörigen wieder zusammenzubringen. In der Hölle aber gibt es kein Rotes Kreuz und keine Organisation, die Freunde und Familienangehörige zusammenbringen möchte.

Die Hölle ist kein Ort der Familienzusammenführung! Auch wenn ich Ihrem Gedanken einmal folge und annehme, Sie und Ihre Mutter wären einmal beide am Ort der Verlorenheit: Sie würden sich dort niemals finden.

Drittens: Die Bibel sagt uns: ›Gott ist die Liebe.‹ In russischen Gemeinden habe ich oft an der Wand in großen Buchstaben gelesen: ›Bog jest ljubow‹ (Gott ist die Liebe). Wenn junge Menschen sich finden und sich ineinander verlieben und heiraten, dann ist diese Liebe ein Geschenk Gottes. Die Hölle kann definiert werden als die absolute Abwesenheit Gottes. Nun, wenn Gott dort nicht ist, dann bedeutet das auch die absolute Abwesenheit von Liebe.

Menschen, die sich auf der Erde geliebt haben, werden sich in der Hölle hassen. Alle hier auf der Erde bestehenden Zuneigungen werden durch die dort herrschende Lieblosigkeit und Gleichgültigkeit für immer aufgehoben sein. Damit wird die Hölle zum einsamsten Ort überhaupt.

Viertens: Auch noch aus einem anderen Grund würden Sie Ihre Mutter nie finden. Die Hölle ist nämlich *ein Ort der Finsternis* (Mt 8,12; Mt 22,13).

Aus all den Gründen kann ich Ihnen nur einen einzigen Rat geben: Treffen Sie eine Entscheidung für Jesus und durchbrechen Sie die grausige Kette der Verlorenheit. Damit tun Sie sich selbst etwas Gutes; auch Ihre Kinder werden Ihnen einmal dankbar sein, wenn sie schon früh im Glauben erzogen werden.«

2.30 Warum tut Gott manchmal für uns Unverständliches?

Immer dann, wenn uns selbst unverhofftes Unglück trifft oder wir in unserem Umfeld mit Leid und Tod konfrontiert werden, tauchen existenzielle Fragen auf: »Wie konnte Gott so etwas zulassen?« – »Wo war Gott, als das geschah?« – »Warum traf es gerade mich oder unser Land?«

In der Zeit vom 13. August bis 8. September 2004 war ich zu zahlreichen Vorträgen in Paraguay unterwegs. Kurz zuvor, nämlich am 1. August 2004, hatte es ein Feuerinferno in einem großen Einkaufszentrum (Supermercado) in Asunción, der Hauptstadt Paraguays, gegeben. Nahezu 400 Menschen waren in den Flammen umgekommen. Dieses schreckliche Ereignis hat die obigen Fragen sehr aktuell ins Bewusstsein gerufen. Wenn wir in den Nachrichten von Katastrophen irgendwo auf der Welt hören, gehen wir nur allzu schnell darüber hinweg. Offenbar ist alles so weit weg, dass man bald zur Tagesordnung übergeht. Geschieht so etwas aber in der eigenen Stadt und kennen wir vielleicht gar den einen oder anderen der persönlich Betroffenen, dann sind wir zutiefst schockiert. Um ein Haar hätte es doch auch uns treffen können, denken wir uns. Hat uns Gott noch einmal verschont, weil wir ihm wertvoller sind als die Umgekommenen?

Als zur Zeit Jesu der Turm von Siloah umkippte und 18 Personen begrub (Lk 13,1-5), tauchten auch dort sofort die Warum-Fragen auf. Jesus sagte den Bestürzten: »Meint ihr, dass die achtzehn … schuldiger gewesen sind als alle anderen Menschen? Ich sage euch: Nein; sondern wenn ihr nicht Buße tut, werdet ihr alle auch so umkommen.« Jesus lehrt uns damit zwei wesentliche Dinge: a) Die Umgekommenen waren nicht größere Sünder als die Überlebenden; und b) Das Unglück ist ein Bußruf an die Überlebenden – und damit auch an uns.

Ein weiterer Gedanke, der uns hilft, das Feuerinferno von Asunción besser zu verstehen, steht in Amos 3,6: »Ist etwa ein Unglück in der Stadt, das der Herr nicht tut?« Diese Aussage mag uns im ersten Augenblick entsetzen: Gott lässt das Unglück nicht nur zu; mehr noch: Er ist sogar dessen Urheber. Das passt doch gar nicht so recht in unsere verniedlichende Vorstellung vom »lieben Gott«. Bedenken wir aber: Derselbe Gott hat eine Sintflut veranlasst, bei der sehr viele – es könnten Millionen von Menschen gewesen sein – jämmerlich ertrunken sind. Derselbe Gott hat über die Amalekiter das Gericht verhängt, das ganze Volk mit Stumpf und Stiel auszurotten (1Sam 15,2-3). Derselbe Gott spricht auch das ewige Verdammungsurteil über die Gottlosen (Offb 21,8). Dennoch ist dieser Gott die Liebe in Person (1Joh 4,16). Es ist auch derselbe Gott, der »seinen eingeborenen Sohn gesandt hat in die Welt, damit wir durch ihn (ewig!) leben sollen« (1Joh 4,9).

Bei dem Brand im Supermercado von Asunción kamen über 400 Personen um. Das Entsetzen darüber hatte ganz Paraguay ergriffen. Stellen wir uns einmal vor, dieselben Personen wären nach und nach innerhalb eines Jahres gestorben – der eine an Krebs, der andere an einem

Etliche Studentinnen an der Medizinischen Fakultät der Universität Asunción treffen nach dem Vortrag eine Entscheidung für Christus.

Herzinfarkt, wieder ein anderer durch einen Autounfall usw. Außer den unmittelbaren Angehörigen hätte sonst kaum jemand Notiz davon genommen. Durch die Konzentration des Leides auf ein Einzelereignis aber ging ein aufgewühltes Fragen nach Gott durch das ganze Land. Haben die Menschen das Unglück als einen göttlichen Bußruf verstanden? Ich erfuhr auf diese Frage eine direkte Antwort:

Während meines Aufenthalts in Paraguay hielt ich auch etliche Vorträge an der Nationalen Universität (*Universidad Nacional de Asunción*). Bei all diesen Veranstaltungen fand ich unter den Studenten eine so ungewöhnliche Offenheit bezüglich des Evangeliums, wie man es an Universitäten sonst wohl nirgends erlebt. So waren z. B. an einem Abend etwa 200 Zuhörer zu dem Thema »Herkunft des Lebens aus der Sicht der Information«[58] gekommen. Es war eigentlich ein mehr wissenschaftliches denn ein evangelistisches Thema. Am Ende sagte ich, dass man diesen Gott auch persönlich kennen lernen könne. Wer wolle, dürfe nach dem Vortrag zurückbleiben. Wie überrascht war ich, als sich anschließend 50 Studentinnen und Studenten zu Jesus Christus bekehrten. Mich bewegt die Frage: Hätte es diese Bereitschaft zur Hinwendung zu Gott auch gegeben, wenn es so kurz davor kein Unglück in der Stadt gege-

58 Spanische Version mit Powerpoint-Folien: »En el principio existía la información – El origen de la vida«

Alle Studenten erhalten drei evangelistische Bücher. Die meisten wollen ein Autogramm des Autors, 27. August 2004.

ben hätte? Gottes Liebe möchte uns auch ohne Unglück den Himmel schenken. Unser versteinertes und stolzes Herz aber fragt oft erst dann nach Gott, wenn uns etwas Unüberhörbares aus dem Schlaf rüttelt.

Zwei Gedanken zu dieser letztgenannten Veranstaltung sind mir noch wichtig:

1. Während der Erläuterungen, wie man sich zu Jesus bekehrt, verwende ich regelmäßig den Vers aus 1.Johannes 1,9: »Wenn wir aber unsere Sünden bekennen, so ist er treu und gerecht, dass er uns die Sünden vergibt und reinigt uns von aller Ungerechtigkeit.« Ich schätze diesen Vers so sehr, weil er so viel Grundlegendes über den Glaubensbeginn aussagt. Da es bei der Bekehrung darum geht, dass Jesus uns von aller Sünde der Vergangenheit befreit – und zwar von Kindheit an – stehen wir vor einem Problem: Wie kann ich Sünden »bekennen«, die ich doch längst vergessen habe? Um diesen Aspekt verständlich zu machen, greife ich mir immer jemanden von den Bekehrungswilligen heraus und frage diese Person nach den Sünden, die sie genau vor einem Jahr getan hatte. So war es auch diesmal. Ich schaue auf eine Studentin in der ersten Reihe und frage sie: »Wissen Sie noch genau, was Sie am 6. September 2003, also heute genau vor einem Jahr, gesündigt haben?« Normalerweise kommt – so weiß ich aus der Erfahrung vieler Jahre – auf diese Frage nur ein Achselzucken. Da es niemand weiß, erkläre ich dann weiter: »Wir wissen es alle nicht mehr genau, und wenn wir gar

Der Präsident von Paraguay Nicanor Duarte Frutos erhält drei evangelistische Bücher in Spanisch während seines Besuches am 1. September 2004 in der Kolonie Friesland (Paraguay). Von links nach rechts: Präsident Frutos, Schuldirektor Heinz Th. Regier vom Colegio Friesland, Werner Gitt.

mehrere Jahre zurückgehen würden, verblasst die Erinnerung immer mehr. Aus diesem Grund betete David: ›Wer kann merken, wie oft er fehlt? Verzeihe mir die verborgenen Sünden! (Ps 19,13).‹ So können wir es heute auch tun. Vor dem Herrn sind wir ein aufgeschlagenes Buch, und er kennt jede einzelne Sünde unseres Lebens. Und so bitten wir ihn nun darum, das gesamte Register unserer Sünden gemäß 1.Johannes 1,9 zu löschen.« Hier in Asunción erlebte ich nun zum ersten Mal, wie diese von mir willkürlich ausgesuchte Studentin antwortete: »Ich weiß es noch ganz genau!« Ich versuchte, ihre Antwort mit meinen Worten zu überspielen, denn es passte so gar nicht in mein Konzept. Nach Abschluss dieser Nachversammlung kommt diese frisch bekehrte Studentin auf mich zu und sagt: »Ich weiß noch, was ich am 6. September 2003 gesündigt habe. Ich war an jenem Tag in einem Hotel und habe dort eine Gideon-Bibel gestohlen.«

2. Nach Abschluss aller Erklärungen meinerseits und dem Anvertrauen des ganzen Lebens an Jesus Christus im Gebet ist es mir sehr wichtig, dass sich die Neubekehrten über ihren neuen Status vor Gott im Klaren sind. Bildhafte Erklärungen sind oft hilfreicher und haften auch später besser in der Erinnerung als viele Worte. Und so versuchte ich den Studenten das Neue am Beispiel unserer standesamtlichen Trauung zu erläutern: »Es war an einem bestimmten Tag im Jahre 1966, da ging ich mit dem Mädchen, das ich liebte, ins Rathaus der Stadt Hannover. Wir hatten uns beide festlich angezogen. Im Rathaus gingen wir eine Treppe hoch, der Standesbeamte richtete einige Worte an uns, und wir unterschrieben beide ein Dokument. Wir gingen dann dieselbe Treppe wieder herunter und ließen wunderschöne Fotos aufnehmen. Was war der Unterschied zwischen vorher und nachher? Eigentlich überhaupt keiner, denn wir hatten dieselbe Kleidung an, und unsere Frisuren waren auch noch unverändert. Alles äußerlich Sichtbare war noch so wie vorher, aber der Status zwischen uns war grundlegend verändert. *Marion* neben mir war nun nicht mehr irgendwer, sondern sie war vor wenigen Minuten meine

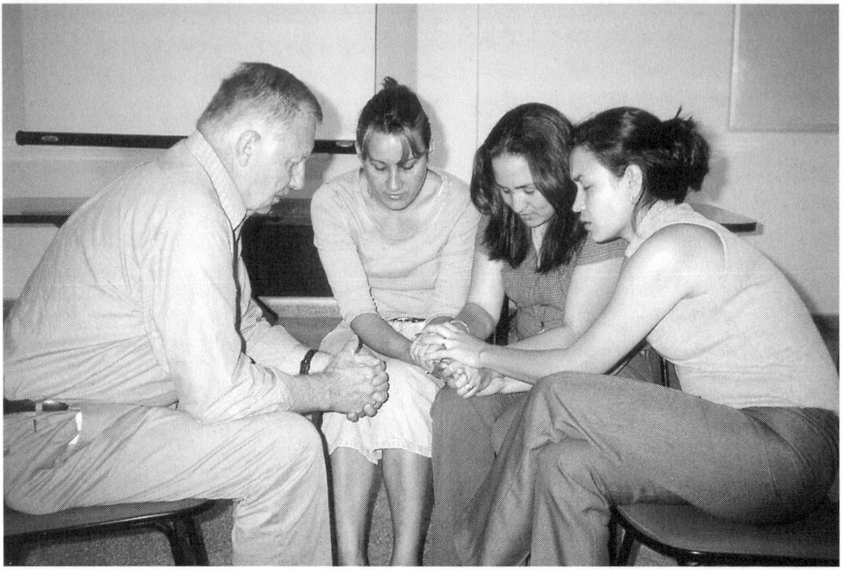

Nach einer Andacht in der Firma TECNOSERVICE (Asunción, Paraguay) entscheiden sich zwei Frauen für Christus. Die dritte Frau im Bild begleitet ihre beiden Kolleginnen, 17. August 2004.

Frau geworden.« Da meldete sich wieder die oben erwähnte Studentin und zieht mit beiden Zeigefingern ihre Mundwinkel hoch, um mir mit einem Lächeln auf dem Gesicht zu zeigen, dass sich nach unserem Abgang von der Treppe bei uns auch äußerlich etwas verändert habe, nämlich die Freude über das gefundene Glück. Wie sehr sie doch damit Recht hatte!

Ich benutzte das Bild von der standesamtlichen Trauung, um damit allen Studenten ihren neuen Status vor Gott zu erklären: »So ist es jetzt auch bei euch. Ihr habt jetzt auch einen Bund mit Gott geschlossen. Ihr seid durch den Glauben an Jesus Christus zu Kindern Gottes (Joh 1,12) geworden. Das wart ihr vorher nicht; denn aus *Fremdlingen Gottes* seid ihr nun zu *Gottes Hausgenossen* geworden (Eph 2,19). Ihr seid heute nicht in das Familienregister eines Standesamts eingetragen worden, sondern in das Buch des Lebens. Im letzten Gericht kommt es einzig darauf an, dass unser Name in diesem wichtigen Buch steht (Offb 20,15). Über diesen Eintrag dürfen wir uns jetzt tatsächlich freuen. Jesus sagt in Lukas 15,10: ›So, sage ich euch, wird Freude sein vor den Engeln Gottes über einen Sünder, der Buße tut.‹ Was für ein Freudentag ist heute euretwegen im Himmel!«

Evangelisation in der Sporthalle der Kolonie Volendam (Paraguay), 3.-5. September 2004.

2.31 Wer Gott sucht, wird ihn auch finden

Gott hat sich in seinem Wort festgelegt, indem er verspricht: »Wenn ihr mich von ganzem Herzen suchen werdet, so will ich mich von euch finden lassen« (Jer 29,13b-14a). Während einer Evangelisation in Asunción (Paraguay) kam am ersten Tag eine junge Frau[59], *Alexandra,* zur Aussprache. Auf meine Frage, ob sie gläubig sei, antwortete sie mit einem klaren »Ja!« Dann erklärte sie, wie sie sich bekehrt hat. Die Geschichte ist so ungewöhnlich und so zielgerichtet, dass ich sie hier in Absprache mit ihr erzählen möchte:

Sie kommt aus einem nichtchristlichen Elternhaus. Als sie 19 Jahre alt war, ließen sich die Eltern nach zermürbenden Jahren mit Streit und Problemen scheiden. Ihre Jugendzeit war voller Konflikte: Sie verkehrte in der Alkohol- und Drogenszene, hatte ständig wechselnde Partner und wusste nicht, was Moral oder Sünde oder geistliche Gesundheit ist.

---

59 Es ist der 15. August 2004, der erste Tag der Evangelisation in der Mennonitengemeinde in Asunción. *Alexandra Iseli* (* 4. August 1967) erzählt hier von ihrer gezielten Suche nach Gott. Von allerlei Fehlschlägen lässt sie sich nicht entmutigen, sondern streicht konsequent so lange von ihrer Liste ab, bis sie den Retter gefunden hat.

Mit 25 Jahren hat sie abgetrieben. Nach all den Wirren einer verkorksten Jugend kam sie zu folgender Erkenntnis:

»Mein Leben ist beschmutzt und macht keinerlei Sinn. Auf keinen Fall will ich so weitermachen. Wie kann es nur sein, dass das Leben einerseits so hässlich, sinnlos und kompliziert ist – und andererseits der menschliche Körper so genial konstruiert ist, so schön und perfekt, dass er sich vor Krankheiten schützen kann, Wunden von selbst wieder verheilen und Fleisch zusammenwachsen kann? Die Natur um uns herum funktioniert; was hält sie nur so gut zusammen? Nur der Mensch passt da nicht hinein. Er stört das Bild. Und dann noch der Tod!? Welchen Sinn macht es, 65 Jahre zu schuften, niemals glücklich oder frei zu sein, endlose Probleme in der Familie, auf der Arbeit oder mit den Nachbarn zu haben, verlassen zu werden, zu streiten, älter zu werden, einsam zu sein und dann nach all den Mühen und Herzschmerzen zu sterben? Man nimmt nichts mit und muss alles zurücklassen. Man wird schnell vergessen. Welchen Sinn sollte das alles machen?«

Sie begann den Sinn des Lebens zuerst im Buddhismus zu suchen. Yoga gab ihr ein vorübergehendes körperliches Wohlbefinden. Sie wanderte von der Schweiz nach Paraguay aus, weil sie sich von der Natur angezogen fühlte. Hier lernte sie bald einen verheirateten Mann kennen, und das alte freizügige und lasterhafte Leben begann von vorne. Das führte schließlich dazu, dass sie eine Woche lang weder essen noch trinken konnte. Sie kam in ein Krankenhaus der Mennoniten. Dort bekam sie von einer Krankenschwester eine Bibel geschenkt. Danach lernte sie ein Ehepaar der Zeugen Jehovas kennen. Sie hoffte, dass diese ihr die Bibel erklären könnten. Doch beim »Bibelstudium« der Zeugen Jehovas ging es gar nicht so sehr um die Bibel, sondern mehr um ihre hausinternen Publikationen. Das ist es auch nicht, dachte sie. Die nächste Station ihrer Suche war die katholische Kirche. Sie besuchte einige Gottesdienste und hatte etliche Gespräche mit dem Pfarrer. Dieser gab offen zu, dass er die Bibel nur höchst selten lesen würde – ein Umstand, der sie verblüffte und stutzig machte. Sie meinte, das sei »wie ein Pilot, der keine Flugstunden hat«. Ihr fiel auf, dass die Leute in der katholischen Kirche sich nicht von ihr unterschieden; sie waren weder glücklicher noch freier als sie. Daraus schloss sie: »Die haben die Wahrheit auch nicht.«

Nun begann ihre eigentliche Suche, und zwar mit Hilfe des Internets. Sie begann damit, verschiedene Religionen miteinander zu vergleichen. Warum aber gab es so viele davon, wenn doch alle behaupteten, den einzigen Gott anzubeten? So begann sie mit einem systematischen Ausschlussverfahren. Den Buddhismus und die Zeugen Jehovas hatte sie schon von ihrer Liste gestrichen. Es folgten allerlei Kulte wie Satanismus, Magie und sexistische Sekten, die ihre Anhänger in den Tod schicken.

Mich beeindruckte, mit welch einer Systematik sie an die Suche heranging. Sie durchforstete alle möglichen Religionen, ob Gott dort zu finden sei. Nachdem auch noch Islam, Hinduismus, Konfuzianismus und diverse Naturreligionen durch ihr Raster gefallen waren, konzentrierte sie sich auf alle möglichen christlichen Richtungen. Den Katholizismus hatte sie schon ausgeschlossen, weil sie spürte, dass sie sich hier nicht auf der richtigen Spur befand. Bei der weiteren Internetsuche stieß sie auf mancherlei Sekten. Auch hier hatte sie bald erkannt, dass diese nur ihre jeweiligen Lieblingslehren pflegten, aber Gott dort nicht wirklich zu finden war. Ihr erging es offensichtlich so wie dem Kaufmann im Gleichnis (Mt 13,45-46), der von der kostbaren Perle wusste und alles daransetzte, bis er diese Perle gefunden hatte.

Alexandra gab nach so vielen misslungenen Anläufen immer noch nicht auf, sondern suchte beharrlich weiter. So stieß sie schließlich auf das Credo von *Luther:*

»Hier fiel es mir wie Schuppen von den Augen. Im zweiten Abschnitt, der von Jesus Christus, dem Sohn Gottes, handelt, habe ich begriffen, was dieser Jesus am Kreuz für ein gewaltiges Werk getan hatte. Hier war zum ersten Mal von dem Retter die Rede. Ich erkannte: Das ist derjenige, den ich suche. Ich brauche unbedingt Rettung in meiner Situation. Er war die Lösung all meiner Probleme und meines Elends. Hier war Befreiung möglich von all meinen falschen Taten und allem Unrecht, das ich getan hatte. Ich konnte noch einmal ein neues Leben beginnen!«

»Wie aber finde ich nun diesen Jesus?«

Auch hier ging sie wieder sehr systematisch vor:

»Ich griff zum Telefonbuch und suchte mir möglichst ›neutrale‹ Kirchen (z. B. ›Kirche am Park‹) heraus, weil ich nicht schon wieder mit Katholizismus oder irgendeinem Gründernamen konfrontiert werden wollte. Drei davon kamen in die engere Wahl, und ich rief sie alle an. Schließlich wählte ich die Gemeinde aus, die ich als am bibeltreuesten empfand. Die ›Freien Brüder‹ erklärten mir die Grundlagen des Glaubens an Jesus Christus eingehend anhand der Bibel. 2001 ließ ich mich bei den ›Hermanos Libres de la iglesia del Parque‹ taufen.« Meine lange Suche hat sich gelohnt. Jesus ist jetzt mein Retter und Herr!«

Erging es dem suchenden Kaufmann im Gleichnis Jesu nicht auch so wie *Alexandra*? Als er auf die kostbare Perle stieß und sie erwarb, hatte er damit das Himmelreich gefunden. *Alexandra* fand das Kostbarste, was wir in diesem Leben finden können, nämlich den Retter Jesus Christus. Sie war zum lebendigen Glauben gekommen.

2.32 Wenn nacheinander drei Söhne sterben

Während meiner Paraguayreise 2004[60] war ich an drei verschiedenen Einsatzorten: in der Hauptstadt Asunción und in den beiden deutschen Kolonien Friesland und Volendam. *Hedwig Rempel* (34 Jahre alt) aus Friesland kam nach einem Vortrag, um für den folgenden Nachmittag ein längeres seelsorgerliches Gespräch zusammen mit ihrem Mann *Ferdinand* (35 Jahre alt) zu vereinbaren. Sie hatten schweres Leid in der Familie erfahren, das *Hedwig* zunächst ausgiebig schilderte:

»Wir sind seit 10 Jahren verheiratet und haben einen gesunden 8-jährigen Sohn. Da wir Kinder sehr lieben, wünschten wir uns noch weitere Kinder. Im Juli 1998 bekamen wir ein behindertes Kind. Der Junge hatte u.a. eine Hasenscharte und starb 20 Minuten nach der Geburt. Wir trauerten sehr um ihn, gaben aber die Hoffnung auf ein weiteres gesundes Kind nicht auf, denn schließlich kommt nur unter Tausenden von Geburten einmal ein schwer behindertes Kind zur Welt. Daher wagten wir nochmals eine Schwangerschaft. Bei der Geburt im April 2000 mussten wir leider feststellen, dass auch dieser Junge schwer behindert war. Er hatte keine Schädeldecke, sondern nur eine Haut über dem Gehirn. Auch dieses Kind war nicht lebensfähig und starb 35 Tage nach der Geburt auf der Intensivstation. Unser Kinderwunsch blieb, und so ließen wir uns untersuchen, ob wir evtl. genetisch nicht zusammenpassten. Das Ergebnis war 25:75, d.h. das Risiko, wieder ein behindertes Kind zu bekommen, betrug 25 Prozent. Nach Auskunft der Ärzte würde es also zu 75 Prozent gut gehen. Konnten wir von Gott im Glauben erwarten, dass er ein Wunder tut? Wir gingen zu Pastoren und Gemeindeältesten und suchten Rat in unserer Situation. Viele beteten mit uns, und sie ermutigten uns zu einem Kind mit den Worten: ›Gott wird ein Wunder tun, und alles wird zum Besten.‹ Sie machten uns Mut, auf Gott zu ver-

---

60 Zweite Reise nach Paraguay vom 13. August bis 8. September 2004. Die Kolonie Friesland liegt etwa 190 km nordöstlich von Asunción. Dort leben etwa 650 Deutschstämmige im Zentrum und in den verstreuten 13 umliegenden Dörfern. Diese Kolonie wurde 1937 von Deutschen aus einer anderen Kolonie in Paraguay, nämlich Fernheim im Chaco gegründet. Etliche Leute verließen Fernheim aus klimatischen Gründen (große Hitze und Trockenheit). In Friesland gibt es im Gegensatz zum Chaco genug Regen, und alles wächst so gut, dass zwei Ernten pro Jahr vom selben Feld möglich sind. Das Leben ist für die Bauern dennoch erheblich schwerer als im Chaco. Dort wird fast ausschließlich Rinderzucht betrieben, und diese ist viel leichter zu handhaben. Die Kolonie Volendam ist 65 km nordwestlich von Friesland gelegen. Beides sind mennonitische Siedlungen von Deutschstämmigen, die ursprünglich von Ost- und Westpreußen nach Russland auswanderten (18. Jahrhundert) und erst zu *Stalins* Zeiten die Sowjetunion verließen, um dann in Paraguay zu siedeln.

trauen und für ein Wunder zu beten. Eine Frau aus der Gemeinde sagte sogar, Gott habe ihr gesagt, dass wir ein gesundes Mädchen bekommen. Als sie das sagte, war ich bereits schwanger. Dieses vierte Kind wurde im Juli 2004 geboren. Entgegen der ›Prophetie‹ der Frau war das Kind weder gesund noch war es ein Mädchen. Der Junge hatte eine defekte Hand, benötigte ständige Sauerstoffzufuhr und starb nach 27 Stunden. Weil im Laufe dieser Kette von drei Todesfällen innerhalb von sechs Jahren kein weiteres Kind in der Kolonie gestorben war, liegen nun alle Gräber unserer drei Söhne direkt nebeneinander. Jedes Mal, wenn ich zum Friedhof gehe, bricht es mir fast das Herz, und viele Tränen sind schon geflossen.«

»Wir sind heute zu Ihnen gekommen, weil wir nach Antworten in unserer verzweifelten Lage suchen. Warum hat Gott nicht ein Wunder getan? Warum haben uns Pastoren, Älteste und Ärzte falsch beraten? Warum antwortet Gott nicht? Warum dieses dreifache Leid? Gibt es keine Möglichkeit, Gott klarer zu verstehen?«

Schritt für Schritt und immer wieder auf die Details eingehend, die sie oft unter Tränen äußerten, versuchten wir Antworten zu finden. Ich möchte hier einige der Gedanken kurz zusammenfassen:

1. Das *allgemeine* Leid in dieser Welt ist durch die Sünde des Menschen verursacht. In Römer 6,23 lesen wir: »Denn der Sünde Sold ist der Tod.« Auf die Frage des *individuellen* Leids aber haben wir in den meisten Fällen keine Antwort. Selbst in der Bibel erfahren die Betroffenen nur selten den Grund ihres Unglücks. So wusste z.B. auch Hiob nichts über die Hintergründe seines Leids (Hiob 1,6-12). Bei dem Blindgeborenen unterstellten die Jünger, dass entweder er oder die Eltern besonders gesündigt haben müssten. Dies verneinte Jesus entschieden und gab die hier zutreffende Antwort: »Es sollen die Werke Gottes offenbar werden an ihm« (Joh 9,3). Meistens ist unsere Haltung so, wie es der Leidende in Psalm 73 beschreibt: »Ich bin doch täglich geplagt, und meine Züchtigung ist alle Morgen da« (Ps 73,14). Der Grund seines Unglücks aber blieb ihm trotz aller Grübeleien verborgen: »So sann ich nach, ob ich's begreifen könnte, aber es war mir zu schwer« (Ps 73,16). Der Psalmist ist uns ein Vorbild mit seiner Haltung im Leid: »Dennoch bleibe ich stets an dir« (Ps 73,23). Er ließ trotz allem nicht ab von Gott. Klammern wir uns umso fester an ihn!

2. Das Leid einzig aus der Sicht dieses Lebens zu beurteilen, wäre zu kurzsichtig. In 1.Korinther 15,19 heißt es: »Hoffen wir allein in diesem Leben auf Christus, so sind wir die elendesten unter allen Menschen.« Dies ist eine sehr markante Aussage, die wir in vielen Situationen des Lebens beherzigen können. Wir neigen dazu, die Bilanz unseres Lebens schon zu irdischer Zeit zu ziehen, müssen jedoch über den Horizont schauen. Die realistische, alles einbeziehende Lebensbilanz wird erst jenseits der Todesmauer von unserem Schöpfer gezogen. Das gilt auch für Ihre leidvolle Situation. Was Sie in diesem Leben noch als schweren Verlust empfinden, wird in der Ewigkeit umgebucht: »Denn unsere Trübsal, die zeitlich und leicht ist, schafft eine ewige und über alle Maßen gewichtige Herrlichkeit« (2Kor 4,17). Paulus schreibt zu Recht, und das hat er mit seinem eigenen Leben abgedeckt: »Denn ich bin überzeugt, dass dieser Zeit Leiden nicht ins Gewicht fallen gegenüber der Herrlichkeit, die an uns offenbart werden soll« (Röm 8,18).

3. Kinder, die aus unserer Sicht zu früh gestorben sind, dürfen wir im Himmel wissen. In Matthäus 19,14 sagt Jesus: »Lasset die Kinder und wehret ihnen nicht, zu mir zu kommen; denn solchen *gehört* das Himmelreich.« Von diesem Wort her dürfen Sie sicher sein, dass allen drei verstorbenen Kindern der Himmel geschenkt ist. Sie werden sie einmal in der Herrlichkeit Gottes wiedersehen, und alles jetzige Leid wird dann vergessen sein.

4. Ihre verständliche Frage »Warum hat Gott nicht ein Wunder getan?« muss im Hier und Jetzt unbeantwortet bleiben. Wir wissen: »Gott erhört Gebet«, aber er erhört nicht immer nach unseren Vorstellungen. Gott ist souverän. Bei ihm gibt es kein Unmöglich, dennoch handelt er oft ganz anders, als wir es uns wünschen und vorstellen. Dass er es aber immer gut mit uns meint, dessen dürfen wir gewiss sein, »denn Gott ist die Liebe« (1Joh 4,8).

Am Ende des langen Gesprächs beteten wir zusammen. Die Gebete von *Hedwig* und *Ferdinand* haben mich tief bewegt, denn aus der Not reden wir direkt in das Vaterherz Gottes hinein.

2.33 Wenn die in den Himmel kommen, dann will ich dort nicht hin

Nach einem Vortrag im Erzgebirge[61] meldet sich in der Diskussion eine Frau mit der Frage: »Kann einem Menschen vergeben werden, der 1 000 andere umgebracht hat?« Schon der Ton ihrer Stimme macht mir deutlich, dass sie auf etwas ganz Bestimmtes hinauswill.

So frage ich zurück: »Was würden Sie aus Ihrer Sicht sagen: Wo sollte die Grenze der Vergebung gesetzt werden? Soll sie bei einem Getöteten liegen, bei 3, bei 50, bei 100, oder soll sie bei 500 sein? Ist mit 1 000 die Vergebungskraft Jesu bereits am Ende?

Wenn wir die Bibel lesen – das mag uns erstaunen –, dann wird eine solche Grenze nirgends erwähnt. Wichtig ist etwas anderes: Ist der Sün-

---

[61] Vortrag in Jahnsdorf im Erzgebirge am 12. April 2003 zu dem Thema »Von Babylon bis zum Himmel«.

der bereit, von ganzem Herzen von seinem falschen Weg umzukehren? Wenn diesem Sünder seine große Schuld Leid tut und er sich an die richtige Adresse wendet – an Jesus –, dann ist Vergebung möglich. Jesus hat ja deutlich gesagt: ›Ich bin gekommen, die Sünder zu rufen‹ (Mt 9,13). Und ein Mörder ist zweifelsfrei ein Sünder.«

Die Frau war entsetzt über diese Antwort und fügte hinzu: »Dann möchte ich nicht im Himmel sein, wenn solche Leute da sind!«

»Ja, das kann man heute schon sagen: Im Himmel werden nur Sünder sein, und zwar ganz besondere – nämlich begnadigte Sünder. Wenn dem nicht so wäre, hätten Sie und ich keine Chance, dorthin zu kommen. Unsere Zugehörigkeit zu Jesus und die Abgabe unserer Schuld, was immer es auch gewesen ist, unter seinem Kreuz machen uns und alle, die an ihn glauben, frei von aller Sünde.

Wenn Sie nicht in den Himmel wollen, dann müssen Sie die einzige Alternative kennen, und das ist die Hölle. Eine dritte Möglichkeit gibt es nicht. Dort sind alle Mörder der Weltgeschichte, die nicht nur 1 000, sondern Millionen Menschen auf ihrem Gewissen haben und die sich nie bekehrt haben. Es sind dort all jene, die die Welt in Angst und Schrecken versetzten. Dort finden Sie die grauenhaften Gestalten, die der Menschheit unsagbares Leid zugefügt haben. In der Hölle sind aber weiterhin auch all jene, die nicht einen Einzigen umgebracht haben, aber sich ebenso nie bekehrt haben, weil sie sich als so gut empfanden. Entscheiden Sie richtig, damit Sie nicht an einen Ort kommen, an dem Sie ewig jammern, dass Sie zu irdischer Lebzeit eine falsche Entscheidung trafen!«

2.34 Mission rund um die Uhr

Als wir im Mai 2000[62] evangelistische Vorträge in Bielsko-Biała (Südpolen) durchführten, gab die etwa 40-jährige Polin *Janina Pawlas* an einem Abend ein eindrucksvolles Zeugnis. Als sie sich bekehrt hatte, wollte sie dem Herrn dienen. Es ist immer wunderbar zu hören, welche Ideen Menschen haben, um die Liebe zu ihrem Herrn auszudrücken: Sie pachtete ein Stück Land an einer stark befahrenen Autostraße[63]. Auf einem Hügel stellte sie eine große Plakatwand auf mit dem Text aus Apostelgeschichte 16,31:

»Glaube an den Herrn Jesus, so wirst du gerettet werden.«

---

62 Zweite Polenreise vom 5. bis 15. Mai 2000. Mitreisende: *Christian Brandt*, Dr. *Harry Tröster, Gerhard Perteck.*

63 Das Schild steht an der Hauptstraße von Bielsko-Biała (Südpolen) nach Cieszyn (gespr. Teschen, Richtung Tschechien), und zwar etwa auf der Hälfte dieser 35 km langen Stecke.

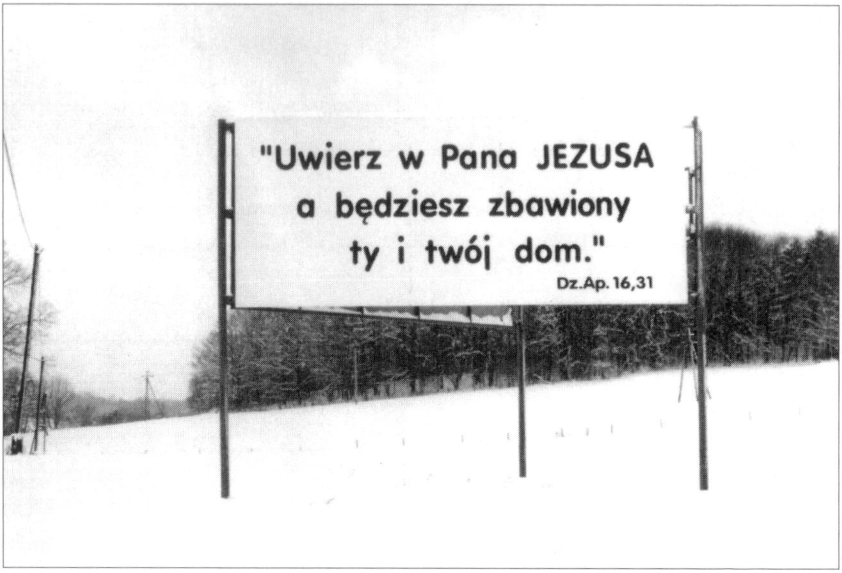

Plakatwand von Janina Pawlas mit dem Vers aus Apostelgeschichte 16,31.

Niemand, der dort vorbeifährt, übersieht dieses 4 x 1,7 Meter große Schild. Jeder, der die Botschaft liest, hat das Evangelium in Kurzfassung gehört. Kürzer geht es nicht, und doch ist alles drin.

Sie will das Schild nie auswechseln, sondern immer nur diesen einen Vers zeigen, weil er ihr so wichtig ist. Wer ihn schon gelesen hat, wird immer wieder neu damit konfrontiert, damit er sich tief in die Herzen der Vorbeifahrenden einprägt.

Inzwischen ist sie einen Schritt weitergegangen und hat das Land gekauft. Das hat zwei Vorteile: Zum einen ist es über mehrere Jahre wirtschaftlicher, das Land selbst zu besitzen und nicht ständig Pacht zahlen zu müssen. Zum anderen – und dieser Grund ist ihr noch wichtiger – könnte ihr kein Verpächter je die Erlaubnis dieser Art von »Straßenmission« entziehen, wenn sie ihm nicht gefällt.

Wovon rettet Jesus? Er rettet von dem Weg, der in der ewigen Verdammnis endet, der Hölle. Beide Orte sind ewig. Der eine ist *herrlich,* der andere ist *schrecklich*. An der Person Jesu entscheidet sich alles. Unser ewiger Verbleib hängt von einem einzigen Namen ab: von JESUS!

Während derselben Polenreise besuchten wir an einem Tag das nahe gelegene Auschwitz. Schreckliche Dinge haben sich dort während des Dritten Reiches abgespielt. Von Februar 1942 bis November 1944 wurden hier mehr als 1,6 Millionen Menschen, vorwiegend Juden, vergast und anschließend verbrannt. Man spricht heute in der Literatur von der *Hölle von Auschwitz.* Ein Kommentator sagte neulich in einer Fernsehsendung[64]:

»Das 20. Jahrhundert hat alle Höllenbilder nicht nur erfüllt, sondern noch überholt.«

Doch der Mann irrt! Ich habe über diese Bezeichnung *Hölle von Auschwitz* nachgedacht, nachdem wir von einer freundlichen Führerin durch eine Gaskammer geleitet wurden, in der pro Charge 600 Menschen auf einmal umkamen. Es war unvorstellbar schrecklich, aber war das wirklich die Hölle?

Wir konnten uns als Besuchergruppe die Gaskammer nur deshalb ansehen, weil seit Januar 1945 das Grauen ein Ende hat. Jetzt sind die Anlagen zur Besichtigung freigegeben, und niemand wird dort mehr gequält oder vergiftet. Die Gaskammern von Auschwitz waren zeitlich, die Hölle der Bibel ist es jedoch nicht. Sie ist ewig und kann daher niemals besichtigt werden. Aber auch der Himmel ist ewig, und das ist der Ort unserer Berufung. Wollen wir uns immer wieder dazu ermutigen, Menschen in den Himmel einzuladen.

2.35 Die Theologie der Glaubensabwehr

In Nürnberg hatte ich 2003 eine mehrtägige Evangelisation[65]. Einige Leute waren an einem der Abende zurückgeblieben, um eine Glaubensentscheidung zu treffen, darunter auch zwei junge Frauen. Als ich den Weg zu Jesus zu erklären begann, stellte sogleich eine der beiden eine Frage. Ich ging darauf ein, fuhr dann aber wieder fort, den Heilsweg zu erläutern. Nun unterbrach mich die andere. Wieder ging ich darauf ein. Nach mehrmaligem Wechselspiel dieser Art merkte ich, dass sie am Heilsweg gar nicht interessiert waren. Sie versuchten mich vielmehr vom Ziel abzubringen. Als ich ihre Absicht durchschaute, schlug ich vor: »Die anderen Anwesenden sind mit dem Anliegen gekommen, sich zu entscheiden. Da Sie Fragen ganz anderer Art haben, bitte ich Sie, diese Runde zu verlassen. Wenn wir hier fertig sind, nehme ich mir Zeit, mit Ihnen zu reden.« Daraufhin verließen beide den Raum.

Entgegen meiner sonstigen Erfahrung mit Kritikern kamen diese Frauen wieder. Als wir uns nun zu dritt unterhielten, stellten sie sehr spitzfindige Fragen zu speziellen Bibelstellen. Ausgerüstet mit aller

---

64 ZDF-Sendung am Himmelfahrtstag, dem 01.06.2000, 18:40-19:58: »Jenseits von Zeit und Raum«. Der Autor hatte gemeint, dass alle Höllendarstellungen der Kunst durch die Brutalität des Holocaust und der Weltkriege des 20. Jahrhunderts noch übertroffen wurden.

65 Siehe auch Andachtsbuch »Leben ist mehr 2005 – Impulse für jeden Tag«, CLV Bielefeld, Andacht vom 29.06.2005.

Methodik der Bibelkritik, zerfetzten sie jeden nur vorgebrachten Bibelvers. Ich erkundigte mich, warum sie so kritisch nachfragten und was sie studierten. Sie lehnten es strikt ab, darauf zu antworten. Als ich nach etlicher Zeit erneut nachfragte, offenbarten sie sich als Theologiestudentinnen. »Nun ist mir alles klar«, sagte ich, »Sie sind durch die Schule einer herben Bibelkritik gegangen, und Ihnen ist dabei die eigentliche Botschaft der Bibel abhanden gekommen. Ihnen ist das Sezieren und Auflösen beigebracht worden. Bei solch einem Ansatz redet Gott nicht mehr zu Ihnen – das sagt die Bibel auch.« Nun wollten Sie brennend wissen, wo so etwas stehe. Ich las 1.Korinther 2,14: »Der natürliche Mensch aber vernimmt nichts vom Geist Gottes; es ist ihm eine Torheit, und er kann es nicht erkennen.« Sie stellten nun keine weiteren spitzfindigen Fragen mehr und verließen nachdenklich den Raum. Ob das Wort sie traf und Gott an ihren Herzen weiterwirkt?

2.36 Erlebt in Brasilien

In der Zeit vom 5. bis 30. März 2005 war ich zu einer Vortragsreise in Brasilien. Ich folgte einer Einladung, die mich in die drei südlichsten Staaten Brasiliens, Paraná, Santa Catarina und Rio Grande, führte. Mein Flug von Hannover über Amsterdam und São Paulo nach Curitiba dauerte einschließlich der Aufenthalte auf den Flughäfen 19½ Stunden – eine Flugzeit, die vielleicht dem riesigen Land angemessen ist, das mich erwartete.

Brasilien ist mit 8,55 Millionen km^2 noch um ein Neuntel größer als Australien (7,68 Millionen km^2). Bei Porto Alegre, der südlichsten Millionenstadt im Staat Rio Grande, münden fünf Flüsse in einen gigantischen See, den Lagoa dos Patos (9700 km^2), der 17-mal so groß ist wie der Bodensee. Schon allein Rio Grande hat die Größe Deutschlands. Was sind das für Dimensionen!

Meine Reiseroute war von *Martin* und *Dorothea Kahl* (Curitiba) hervorragend organisiert. Die Vorträge fanden in folgenden Orten statt: Curitiba, der Hauptstadt von Paraná; Colônia Witmarsum, einer von deutschen Mennoniten gegründeten Siedlung; Mato Preto, Blumenau, Porto Alegre und Colônia Nova, einer weiteren von deutschen Mennoniten gegründeten Siedlung unweit der Grenze zu Uruguay.

Curitiba und Porto Alegre sind Großstädte mit über zwei Millionen Einwohnern, und die Autofahrt zu den jeweiligen Einsatzorten innerhalb der Stadt dauerte manchmal bis zu einer Stunde. Ich sprach an der Biologischen Fakultät der Universität Curitiba[66], im Theologischen

[66] Universidade Federal do Paraná, Setor de Ciências Biológicas, Departanto de Genética.

Blick auf die südbrasilianische Stadt Blumenau, März 2005.

Seminar CETEOL (Centro de Ensino Teológico), in den höheren Klassen einiger Schulen und in verschiedenen Gemeinden zu verschiedenen Themen aus dem Bereich »Denken und Glauben«. Insbesondere der Vortrag über die Naturgesetze der Information[67], der den Grundgedanken der Evolution widerlegt, indem gezeigt wird, dass sie ein Perpetuum mobile der Information darstellt, fand große Zustimmung. Selbst der Biologieprofessor an der Universität erhob keinerlei Einwände in der anschließenden Diskussion. Einer der Studenten blieb zum Gespräch zurück und entschied sich für den Glauben.

In Witmarsum hatte mein Gastgeber *Eberhardt Giessmann* seinen früheren Chef, den er seit 15 Jahren versucht hatte, für den Glauben zu gewinnen, zum Abendvortrag eingeladen. Seine Resistenz war hartnäckig. Als er einige Monate zuvor längere Zeit im Krankenhaus verbringen musste, brachte ihm *Eberhardt* das Buch »Am Anfang war die Information« mit. Da er promovierter Ingenieur ist, sprachen ihn die wissenschaftlich orientierten Gedanken an. Als er nun hörte, dass der Autor dieses Buches im Lande ist, nahm er die 100 Kilometer Autofahrt

67 Die Powerpoint-Folien zu dem Vortrag »Herkunft des Lebens aus der Sicht der Information – Ist Evolution naturwissenschaftlich überhaupt denkbar?« waren ins Portugiesische übersetzt: »Origem da vida do ponto de vista da informação – Será que evolução seria imaginável dentro das Ciências naturais?«

Nachversammlung nach dem Abendvortrag in der Gemeinde in Blumenau am 19. März 2005.

auf sich, um zum Vortrag zu kommen. Für uns alle war es ein Wunder, dass er zum Gespräch zurückblieb und zum Glauben an Jesus Christus kam.

In Blumenau fanden in der Gemeinde von *Lodemar Schlemper* drei Abendvorträge statt. Erstaunt war ich, als mich nach dem ersten Abend eine Frau anrief, die »Gitt« und »Ostpreußen« kombinierte und daraus schloss, dass wir miteinander verwandt sein müssten. Bei der kommenden Veranstaltung lernte ich sie sowie zwei Söhne und eine Tochter kennen. Sohn *Peter Bauschats*[68] Stammbaum konnten wir bis nach Seekampen, einem Nachbardorf meines Geburtsortes Raineck, zurückverfolgen. Seekampen war auch der Geburtsort meines Vaters. Merkwürdig: In einem so riesigen Land wie Brasilien findet man »zufällig« eine gemeinsame Spur nach Ostpreußen und stößt dabei auf gemeinsame Vorfahren.

An einem Morgen lud mich *Lodemar* zu einer Andacht in dem groß angelegten landwirtschaftlichen Therapiezentrum CERENA[69] ein. Es

---

68 Eine Urgroßmutter von *Peter* war *Wilhelmine*, eine geborene *Gitt* (* 23.04.1851), und eine andere *Henriette*, geborene *Gitt* (* 27.05.1857). Beide stammten aus dem Dorf Seekampen. Der Bruder der beiden Schwestern *Wilhelmine* und *Henriette* war *Johann-Friedrich Gitt* (* 10.03.1864), und der war mein Großvater väterlicherseits.

69 CERENA = Centro de Recuperação nova esparança (Rehabilitationszentrum »Neue Hoffnung«).

waren etwa 50 Männer anwesend. Kurz vor Beginn meinte *Lodemar*, ich solle nicht über einen biblischen Text sprechen, sondern zeugnishaft aus meinem Leben berichten. Die Zeit verging wie im Flug, und aus der geplanten kurzen Andacht war im Nu (mit Übersetzung) eine volle Stunde geworden. Wir waren tief bewegt, als hinterher fünf Männer zurückblieben, um sich für ein Leben mit Christus zu entscheiden.

In Porto Alegre ging es mit *Reinhold Federolf* und seinem Missionsbus »O ônibus da palavre« (»Der Bus des Wortes«), einem originellen Gefährt mit eingebauten Schlafkabinen, Küche, Dusche und WC, in die 400 Kilometer entfernte Colônia Nova. Dort waren über die Osterzeit mehrere Vorträge angesetzt. Den Abschluss der Reise bildeten drei Veranstaltungen in Porto Alegre, die mit professionellen Kameras aufgenommen wurden, um sie später als Video oder DVD im Land zu verbreiten. Hier hat auch der Mitternachtsruf (»Chamada da Meia-Noite«) unter der Leitung von *Ingo Haake* seinen Sitz. In der hauseigenen Druckerei erschienen mein Buch »Fragen, die immer wieder gestellt werden« und das Traktat »Wie komme ich in den Himmel?« in brasilianischem Portugiesisch, welche beide bei allen Einsätzen Verwendung fanden.

Wenn Gottes Führung erbeten wird

Von all den erfreulichen Begegnungen und Eindrücken in Brasilien möchte ich im Folgenden eine Begebenheit herausgreifen. Es handelt sich um eine nicht alltägliche Geschichte darüber, wie Gott zwei Menschen in der ungewöhnlich kurzen Zeit von nur zwei Wochen zusammengefügt hat. Das Ehepaar *Anete* und *Lodemar Schlemper* erzählte sie mir. Ich war mehrfach in ihrem Haus zu Gast und erfuhr herzliche Gastfreundschaft.

Lodemar ist Pastor einer großen Gemeinde in Blumenau[70], in der ich auch einige Vorträge gehalten habe. Seine Vorfahren stammen aus Deutschland und sind vor etwa 120 Jahren aus Solingen ausgewandert. *Lodemar* wurde am 11. August 1953 in Rio do Sul (Santa Catarina) geboren und besuchte hier auch die Schule. Zu damaliger Zeit gab es kaum eine Berufsausbildung, und darum arbeitete er als angelernter Bankkaufmann. Nach seinem Ruf in den vollzeitigen Dienst begann er seine theologische Ausbildung. Zunächst war er zwei Jahre an der Bibelschule

---

70 Die Stadt Blumenau liegt in Santa Catarina, dem zweitsüdlichsten Staat Brasiliens, und hat etwa 150 000 Einwohner. Der Ort wurde 1852 von dem aus Braunschweig stammenden Dr. *Hermann Blumenau* (1819-1899) mit 17 anderen Einwanderern gegründet. Die Stadt liegt 60 km vom Atlantischen Ozean entfernt und ist eingebettet in eine schöne Landschaft mit dicht bewaldeten Bergen; mitten hindurch fließt der Fluss Rio Itajaí, der in der Stadt Itajaí in den Atlantik mündet.

»Missão Evangélica União Cristã« (MEUC), die heute eine theologische Fakultät in Mato Preto ist. Danach besuchte er drei Jahre lang das Seminar der Liebenzeller Mission in Bad Liebenzell (Schwarzwald). Seit 1980 ist er Prediger der Gnadauer Brasilien-Mission. Die Gemeinde, der er vorsteht, ist eine innerkirchliche Arbeit in der ev.-luth. Kirche und hat heute etwa 1 000 Mitglieder.

Der schwerste Tag seines Lebens war für ihn der 27. November 1998; an diesem Tag starb seine Frau *Angela* nach 17-monatiger schwerer Krebserkrankung (Melanom auf der Kopfhaut). Sie war ihm eine treue Lebens- und Dienstgefährtin gewesen und ließ ihn mit drei noch unmündigen Kindern, *Débora* (9 Jahre), *Cláudia* (13 Jahre) und *Maurício* (16 Jahre), zurück. Plötzlich war er auf sich allein gestellt. Die große Gemeinde forderte seinen ganzen Einsatz, außerdem musste er einen großen Haushalt und die Kinder versorgen. Ihm fehlte so sehr die Seele des Hauses, die Ehefrau und Mutter, um die sich in der Familie alles dreht. Ganz neu wurde ihm bewusst, was Gott schon auf den ersten Seiten der Bibel feststellte: »Es ist nicht gut, dass der Mensch allein sei; ich will ihm eine Gehilfin machen, die um ihn sei« (1Mo 2,18). Wie oft stand er am Grab und weinte so manche Tränen. In dieser Situation, unter der auch seine Schwiegermutter unsäglich litt, riet diese ihm: »Du brauchst eine neue Lebensgefährtin. Was *Angela* dir bisher gewesen ist, ist vorbei. Du musst an deine Kinder denken, an deinen Dienst und an dein Leben. Du kannst nicht allein bleiben mit alledem, was auf dir lastet.« Darauf *Lodemar:* »Es ist alles noch so frisch; ich kann mir niemand anders an meiner Seite vorstellen als meine geliebte Frau.«

Doch nach einer Weile änderte sich seine Meinung. »Nach einem Jahr des Trauerns und des Fragens und Ringens vor dem Herrn Jesus entstand in mir doch der Wunsch, eine neue Ehe einzugehen«, sagte er. »Wo aber finde ich eine Frau, die bereit ist, auf mein nicht einfaches Umfeld einzugehen, die ein JA zu mir, zu meinen drei Kindern und zu meinem Gemeindedienst findet? Ich war schon 46 Jahre alt. Oft habe ich den Herrn um eine von ihm gewollte Lösung gebeten.«

Schon bald darauf – es war der 22. April 2000 – ergab sich folgende Situation. Nach dem üblichen Gottesdienst am Samstagabend, an dem ein Gastredner aus Deutschland sprach, den *Lodemar* ins Portugiesische übersetzte, verabschiedete er die Leute an der Tür.

»Zum Schluss blieb eine kleine Runde, die noch miteinander sprach. Ich ging auf die Gruppe zu. Bis auf eine junge Frau kannte ich alle. Die mir unbekannte Brasilianerin stammte auch aus Blumenau; seit einigen Jahren arbeitete sie in Deutschland als Krankenschwester und war nun während ihrer Urlaubszeit bei den Eltern zu Besuch. Ich fragte kurz nach ihrem Namen und wie lange sie noch in Brasilien sei. Dieser kurze Kontakt gab mir innerlich eine heimliche Hoffnung, dass sie eine Frau für mich sein könnte. Aber ich kannte sie ja gar nicht. Im Laufe der Woche verdrängte ich diesen spontanen Gedanken, aber ich betete unablässig weiter um eine Frau nach dem Willen Gottes für mein Leben.

Am Ende des folgenden Samstagsgottesdienstes stand jenes Mädchen wieder vor mir. Mir war es, als ob eine innere Stimme mir sagte: Schau her, *Lodemar*, das ist die Frau für dich! Aber sie schien mir viel zu jung, dennoch verließ mich der Gedanke nicht mehr, und mein Gebet wurde intensiver. Dann hörte ich, dass ihr Vater ziemlich krank sei. Das gab mir Anlass, ihn zu besuchen und bei der Gelegenheit Näheres vom Leben und von der inneren Einstellung seiner Tochter zu erfahren. Ich machte mich auf den Weg und fand Eltern und Tochter beim Lesen einer Andacht und im Austausch darüber vor. Ich setzte mich dazu, und wir kamen in ein gutes Gespräch. Freudig registrierte ich, dass *Anete* ein Leben mit dem Herrn führt.«

Auf dem Heimweg kamen ihm etliche Bedenken. Was würde die Gemeinde denken, wenn sie erfuhr, dass der Prediger hier und dort Besuche macht, um eine Frau zu suchen? Es wäre auch für seine Kinder sehr peinlich, wenn sie hörten, dass der Papa die eine oder andere Absage bekam. *Lodemar* hatte ihnen schon seit einigen Monaten sein Gebetsanliegen genannt. Immerhin brachten sie ihm ein wenig Verständnis entgegen.

Nun erfuhr *Lodemar*, dass die so plötzlich aufgetauchte Frau auch schon bald wieder verschwinden würde, denn ihr Abreisetag nach Deutschland stand unmittelbar bevor. »Ist es vielleicht doch nicht Gottes Wille?«, fragte er sich. Er rang um Klarheit. Nachdem er sie am folgenden Tag noch einmal flüchtig in einem Restaurant sah, erbat er sich von Gott in einer intensiven Gebetsnacht innere Ruhe und Gewissheit darüber, was sein Wille sei. Gott schenkte ihm die erbetene Klarheit, und sogleich begann er zu handeln. Er ging ans Telefon und wählte die Rufnummer von *Anetes* Eltern. Er war erfreut, als *Anete* selbst sich meldete. Nun brachte er sein Anliegen ohne Umschweife auf den Punkt:

»*Anete*, sicher weißt du um meine familiäre Situation. Seit längerer Zeit bete ich darum, dass der Herr mir klar machen möge, wer meine Frau werden könnte. Seit ich dich sah, empfand ich das als Fingerzeig vom Herrn. Wäre es möglich, dass wir darüber einmal miteinander sprechen?« Nach einer Pause sagte sie: »Ja, aber ich habe noch einiges für meine Mutter zu tun.« – »Gut, das verstehe ich. Wir können es gerne verschieben.« – »Ach nein«, korrigierte *Anete* sogleich, »ich kann das auch noch später erledigen. Meinetwegen könnten wir auch gleich miteinander reden; sagen wir in etwa einer halben Stunde.«

So kam der Stein ins Rollen. Wie vereinbart, machte sich *Lodemar* auf den Weg. *Anete*s Mutter öffnete die Tür. Er fühlte sich recht unwohl in dieser Situation, und eine gewisse Verlegenheit bemächtigte sich seiner. Als Prediger, 46 Jahre alter Vater von drei Kindern, stand er da als Werber um die 25-jährige Tochter vor deren Mutter. Nur allzu verständlich, dass ihm das Herz fast in die Hosentasche gerutscht war. Er stammelte: »Frau *Bretzke*, eigentlich weiß ich nicht genau, warum ich hier stehe.« Sie half ihm: »Ich weiß es aber.« – »Woher wissen sie das?«, fragte er erstaunt zurück. Dann kam die völlig unerwartete Antwort: »Seit sie ihre Frau verloren haben, bete ich regelmäßig dafür, dass der Herr ihnen wieder eine Frau schenken möge, die ihnen und ihren Kindern zur Seite steht. Als *Anete* aus Deutschland kam und ich sie aus dem Flugzeug steigen sah, war mir plötzlich innerlich klar, dass sie ihre Frau werden soll. Ich habe es aber niemandem gesagt. Nun aber bin ich ganz gewiss, dass es so sein soll.«

Stutzig blickte er auf Frau *Bretzke*. Der, der sonst mühelos lange predigen konnte! Jetzt fehlten ihm die rechten Worte. Er bat darum, mit *Anete* sprechen zu dürfen. Sie gingen ins Wohnzimmer. »Ich erzählte ihr meine Lebensgeschichte und wie der Herr Jesus mich geführt hatte und wie er mich bisher hindurchbrachte. Ich sagte ihr von meinem Gebetsanliegen, doch wieder eine Ehefrau zu finden. Und schließlich fragte ich sie, ob sie sich so etwas vorstellen könne und ob sie ein Ja dazu finden könne. Sie überlegte nur kurz, und während sie mir in die Augen schaute, kam die erlösende Antwort: ›Ja, ich bin bereit! ‹ Völlig erstaunt über eine so schnelle Antwort, wandte ich ein: ›Aber *Anete,* du musst bedenken, ich bin 46 Jahre alt, habe drei Kinder, stehe einer großen Gemeinde vor, und du kommst in eine Situation hinein, wo jahrelang jemand anders stand.‹ Es gab eine kurze Pause, dann fügte sie, ihren Entschluss begründend, hinzu: ›Wenn der Herr eine Aufgabe gibt, dann befähigt er auch dazu.‹

Ich konnte es kaum glauben, was ich da hörte. So schnell und so leicht hätte ich es mir doch nicht vorgestellt. Es blieb mir nichts anderes übrig, als zu sagen: ›Gut, wenn du das so siehst, mehr als diese Antwort von dir brauche ich nicht.‹ Und mir war nun klar: Das war vom Herrn. Auch war die gegenseitige Liebe und Zuneigung sofort da. Eigentlich war es Liebe auf den ersten Blick. Es gab eine beiderseitige Klarheit, dass Gott hier die Fäden gezogen hatte. Wir konnten nur darüber staunen, dass es uns beiden plötzlich so einfach und klar erschien. Es gab keinerlei Zweifel. Es erfüllten sich Verheißungen der Treue und Fürsorge Gottes. Wir konnten nur unser JA dazu geben.«

Anschließend sprachen die beiden mit den Eltern, sie beteten zusammen und dankten dem Herrn für seine Führung. Schon am Sonntag darauf, dem 7. Mai 2000, reiste *Anete* nach Deutschland zurück. Sie musste ihre Arbeitsstelle im Kreiskrankenhaus Kirchheim/Teck (Württenberg)

Das Ehepaar Anete und Lodemar Schlemper in Blumenau, März 2005.

kündigen. Anfang August kam sie dann endgültig zurück, und schon am 1. September 2000 wurde die Hochzeit gefeiert.

»Unsere Gemeinde, die mit mir Schulter an Schulter durch die schwere Leidenszeit gegangen war, freute sich sehr über die neue Wegführung. Als Geschenk richtete die Gemeinde das Hochzeitsfest aus. Alle waren geladen, und so kamen wir auf über 700 Hochzeitsgäste. Es war eine unvergessliche Feier, bei der wir den Namen des Herrn Jesus lobten und priesen. *Maurício* und *Cláudia,* unsere beiden ältesten Kinder, waren unsere Trauzeugen, und *Débora,* die Jüngste, war die Brautjungfer.

Inzwischen sind fast fünf Jahre vergangen. Der Herr hat uns wunderbar geführt und gesegnet. Wir haben ein sehr gutes Verhältnis zu unseren Kindern, die alle drei gläubig sind und bei der Kinder-, Jungschar- und Jugendarbeit helfen. Wir können bezeugen: Der Herr hat Großes an uns getan, darum sind wir fröhlich. Gerne steht mir *Anete* bei den verschiedenen Aufgaben in der Gemeinde zur Seite. Sie leitet den Gitarrenchor und ist in der Frauenarbeit aktiv. Unser Haus ist offen für Hilfe suchende Menschen. Es ist eine schöne Erfahrung zu erleben, wie die Liebe zueinander in der Ehe und auch in der Familie wächst.«

Diese ungewöhnliche Geschichte haben wir jetzt aus der Sicht von

Lodemar kennen gelernt. Doch es ist sicher auch von Interesse, wie sich das alles aus *Anetes* Sicht anhört. Sie hat unabhängig von *Lodemar* ihre Empfindungen dargelegt.

Anete wurde am 14. November 1974 in Blumenau geboren. Die Großeltern mütterlicherseits kamen aus Mainz und sind als Missionare der Gnadauer Brasilien-Mission nach Brasilien gekommen. Die Vorfahren väterlicherseits stammten aus Ostpreußen. *Anete* ist in Brasilien aufgewachsen. 1994 ging sie nach Deutschland, um im Kreiskrankenhaus Kirchheim/Teck eine Ausbildung als Krankenschwester zu absolvieren. Hier arbeitete sie bis zu ihrer Rückkehr nach Brasilien im August 2000. Die deutsche Sprache hatte sie schon im Elternhaus gelernt und während ihres mehrjährigen Aufenthalts in Deutschland vervollkommnet.

Anete: »Als ich von Deutschland kommend bei meinen Eltern die Ferienzeit verbrachte, habe ich viele Bekannte und Verwandte besucht. Den größten Teil meines Lebens hatte ich in der Gemeinschaft von Blumenau zugebracht. *Lodemar Schlemper* war der Missionar in der Gemeinde. Nach dem Tod seiner Frau hat *Lodemar* die Freiheit bekommen, noch einmal zu heiraten. Aber wen? Briefe mit Vorschlägen trafen ein. Manchmal wurden sie persönlich an die Haustür gebracht. Doch in keinem Fall fand er Frieden über die Angebote. Im Haus aber fehlte eine Mutter zum geordneten Familienleben. Für *Lodemar* war es schwer, außer der Gemeindearbeit auch noch den Haushalt zu führen. Wenn die Kinder zur Schule gingen, war es still im Haus. Mittags gingen sie manchmal ins Restaurant. Das aber konnte kein Dauerzustand sein.

Am Samstagabend, dem 22. April 2000, lud mich Mama ein, ins Gemeindehaus mitzukommen. Nur widerwillig ging ich mit, denn nach sechs Jahren Abwesenheit von Blumenau kannte ich nur noch ein Fünftel der Gemeinde – so stark war die Gemeinde in der Zwischenzeit gewachsen. Nach dem Gottesdienst begrüßte man sich, und *Lodemar* fragte mich aus, – was ich machte, wo ich wohnte, was für Pläne ich hätte und in welche Gemeinde ich ginge. Als ich begrüßt wurde, schoss mir überraschend ein Gedanke durch den Kopf: Ob er wohl schon jemanden hat, oder ob der Herr ihn für mich vorbereitet hat? Oh, ich schämte und ärgerte mich selbst. Ich schob den Gedanken von mir, denn *Lodemar* ist ja erheblich älter als ich, und er hat zudem mehrere Kinder.

Am kommenden Samstag sollte ich eigentlich gar nicht in Blumenau sein, und doch war ich zu Hause und ging wieder zur Stunde. *Lodemar* fragte mich wieder, wie es mir ginge, und ich merkte, dass meine Antwort ihn wirklich interessierte. Mir ging es sehr gut, und das sagte ich auch so. Bei alledem zitterte ich an den Beinen, und im Magen wurde es mir eng. Ich dachte: ›Wenn ich dich nur sehe, wird mir ganz flau im Magen.‹ Plötzlich tauchte in mir wieder der Gedanke auf, ob Gott ihn wohl als meinen Mann haben wollte. Sogleich redete ich mir ein: Das ist doch unmöglich, das bildest du dir nur ein. Ich war dann sehr froh, als ich mich bald wieder mit anderen unterhalten konnte.

In jener Woche habe ich immer wieder überlegen müssen, ob es in der Gemeinde schon Fälle gab, bei denen jemand eine sehr viel jüngere Frau geheiratet hat. Kann so etwas überhaupt gut gehen? Mir fielen drei Paare ein. Eine der Ehefrauen, die einen älteren Ehemann hatte, war meine Uroma. Und nach meinem Wissen hatte sie eine sehr gesegnete Ehe. Ja, wenn der Herr etwas zeigt, dann ist es richtig und gut. Danach hat mich dieser Gedanke gar nicht mehr beschäftigt – bis zum kommenden Dienstag. Nach dem Kaffee machten meine Eltern und ich unsere Bibelandacht, und plötzlich klopfte *Lodemar* an der Tür. Wir luden ihn ein, sich zu uns zu setzen. Für mich war es eine große Überraschung. Er schon wieder? Papa war hingegen sehr erfreut über seinen Besuch, denn er empfand ihn als von Gott gesandt. Morgens hatten sie noch dafür gebetet, dass der Herr jemanden senden möge, um in seiner Not der Krankheit zu helfen.

Lodemar schien mir etwas aufgeregt und unruhig. Und während ich noch darüber staunte, dass ich ihn schon wieder sah, kam mir die gleiche Geschichte noch einmal in den Sinn: Könnten es nicht des Herrn Wege für uns beide sein? *Lodemar* wollte mich ins Gespräch mit einbeziehen und wandte sich mit Interesse mir zu. Nach einiger Zeit wurde auch *Lodemar*s Lage besprochen. Ich dachte, das würde mich nicht betreffen; es war mir peinlich, dabei zu sein, und so ging ich weg. Aber bald schon musste ich zurückkommen, denn mir schien, als ob ich doch dabeibleiben müsse. Nach zwei Stunden verließ uns *Lodemar*. Ich war erfreut, dass Papa wieder munterer aussah.

Zwei Tage später – also am Donnerstag – musste ich in die Stadt, um etliches zu erledigen. Ich besuchte meine ehemaligen Arbeitskollegen im Büro und ging auch bei meiner Patentante im Hotel Gloria vorbei, um sie zu begrüßen. Ich war nicht wenig überrascht, *Lodemar* mit seinen drei Kindern dort anzutreffen. Das Hotel wird von Gemeindegliedern geführt, und dort waren sie auch manchmal zu einem guten Mittagessen eingeladen. Als ich *Lodemar* erblickte, erschrak ich. Was bedeutete das? Er sprach mit mir über alles Mögliche und trug mir Grüße an die Eltern auf. Das alles machte mich unsicher; ich war etwas aufgeregt und doch auch erfreut. Ich fragte mich, ob der Herr wohl dahinter stünde!?

Am nächsten Tag, dem Freitag, klingelte bei uns das Telefon, ich nahm ab und *Lodemar* war dran. Wir begrüßten uns, und er meinte, er müsse mit mir sprechen. Er wollte mich nicht im Ungewissen lassen, und er sagte auch ganz unvermittelt, worum es ging: Er hatte den Herrn um eine Frau gebeten und wollte mich darum besser kennen lernen.

In diesen Moment kam es mir vor, als wäre plötzlich eine ganze Welt auf mich eingestürzt. Ich wollte ja immer Gottes Willen tun, aber jetzt war ich wirklich erschrocken. Ich habe mein Leben lang dem Herrn meinen Wunsch anvertraut, einmal heiraten zu wollen. Ich wollte niemals eigensinnig handeln. Ja, es wurde kurz die Uhrzeit ausgemacht, und er fragte mich, ob er lieber mit meinen Eltern sprechen sollte, oder ob ich es tun wollte. Kurze Zeit später sollte er kommen, und das sagte ich meiner Mutter. Ich wusste nicht, wie ich anfangen sollte. ›*Lodemar* möchte mich besuchen, und er trifft gleich hier ein‹, sagte ich. ›Er möchte mich nur besser kennen lernen.‹ Mama ermutigte mich mit den Worten, die ich nicht erahnen konnte: ›*Anete*! Das hat mir der Herr gezeigt. Diese Nacht war ich lange wach, ich konnte nicht schlafen und betete dafür.‹ Mama wurde froh.

Der Herr hatte mich dadurch gestärkt, ich war relativ ruhig für die so außergewöhnliche Situation. Mir war jetzt ganz klar, was der Herr von mir wollte. Alle Fäden der vergangenen Wochen hatten sich plötzlich zu einem gut erkennbaren Muster zusammengefügt. Ich las die Losung und wurde getröstet durch das Wort aus Jesaja 47,13: ›Du hast dich müde gemacht mit der Menge deiner Pläne.‹

Lodemar kam. Ich empfing ihn am Hauseingang und schaute ihn an, worauf er mich fragte, ob er mich erschreckt hätte. ›Ja‹, antwortete ich, ›ich bin sehr überrascht, denn ich habe es mir so nicht vorgestellt.‹

Als wir noch an der Tür standen, kam Mama dazu, und *Lodemar* erklärte seine Lage: Er habe in dieser Nacht so für seine Lage beten müssen und habe sich gedrängt gefühlt, hierher zu kommen. Weiterhin erklärte er mit unsicherer Stimme: ›Es ist seltsam, dass alles so kam, ich weiß gar nicht recht, was ich hier mache…‹ – ›Doch, ich weiß es!‹, meinte Mama voller Freude. ›Der Herr hat es mir schon vor einem Monat gezeigt.‹ Dieser Wink war für *Lodemar* noch eine weitere Bestätigung. Nun gingen wir beide ins Wohnzimmer, um miteinander zu reden.

Lodemar erzählte mir, wie er im Gebet gerungen habe und meinte, er müsse mich anrufen. Der Herr habe ihm einen tiefen Frieden geschenkt. Er hatte in dieser Nacht sehr wenig geschlafen. Für ihn war die ganze Situation auch sehr außergewöhnlich, und er wäre nie darauf gekommen, hätte der Herr es nicht gewollt und ihm offenbart. Er sprach von seiner Not während der letzten eineinhalb Jahre.

Ja, ich war bereit, dem Herrn zu gehorchen. Ich sah die ernste Lage und wusste, dass sicherlich kein spaßiger Weg vor mir lag. Und doch war mir eines klar: Meine Vorstellung, wie mein Leben verlaufen sollte, musste und wollte ich jetzt zurückstellen, denn der Herr hat meine eigenen Pläne durchkreuzt: ›Du hast dich müde gemacht mit der Menge deiner Pläne‹ (Jes 47,13).

Meine Pläne, meine Wünsche und meine Gedanken waren oft so menschlich, aber Gott in seinem wunderbaren Rat hat das Beste für uns vor. Ja, und ich möchte mit meinem Leben an Gottes Ratschluss teilnehmen, dachte ich. Mein Wille sollte sein Wille werden. Ich wollte nicht gegen den Herrn streiten. Als *Lodemar* mich fragte, ob ich seine Frau werden möchte, konnte ich nichts anderes als JA sagen – nicht weil ich es mir gewünscht hätte, doch ich wusste: Der Herr möchte das für mein Leben. Ich hatte Frieden über diese Entscheidung. *Lodemar* fragte mich, ob ich in diese nicht leichte Situation wirklich einsteigen wollte. Ich war mir jetzt ganz gewiss: Wenn der Herr eine Last auflegt, dann hilft er auch zu tragen. In diesen drei Stunden, die wir uns unterhalten haben, hat sich mein Leben im Blick auf die Zukunft drastisch verändert. Wir redeten schon ganz konkret über die Hochzeit. Was vielleicht nicht jeder verstehen kann, aber meine Eltern waren größtenteils bei dem Gespräch dabei. *Lodemar* erzählte ihnen, wie der Herr ihm diesen Weg offenbart und immer wieder bestätigt hatte, und wie Friede und Freude darüber bei ihm einkehrten. Meine Eltern erzählten dann auch davon, wie sie unseren Weg schon vorher erahnt hatten.

Mein Vater ergänzte: ›So wie es bei Elieser, dem Knecht Abrahams, war, so möchte ich auch feststellen: Das kommt vom Herrn; darum können wir nichts dazu sagen, weder Böses noch Gutes (1Mo 24,50).‹ Wir vier beteten zusammen. Der Herr war unter uns. Wir staunten über die wunderbare Gnade Gottes. Papa wollte schließlich noch ein Wort an *Lodemar* allein richten, und da umarmte mich meine Mutter, und wir weinten zusammen, denn es war ein heiliger Moment. Da kamen auch Fragen in mir auf: Schaffe ich auch diese große Aufgabe? Ja, und trotz allem stärkte mich der Herr in seinem Wort. Da stand mir die Geschichte von Mose vor Augen. Der Herr gab ihm eine schwere Aufgabe, und es gefiel dem Herrn nicht, wenn er zweifelte. Ich durfte in der festen Gewissheit sein, dass der Herr auch bei mir ist.

In dieser Nacht geschah etwas Schönes. Ich konnte nicht schlafen. Ich dankte, lobte und betete. Ich wurde an viele Aufgaben und Anliegen erinnert. Mir wurde die Nacht nicht zu lang, denn ich hatte viel, woran ich im Gebet erinnert wurde. Ich hatte Ruhe im Herzen. Der Schlaf fehlte mir nicht. Mein Herz war erfüllt mit Freude, obwohl ich *Lodemar*, meinen zukünftigen Mann, gar nicht richtig kannte. Und in dieser Nacht schenkte mir der Herr eine Liebe zu ihm, wie ich sie nie gekannt habe.

Am Nachmittag des kommenden Tages holte *Lodemar* mich ab. Die Begegnung mit ihm war lieblich, mein Herz erfreute sich, und bei ihm fühlte ich mich wohl. Er fuhr mit mir zu sich nach Hause, um mich seinen Kindern vorzustellen. Sie waren alle erst einmal erschrocken, als sie mich sahen, denn erst am Vortag waren die weitreichenden Entscheidungen gefallen. In meinem Herzen musste ich beten: ›Ach, Herr! Lass sie den schmerzlichen Verlust der Mutter – und nun noch eine fremde Frau im Haus – verarbeiten, und tröste sie.‹

Ich wusste, dass ich gar nichts erzwingen kann, wenn sie mich nicht annehmen konnten. Als wir dann zusammen waren, gab es eine lebhafte Unterhaltung, und ich staunte, wie sie mir Gutes tun wollten. Am nächsten Tag, dem Sonntag, war ich mittags wieder mit ihnen zusammen, und da habe ich mich unter den Kindern sehr wohl gefühlt.

Nach dem Mittagessen, es war so gegen 14:30 Uhr, hat *Lodemar* mich zu meinen Eltern gefahren und wir mussten uns verabschieden. *Lodemar* meinte zu meiner Mutter: ›Es scheint uns, als kennen wir uns schon seit Jahren, so innig ist die Gemeinschaft unter uns.‹

Mit zuversichtlichem und frohem Mut verabschiedeten wir uns eine Stunde später, denn da ging für mich der Flug nach Deutschland … aber nur bis zur Rückkehr am 11. August, an *Lodemars* 47. Geburtstag.

Die Kinder erzählten es mit Freude in der Schule, und schnell wusste auch die ganze Gemeinde davon.«

Individuelle Erlebnisse – beispielhaft für viele

Zeugnisse von Menschen, die mit Gott leben, sind für uns oftmals Lehrstücke. Paulus macht das deutlich an den Gläubigen in Thessalonich: »Und ihr seid unserem Beispiel gefolgt und dem des Herrn und habt das Wort aufgenommen in großer Bedrängnis mit Freuden im heiligen Geist. So dass ihr ein Vorbild geworden seid für alle Gläubigen« (1Thes 1,6-7).

1. Einzelerlebnisse darf man nicht verallgemeinern. Gott hat mit jedem Menschen, der bewusst mit ihm geht und der seine Führung und Wegweisung erbittet, einen ganz individuellen Plan, der nicht unbedingt auf andere Menschen und andere Situationen übertragbar ist.

2. Wenn wir darum bitten, dass Gott unsere Schritte lenken soll, müssen wir auch mit Überraschungen rechnen. So stellt sich die Frage des Gehorsams, ob wir auch bereit sind, dann die erbetenen Wege zu gehen, wenn wir mit einer solchen Antwort nicht gerechnet haben.

3. Von Gott erbetene Führungen bringen uns immer zu einem guten Ziel.

4. Gottes Führungen werden uns durch Bestätigungen anderer zur Gewissheit.

5. Gott erhört Gebet! Der amerikanische Autor des Andachtsbuchs »Gnade für den Augenblick«, *Max Lucado*, schrieb bezüglich des Gebets:

»Ihre Gebete sind für den Himmel so kostbar wie Juwelen. Ihre Worte steigen gereinigt und bevollmächtigt zum Herrn empor wie ein wohlriechender Duft. Sie sind erst am Ziel, wenn sie zum Thron Gottes gelangt sind. Ein Gebet, das Sie auf Erden sprechen, setzt im Himmel die Kraft

Blick auf die Küstenstadt Swakopmund (Namibia) vom Atlantik aus.

Gottes frei. Dann geschieht der Wille Gottes ›wie im Himmel, also auch auf Erden‹. Ihre Gebete sind für Gott ein Anlass, die Welt zu verändern. Das Geheimnis des Gebets verstehen Sie vielleicht nicht. Man muss es nicht unbedingt verstehen. So viel dürfte aber klar sein: Wenn auf Erden jemand betet, wird der Himmel tätig.«

6. Gott kann seine Kinder auch durch schmerzliche Erfahrungen gehen lassen, dennoch ist er auch in den Tiefen des Lebens da. Es stimmt nicht, dass im Leben eines Christen alle Tage die Sonne scheint. Es gibt auch Kampf und Anfechtungen. Dann gilt es, »dennoch im Glauben« zu bleiben. Die Treue Jesu kann durch nichts aufgehoben werden.

7. *Julie Katharina Hausmann* (1826-1901) dichtete in ihrem bekannten Lied »So nimm denn meine Hände« die Mut machenden Worte: »Wenn ich auch gleich nichts fühle von deiner Macht, du führst mich doch zum Ziele auch durch die Nacht.« Das gilt auch heute noch, wenn wir an der Hand Jesu bleiben.

2.37 Der Arzt von Swakopmund

Während einer Vortragsreihe im März 2003 in Swakopmund (Namibia) kam ein freundlicher weißhaariger Arzt zur Aussprache.[71] Seine Mut-

---

[71] Siehe auch Andachtsbuch »Leben ist mehr 2004 – Impulse für jeden Tag«, CLV Bielefeld, Andacht vom 15.08.2004.

Evangelisationsveranstaltungen in der Aula der Namib-Grundschule von Swakopmund, 3.-7. März 2003.

tersprache ist Afrikaans, aber er spricht auch ausgezeichnet Deutsch. Er berichtete mir von seiner Beziehung zur Bibel:

»Während meiner Kindheit habe ich die Geschichte von Abraham gehört, nach der er im Auftrag Gottes seinen Sohn schlachten sollte. Das fand ich so abscheulich, dass ich seitdem nie wieder im Alten Testament (AT) gelesen habe. Ich beschäftigte mich darum nur noch mit dem Neuen Testament (NT). Nun haben Sie heute von der Glaubwürdigkeit der Bibel gesprochen und dabei über die präzise prophetische Erfüllung der Zerstreuung und Rückkehr Israels, vom Goldenen Tor und von der Unerforschbarkeit des Universums gesprochen. Das waren durchweg Aussagen aus dem AT. Meine bisherige Position zur Bibel haben Sie damit ins Wanken gebracht.«

Ich sagte ihm freundlich, aber doch entschieden: »Sie können vom Neuen Testament nichts verstehen, wenn Sie das AT so strikt ablehnen. Sie wissen nichts von der Schöpfung, nichts vom Sündenfall, durch den die Welt kaputtging, und auch das Opfer Jesu am Kreuz bleibt für Sie unverständlich. Der Opfertod Jesu auf Golgatha bedurfte einer langen alttestamentlichen Vorbereitung, damit wir überhaupt etwas davon verstehen können. Dazu diente auch, dass Gott dem Abraham befahl, seinen Sohn zu opfern. Gott aber wusste von vornherein, dass Isaak nicht getötet werden würde. Abrahams Geschichte hilft uns aber zu verstehen, was Gott gegeben hat, nämlich sein Liebstes – seinen Sohn.«

Nach einem etwa einstündigen Gespräch erkannte er, worauf das AT hinweist: »Ich habe (diesbezüglich) heute Abend mehr verstanden als je zuvor in meinem Leben.« Ich fragte ihn, ob er wisse, dass er in den Himmel komme. Er gab die kurze Antwort: »Nein!« – »Wollen Sie das wissen?« Wiederum ein kurze Antwort: »Ja!« Ich zeigte ihm den Weg, und wir machten im Gebet alles fest. Er war zum Leben hindurchgedrungen. Ich wies auf 1.Petrus 1,18 hin, dass durch das Blut Jesu nun alle Sünde bezahlt sei. »Verstehen Sie das?« – »Nein!« – »Ich auch nicht, aber schauen Sie, das ist genauso, wenn ich zu Ihnen komme und Sie mir als Arzt eine Medizin verabreichen. Ich verlasse mich darauf, dass Sie sich mit Medikamenten auskennen und mir das richtige Mittel geben, das mir hilft. Ich vertraue ihrem ärztlichen Fachwissen.« Er stimmte zu. – »Genauso ist es auch bei Gott; er sagt mir, dass das Blut Jesu gegen Sünde hilft. Das verstehe ich zwar nicht, aber ich verlasse mich darauf.« Als ein Erretteter, der nun auch das ganze AT akzeptiert, ging er nach Hause. Als er am nächsten Abend wieder die Versammlung besuchte, kam er auf mich zu und umarmte mich wie einen alten Freund, den man nach langer Zeit wiedertrifft.

2.38 Wie Gott auf Gehorsam reagiert

Während einer Evangelisation[72] in Süddeutschland blieb *Sonia* zum Gespräch zurück. Sie ist auf den Kapverdischen Inseln (Inselgruppe vor Westafrika) geboren und hat die portugiesische Staatsangehörigkeit. Ihre Halbschwester *Rita* hatte sie zu der Veranstaltung eingeladen. *Sonia* war von der Thematik angesprochen und wollte sich an diesem Abend bekehren. Als ich sie unter anderem fragte, ob sie verheiratet sei, antwortete sie: »Ich lebe mit meinem Freund zusammen.« Ich erklärte ihr vorsichtig, dass es Gott nicht gefällt, wenn Menschen in wilder Ehe zusammenleben. Die Bibel nennt das Sünde, und das ist es ja gerade, was uns von Gott trennt. Ich machte ihr deutlich, dass sie sich nur dann bekehren kann, wenn sie auch willens ist, die Sünde aufzugeben. Jesus vergab der Sünderin mit dem Gebot: »Geh hin und sündige hinfort nicht mehr« (Joh 8,11). Das hat in ihrem Fall zwei mögliche Konsequenzen:

1) Sie beendet die Beziehung, oder
2) sie heiratet den Mann, mit dem sie zusammenlebt.

---

72 Evangelisation in Donaueschingen vom 7. bis 12. Oktober 2003. *Sonia Barbosa* aus Balgheim kam am Samstag, dem 11.10.2003, zum Gespräch und ihr Freund *Ralf Grosch* am Sonntag, dem 12.10.2003.

Ich fragte weiter: »Ist er gläubig?« Sie antwortete: »Nein, er ist sogar gegen den Glauben.« Ich empfahl: »Versuchen Sie ihn doch für den Glauben zu gewinnen. Wenn das in einer nicht allzu langen Zeit, die Sie sich vorgeben, nicht gelingt, dann beenden Sie die Beziehung. Gott will, dass wir als Gläubige einen gläubigen Ehepartner haben. Das Herzeleid ist vorprogrammiert, wenn Ehepartner verschiedene Wege gehen.« Ich fragte sie nun: »Wie ist Ihre Entscheidung? Wollen Sie sich bekehren mit aller genannten Konsequenz?« Ich freute mich über die Klarheit ihrer Entscheidung. Sie wollte Jesus wirklich den ersten Platz in ihrem Leben einräumen. Das erlebe ich nicht immer so. Wie schade ist es, wenn Menschen das alte Leben mehr lieben als den Herrn der Ewigkeit.

Mit *Sonia* ging ich den biblischen Weg des Heils durch, und im Gebet vertraute sie Jesus ihr Leben an, nachdem ihr alle Schuld (1Joh 1,9) vergeben wurde. Nun schlug ich vor, gemeinsam den Herrn darum zu bitten, dass er auch ihren Freund *Ralf* anrühren möge. Sie erzählte mir, wie sehr sie ihn liebte und dass sie ihn gerne heiraten würde, wenn er sich auch bekehrte. Wir beteten auch darum, dass *Ralf* schon am Sonntagsgottesdienst des folgenden Tages mitkommen würde.

Als ich am nächsten Morgen die Menge der Gottesdienstbesucher sah, hielt ich Ausschau nach *Sonia*. War sie heute da, und war *Ralf* wohl mitgekommen? Mit großer Freude entdeckte ich beide irgendwo in der Mitte der Versammelten. Bei meinem Predigtthema »Wie genau nimmt Gott es mit unserem Gehorsam?« ging ich von dem Text aus 1.Samuel 15,1-23 aus. Natürlich lud ich auch heute wieder zu einer Entscheidung für Christus ein. In den Räumen dieser Freien Evangelischen Gemeinde gab es keinen Extraraum für Nachgespräche, darum hatte man im vorderen Bereich des Raums eine Faltwand aufgestellt mit einem Tisch und Stühlen dahinter. Am Ende des Gottesdienstes ging ich dorthin und war gespannt, ob *Ralf* sich wohl zu einem Gespräch entschließen würde. Meine Sicht auf die Gottesdienstbesucher war durch die Stellwand verdeckt, und so war ich hoch erfreut, als *Sonia* und *Ralf* um die Ecke kamen.

Nun ergab sich ein anregendes Gespräch. *Ralf* meinte, die Predigt habe ihm zwar gefallen, aber er hätte doch einen sehr großen Einwand: »Es waren gute Gedanken, die Sie uns sagten, aber Sie haben ja alles aus der Bibel abgeleitet. Und hier beginnt mein Problem. Der Bibel kann ich nicht glauben. Das ist ja ein so altes Buch. Wer kann da schon sagen, ob das alles stimmt?«

»Sie haben damit eine sehr gute Frage gestellt. Es stimmt: Es steht und fällt alles mit der Vertrauenswürdigkeit der Bibel. Ist die Bibel nur ein märchenhaftes Erzählbuch, dann betrifft uns das alles überhaupt nicht. Ist sie aber durchgängig wahr, dann ist unser Schaden unermesslich hoch, wenn wir dieses Buch unbeachtet beiseite schieben. Die Spanne ist also sehr groß. Wie können wir herausfinden, ob die Bibel für uns bedeutungslos ist oder allerhöchste Relevanz hat?«

Ich versuchte es beiden wie folgt zu verdeutlichen:

»Im Alten Testament stehen einige tausend prophetische Aussagen, von denen es heißt, sie werden sich viel später in Raum und Zeit exakt erfüllen. Manche dieser Aussagen sind sehr eindeutig formuliert, andere hingegen kann man erst dann richtig einordnen, wenn man verschiedene Stellen miteinander kombiniert und dann zusammen betrachtet. Außerdem gibt es noch solche Abschnitte, bei denen einem die Augen erst dann geöffnet sind, wenn die Erfüllung bereits stattgefunden hat.

Stellen wir uns vor: Wir bilden eine Arbeitsgruppe mit den klügsten Leuten der Welt. Wir bringen die besten Naturwissenschaftler, Historiker, Literaturexperten und sonstigen Fachleute zusammen und stellen ihnen folgende Aufgabe: Lesen Sie alle Details des Alten Testaments und erfinden Sie, passend zu den prophetischen Aussagen, eine in sich geschlossene Geschichte, die alles getreu wiedergibt und sich dabei nirgends in Widersprüche verwickelt.«

Ich fragte *Ralf*, ob das wohl ein solches Gremium schaffen könnte. Er war fest davon überzeugt, dass dies unmöglich sei.

»Nun kommt das Erstaunliche: Diese Geschichte, die kein Mensch erfinden kann, gibt es tatsächlich. Wir können sie im Neuen Testament nachlesen. Außerdem kommt das geradezu Unfassbare noch hinzu: Es ist keine theoretisch erfundene Geschichte; sie hat sich sogar in Raum und Zeit, also in der Wirklichkeit, abgespielt. Das kann nur allein Gott gemacht haben!«

Ich spürte es *Ralf* ab: Ihm fiel es plötzlich wie Schuppen von den Augen: »Dann muss die Bibel von Gott sein. Die Bibel ist Wahrheit.«

Was *Sonia* noch am vergangenen Abend geradezu für unmöglich hielt, geschah keine 24 Stunden später. *Ralf* bekehrte sich zu Jesus Christus. Mir wird an diesem Beispiel bewusst: Wenn wir Gott gehorsam sind und dabei bereit sind, etwas uns lieb Gewordenes aufzugeben, das aber Gott missfällt, dann ist Gottes Segen unermesslich.

Sonia und *Ralf* haben inzwischen geheiratet und in der Nähe ihres Wohnortes auch eine geistliche Heimat in einer bibeltreuen Gemeinde[73] gefunden. Am 29. Mai 2005 haben sie sich gemeinsam auf das Bekenntnis ihres Glaubens taufen lassen.

2.39 Außergewöhnliches in der Wüste Namib

In der Namib-Wüste in Namibia, dem früheren Deutsch-Südwestafrika, gibt es viele Besonderheiten, die ich während dreier Vortragsreisen in

---

[73] Freie Evangeliums-Brüdergemeinde in Spaichingen.

Welwitschia mirabilis; hier ein 1500 Jahre altes Exemplar.

diesem schönen Land zu sehen bekam. Immer wieder gibt es etwas zu beobachten oder zu bestaunen, was wir hierzulande nicht kennen. Hier möchte ich nur drei Werke der Schöpfung herausgreifen:

1. Ein kostbares Kleinod im Pflanzenreich: In der Namib-Wüste wächst eine Pflanze, die es auf der ganzen Welt nur hier gibt. Die Welwitschia mirabilis wurde nach dem österreichischen Botaniker und Arzt Dr. *Friedrich Welwitsch* benannt, der sie als Wunderpflanze ansah. Als er 1869 diese Pflanze entdeckte, soll er auf die Knie gegangen sein und dem Schöpfer von so etwas Außergewöhnlichem erst einmal gedankt haben. Dort in der Wüstenfläche östlich von Swakopmund gibt es Exemplare, die bereits über 1 500 Jahre alt sind. Die saftig grün aussehenden ledrigen Blätter sind etwa 30 Zentimeter breit. Sie liegen auf dem Wüstenboden und sind täglich dem meist wolkenlosen Wüstenhimmel ausgesetzt. Das bedeutet in der Mittagshitze gute 40 Grad Lufttemperatur. Wie kann ein und dieselbe Pflanze 1 500 Jahre lang bei solchen Extrembedingungen überhaupt überleben? Wen wundert's, dass Botaniker aus aller Welt anreisen, um dieses Wunderwerk der Schöpfung zu studieren?! Was ist das Geheimnis dieser Pflanze?

Die Welwitschia nutzt den häufigen Küstennebel, der durch den nahen Atlantik entsteht. Die Blattoberfläche enthält eine an die Bedingungen der Umgebung exakt angepasste Porenzahl von 86 pro Quadratmillimeter. Diese Poren (Stomata, Spaltöffnungen) sind morgens geöffnet, so dass die Feuchtigkeit des Nebels aufgenommen und im Blatt gespeichert wird. Nimmt die Luftfeuchtigkeit mit steigender Sonneneinstrahlung ab, werden die »Jalousien« mit Hilfe eines genialen Mechanismus verschlossen. In der größten Mittagshitze besteht die Gefahr, dass die Blätter verwelken. Jetzt aber geschieht wieder etwas Geniales: Die »Jalousien« werden geöffnet, und von dem gespeicherten Wasser wird nach und nach etwas freigegeben. Nun verdunstet das Wasser auf der Blattoberfläche, und nach den bekannten physikalischen Gesetzen wird dabei die Verdunstungskälte frei. So wird durch das Blatt während der heißesten Tageszeit eine wirkungsvolle Klimaanlage in Betrieb gesetzt.

In Johannes 1 lesen wir, dass alle Dinge durch das Wort gemacht sind – und damit auch die Welwitschia. Dieses Wort aber ist der Herr Jesus!

2. Haben Sie schon einmal zweieinhalb Eimer Wasser leer getrunken? Mir war ein schwarzer Käfer mit kugelförmigem Panzer aufgefallen. Ein Fachmann erklärte, dieser Käfer gehöre zur Gruppe der Tenebrioniden (Schwarzkäfer). Wie kann er in der trockenen Wüste, wo es nirgendwo eine Wasserstelle gibt, überleben? Der Schöpfer, der ihn für die Wüste konzipiert hat, gab ihm eine besondere Überlebensstrategie. Dazu gehören u.a. erheblich längere Hinter- als Vorderbeine. Morgens, wenn die Luft aufgrund der Atlantiknähe noch Feuchtigkeit enthält, stellt sich der Käfer im wahrsten Sinne des Wortes auf die Hinterbeine, während die kürzeren Vorderbeine in Normallage bleiben. Auf diese Weise kommt der Körperpanzer in eine erhebliche Schräglage mit Gefälle zum Mund hin. Wenn nun kleinste Tröpfchen auf dem dunklen Chitinpanzer kondensieren und sich schließlich zu größeren vereinen, läuft der Tropfen direkt zum Mund hin. Der Käfer trinkt nun in sich hinein, was immer ihm mundgerecht zufließt. Mit dieser Methode sammelt er so viel Wasser, bis dieses ein Drittel seines Körpergewichts ausmacht. Sollten Sie, lieber Leser, gerade 75 Kilogramm wiegen, dann bedeutet das im Vergleich, dass Sie morgens zweieinhalb Eimer Wasser in sich hineintrinken. Nun, damit würden Sie dann auch ganz locker einen heißen Wüstentag überleben. Und so geht es dem Käfer auch. Über Durstprobleme klagt er den ganzen Tag nicht, denn sein Schöpfer rüstete ihn vortrefflich aus.

Der Philosoph *Immanuel Kant* klagte einmal, dass die Größe des Universums unsere Wichtigkeit vernichte. Jesus dagegen sagt über den Wert des Menschen: »Sehet die Vögel unter dem Himmel an… Seid ihr denn nicht viel mehr als sie?« (Mt 6,26). Nur allzu schnell denken wir bei unseren Alltagsproblemen oder Nöten, dass Gott sich um solchen Kleinkram nicht kümmert. Weit gefehlt! – Wenn er sich um das Leben eines nur 10 Millimeter kleinen Käfers so viele Gedanken macht, wie viel wichtiger ist ihm jede kleine Regung unseres Herzens!

3. In der Wüste überleben: In der westlichen Namib-Wüste gibt es eine weitere eigentümliche Pflanze, die es nur hier und nirgendwo sonst auf der Welt gibt. Die Narapflanze ist ein Kürbisgewächs, das ein dichtes wirres Gestrüpp bildet und etwa 1,5 Meter hoch wird. Die Früchte sind hellgrüne Melonen, die etwa ein Kilogramm wiegen und die Größe eines Straußeneies erreichen. Im Leben der dort ansässigen Topnaar-Eingeborenen spielten die Narafrüchte immer eine wichtige Rolle. Aber auch Strauße, Schakale, Stachelschweine und Vögel verschmähen diese leckeren, nahrhaften und wasserreichen Früchte nicht.

Diese Pflanze würde man sich eher in einer fruchtbaren Ebene denken. Aber nein, sie gedeiht sehr prächtig auf hohen Dünen, wo nur sehr selten ein Regenschauer niedergeht. Ein gelegentlicher Regenguss würde auch nicht helfen, denn nur allzu schnell verdunstet das kostbare Wasser in der gleißenden Sonne, und der Rest versickert im Wüstensand und würde der Pflanze somit auch nicht dienen. Was aber ist das Geheimnis, warum diese Pflanze dennoch überleben kann?

Sie hat eine bis zu 40 Meter tiefe Wurzel – das ist die vierfache Höhe dessen, wovon Olympiaspringer ihren Schraubensprung ins Wasser wagen. Die Pflanze bohrt sich tief durch den Dünensand, bis sie auf eine unterirdische Wasserader stößt. Ihre Wurzel besteht nicht etwa aus einem verzweigten Geäst, sondern aus einem einzelnen Stamm, der sage und schreibe 30 Zentimeter im Durchmesser misst. Sollte die unterirdische Wasserader für einige Jahre versiegen, so könnten dennoch die Früchte dort oben wunderbar gedeihen, denn im Wurzelstamm ist so viel Wasser gespeichert, dass die Narapflanze jahrelang davon zehren kann.

Die Bibel bezeugt uns, dass wir aus den Werken des Schöpfers auf seine Größe und Weisheit, auf seine Kraft und Göttlichkeit schließen können. Schon die Betrachtung der ideenreichen Konzeption einer einzigen Pflanze ist ein deutlicher Hinweis auf den genialen Urheber und führt jedweden Evolutionsgedanken ins Absurde.

2.40 Außergewöhnliches in der Höhle von Waitomo

Wer nach Neuseeland reist, sollte unbedingt die außergewöhnliche und in der Welt einmalige Höhle von Waitomo[74] auf der Nordinsel besichtigen. Die Höhle, durch die ein Fluss hindurchführt, ist etwa 10 Meter hoch und völlig dunkel; nur an der Decke funkeln Tausende von schönen Lichtern. Von diesen blaugrünen[75] »Sternen« war ich so faszi-

---

74 *Waitomo:* Das Wort stammt aus der Sprache der Eingeborenen von Neuseeland, den Maoris. *Wai* bedeutet *Wasser*, und *tomo* ist die Bezeichnung für *Höhle*. Waitomo liegt auf der Nordinsel in der Nähe von Te Kuiti 150 km südlich von Auckland. Die Höhle besuchte ich während meiner Vortragsreise nach Neuseeland vom 28.02. bis 30.03.2002.

75 Das bläulichgrüne Licht hat bei einer Wellenlänge von 487+5 nm sein Emissionsmaximum.

Die Höhlendecke von Waitomo (Neuseeland) ist übersät mit Tausenden von natürlichen Lichtern. (mit freundlicher Genehmigung von www.waitomocaves.co.nz)

niert, dass ich meinem neuseeländischen Begleiter spontan die Frage stellte: »Warum gibt es so etwas in dieser Höhle? Was hat der Schöpfer sich dabei gedacht?« Mit seiner Antwort hatte ich nicht gerechnet: »Du kennst doch Psalm 19 – ›Die Himmel erzählen die Ehre Gottes‹ – Wie viele Sterne kannst du abends am Sternenhimmel sehen?« – »In einer Gegend ohne störende Streulichter einer Großstadt und fernab von allen Dunstwolken (z. B. in der Wüste) kommt man bei guter Sehkraft und ohne Fernrohr auf 3 000 Sterne.« – »Wie viele ›Sterne‹ siehst du hier?« – »Ja, erheblich mehr, vielleicht 10 000 oder noch mehr.« – »Nun hast du selbst die Antwort gefunden!« – »Ja, es stimmt, diese ›Sterne‹ leuchten zur Ehre Gottes! Ich kann diese gewaltige Szenerie nicht unbeteiligt anschauen. Die Frage nach dem Sinn des Ganzen ist unvermeidbar.«

Wodurch kommt dieses mild schimmernde Lichtermeer zustande? Es sind nicht tote Sterne, sondern Lebewesen, die dieses ungewöhnliche Schauspiel hervorbringen, nämlich die »New Zealand Glowworms«. Ich möchte im Folgenden das englische Wort »Glowworm« beibehalten, denn die wörtliche Übersetzung »Glühwurm« oder »Glühwürmchen«[76] würde uns hier auf einen falschen Pfad führen.

Der neuseeländische Glowworm wurde 1871 zum ersten Mal in den Goldfeldern von Thames auf der Nordinsel entdeckt. Zu jener Zeit nahm man noch an, er sei ein naher Verwandter des kleinen europäischen Leuchtkäfers. Das ist aber insofern falsch, als der europäische Leuchtkäfer ein *Käfer* ist, während der neuseeländische Glowworm die *Larve* einer moskitoähnlichen Fliege[77] ist. Dies erkannte man allerdings erst einige Jahre später (1886). 1891 bekam das Tierchen den Namen *Boliliphila luminosa. Bolita* bedeutet Pilz und *phila* Liebhaber. Seinen endgültigen Namen *Arachnocampa luminosa* (A. L.) erhielt es 1924; maßgebend für diese wissenschaftliche Benennung war dabei die Fähigkeit des Spinnens. *Arachno* kommt von dem Wort arachnoid (engl.) und weist hin auf die Fähigkeit, Fäden spinnen zu können. *Campa* bedeutet Larve oder Raupe, und *luminosa* bezieht sich auf die Lichterzeugung. A. L. ist die Larve einer Familie von Pilzmücken. Obwohl es den Glowworm

76 Die deutschen Glühwürmchen sind Käfer, bei denen das erwachsene Weibchen ständig leuchtet. Der wissenschaftliche Name ist *Lampyris noctiluca*. Der neuseeländische Glowworm darf nicht verwechselt werden mit den Fireflies (engl.), die es auch sonst auf der Welt gibt. Das sind ebenfalls keine Fliegen, sondern vielmehr Käfer, die Lichtblitze erzeugen können, die zur Kommunikation dienen.

77 Im Englischen sind beide Bezeichnungen üblich: *fungus gnat* (= Pilzmücke) oder *fly* (= Fliege). Darum verwenden wir hier *Mücke* und *Fliege* in synonymer Weise.

A. L. einzig und allein in Neuseeland gibt, findet man im Südosten Australiens (z. B. in »Glow Worm Glen«, »Glow Worm Grotto«) einen nahen Verwandten, der mit *Arachnocampa richardsae* bezeichnet wird.

Der Glowworm lebt in einer für Menschen nicht gerade einladenden Umgebung. Wo er sich aufhält, gibt es weder Sonne noch Blumen oder grüne Pflanzen und keinen Lufthauch. Es ist hier immer nur kalt und feucht.

Die Larven lassen zwecks Einfangens von Nahrung Seidenfäden vom Nest an der Höhlendecke herabhängen, um damit kleine Fluginsekten anzulocken. Normalerweise verfügt eine Larve über 70 klebrige Fäden, die zwischen 1 und 30 Zentimeter lang sind. Sie frisst alles, was immer sich darin verfängt. Das ausgezeichnete Sensorsystem der Larve zeigt ihr genau an, wo gerade ein Insekt eingefangen wurde. Fliegt irgendetwas in Faden Nr. 23, dann wird genau dieser hochgezogen und zusammen mit der Beute verspeist. Ist es später Nr. 37, dann verschlingt sie genau diesen.

Der Lebenszyklus eines Glowworms besteht aus vier Stadien: Ei – Larve – Puppe – Mücke. Nur im Larvenstadium ist eine Nahrungsaufnahme möglich, denn die Mücke verfügt über keinerlei Fresswerkzeuge. Der als Larve aufgenommene Nahrungsvorrat muss für die Ernährung der Puppe und der erwachsenen Fliege sowie für die Ausbildung der Eier ausreichen.

Nach dem Schlüpfen aus dem Ei baut sich jede Larve ihr eigenes Nest. Es ist etwa 2,5-mal so lang wie die Larve selbst (also ca. 10 cm), wie ein Tunnel geformt und an der Höhlendecke befestigt.

Der Glowworm lebt zwar noch an anderen Orten in Neuseeland, aber die Waitomo-Höhle ist die weitaus bekannteste Stelle mit der größten Ansammlung von Glowworms. Ihre Umgebung muss vier Bedingungen erfüllen:

- Sie muss feucht sein, damit ihre Körper nicht austrocknen.
- Die Luft muss absolut windstill sein, damit die Fangfäden sich nicht untereinander verheddern und verkleben.
- Es muss einen reichlichen Vorrat an fliegenden Insekten geben.
- Die Höhle muss dunkel sein, damit das ausgesandte Licht von den zu erbeutenden Insekten gut wahrgenommen werden kann.

Die Entwicklung einer Mücke dauert zehn bis elf Monate. Das Weibchen legt etwa 130 kugelförmige **Eier** in Klumpen von 40 bis 50 Stück an die Decke der Höhle. Schon kurz nach der Eiablage stirbt das Weibchen. Gerade erst geschlüpft, sind die **Larven** noch sehr winzig, nämlich nur drei bis fünf Millimeter lang mit einem Durchmesser von 0,33 Millimetern. Gleich nach dem Schlüpfen aus dem Ei beginnt die Larve mit dem Bau des horizontalen Nestes aus Schleim und Seide und den Fangleinen. Sie fängt auch gleich an zu leuchten, denn sie ist hungrig und bereit für die erste Mahlzeit. In den nächsten neun bis zehn Monaten wächst sie dann bis zur vollen Länge von 30 bis 40 Millimetern heran. Die **Puppe** braucht 12 bis 13 Tage zur Entwicklung. Ein paar Tage vor dem Schlüpfen kann man bei dem Weibchen durch die gläserne Haut hindurch schon die Eier erkennen. Erwachsene Fliegen können höchstens ein bis maximal zwei Meter fliegen.

Genial ist ihre Leuchtfähigkeit. Bei diesem Vorgang der Biolumineszenz wird 100 Prozent der zugeführten chemischen Energie in Licht umgewandelt. Diese Methode der kalten Lichterzeugung hat bisher noch kein Ingenieur oder Physiker nachbauen können. Das Licht wird am Schwanzende erzeugt. Damit nicht ein Teil des Lichts nutzlos an die dunkle Decke gestrahlt wird, hat der Schöpfer Reflektoren – wie wir sie von unseren Autoscheinwerfern her kennen – eingebaut. So wird das Licht gebündelt zur Wasseroberfläche gesandt, um Insekten anzulocken. Beachtlich ist: Die Larve kann das Licht nach Belieben ein- und ausschalten, und zwar plötzlich oder auch langsam. Eine hungrige Larve hat das Licht so lange eingeschaltet, bis sie satt ist. Damit sich Insekten nicht weiterhin unnütz in ihren Fäden verfangen, schaltet sie dann das Licht ab und dokumentiert damit: »Ich bin satt.«

Das ausgesandte Licht hat noch eine weitere sehr wichtige Funktion, und zwar im Puppenstadium. Wegen der sehr eingegrenzten Flugfähigkeit der Fliege kommt es darauf an, bereits in unmittelbarer Nähe einen »Partner« zu finden. Dafür hat der Schöpfer gut vorgesorgt. Die weiblichen Puppen strahlen Licht aus und signalisieren damit dem suchenden Männchen: »Ich bin ein Weibchen, warte auf mich und befruchte meine bereits vorhandenen Eier.« Männliche Puppen strahlen zwar auch, aber deutlich schwächer, und außerdem geht ihr Licht schließlich völlig aus. Bei den weiblichen Puppen hingegen wird das Licht immer stärker, insbesondere wenn sich das Puppenstadium dem Ende nähert.

Da erwachsene Fliegen keine Mundwerkzeuge besitzen, fressen sie nicht und leben daher nur wenige Tage. Ihr einziger Lebenszweck besteht nur noch darin, sich zu paaren. Damit wird sichergestellt, dass das Licht in der Höhle von Waitomo nicht ausgeht und dort auch weiterhin die Ehre Gottes verkündigt wird.

Teil III

Geschichten,
die das Leben schrieb
– 12 Zeugnisse
aus 5 Erdteilen

Einleitung

1. Menschen aus unterschiedlichen Ländern: In den folgenden Zeugnissen berichten sehr verschiedene Menschen aus ihrem Leben. Alle sind mir persönlich bekannt, und alle habe ich während meiner Vortragsreisen im In- und Ausland kennen gelernt. Die Orte der Handlung sind sehr unterschiedlich: Sie reichen von Deutschland bis ins weite Australien am anderen Ende der Erde; die Ereignisse fanden z. B. in Südafrika, Namibia, Russland, Usbekistan, Polen und Paraguay statt. Anders gesagt: Es sind Personen aus allen fünf Erdteilen. Sie finden im Folgenden zwölf beeindruckende Zeugnisse (Z1 bis Z12); fünf wurden von Männern und sieben von Frauen verfasst. Bei aller Unterschiedlichkeit haben dennoch alle geschilderten Lebenswege eines gemeinsam: Sie bringen zum Ausdruck, in welch wunderbarer Weise Gott durch seinen Sohn Jesus Christus in das Leben einzelner Menschen eingegriffen hat und eine grundlegende Veränderung im Denken und im Lebenswandel bewirkt hat. In Teil I, Kapitel 1.23, wurde herausgestellt, dass es das größte Wunder ist, wenn jemand aus der Verlorenheit der Gottesferne errettet wird. So wird gerade dieser Aspekt in allen Geschichten eine zentrale Rolle spielen. Wie kein Eichenblatt dem anderen gleicht und wie es unter den unzähligen Sternen und Schneeflocken keine Kopien gibt, so hat auch jeder Mensch, der den Ruf Jesu hört, seine ganz persönliche, individuelle und unwiederholbare Geschichte mit dem lebendigen Gott.

2. Wie habe ich die Geschichten ausgesucht? Es war mir ein Anliegen, möglichst unterschiedliche Lebenswege darzustellen, damit der Leser sieht, wie Gott überall und auf mannigfache Weise rettet. Jeden habe ich persönlich angesprochen und das Zeugnis von ihm erbeten. Ich freue mich, dass alle Angesprochenen zugesagt haben. Gott fragt nicht nach unserer Herkunft – weder, aus welchem Land wir kommen und welche Sprache wir sprechen, noch nach dem, was wir zuvor geglaubt und getan haben. Gott hat den einen Wunsch, dass wir das rettende Evangelium seines Sohnes annehmen und nicht verloren gehen (Joh 3,16; 1Tim 2,4).

Zeugnisse in manchen Büchern sind entweder so simpel, dass ein anderer das Wirken Gottes schwer nachvollziehen kann, oder sie sind so abgehoben, dass sie den Leser ebenfalls nicht ansprechen. In der Seelsorge treffe ich auf die unterschiedlichsten Menschen. Manche sagen mir: »Ich bin so schlecht, da kann Gott mich überhaupt nicht annehmen«. Andere hingegen gehen regelmäßig zur Kirche, und sie meinen, eine Bekehrung ist bei ihnen gar nicht nötig. In dieser Spanne befinden wir Menschen des 21. Jahrhunderts uns. Damit sich letztlich irgendwo jeder wiederfindet, habe ich versucht, ein entsprechendes Spektrum von Beispielen zusammenzutragen.

Die folgenden Berichte der einzelnen Männer und Frauen sind spannend zu lesen. Sicherlich wird jeder Leser die einzelnen Geschichten für sich unterschiedlich bewerten. In manchen Lebenswegen werden wir Linien wiederfinden, die wir leicht nachvollziehen können, weil wir uns ein Stück weit darin selbst erkennen. Das kann uns dann besonders ansprechen. Es kann aber auch sein, dass manch eines der berichteten Wunder für den einen oder anderen Leser nicht gleich nachvollzogen werden kann. Versichern kann ich, dass alle Personen sehr nüchterne und klar denkende Zeitgenossen sind. Da ich alle persönlich kenne, füge ich hinzu: Es sind durchweg glaubhafte Zeugen. Niemand hat aus Sensationslust oder aus einem momentanen Enthusiasmus heraus geschrieben. Das Motiv aller war Gehorsam gegenüber Jesus, der seine Jünger beauftragte und auch befähigte: »Ihr werdet meine Zeugen sein!« (Apg 1,8).

3. Was ist der Zweck dieser Geschichten? Sie haben eine mehrfache Funktion:

- Sie sollen die großen Taten Gottes verherrlichen.
- Sie sollen zeigen, dass es Wunder nicht nur zu biblischen Zeiten gegeben hat, sondern dass Gott auch heute ganz real handelt.
- Sie sollen uns Mut machen und dazu einladen, ebenfalls den Weg des Glaubens zu gehen.

4. Zur Länge der Zeugnisse: Die Bibel berichtet uns von den Entscheidungen zahlreicher Personen und auf welch individuelle Weise sie zum Heil fanden. Die wohl kürzeste Geschichte ist die Bekehrung des Zöllners Matthäus. In nur einem einzigen Vers (Mt 9,9) wird berichtet, wie er ein Nachfolger Jesu wurde. In Johannes 4 hingegen wird in großer Ausführlichkeit, nämlich in 42 Versen, berichtet, wie die samaritische Frau Schritt für Schritt zum »Heiland der Welt« (V. 42) fand. So sind auch die im Folgenden genannten Lebenswege bezüglich der Länge äußerst unterschiedlich. Manchmal sollte nur kurz und knapp geschildert werden, aus welcher Lebenssituation heraus jemand zu Jesus fand. In einigen Fällen wurden jedoch viele kleine Details erzählt, auf die ich nicht verzichten wollte, um das behutsame und lebensverändernde Eingreifen Gottes leichter nachvollziehen zu können.

5. Redaktion und Dank: Die Berichte wurden nach Erhalt redaktionell überarbeitet, ohne dass dabei der Inhalt verändert wurde. Ich habe immer wieder versucht, mich in die Situation des Lesers zu versetzen, ob er wohl die einzelnen Details nachvollziehen kann. Häufig habe ich in Zusammenarbeit mit den Berichtenden noch Aspekte ergänzt, die der Leser gerne wissen möchte. In manchen Fällen habe ich den Zeugnissen ein einleitendes Vorwort vorangestellt, um die Person vorzustellen. Die Endfassung habe ich den Verfassern zur letzten Überprüfung gezeigt. Manchmal sind die Texte mehrfach per E-Mail hin- und hergegangen, bis alle Fragen und Details geklärt waren. Die zwölf Zeugen haben dem Druck in der jetzt vorliegenden Form zugestimmt. Allen möchte ich sehr herzlich für alle investierte Mühe danken.

Werner Gitt

AUSTRALIEN

Australien ist von den fünf Erdteilen zwar der flächenmäßig kleinste (7,68 Millionen km²), aber wegen der vielen Besonderheiten, z.B. in Flora, Fauna, Geografie und Geologie der beeindruckendste unter ihnen. Es ist eine kompakte Insel mit einer Ost-West-Ausdehnung von 4 100 Kilometern, das entspricht in etwa der Entfernung Moskau-Lissabon. Von Nord nach Süd sind es 3 680 km. Die Fläche entspricht etwa dem 22-fachen des wiedervereinigten Deutschlands (357 022 km²), aber die Bevölkerungszahl liegt mit 18,9 Millionen lediglich in der Größenordnung der Einwohnerzahl der früheren DDR (17 Millionen), und die meisten Einwohner (90 %) leben in den Städten an den Küsten.

Die Oper von Sydney, das weltbekannte Wahrzeichen Australiens.

Hier begegnet uns eine völlig andere Tier- und Pflanzenwelt, als wir sie von Europa her kennen. Die einheimischen Bäume sind fast ausschließlich immergrüne Pflanzen. Ich empfand es als sonderbar, im Herbst Bäume in vollem grünen Laub zu sehen, und andere haben gelbe oder braune Blätter, die sie abwerfen. Die aus Europa eingeführten Bäume vollziehen auch in Australien den Wechsel vom frischen Grün zum Laubabfall im australischen Herbst. Ich nahm früher an, dass Tier- und Pflanzenwelt auf dem ganzen Kontinent verbreitet sind, aber dem ist keineswegs so. Manche Arten gibt es nur in einer eng begrenzten Region.

Ein riesiger Termitenhügel; diese Bauten können die dreifache Größe eines Menschen erreichen.

Uns allen sind die schönen Bilder von den Kängurus bekannt, bei denen aus dem Beutel der Mutter ein Junges fröhlich herausschaut. Weniger geläufig ist uns, dass auch fast alle anderen einheimischen Säugetiere Beuteltiere[1] sind. Das gilt u.a. für alle Mäusearten, das Opossum und den Koalabär. Bemerkenswert ist in diesem Zusammenhang der Wombat. Das ist ein in Erdhöhlen lebendes Säugetier, das darum in allerlei Dreck und Erde wühlt. Fatal für das Baby im Beutel, wenn der Dreck beim Wühlen in den Beutel gelangte. Dies hat der Schöpfer bedacht und beim Wombat den Beutel um 180 Grad nach hinten gedreht. Eine schöne Denksportaufgabe für Vertreter der Evolutionslehre: Wie wohl sollten die Zufallsmechanismen der Evolution den Beutel gedreht haben?

In der Zeit vom 7. April bis 19. Mai 1997 waren meine Frau und ich zu einer Reise nach Australien unterwegs. Dabei hielt ich neben zahlreichen Vorträgen in verschiedenen Gemeinden an allen größeren Universitäten des Landes diverse Fachvorträge über den Informationsbegriff und die Naturgesetzliche Informationstheorie[2]. Diese Reise führte uns rund um die »Insel«: Brisbane – Darwin – Perth – Adelaide – Ballarat – Melbourne – Hobart (Tasmanien) – Canberra – Sydney – Brisbane.

Wenn Gott einen weiten Raum schenkt

In Brisbane lernten wir **Dr. med.** ***Carl Wieland*** kennen, dessen Geschichte mich außergewöhnlich beeindruckt hat. Er wurde am 13. Januar 1950 in der Nähe von Frankfurt/Main geboren und war noch nicht ganz zwei Jahre alt, als seine Eltern mit ihm und seinen beiden Schwestern *Brigitte* und *Gisela* nach Australien auswanderten. Er studierte an der Universität Adelaide (The University of Adelaide) im Bundesstaat Südaustralien

---

1 Eine Ausnahme ist der verwilderte Dingo (lat. *Canis lupus familiaris dingo*), der aber eigentlich nicht als einheimisch anzusehen ist.

2 Ausführlich dargestellt in meinem Buch: »Am Anfang war die Information«, Hänssler-Verlag, 3. überarbeitete und erweiterte Auflage 2002, 360 S.

Auch die Vegetation Australiens unterscheidet sich deutlich von der uns in Europa geläufigen.

Medizin und hatte danach 13 Jahre lang eine Arztpraxis in derselben Stadt. Zu einem tiefen Einschnitt in seinem Leben kam es durch einen schrecklichen Unfall. Über dessen Verlauf und Folgen wird er im Folgenden selbst berichten. Wer seine Schilderung aufmerksam liest, kommt nicht umhin, Wunder um Wunder zu erkennen, die Gott in seinem Heilungsprozess, aber auch in dem folgenden Lebensabschnitt getan hat.

Nach diesem folgenschweren Unfall hat er nicht resigniert, sondern auch darin Gottes Handeln gespürt und sich einer neuen Herausforderung gestellt. Schon 1978 hatte er mit der Zeitschrift »Creation« angefangen, die damals noch »Ex nihilo« hieß. Er hat ein Glaubenswerk mit dem Namen »Answers in Genesis« (AiG) mitgegründet und planvoll ausgebaut. Inzwischen wirkt dieses weit über den Kontinent hinaus. In Brisbane sind derzeit 30 Mitarbeiter tätig. Inzwischen gibt es mehrere Zweigstellen in verschiedenen Ländern wie den USA, Kanada, England, Neuseeland und Südafrika. Verpflichtend für diese weltumspannende Arbeit ist die volle Akzeptanz aller Aussagen der Bibel. Die eigenen Forschungen und Publikationen bewegen sich schwerpunktmäßig um Schöpfung, Sündenfall und Sintflut, also um all jene Themen, die durch den heutigen Zeitgeist falsch interpretiert werden und darum viele Menschen von der Bibel fernhalten. Unter der Leitung von *Carl Wieland* gibt AiG-Australien die vierteljährlich erscheinende, 56-seitige, reichlich mit Farbbildern ausgestattete und sehr ansprechende Zeitschrift »Creation« heraus. Die Artikel in englischer Sprache sind leicht verständlich, und wissenschaftlich wie biblisch gleichermaßen fundiert. Weiterhin gibt es die stärker wissenschaftlich orientierte Zeitschrift »TJ« (»the in-depth journal of Creation«) sowie ein umfangreiches Angebot an Büchern und speziellen Fachaufsätzen im Internet (www.AnswersinGenesis.com).

Durch diese von *Carl Wieland* (mit seinem Freund und Kollegen *Ken Ham*, der die Arbeit in den USA seit 1986 leitet) verantwortete Bewegung wird den heutigen Zeitgenossen, die durch Evolutionslehre und materialistische Philosophie dem biblischen Glauben entfremdet wurden, ein einzigartiger Zugang zur Schöpfung und zum Schöpfer erschlossen. Dr. *Wieland* hat selbst erlebt, wie die Evolutionslehre ihn zum Atheisten werden ließ. Er hat aber auch die tief greifende Befreiung von den Irrtümern unserer Zeit und die Rettung durch Jesus Christus erfahren. Nun will er auch anderen in ihrer Denk- und Existenznot helfen und ihnen das rettende Evangelium nahe bringen. Sein Lebensmotto »auf dass ich möglichst viele gewinne« (1Kor 9,19) hat der Herr auf vielfache Weise beglaubigt.

Die Zeitschrift »Creation« ist ein herausragendes Werkzeug in diesem Sinne. Mit einer gedruckten Auflage von 70 000 (davon 50 000 feste Abonnenten) in 140 Ländern wird die gute Botschaft weitergegeben. Trotz einiger körperlicher Einschränkungen durch den schweren Unfall (er hat sein rechtes Auge verloren, und sein rechtes Bein ist um 11 cm gekürzt, außerdem hat er verschiedene Gelenkschäden in beiden Hüften und im rechten Knie) ist er nicht nur landesweit, sondern weltweit ein gefragter Referent. Dank seiner umfangreichen Kenntnisse in verschiedenen Wissenschaftsdisziplinen, verknüpft mit einem fundierten Wissen biblischer Zusammenhänge, aber auch wegen seiner fesselnden Rede vermag er seine Zuhörer mitzureißen und zu überzeugen. Hinzu kommt noch: Wegen seiner harten Prüfungen im Schmelztiegel des Leids nimmt man ihm ab, was er sagt und was er glaubt.

Bei allem Großen, wozu Gott ihn berufen hat, ist er ein demütiger und liebenswerter Mensch geblieben. Obwohl wir uns nur einige Male persönlich begegnet sind, pflegen wir dennoch über die Jahre hinweg einen intensiven Gedankenaustausch und haben mancherlei Projekte bearbeiten können. Mehr noch: Wir sind Freunde geworden und reden offen und frei über alles, was uns bewegt.

Zusammen mit *Don Batten, Ken Ham* und *Jonathan Sarfati* hat *Carl Wieland* ein hervorragendes Standardwerk zum Umfeld von Schöpfung und Sintflut geschrieben: »The Answers Book«. Die gelungene Verschmelzung biblischer Gedanken mit wissenschaftlichen Fakten hat gerade dieses Buch zu einem Welterfolg werden lassen. Tausende sind durch dieses Buch gesegnet worden. Wer wissen will, woher Kain seine Frau nahm oder wie lange ein Schöpfungstag dauerte und was das mit dem Evangelium zu tun hat oder wie die Kängurus in die Arche kamen, sollte dieses Buch unbedingt gelesen haben. Es sind weltweit über 200 000 Exemplare in der englischen Originalfassung verbreitet, und das Buch ist darüber hinaus in etliche Sprachen übersetzt worden. Ich freue mich, dass wir es nun auch in deutscher Sprache mit dem Titel »Fragen an den Anfang«[3] vorliegen haben.

Über seinen Unfall berichtet *Carl Wieland* sehr detailliert in dem Buch »Walking through Shadows«[4]. Der nun folgende Bericht ist eine gekürzte Fassung, die – in freier Gestaltung[5] – dem Buch entnommen und danach mit ihm abgestimmt wurde:

gi

Z1: Bis zum Mars und zurück

»Es sieht aus wie ein Marsmännchen«, kritzelte ich auf ein Stück Papier. Dann sank ich im Bett des Krankenhauses zurück, das für die nächsten Monate mein Zuhause sein sollte.

Ich lebte mit meiner Familie – meiner Frau, meiner vierzehnjährigen Tochter *Lara* und meiner elfjährigen Tochter *Lisa* – in Adelaide, der Hauptstadt des Bundesstaates Südaustralien. Dreizehn Jahre lang hatte ich als Allgemeinmediziner in meiner Praxis gearbeitet. Weil meine Frau ernsthaft krank geworden war und wir davon ausgehen konnten, dass ein Klimawechsel für sie eine lindernde Wirkung haben würde, hatten wir uns entschlossen, nach Cairns umzuziehen, das im Tropengebiet im australischen Norden liegt. Das war 1986.

Wir kauften ein Haus in Cairns, verkauften meine Praxis und das Haus in Adelaide und verschickten unsere Möbel nach Norden. Wir selbst legten die ersten 1 400 Kilometer mit dem in Australien bekannten Autozug »Ghan Train« bis nach Alice Springs in der Mitte Australiens zurück. Und dann freuten wir uns darauf, die restlichen 2 400 Kilometer im Auto zu fahren. Dabei geht es über eine einsame Straße, die sich durch die Wüste bis zum Horizont hin erstreckt: Stunde um Stunde, nur hin und wieder ein anderes Auto, fantastische Sonnenuntergänge in der

---

3 *Don Batten, Ken Ham, Jonathan Sarfati, Carl Wieland*: »Fragen an den Anfang – Die Logik der Schöpfung«, CLV Bielefeld, 2. Auflage 2004, 281 S.

4 *Carl Wieland, Ken Ham*: »Walking through Shadows – Finding Hope in a World of Pain«, Master Books (USA), 1. Auflage Juli 2002, 143 S.

5 Die Übersetzung vom Englischen und die freie Textgestaltung im Deutschen hat die Diplom-Übersetzerin *Dörte Götz* ausgeführt. Für diese aufwändige Arbeit möchte ich ihr hiermit meinen Dank aussprechen.

Wüste, hin und wieder ein Adler, der von seinem Mahl, einem überfahrenen Känguru, kurz aufblickt.

Dr. Carl Wieland, Brisbane (Australien).

Die Katastrophe

An einem sonnigen Tag im Mai 1986 also wurden unsere Autos in »Alice«, wie die Australier ihre berühmte Stadt im Zentrum des Erdteils nennen, vom Zug geladen. Wir waren so fröhlich und dankten Gott für unser Leben. Wir hatten vereinbart, dass ich unseren kleinen Konvoi in unserem Jackaroo (Isuzu-Geländewagen) mit *Lisa* neben mir auf dem Vordersitz anführen sollte. Meine Frau würde in unserem kleineren Wagen mit *Lara* folgen. In diesem Gebiet gibt es keine Geschwindigkeitsbegrenzung auf der zweispurigen Geländestraße, die hier durch die einsame Wüste führt. Normalerweise ist das für mich ein Grund, diese lange, völlig gerade verlaufende und verkehrsarme Straße so schnell wie möglich entlangzurauschen. Doch weil wir in zwei Autos unterwegs waren, stellte ich den Tempomat auf 110 km/h ein.

So verging die erste Stunde Kilometer für Kilometer. So weit das Auge nur blicken konnte, erstreckte sich rechts und links eine endlose Sandwüste. Es war früher Nachmittag, und ich hatte ein wenig Genickschmerzen. *Lisa* vertrieb sich die Zeit mit ein paar Spielsachen. Ich bat sie, mir ein Kissen in den Nacken zu legen, und sagte halb im Scherz zu ihr: »Weck mich auf, wenn ich eindöse.«

Dann passierte es. Es gab einen kräftigen Knall. Ein großer vollbeladener Treibstofftransporter war uns entgegengekommen, obwohl auf dieser Straße sonst so gut wie nichts los ist. Er war mit 70 Kilometern pro Stunde gefahren. Meine Familie musste mitansehen, wie der Jackaroo direkt auf ihn zusteuerte. Die Polizei sagte später, dass ich für einen ganz kurzen Moment eingeschlafen sein musste. Wenn ich nur um den Bruchteil einer Sekunde vorher oder nachher eingenickt wäre, dann wäre nichts passiert, weil es nichts gegeben hätte, mit dem der Wagen hätte kollidieren können. In beiden Richtungen waren sonst kilometerweit keine Autos unterwegs, und in dieser Wüste gab es auch keine Bäume am Straßenrand.

Mir wurde später berichtet, wie es zu der Kollision kam. Mit meinem Wagen prallte ich ziemlich frontal auf den vorderen Teil des Tanklast-

Das Auto, ein Jackeroo, mit dem Carl Wieland verunglückte.

zugs. Der Laster war aufgrund seines Gewichts deutlich im Vorteil; sein Fahrer erlitt daher nur kleine Verletzungen. Mein Auto kippte auf die Seite und drehte sich außerdem noch stark um diese Seite. Im Bruchteil einer Sekunde sank der Wert des fast neuen Autos auf Schrottpreis. Fast alle australischen Trucks, die auf den größeren Autobahnen unterwegs sind, haben spezielle schräg gestellte, schaufelartige Vorrichtungen, um Kängurus und verstreutes Vieh abzuwehren und somit schlimme Aufprallunfälle zu vermeiden. Der Jackaroo hatte auch eine solche Schutzvorrichtung, eine massive Stahlkonstruktion, die sich verdreht hatte und sich jetzt nur wenige Zentimeter vor der Windschutzscheibe auf der Seite des Fahrers[6] befand.

Dadurch, dass der Wagen auf der Seite lag, befand sich *Lisas* Sitz jetzt oben. Es ist unfassbar, dass sie lediglich ein paar kleinere Blutergüsse und eine Schramme am Knie abbekommen hatte. Sie konnte durch das Seitenfenster aus dem Auto gezogen werden und lag in den Armen ihrer Mutter. Ich blieb noch eine halbe Stunde lang bei Bewusstsein. Mein Gesicht war blutüberströmt, die Proportionen verschoben sich völlig, als ich zu sprechen versuchte. Meine Nase hing nur noch an einem Fet-

6 Wegen des Linksverkehrs in Australien (ebenso wie in England) ist die rechte Seite im Auto die Fahrerseite.

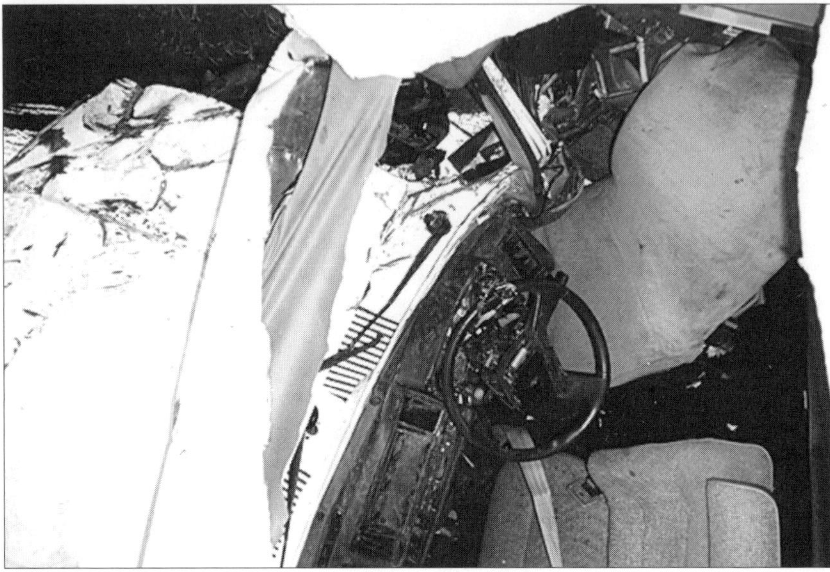

Innenansicht des Autos nach dem Unfall.

zen, und das rechte Auge befand sich mehrere Zentimeter unter seiner normalen Lage. Ich spürte jedoch keinerlei Schmerz in meinem Gesicht, weil mein rechter Oberschenkel derart wehtat, dass dieser Schmerz jeden anderen bei weitem überdeckte. Ich erinnere mich, dass ich sagte: »Zieht das Auto von meinen Bein.« Wochen später fand ich heraus, dass dieser unerträgliche Schmerz dadurch verursacht wurde, dass mein rechter Oberschenkel gebrochen war und die Bruchstelle des einen Teils sich durch den Muskel und die Haut nach außen gebohrt hatte.

Ich sprach die Worte: »Hol die Tasche, ... Schmerzmittel, ... Injektion«. Ich hatte am Morgen, als die Wagen vom Zug geladen waren, aus irgendeinem Grund meine Notarzttasche aus dem Jackaroo in den Sedan, den meine Frau gefahren war, verstaut. Eigentlich war das gar nicht einzusehen, denn der kleine Wagen war bereits überladen, während ich im großen nur einige Topfpflanzen verstaut hatte. Wenn ich die Tasche nicht in den Sedan gelegt hätte, wäre sie im Unfallwagen zerstört worden oder unerreichbar gewesen. Jetzt gab es die Möglichkeit, mir ein Schmerzmittel zu verabreichen, das mir den schlimmsten Schmerz nahm und meinen Schockzustand verbesserte. Das Schlimmste für die, die draußen standen und mir nicht helfen konnten, war, dass weit und breit kein Auto in Sicht war. Erst mehr als eine Stunde später – eine Tortur für meine Familie – kam ein Reisebus vorbei. Der Busfahrer gab den

Notfall über sein Funkgerät an die Einsatzstellen in Alice durch, das fast 150 km entfernt war. Ein Passagier im Bus war Arzt im Ruhestand. Ihm gelang es, meinen schwachen und unregelmäßigen Puls in meinem schon lange bewusstlosen Körper zu fühlen. Seine weitere »Hilfe« bestand darin, meiner aufgelösten Frau mitzuteilen, dass sie sich darauf einstellen sollte, dass ich nicht überleben würde. Dann verabreichte er ihr Whiskey.

Auf Leben und Tod

Im Nachhinein gesehen war mein Überleben aus medizinischer Sicht höchst unwahrscheinlich. Neben dem zertrümmerten Gesicht hatte ich durch die schwere Verletzung des Oberschenkels sehr viel Blut verloren. Es war meiner Familie nicht möglich gewesen, diese Hauptwunde zu erreichen, um sie abzubinden. Durch den Aufprall war mein Körper so stark gestaucht worden, dass auch das Becken gebrochen war. Außerdem waren sowohl das rechte als auch das linke Schienbein gebrochen. Die rechte Kniescheibe war zertrümmert; einige der Knochensplitter waren durch eine große Wunde über der Kniescheibe zu sehen. Ich hatte fünf gebrochene Rippen und einen Riss im Lungenfell. Dadurch befand sich Luft im Brustraum, und außerdem hatte ich eine Vielzahl von Platzwunden.

Ironischerweise hatte ich beim Autokauf einen Aufpreis für eine besonders sichere Windschutzscheibe bezahlt. Bei einem Unfall sollte diese nicht in zigtausend kleine Splitter bersten, sondern zur Sicherheit des Fahrers nur einreißen. In meinem Fall bedeutete dies unglücklicherweise, dass die Scheibe in Stücke zerbrach, die wie Dolche geformt waren. Eines dieser Stücke zerschnitt mein rechtes Auge und trennte den größten Teil der Iris heraus. Ein Freund von mir war ein paar Wochen später an der Unfallstelle und fand die Sonnenbrille, die ich während der Fahrt getragen hatte. Das rechte Kunststoffglas hatte in der Mitte ein Loch, dessen Ränder noch blutverschmiert waren. Das Loch war an der Stelle, an der der »Glasschneider« seine Arbeit fein säuberlich getan hatte.

Jetzt lag ich im Krankenhaus. Meine Mutter hatte mir auf meinen Wunsch hin einen Spiegel vor das gehalten, was einst mein Gesicht gewesen war. Sie biss sich auf die Lippen, um nicht in Tränen auszubrechen, als sie sagte: »Plastische Chirurgen können heutzutage wahre Wunder vollbringen.« Ich sah eine groteske Fratze im Spiegel. Es sollte mein Gesicht sein, aber ich erkannte mich nicht wieder. Der eine Teil starrte mir aus dem Spiegel entgegen, der andere in eine völlig andere Richtung. Das rechte Auge saß nicht in gleicher Linie zum linken. Anstelle einer Nase hatte dieses Alien-Gesicht einen flachen Hautstreifen mit einem »Nasenloch« am unteren Ende.

Fast alles, was einem Gesicht Züge verleiht und es dadurch wiedererkennbar und einzigartig macht – wie die Wangenknochen – war bei mir durch den massiven Aufprall zerstört und verschoben worden. Meine Nase war weitestgehend abgerissen. Weil ein Beatmungsschlauch in meinem Hals steckte, konnte ich nicht reden. Nur mit Mühe konnte ich auf ein Stück Papier einen Kommentar zu meinem entstellten Gesicht kritzeln: »Es sieht aus wie ein Marsmännchen.«

Grund zum Danken

Es folgte eine lange Zeit im Krankenhaus. Für mich wurde es zum wichtigen Prinzip, inmitten all des Leids immer dankbar zu sein – auch in den dunkelsten Momenten, von denen es eine Menge gab. Aber selbst dann konnte ich immer etwas finden, für das ich meinem Herrn und Retter dankte. Ich war überaus dankbar, dass meiner jüngeren Tochter, die mit mir im Auto gesessen hatte, nichts passiert war. Wie viel schwerer wäre es für mich – mein ganzes Leben lang – gewesen, wenn sie beim Unfall getötet worden oder für ihr Leben gezeichnet wäre. Ich fand darüber hinaus auch in meiner Zeit nach dem Unfall immer wieder einen Grund, Gott zu danken. Seine Gnade wich nicht von mir, auch inmitten der Katastrophe nicht.

Ich hatte einen so starken Blutverlust, dass der Ausgang eigentlich hätte tödlich sein müssen. Aber es stellte sich heraus, dass zwei Wochen vor dem Unfall die Regierung beschlossen hatte, eine Notfallstation in dem Ort Ti-Tree einzurichten, und dieser liegt nur 80 km vom Unfallort entfernt. In den Weiten dieses Teils von Australien bedeutet diese Distanz, dass die Station sich gerade mal »um die Ecke« befindet. Die dort stationierte Notfallassistentin kam so schnell wie möglich her und schaffte es, mir eine Infusion anzulegen. So erhielt ich das dringend benötigte Blutplasma. Man erzählte mir später, dass meine vierzehnjährige Tochter die Plasmaflasche so hielt, dass es nach unten in meine Vene fließen konnte. Tief bewegt flossen ihr die Tränen nur so herunter, weil sie mit ganzem Herzen um das Leben ihres Vaters bangte. Dennoch stand sie geradezu bewegungslos Stunde um Stunde neben mir am Autowrack, die rettende Blutplasmaflasche hoch haltend in dem Wissen, dass dies die Hoffnung für das Leben ihres Vaters ist.

Ein weiterer unglaublicher Segen war die Tatsache, dass es in der Nähe ein spezielles Schneidegerät gab, das hydraulisch betrieben wird und in der Lage ist, in eine Blechwand Löcher hineinzuschneiden. Dieses Gerät ist unerlässlich, um Menschen aus einem Autowrack zu befreien. In dicht besiedelten Gegenden ist das Vorhandensein eines solchen lebensrettenden Werkzeugs etwas ganz Selbstverständliches. Der Norden Australiens ist jedoch so groß wie Spanien, Frankreich und Italien zusammen – und das bei einer Bevölkerung von nur 150 000 Menschen. Die meisten von ihnen leben in Alice Springs und der noch dreimal größeren, 1 500 km entfernten Stadt Darwin. Die Landesregierung hatte nur ein einziges Gerät bewilligt und dieses in Darwin platziert. Aber ausgerechnet am Unfalltag war es in Alice deponiert, und das bedeutete, dass es bei mir eingesetzt werden konnte, um mich aus dem Wrack zu befreien. So konnte mein Leben in dieser Einöde gerettet werden. Ein erfahrener Notarzt erklärte mir später noch eine andere Besonderheit, die ein weiteres Mal verdeutlicht, an welch seidenem Faden mein Leben hing: Wäre der Wagen in einer anderen Lage liegen geblieben, so dass ich z. B. auf dem Rücken statt auf der Seite lag, dann wäre ich wegen der vielen inneren Verletzungen höchstwahrscheinlich am eigenen Blut erstickt.

Erstaunlicherweise war auch genau an diesem Tag eine nationale Konferenz von Gesundheitsexperten in Alice Springs. Obwohl sich der Unfall weit entfernt von den bedeutenden Städten Australiens ereignete, waren die besten Ambulanzexperten des Landes ausgerechnet in meiner Nähe. So geschah es, dass mich der qualifizierteste Experte in Erster Hilfe versorgte. Er entschied schnell, dass ich nicht in der Lage war, mit dem Notarztwagen transportiert zu werden, und orderte den Hubschrauber eines in der Nähe befindlichen Bergwerks. Menschlich gesehen hat diese Maßnahme wahrscheinlich mein Leben gerettet.

Am Allgemeinen Krankenhaus in Alice wurde mir in einer sechsstündigen Operation das Allernötigste zusammengeflickt. Aber die Möglichkeiten in diesem Provinzstädtchen waren doch sehr begrenzt. Um mein Leben zu retten, war mehr High-Tech-Einsatz notwendig. Unter Begleitung eines Anästhesisten und einer Oberschwester wurde ich mit einem Linienflug nach Adelaide gebracht, in die Stadt, die ich nur kurz zuvor verlassen hatte. Die Entfernung bis dort von mehr als 1500 Kilometern entspricht etwa der Distanz von Köln bis Madrid. Mittlerweile hatte sich mein Unfall in meiner ganzen Familie und bei meinen Freunden herumgesprochen. Ein Freund von mir, der Chirurg im Krankenhaus in Adelaide war, hatte dort gehört, dass ich den Flug voraussichtlich nicht überleben würde. Es gab ein Problem, das vermuten ließ, dass die Aorta (also die Hauptarterie vom Herzen weg) beschädigt war, und das wäre eine äußerst lebensgefährliche Verletzung. Mein Freund organisierte daraufhin eine Gebetskette. Die ganze Nacht lang beteten viele Menschen in Bezug auf genau dieses Problem. Da Nebel aufgekommen war, landete unser Flugzeug zu alledem auch noch mit Verspätung. Als ich dann im Krankenhaus untersucht wurde, war das Problem des großen Blutverlusts plötzlich verschwunden. Verwundert nahmen die Ärzte weitere Untersuchungen vor. Die Röntgenaufnahmen zeigten, dass beide Lungenflügel stark an die Seite gedrängt worden waren, und gleichzeitig senkte sich der Blutdruck stetig. Auf dem Flug nach Adelaide erhielt ich massive Transfusionen. Als ich schließlich in Adelaide ankam, war die Lungenverschiebung unerklärlicherweise plötzlich verschwunden.

Wenn hier ein Heilungswunder geschehen ist – und diese Schlussfolgerung ist nur logisch –, dann steht sie in direktem Zusammenhang mit den Gebeten dieser vielen Menschen, die sich an der Gebetskette beteiligt hatten. Es kann ganz eindeutig nichts mit meinem Glauben oder meinen Gebeten zu tun haben, denn ich war sowohl an diesem Tag als auch an vielen weiteren Tagen ohne Bewusstsein.

Es hat mir unglaublich viel geholfen zu wissen, dass viele Menschen für mich beteten. Und diese Gebete spürte ich schon, bevor ich überhaupt wusste, dass es sie gab. Ich fühlte, dass ich trotz meines Elends von vielen hundert Händen getragen wurde. Dann gab es die vielen liebevollen Menschen, die mich besuchten. Unter ihnen waren sogar einige, die ich bis dahin gar nicht gekannt hatte. Sie alle drückten ihre Liebe zu mir aus.

Wunder Gottes

Einige Wochen nach dem Unfall wurde mit der Rekonstruktion meines Gesichts begonnen. Ein ganzes Ärzteteam – unter ihnen die weltweit besten ihres Fachs – operierte mich neun Stunden lang. Zu dieser Zeit wog ich bei einer Größe von 1,90 Meter nur noch 58 Kilogramm.

Natürlich hatte ich mich auch vor dem Unfall schon mit dem Thema Heilung durch Gott beschäftigt. Das große Loch über meiner rechten Kniescheibe war trotz täglicher Verbanderneuerung nie verheilt, im Gegenteil: Die Wunde hatte sich mit einem multiresistenten Stamm der Klebsiella-Bakterien infiziert. Kein Antibiotikum half. Die Chirurgen hatten versucht, die Wunde mit einem lebenden Muskellappen zu bedecken. Einer der beiden Teile meines Wadenmuskels, der noch mit der ursprünglichen Blutversorgung verbunden war, war zur Vorderseite des Beines durchgeführt und auf das klaffende Loch genäht worden. Aber selbst dieses ausgeklügelte Manöver war gescheitert. Das gesamte Knie wurde mit der Zeit röter und heißer. Es sah alles so aus, als ob das ganze Bein amputiert werden müsste, um die Infektion zu stoppen.

Die Gefährlichkeit mancher Bakterien möchte ich hier noch mit einem anderen Beispiel unterstreichen. Es war bereits einige Wochen zuvor geschehen, da hatten sich alle Patienten auf der Intensivstation mit Staphylokokken infiziert. Von uns fünf Patienten, die sich angesteckt hatten, starben nach und nach die anderen vier. Kein angenehmes Gefühl, das muss ich schon sagen. Die Ärzte waren hilflos.

Es war die Nacht vor der folgenschweren Entscheidung, ob das Bein amputiert werden muss oder nicht. Eine Freundin der Familie, *Irene*, besuchte mich. Sie war Spezialistin für Infektionen und die Vizedirektorin des Staatlichen Instituts für Mikrobiologie. *Irene* sagte: »*Carl*, ich glaube, dass der Herr uns an diesen Punkt gebracht hat, an dem die Medizin keinen Ausweg mehr weiß, um uns von ihm allein abhängig zu machen.« Sie betete um Heilung. Während sie betete und den Keimen im Namen Jesu befahl zu weichen, war ich nicht gerade allzu optimistisch. In Wahrheit dachte ich: »Was würde ihr Chef wohl sagen, wenn er sie jetzt hören könnte?« Es war spät, und ich schaute nicht einmal mehr mein Knie an, sondern fiel in einen etwas unsteten Schlaf. Am nächsten Morgen waren alle Anzeichen einer Infektion meines Knies verschwunden. Welch ein Wunder! Es war nicht mehr rot, nicht mehr geschwollen, nicht mehr empfindlich, gar nichts mehr. Medizinisch war das nicht zu erklären, es war einfach unglaublich!

Es überrascht wohl nicht, dass die Erfahrung mit meinem Knie mich enthusiastischer stimmte. Einige Zeit später kam eine Krankenhausseelsorgerin zu Besuch und sagte, sie wolle für mein krankes Auge beten, weil sie davon überzeugt sei, dass Gott es heilen wolle. Zu diesem Zeitpunkt konnte ich mit meinem rechten Auge lediglich hell und dunkel unterscheiden. Der Augenfacharzt hatte mir noch nicht die volle Wahrheit über das Auge gesagt, aber von meinem medizinischen Hintergrund her konnte ich mir ein Bild davon machen. Mir war ziemlich klar, dass ich das Auge verlieren würde oder dass es zumindest nicht mehr besser wird. In dieser Situation wurde das Gebet gesprochen. Diesmal betete ich mit, ernsthaft und leidenschaftlich und im Glauben, dass das Auge geheilt würde. Aber nichts passierte. Ein paar Tage später kamen schlechte Nachrichten. Mein gesundes Auge war plötzlich – quasi aus Sympathie mit dem verletzten Auge – auch erkrankt. Dieses Phänomen ist medizinisch bekannt. Die einzige Möglichkeit, hier einzugreifen, besteht darin, das zuerst erkrankte Auge zu entfernen. Sonst ist die Wahrscheinlichkeit groß, dass beide Augen in kurzer Zeit erblinden. Anstelle einer Heilung erlebte ich nun die Entfernung des verletzten rechten Auges.

Bereits einige Zeit zuvor – als ausgebildeter Arzt war mir klar gewesen, dass mein verletztes Auge Anlass zur Sorge gab – hatte ich meiner Versicherung mitgeteilt, dass ich mein Auge wahrscheinlich verlieren würde. Eigentlich hatte ich keinen Anspruch auf Leistungen, weil ich ja den Unfall verursacht hatte. Hinzu kamen komplizierte Regelungen der verschiedenen australischen Bundesstaaten: Mein Auto war in Südaustralien (South Australia) angemeldet – der Lastwagen in einem anderen Staat, nämlich in Victoria. Und der Unfall selbst passierte in einem dritten Staat, im Norden Australiens (Northern Territory). Ich bat meine Familie, meine Versicherungsunterlagen ins Krankenhaus zu bringen, um nachzusehen, ob ich vielleicht doch privaten Versicherungsschutz bezüglich des Unfalls hatte. Ich fand eine kleine Versicherungspolice, die 15 000 australische Dollar[7] für den Verlust eines Armes, eines Beines oder eines Auges zusicherte. Für den Verlust beider Arme, Beine oder Augen wurden 30 000 Dollar gezahlt (das klingt gerade so, als ob der Verlust *beider* Augen nur doppelt so schlimm wäre wie der Verlust *eines* Auges!). Die Police gab an, dass der Versicherte innerhalb einer bestimmten Frist den Grund für den Verlust eines Auges anzugeben hätte, um Anspruch auf die Prämie zu haben.

Ich beschloss, meiner Familie einen Brief zu diktieren, um die Versicherungsgesellschaft unverzüglich über meinen Zustand und den wahrscheinlichen Verlust meines rechten Auges zu informieren. In dem Brief erklärte ich die Situation und dass ich mein Auge wohl verlieren könnte. Sobald der Brief abgeschickt war, legte ich die Police in meinen Nachtschrank. Mein Blick fiel nun auf eine handschriftliche Bemerkung, von mir mit Bleistift darauf geschrieben: Gekündigt 1976. »Oh«, dachte ich, »so viel zu meinen vergeblichen Bemühungen.« Der von meiner Familie angerufene Versicherungsagent konnte die Kündigung (zehn Jahre zuvor) nur bestätigen. Wenn ich das vorher gewusst hätte, wäre der Brief natürlich nie geschrieben worden.

Kurz nachdem ich mein Auge dann tatsächlich verloren hatte, erzählte ich einem Freund, dass ich so einen spontanen Einfall hatte, in unserer neuen Heimat in Cairns, das im tropischen Norden Australiens liegt, wo es auch im Winter angenehm warm ist, einen Swimmingpool zu bauen. Darin wollte ich in den Monaten nach meiner Entlassung aus dem Krankenhaus täglich Übungen zur Rehabilitation meines steifen Beines machen. Ein Pool wäre dafür die geradezu optimale Lösung! Aber jetzt – in Anbetracht meiner unsicheren Einkommensverhältnisse – war der Preis von 14 500 Dollar für den Pool natürlich völlig utopisch.

Trotzdem fragte ich mich, ob es richtig wäre, für einen Pool zu beten. Es kam mir ein bisschen so vor, als würde ich für einen BMW oder einen ähnlichen Luxus beten. Aber mein Freund versicherte mir, dass es unter den gegebenen Umständen angemessen sei, dafür zu beten. Und so taten wir es.

Ein paar Tage später kam ein Brief von der Versicherungsgesellschaft. Ich las, was ich erwartet hatte: »Gemäß der aktuellen Aktenlage teilen wir Ihnen mit, dass Ihre Beiträge von 77 Dollar pro Jahr in den vergangenen zehn Jahren nicht gezahlt wurden.« In Ordnung, dachte ich, keine Beiträge, keine Police, kein Anspruch. Der Brief ging allerdings folgendermaßen weiter: »Wenn Sie uns aber einen Scheck über 770 Dollar zusenden, um die Beitragssumme für die letzten zehn Jahre auszugleichen, werden wir Ihren Anspruch anerkennen«. Nein, das ist ja

[7] Derzeit (2005) entspricht ein australischer Dollar etwa 0,60 Euro.

absurd! So etwas konnte doch nicht wahr sein! Keine Versicherungsgesellschaft könnte überleben, wenn sie so etwas zuließe, nach dem Motto: »Ihr Haus ist abgebrannt und Sie haben keine Versicherung? Macht nichts, schicken Sie uns die Beiträge für die letzten Jahre, und wir erfüllen Ihren Anspruch.« Sicher war dies einfach ein Trick, um an meine 770 Dollar zu kommen, dann den Fall erneut zu prüfen mit dem Ergebnis, dass man leider nicht die Prämie zahlen könne, weil doch noch irgendwelche Gutachten fehlten.

Vorsichtig diktierte ich einen neuen Brief, in dem stand, dass ich mein Auge tatsächlich verloren hatte. Ich fügte die ärztliche Bestätigung und einen Scheck über 770 Dollar bei, erklärte jedoch ausdrücklich, dass ich ihn nur unter der Voraussetzung übersandte, dass die Versicherung mir meine Prämie auch tatsächlich auszahlen würde. Wenn nicht, sollte der Scheck unverzüglich an mich zurückgeschickt werden. Wie auch immer: Ohne weiteren Kommentar überwies die Versicherung den Betrag von 15 000 Dollar! Wir beschlossen, damit den Pool zu bauen. Wann immer ich in dem Pool geschwommen bin, erinnerte ich mich stets daran, über welchen wundersamen Weg Gott uns diesen Pool als Antwort auf unser Gebet geschenkt hatte.

Gewiss, ich habe viel Leid erfahren. Eines aber möchte ich hier besonders herausstellen: Inmitten von Leid, Schmerz und Unglück gab es für mich immer etwas, wofür ich Gott danken konnte. Nie kam in mir der Gedanke hoch: »Warum musste mir so etwas passieren?« Was ich Jahre zuvor predigte, erlebte ich jetzt persönlich. Wer bin ich denn, dass es mich nicht auch treffen konnte? Bin ich etwa ein besserer Mensch als jene Leidgeprüften in Äthiopien oder sonst wo in der Welt? In einigen Fällen schenkte Gott mir Heilung, in anderen nicht. Ich konnte alles annehmen und dankbar bleiben.

Aus der Reihe von Wundern, die Gott in meinem Heilungs- und Wiederherstellungsprozess getan hat, habe ich im Rahmen dieses Zeugnisses nur eine Auswahl treffen können. Es ist mir wichtig, nun doch noch etwas Ergänzendes zu sagen, und das betrifft die Wiederherstellung meiner Nase. Sie war durch den Unfall weitgehend weggerissen und wurde in einer ganzen Serie von operativen Eingriffen wieder rekonstruiert. Dafür wurde ein noch mit der Blutzufuhr verbundener Hautlappen von meiner Stirn heruntergeklappt, um auf diese Weise das Nasenäußere zu formen. Der Hautlappen allein hätte natürlich nur eine schlaffe, herunterhängende Tube abgegeben. So bedurfte er eines stabilen Rückgrats, um ihm die richtige Form zu verleihen und ihn vom Gesicht deutlich abzuheben. Für diesen Zweck wurde ein Stück eines Rippenknochens verwendet, das mit Hilfe einer Edelstahlschraube befestigt wurde. Unsere natürlichen Nasenknochen laufen nur ein kleines Stück nach vorne. Weicher Knorpel übernimmt dann die Aufgabe, der Nase bis zu ihrer Spitze hin die Form zu geben. Wo andere Menschen also eine weiche, nachgebende Nase haben, habe ich einen harten, knochigen »Knüppel«, der bis zur Nasenspitze hin reicht. Wegen des ziemlich harten Nasenendes hat meine Frau an ganz bestimmten Stellen ihres Gesichts gelegentlich einige Abdrücke. Nicht selten quittieren wir dann diese Spuren der Zärtlichkeit mit Worten galanten Humors.

Gottes Weg mit mir

Schon als junger Mann glaubte ich der Evolutionslehre. Durch mein Medizinstudium (1966-1973) war ich dann zu einem überzeugten Atheisten geworden. An der Universität wurde die Evolution ebenfalls gelehrt, und so festigte sich diese Weltsicht in mir. Damit gab es keinen Grund mehr, an einen Schöpfer zu glauben, um die Entstehung der Welt zu erklären. Das bedeutete, dass die Bibel, vor allem in ihren ersten Kapiteln (1.Mose), in denen die Entstehung der Welt geschildert wird, historisch nicht wahr sein konnte. Mein Gedankensystem empfand ich in sich schlüssig, wie ich im Folgenden darlegen will:

Ich hatte genug in der Bibel gelesen, um zu wissen, dass die Berichte im 1. Buch Mose für die ganze christliche Botschaft eine unverzichtbare Basis darstellten. Die »gute Nachricht« des Evangeliums durch Jesus Christus, dem »letzten Adam« (siehe 1.Korinther 15,45) macht nur Sinn in Verbindung mit der »schlechten Nachricht« des »ersten Adams«. Schon als Teenager hatte ich die enge Verknüpfung von Schöpfung und Erlösung verstanden. Nur dann, wenn 1.Mose wahr wäre, wäre das gesamte christliche Weltbild in sich stimmig. Und nur dann wäre es auch verständlich, warum es so viele schlechte Dinge in einer Welt gibt, die von einem Gott der Liebe geschaffen wurde. Mir war klar, dass die Bibel von einem roten Faden durchzogen und durchwoben ist, der von den Begriffen »Mensch – Sünde – Tod« sowie »Schöpfung – Fall – Wiederherstellung« gekennzeichnet ist. Leid und Tod sind nach dieser Lehre nur temporäre Störenfriede in einer einst perfekten Schöpfung.

Ich wurde allerdings durch diverse Zeitschriftenartikel sowie populärwissenschaftliche Darstellungen immer fester davon überzeugt, dass die Fossilien deutliche Zeichen von Gewalttätigkeit, Leid und Krankheit tragen, die sich über Jahrmillionen akkumuliert haben. Diese üblen Dinge existierten somit schon lange bevor jemand da war, der Adam genannt wurde. So bot für mich die ganze Idee der Schöpfung einer guten Welt, die durch die Sünde ruiniert war, keinen rationalen Rahmen, um die Frage zu beantworten: »Wie nur konnte ein Gott der Liebe eine Welt von Leid und Tod tolerieren?« Als Atheist forderte ich die christlichen Studenten auf dem Campus der Universität etwa wie folgt heraus: Wenn Gott die Evolution als Methode gebrauchte, dann benutzte er Tod und Leid, um Leben zu erschaffen. Aber auch jene, die nicht an Evolution glaubten, aber dennoch an einer langen geologischen Skala festhielten, nahmen an, dass sich z.B. die Tiere gegenseitig massiv bekämpften und töteten. Der Mensch erschien also erst nach einem langen Prozess von Versuch und Irrtum, nachdem unzählige ziellose Kreaturen die Bühne der Welt längst verlassen hatten. Auf diesem langen Weg durch die Jahrmillionen waren Elend, Unheil, Krankheit und Aussterben die steten Begleiter. Nach dieser Vorstellung waren z.B. die Dinosaurier längst verschwunden, bevor auch nur ein einziger Mensch sie hätte sehen können. »Und siehe, es war sehr gut« – dieses Urteil Gottes am Ende einer solchen »Schöpfungstortur« machte für mich keinen Sinn. So gab es für mich nur die eine verständliche Schlussfolgerung: Wenn sich die Bibel bezüglich der Geschichte der Welt so offensichtlich irrte, warum sollte ich dann all jenen Aussagen folgen können, die sich mit dem Leben nach dem Tod beschäftigten?

Als 14-Jähriger hatte ich mich zwar für Christus entschieden, aber es war doch nicht mehr als ein rein emotionales Ereignis meiner Jugendzeit. Ich erinnere mich noch gut daran, dass ich mich bereits zwei Tage nach meiner vermeintlichen »Entscheidung« darüber wunderte, wie ich so etwas Dummes nur tun konnte. Die Sache mit Adam und Eva stimmte für mich nicht, und darum konnte die Bibel auch nicht wahr sein. In meiner materialistischen Philosophie war Materie die einzige Realität. Dort gab es keinen Platz für Übernatürliches.

Aber Gott ging mir nach. Er nutzte noch vor meinem Unfall einen dramatischen Weg, um mich von meiner überheblichen Weltanschauung zu heilen. Unsere Familie kam 1974 – also ein Jahr nach Beendigung meines Medizinstudiums – mit einem Mann in Kontakt, der praktizierender Satanist war. Wir wussten dies nicht, denn er sagte lediglich, dass er einer »Naturreligion« anhing, aber selbst wenn ich es gewusst hätte, hätte es mich nicht sonderlich beunruhigt. Ich war mir sicher, dass der Gott der Bibel nicht existierte, also gab es auch keine Engel und keinen Satan.

Merkwürdige Dinge geschahen plötzlich in unserer Familie. Ich will hier nur über einen Vorfall berichten: Ein Freund von mir und ich hatten uns aus Spaß ein Spiel ausgedacht, mit dem man »Gedanken lesen« konnte. In Wirklichkeit war es ein simpler Kartentrick. Wenn ich ihn fragte: »Welche Karte halte ich gerade in der Hand?«, sagte ihm die Art und Weise, wie ich die Frage stellte, welche Karte es war. Wir hatten einen dafür geeigneten Code entwickelt. Bei der nächsten Karte würde die Frage dann zum Beispiel lauten: »Kannst du mir sagen, welche Karte ich gerade in der Hand halte?« Durch diese Frage wusste er dann auch ganz genau, welche Karte es diesmal war. Unser Spiel war also letztlich nur ein simpler Partytrick. Wir demonstrierten dann unser vermeintliches Gedankenlesen meiner Frau. »Kann ich auch versuchen, die Karten, die du in der Hand hältst, zu erraten?«, fragte sie. Mein Freund und ich sahen uns grinsend an und sagten: »Ja klar, warum nicht!« Es wäre spaßig, es sie eine Weile probieren zu lassen und ihr dann zu erklären, dass sie auf einen simplen Trick hereingefallen ist.

Die erste Karte, die ich in der Hand hielt, war ein Pik Ass. Ich fragte sie nach der Karte. Sie stützte ihren Kopf auf ihre Hände und schwieg lange Zeit. Wir wollten sie schon in unseren Trick einweihen, als sie sagte: »Ich sehe etwas auf mich zufliegen … eine Karte …« – »Welche Karte?«, fragte ich zynisch. In diesem Moment erinnerte ich mich daran, dass sie noch nie in ihrem Leben Karten gespielt hatte und noch nicht einmal die Bezeichnungen der Karten kannte. Aber sie redete weiter und beschrieb die Karte, die ein »A« trug und ein schwarzes Zeichen. Dann beschrieb sie das Zeichen Pik, indem sie es mit ihrem Finger in der Luft malte. Mein Freund und ich schauten uns an und dachten: Na ja, auch Leute, die noch nie Karten gespielt haben, haben schon von dem berühmten Pik Ass gehört. Also keine große Sache. Als meine Frau jedoch auch die nächste Karte exakt beschreiben konnte, obwohl ich in großer Entfernung von ihr stand, stellten sich meine Nackenhaare auf. Insgesamt beschrieb sie nach und nach alle zehn Karten richtig. Nach den Regeln der Wahrscheinlichkeitsrechnung ist so etwas lediglich mit einer Wahrscheinlichkeit von 1 : 60 Millionen Milliarden[8] möglich. Und das bedeutet praktisch eine absolute Unmöglichkeit.

Ich könnte noch mehr solcher Erscheinungen beschreiben. Meine Mutter und meine jüngere Schwester waren Christen geworden, und sie beteten viel für uns, als sie merkten, dass unser Haus unter dämonischem Einfluss stand. Es ist überflüssig zu sagen, dass ich als rationaler Mensch aufgrund all dieser Erscheinungen nicht länger an den Materialismus glauben konnte. Ich suchte nach Erklärungen dafür. Ich hatte genug gelesen, um die beobachteten Fakten einzuordnen. Die einzig passende Deutung war, dass ich Augenzeuge wurde vom spirituellen Kampf zwischen Christus und Satan. Was ich früher immer ignorierte,

---

8 Verwendet wurde ein Kartenspiel mit 52 Karten, wobei nach dem Mischen nacheinander zehnmal eine Karte gezogen wurde. Die jeweils gezogene Karte wurde nicht wieder zurückgelegt. Die Wahrscheinlichkeit w_1, von 52 Spielkarten eine bestimmte richtig zu ziehen, beträgt 1/52. Danach befinden sich nur noch 51 Karten im Stapel, und nun beträgt die Wahrscheinlichkeit, eine richtige Karte zu ziehen, 1/51. Dies zehnmal hintereinander richtig tun zu können, hat eine Wahrscheinlichkeit von $w_{10} = (1/52)\cdot(1/51)\cdot(1/50)\cdots(1/43) = (42!)/(52!) = 1{,}742\cdot10^{-17}$ oder $1 : (1/1{,}742\cdot10^{-17}) = 1 : 57{,}4\cdot10^{15}$, also rund 1 : 60 Millionen Milliarden.

wurde mir jetzt ganz real gezeigt: Es gibt auch das »Böse«. Damit ergab sich für mich die einzig vernünftige Konsequenz, mich so schnell wie möglich auf die richtige Seite zu stellen.

Mein Problem war jetzt: Ich wollte ein Christ werden; aber es musste alles irgendwie Sinn machen. Wie passten das hohe Alter der Erde und die fossilen Funde mit dem biblischen Schöpfungsbericht zusammen? In dieser Zeit – es war 1974 – schickte mir meine ältere Schwester, die mit 14 Jahren Christ geworden war, ein Buch über die in 1.Mose beschriebene Flut[9]. Nun verstand ich zum ersten Mal, dass es vor allem darauf ankommt, wie man wissenschaftliche Ergebnisse *interpretiert*. Wissenschaftliche Erkenntnisse lassen sich sehr gut in Einklang mit den Berichten der Bibel bringen. Es fiel mir nun wie Schuppen von den Augen. Ich beugte meine Knie vor Jesus Christus. Im Glauben konnte ich die Vergebung aller meiner Sünden, insbesondere der Rebellion gegen ihn, annehmen.

Sofort hörten alle merkwürdigen Erscheinungen und Phänomene auf. Ich wollte nun, dass alle Menschen erfahren, dass der Schöpfungsbericht der Bibel wahr ist und von wissenschaftlichen Erkenntnissen unterstützt und untermauert wird. So fing meine Arbeit für das an, was heute weltweit als Zeitschrift »Creation« (deutsch: »Schöpfung«) vorliegt. Etwa zehn Jahre später – es war 15 Monate nach meinem Unfall – ergab es sich, dass ich Leiter der Bewegung »Creation Science Foundation« (deutsch: »Gesellschaft für Schöpfungswissenschaft«; später umbenannt in »Answers in Genesis«, kurz: AiG) wurde, für die ich bis dahin als Vertreter im Süden Australiens fungiert hatte. Auch dies war ein Geschenk Gottes. Vorläufig konnte ich mich noch nicht entscheiden, mich als praktizierender Arzt in Cairns niederzulassen, da auch nach meiner Entlassung noch eine Reihe von Operationen anstand. Zu dieser Zeit habe ich schon im Süden Australiens bei AiG mitgearbeitet; erst später wurde daraus dann meine heutige permanente Tätigkeit.

Gott hat mich damit nach meinem Unfall an einen Platz gestellt, an dem ich seinen Willen tun kann, nämlich Menschen für Christus zu gewinnen. Das sehe ich als meine wichtigste Aufgabe an. »Answers in Genesis« ist mittlerweile so groß geworden und nimmt mich so stark in Anspruch, dass einfach keine Zeit da ist, um jemals wieder als niedergelassener Arzt zu arbeiten. Obwohl ich auch mit Leidenschaft als Arzt arbeiten würde, bin ich doch Gott dankbar für die neue Möglichkeit, viele Menschen mit dem Evangelium erreichen zu können.

Dr. med. *Carl Wieland*, Brisbane (Australien)

---

[9] *J.C. Whitcomb, H.M. Morris*: The Genesis Flood. The Presbyterian and Reformed Publishing Company Phillipsburg, New Jersey, 1961.

AFRIKA

Mit einer Gesamtfläche von 30 Millionen km^2 umfasst dieser Erdteil ein Fünftel der Landfläche der Erde. Der Name Afrika stammt noch von den Römern, die das Land um Karthago nach dem Volksstamm der Afri benannten; später wurde die Bezeichnung für den ganzen Kontinent verwendet. Zwei Personen nehmen uns in ihr Leben mit hinein, eine aus Südafrika und die andere aus Namibia.

Namibia

Im südlichen Afrika, am Atlantischen Ozean gelegen, liegt Namibia, die frühere deutsche Kolonie Deutsch-Südwestafrika. Im Süden grenzt Namibia an Südafrika, im Osten an Botswana und im Norden an Angola. Mit 824 000 km^2 ist das Land 2,3-mal so groß wie Deutschland, doch die Einwohnerzahl liegt mit 1,77 Millionen nur in der Größenordnung von Hamburg. An der Küste erstreckt sich die Wüste Namib mit zahlreichen Besonderheiten in der Pflanzen- und Tierwelt (siehe 2.39 in Teil II).

Den kennt doch jeder!

Johannes Trauernicht und seine Frau *Hanni* tun seit vielen Jahren einen gesegneten Dienst im südlichen Afrika. 1995, 1999 und 2003 hatte *Johannes* mich zu Vorträgen nach Windhoek, der Hauptstadt Namibias, aber auch nach Swakopmund, Lüderitz, Omaruru und zu verschiedenen Farmgottesdiensten (z.B. Maltahöhe, Helmeringhausen, Rainhof, Omitara, Farm Hochfels in Khomas Hochland, Steinhausen) eingeladen. *Johannes* wurde am 22. August 1943 in Spetzerfehn/Ostfriesland als viertes Kind unter acht Geschwistern und *Hanni* 1946 in Basel in der Schweiz geboren. Mir war aufgefallen, dass beide durch ihre fröhliche und gewinnende Art außergewöhnlich schnell Zugang zu sehr unterschiedlichen Menschen finden. Dies empfinde ich als eine grundlegende Voraussetzung, will man Menschen mit dem Evangelium erreichen. Als in der Zeitschrift »idea« 5/2000 von ihm berichtet wurde, hieß es: »*Johannes Trauernicht* ist ein außergewöhnlicher Evangelist.« Dieser kurze Satz charakterisiert sehr treffend seinen Lebensinhalt. Nach seinem Studium am Chrischona-Seminar in Bettingen bei Basel wurde er mit *Hanni* 1970 nach Johannesburg/Südafrika ausgesandt, um dort eine Stadtmission für deutsche Einwanderer aufzubauen. Aufgrund seines Wirkens entstanden später auch deutschsprachige Stadtmissionen in Kapstadt, Pretoria und Windhoek. In Namibia leben die *Trauernichts* seit 1992. Neben der Gemeindearbeit ist er dort in über 20 verschiedenen Arbeitszweigen tätig. Durch Predigten und Andachten, die gelegentlich über das staatliche Radio, den Evangeliumsrundfunk oder Tageszeitungen ver-

Ehepaar Hanni und Johannes Trauernicht unter einem Köcherbaum in Namibia, März 2003.

breitet werden, ist er im ganzen Land bekannt. Bei ihm kann man lernen, was Jesus mit der Missionsstrategie »Gehet hin« gemeint hat. Er legt oft weite Strecken durch Wüstengebiete zurück, um auf entlegenen Gehöften Farmgottesdienste abzuhalten. Auch zu Evangelisationen ist er immer wieder unterwegs, um die Menschen mit dem Retter Jesus bekannt zu machen. Viele hundert Menschen wurden durch seinen unermüdlichen Dienst gesegnet – sie wurden zum Glauben gerufen, im Glauben gestärkt oder haben in der Seelsorge Hilfe bekommen. Das alles ist umso erstaunlicher, als er seit etlichen Jahren ein ununterbrochenes Geräusch im Kopf hat. Er leidet an Tinnitus, einem chronischen, für andere nicht wahrnehmbaren Pfeifton. Wie schon bei Paulus »ist Gott in den Schwachen mächtig« (2 Kor 12,9). Es war ein Erlebnis für mich und meine Frau, die Gastfreundschaft dieser besonderen Familie zu genießen und ihre missionarische Lebensweise aus nächster Nähe zu beobachten. Nun nimmt er uns mit hinein in fünf erlebte Geschichten aus seinem Dienst.

gi

Z2: Erlebnisse unter dem Kreuz des Südens

1. Wenn Esel mitreden

Hätte der Prophet Bileam wirklich auf seinen Esel gehört, dann wäre ihm viel Schweres erspart geblieben. Einmal war ich zu einer Hochzeit eingeladen, bei der zwei Esel etwas Wichtiges zu sagen hatten. Die Hochzeit fand weit entfernt am Rande des Hererolandes auf einer Farm statt. Ich sollte die Trauung halten, zuerst die standesamtliche und anschließend die kirchliche. Pastoren sind in Namibia hierzu ermächtigt. Dies rührt noch von *Bismarcks* Zeiten her, als Namibia deutsche Kolonie (Deutsch-Südwestafrika) war.

Für die Braut war es ein gewaltiger Kulturwechsel – sie war in einer Großstadt, nämlich Berlin, aufgewachsen und hatte sich nun entschieden, hier in der Halbwüste, wo der nächste Nachbar viele Kilometer weit entfernt wohnt, zu leben. Solche Farmhochzeiten sind immer ein besonderes Erlebnis. Da wird mit sehr viel Liebe geplant und gestaltet, und es geht meist recht originell zu. Laut Gesetz darf eine standesamtliche Trauung nicht unter freiem Himmel stattfinden. So war eine kleine Scheune ausgeräumt und feierlich geschmückt worden, um einen würdigen Ort für die Trauung zu haben. Da viele Gäste gekommen waren, fanden nicht alle Platz in unserem behelfsmäßigen Standesamt. Zu den Gästen gehörten auch zwei Esel. Sie hatten die Braut auf einem Karren bis zum Eingang der Scheune gezogen und blieben nun für die Zeit der Trauung dort stehen.

Alle Gäste, insbesondere die Eltern der Braut, waren von der Traupredigt und der ganzen Feier sehr ergriffen. Und schließlich kam die ernste Frage an den Bräutigam: »Willst du mit *Constanze* nach Gottes Verheißung leben, sie als Gottes Gabe ehren und lieben, … ?« Und dann passierte etwas, was man selbst erlebt haben muss, um es nie wieder zu vergessen: Die beiden Esel hatten das wohl richtig verstanden, holten tief Luft und schrien für etwa eine Minute ihr unüberhörbares »ia, ia, ia«. Alle Feierlichkeit war plötzlich dahin. Die Leute bogen sich vor Lachen. Erst als sie endlich zur Ruhe kamen, konnte es mit der Trauung weitergehen, und der begonnene Satz konnte zu Ende gebracht werden: »… ihr in Freude und Leid treu bleiben, bis dass der Tod euch scheide?« Dieses Mal haben dann die Brautleute geantwortet. Mögen doch alle Gäste begriffen haben, dass das Treuegelöbnis mehr als eine Eselsweisheit ist und dass Eselsbrücken und Eselsgeduld nötig sind, um Eselsohren in der Beziehung wieder auszubügeln, damit auf eine fröhliche Hochzeit keine Eselei, sondern eine gute Ehe folgt.

2. Gefangen in der Wüste

Es war bei einer anderen Veranstaltung; die Predigt war vorbei, aber fast alle Besucher ließen sich gerne ins benachbarte Wohnhaus einladen, um noch über das Gehörte miteinander sprechen zu können. Dabei stellte sich heraus, dass einige der Anwesenden regelmäßig einem zweifelhaften Vergnügen nachgingen: dem Gläserrücken. Obwohl ihnen dabei jedes Mal unheimlich zumute war, wenn sich die Geister aus dem Jenseits meldeten, trieb sie die Neugierde, und ein unerklärlicher Drang ließ sie weitermachen. In der Wohnstube folgte jetzt noch eine zweite Predigt, in der ich erklärte, dass solche spiritistischen Praktiken zu okkulten Belastungen führen, weil auf diese Weise dämonische Mächte einen Einfluss auf den Menschen gewinnen und ihm so den Zugang zu Gott versperren. Vielen der Anwesenden war das neu, sie waren darüber sehr erschrocken und beschlossen, mit dem Gläserrücken aufzuhören. Nein, mit dem Teufel wollten sie nichts zu tun haben. Noch lange sprachen und beteten wir miteinander. Jetzt war mir auch klar, warum

Kolmanskuppe, die frühere Diamantenstadt in der Nähe von Lüderitz im Süden Namibias, versinkt im ständig wehenden Wind und wird zur Geisterstadt, März 2003.

diese Evangelisation so gebremst lief. Doch der letzte Abend war ein großer Sieg; es gab einen deutlichen Durchbruch, denn nicht wenige fanden zum Glauben.

Am nächsten Morgen machte ich mich sehr früh auf den Weg. In Oranjemund, dem südlichsten Ort von Namibia, sollte am Abend eine neue Vortragsreihe beginnen. Mein Weg führte durch die Wüste. Um der sengenden Mittagshitze zu entkommen, fuhr ich schon um fünf Uhr früh los. Sechs Wochen war ich nun schon insgesamt unterwegs. Zum Programm eines jeden Tages gehörte es, evangelistische Vorträge und Schulandachten zu halten, christliche Bücher zu verkaufen und Besuche zu machen. Dies war die letzte Station meiner langen Reise durch Namibia. Noch vier Tage lagen vor mir, und dann würde ich nach Kapstadt zu meiner Familie zurückkehren.

Ich hatte für diese Autofahrt eine Sondererlaubnis erhalten, so dass ich ein kleines Stück Weg durch gesperrtes Diamantengebiet fahren und die Fähre über den großen Oranje-Fluss benutzen durfte. Dadurch konnte ich die Fahrt um einige hundert Kilometer abkürzen. Der Weg war schlecht: viele Hügel, tückische Schlaglöcher, unübersichtliche Kurven und keinerlei Verkehrsschilder. Es war eben ein Privatweg der Diamantenmine. Langsam wurde es immer heißer und das Fahren anstrengender. Plötzlich passierte es. Jede Reaktion kam zu spät. In einer Kurve rutschte das Auto von der Sandpiste und kollidierte seitlich mit einem Felsblock. Dadurch blockierte die Lenkung, und der Wagen, der sich nun nicht mehr lenken ließ, steuerte geradewegs auf einen 70 Meter tiefen Abgrund zu. Wenn es jetzt nicht augenblicklich gelingen würde, das Lenkrad herumzureißen, würde das Auto den Steilhang hinunterstürzen. Ich schrie in meiner Todesangst zu Gott, trat auf das Bremspedal und stemmte mich mit aller Kraft in die Lenkung, um den Wagen vielleicht doch noch herumzulenken. Das Auto rollte noch bis zum allerletzten Rand der Sandstraße und blieb tatsächlich knapp vor dem Abgrund stehen. Doch der Schaden war beträchtlich: Der Motor war infolge der Kollision aus seiner Aufhängung gerissen, und das Öl lief in den Sand. Der Schrecken saß mir tief in den Gliedern, aber ich war unverletzt. Wie konnte das alles nur so schnell geschehen? Ich begriff das alles nicht. Was jetzt? Würde heute noch jemand in dieser Einöde vorbeikommen? Zu trinken hatte ich fürs Erste genug bei mir. Innerlich war ich mächtig aufgewühlt.

Nach einiger Zeit beschloss ich, mich zu Fuß auf den Weg zu machen. In etwa drei oder vier Stunden sollte ich meinen Berechnungen zufolge wohl bei einer Mine ankommen. Schon nach kurzem Fußmarsch hörte ich von weitem einen Motor brummen. Das Geräusch stammte von einem Jeep, mit dem zwei Minenarbeiter unterwegs waren. Sie nahmen mich mit, und ich konnte von der Mine aus einen Freund verständigen. Er holte mich ab, und wir schafften es, nur zehn Minuten nach dem ursprünglich geplanten Beginn der Veranstaltung anzukommen, so dass ich meinen ersten Vortrag noch halten konnte.

Gerade angekommen, traute ich kaum meinen Augen – stand doch meine Frau dort vor dem Versammlungssaal. Ein langjähriger Freund hatte ihr das Flugticket geschenkt. So erlebte sie meinen letzten Einsatz mit, und auf dem langen Rückweg nach Kapstadt konnten wir zusammen sein.

Ich war glücklich und dankbar zugleich, noch am Leben zu sein, meine Frau und meine Kinder wiedersehen und weiter predigen zu können! Es wäre beinahe ganz anders gekommen.

Einige Tage nach dem Zwischenfall rief mich eine ältere Frau an und fragte, was an jenem Vormittag mit mir geschehen sei. Sie hätte sich gedrängt gefühlt, den ganzen Vormittag über immer wieder für mich zu beten. Und Gott in seiner Güte hatte seine Hand über mich gehalten und mich aus der Gefahr herausgeführt.

3. Nur drei Begegnungen

Nur drei Mal habe ich ihn getroffen. Wir lernten uns bei einem Farmgottesdienst kennen. Er kam zu spät, weil ein Platzregen das ausgetrocknete Flussbett plötzlich in einen reißenden Strom verwandelt und ihm dadurch den Weg versperrt hatte. Erst als die Predigt zu Ende war, erreichten er und seine Frau die Farm. Ihre Farm befand sich am Rand der Wüste, und sie waren etwa hundert Kilometer gefahren, um am Gottesdienst teilnehmen zu können. Der Farmer war enttäuscht, weil er den Vortrag nun verpasst hatte, und deshalb fragte er mich, ob ich nicht noch eine zweite Predigt halten könnte. Alle waren damit einverstanden. Kaffee und Kuchen, bei denen wir üblicherweise nach den Predigten noch zusammensaßen und uns unterhielten, konnten warten. Und dann hörten alle noch einmal gespannt zu.

Das besagte Farmerehepaar hatte eine abenteuerliche Lebensgeschichte hinter sich. Nachdem sie geheiratet hatten, lebten sie einige Jahre unter freiem Himmel an einer Wasserquelle. Da es hier im Süden von Namibia nur sehr selten regnet, war dies möglich. Gemeinsam wandelten sie ein Stück Wüste in eine Farm um. Er war durch und durch ein Pionier mit einem unvorstellbaren Durchhaltevermögen. Bitterarm hatten er und seine Frau begonnen, ihre Farm aufzubauen, Vieh zu züchten, Schafherden zu halten und Zäune aufzurichten. Ihr Leben war ein einziges Abenteuer. Fast alles, was die Farm einbrachte, wurde gleich wieder in sie hineininvestiert. So konnte später ein recht ansehnliches Haus gebaut werden. Nun saß er hier im Gottesdienst und freute sich an der Gemeinschaft und am Wort Gottes.

Die *zweite* Begegnung fand erst 20 Jahre später statt. Meine Frau und ich fuhren in der Nähe seiner Farm vorbei. Das Kennzeichen für den Eingang zu seiner Farm war ein alter Blechkoffer auf einem Pfahl mitten in der Wüste, der zugleich als Postkasten und Wegweiser diente. Spontan beschlossen wir, die beiden alten Menschen zu besuchen. Beide erinnerten sich noch sehr gut an den Farmgottesdienst, zu dem sie zu spät gekommen waren. Das Wiedersehen war eine große Freude für uns alle. Bevor wir gingen, beteten wir noch zusammen. Sie baten uns, doch bald wiederzukommen.

Einige Monate später hörte ich, der Mann sei an Krebs erkrankt und läge im Sterben. Da ich gerade in der Gegend einen Farmgottesdienst gehalten hatte, nur neunzig Kilometer von seinem Haus entfernt, besuchten wir ihn – das war unsere *dritte* Begegnung. Wir redeten sehr offen miteinander. Ich fragte ihn, ob er denn wisse, wo es nach dem Tod hinginge. Diese Frage traf ihn mitten ins Herz, und er seufzte: »Das ist es ja eben! Wenn ich das doch nur wüsste!« Wir saßen zu sechst draußen am Kaffeetisch unter dem Schattennetz. Sein Sohn und dessen Frau waren mit dabei. Der kleine Enkel spielte in der Nähe im Sand. Ich erklärte ihm den Weg zu Jesus und wie man mit ihm in der Gewissheit des ewigen Lebens auf den Tod zugehen kann. Er hörte sehr aufmerksam zu und stellte mir etliche Fragen. Dann fragte ich ihn, ob ich ihm ein Gebet vorsprechen

Etwas außerhalb von Swakopmund (Namibia) steht in der Namibischen Wüste eine Dampflok mit dem für ein solches Gefährt ungewöhnlichen Namen: »Martin Luther«. Während einer Fahrt landeinwärts blieb sie einst trotz aller Bemühungen stehen. Ihren Namen erhielt sie in Anlehnung an Luthers berühmte Aussage: »Hier stehe ich, ich kann nicht anders.«

dürfe, um damit eine persönliche Beziehung zu Jesus zu beginnen. Er war einverstanden. Nach jedem Satz antwortete der Mann mit einem »Ja«, das aus tiefstem Herzen kam. Die Tränen liefen ihm übers Gesicht, als wir »Amen« sagten. Der alte Farmer hatte nun Frieden gefunden. Gott war spürbar gegenwärtig. Es bewahrheitete sich hier, was in Römer 8,16 steht: »Sein Geist bezeugt unserm Geist, dass wir Gottes Kinder sind.«

Etwa vier Wochen später haben wir ihn begraben. Unter einem alten Kameldornbaum, etwa 200 m von seinem Haus entfernt, fand er seine letzte Ruhestätte. Dabei hatte ich die Gelegenheit, etwa achtzig Personen das Evangelium von Jesus Christus zu erklären und zu berichten, wie Gottes Friede im Leben unseres lieben Farmers noch zum Tragen gekommen war. Gottes Gegenwart hatte die letzten Wochen seines Lebens bestimmt. Seinen Kindern war aufgefallen, dass er seitdem viel gebetet hatte. Als es dem Ende zuging, wurde er körperlich zunehmend schwächer. Am letzten Tag, als er merkte, dass er nicht mehr aufstehen konnte, wusste er: »Jetzt gehe ich heim zu meinem Heiland.« Seine Frau saß an seinem Sterbebett. Er zog sie zu sich, dankte ihr noch einmal für die sechzig Jahre, die sie zu ihm gehalten hatte, gab ihr einen Kuss und schloss die Augen. Er war heimgegangen. Was für ein schöner Abschied!

»Vater, ich will, dass sie meine Herrlichkeit sehen.« Unter diesem Wort aus Johannes 17,24, dem Gebet Jesu an den Vater, stand die Abschiedsfeier. Herrlichkeit hatte unser Farmer in der Schöpfung gesehen, in der Schönheit der Wüste und in vielen irdischen Begegnungen und Segnungen. Er hatte auch die Herrlichkeit eines lebendigen Glaubens gefunden. In liebevoller Verbindung zu Jesus Christus ging sein Leben zu Ende. In der himmlischen Herrlichkeit darf er nun Jesus sehen und ewig staunen.

4. Die Ostfriesin, die keinen Gott brauchte

Sie war sehr wortgewandt. Wenn sie im Radio an Gesprächsrunden teilnahm, dann staunte man über ihr Wissen und ihre Schlagfertigkeit. Gemeinsam mit ihrem Mann trat sie nun in den ersehnten Ruhestand. Sie wollte das Leben noch einmal richtig genießen. Aber schon bald waren ihre Zukunftspläne jäh zerstört. Sie bekam Krebs. Langsam setzte sich bei ihr und ihrem Mann die Erkenntnis durch, dass keine Hilfe mehr möglich war. Seit zwei Wochen stand nun die Sauerstoffflasche neben ihrem Bett. Sie hatte sich auserbeten, dass kein »Pfaffe« ihr Zimmer betreten durfte. In Anbetracht der ernsten Situation versuchten ihre besten Freunde und ihr Mann sie zu einem Gespräch mit mir zu überreden. Sie willigte schließlich nur ein, weil sie erfuhr, dass ich ein Landsmann von ihr war. Als ich das Zimmer betrat, erklärte sie herausfordernd: »Ich bin eine stolze Friesin, ich brauche keinen Gott!« Ich reagierte ebenso prompt: »Und ich bin auch Friese, und ich brauche einen Gott.« Sie stutzte. Wir unterhielten uns über unsere Heimat und stellten fest, dass viele der Ostfriesengeschichten doch einen wahren Kern enthalten. Schon bald hatte ich ihr Vertrauen gewonnen, und es war sogar möglich, über den Glauben zu sprechen. Ich blieb nicht allzu lange bei ihr, denn Besuche strengten sie sehr an. Am Schluss fragte ich sie, ob ich noch mit ihr und ihrem Mann beten dürfte. Sie willigte ein und bat mich, doch bald wiederzukommen.

Bei einem der nächsten Besuche konnten wir sehr offen miteinander über das Sterben und den Tod sprechen. Sie hatte Angst und gab ehrlich zu, dass sie keinen Frieden hatte. Sie stellte viele Fragen und sorgte sich darum, wie ihr Mann wohl ohne sie zurechtkommen würde. Ihr früherer beißender Spott und ihre makabren Sprüche über den Tod und über das Grab waren verstummt. Sie wusste, dass sie nur noch ein paar Tage oder Wochen zu leben hatte. Und dann redeten wir über Jesus Christus, über seinen Opfertod, über Vergebung, Befreiung und über den Himmel. Sie hörte aufmerksam zu. Sie wusste: Sie konnte so, wie sie war, nicht vor Gott bestehen. Angesichts des Todes schätzte sie ihr Leben ganz anders ein als früher. Bevor ich ging, beteten wir noch miteinander. Sie sagte sich los von allen Dingen, die sie von Gott trennten (man sagte von ihr, sie sei eine »Spökenkiekerin« gewesen; sie hatte sich mit spiritistischen

Dingen befasst, auch mit Hellsehen), und nahm Jesus als ihren Erlöser an. So wurde sie frei und fand Frieden mit Gott. Die Tochter berichtete mir später, dass sie in den letzten Stunden vor ihrem Tod viel gebetet hatte. Kurz bevor sie die Augen schloss, hatte sie gebetet: »Mein Jesus, wann holst du mich endlich?« Sie war trotz aller anfänglicher Widerstände doch noch von Herzen ein Gotteskind geworden und darf nun auf ewig bei ihrem Erlöser Jesus Christus sein.

Der Fish River Canyon im Süden Namibias ist 500 Meter tief und bietet ein beeindruckendes Panorama.

5. Schlechte Nachrichten zur Weihnachtszeit

Da saßen wir zusammen im Garten auf einer Farm im Osten des Landes. Der Reihe nach haben die Farmer ihre Waffen zur Seite gelegt. Jetzt soll Gottesdienst sein. Ein paar Farmen weiter wurde zwei Tage vorher ein jüngeres Farmerehepaar mit zwei Kindern ermordet. Der neunjährige Junge versuchte sich in ein Erdschweinloch zu verkriechen, aber er wurde herausgezerrt und mit einem Knüppel erschlagen. Entsetzlich! Und wir wollen jetzt Weihnachtsgottesdienst halten. Doch alle haben Angst und sind voller Wut. Nachdem die Leute sich den Kummer vom Herzen geredet haben, spreche ich über die Weihnachtsgeschichte: »Fürchtet euch nicht, denn euch ist heute der Heiland geboren.« Es wird uns allen klar: Wir brauchen einen Glauben, der nicht nur Sehnsüchte stillt und äußere Bedürfnisse erfüllt. Wir brauchen einen Glauben, der in Katastrophen durchhält, der an der »Warum«-Frage nicht hängen bleibt, der mit Angst fertig wird, ja, der alles – den Besitz und auch das Leben – loslassen kann, der aber am unbedingten Ja der Liebe Gottes festhält. Wir brauchen den Heiland, der solchen Glauben gibt. Er ist mitten unter uns. Wir sitzen noch lange zusammen, singen Weihnachtslieder. Das stärkt. Erst spät am Abend fahren die Farmer wieder fort, die Waffe griffbereit neben sich auf dem Autositz. Wie kostbar ist das Evangelium in solch einer Lage! Wie gut ist es, dass nicht all unser Dienst unter so dramatischen Umständen geschehen muss. Aufs Ganze gesehen haben wir noch Frieden im Land.

Johannes Trauernicht, Swakopmund (Namibia)

SÜDAFRIKA

Südafrika liegt ganz im Süden des Erdteils und ist mit 1,22 Millionen km^2 etwa 3,4-mal so groß wie Deutschland, hat aber mit 43,7 Millionen nur etwa halb so viel Einwohner. Die wenig gegliederte Küste mit schmalem Küstentiefland ist fast 3 000 km lang. Den größten Teil des Landes nehmen Hochflächen ein. Das Klima ist weitgehend randtropisch, im äußersten Süden mediterran geprägt und wird durch den Benguela-Strom an der Westküste und den warmen Moçambique-Strom an der Ostküste beeinflusst. Südafrika ist das am stärksten industrialisierte Land des Erdteils. Einen besonderen Reichtum bilden die rund 65 verschiedenen mineralischen Rohstoffe des Landes (Gold, Steinkohle, Eisen-, Mangan- und Chrom-Erz, Diamanten, Uran).

Vom Abenteurer zum Jünger Jesu

In den vergangenen Jahren war ich dreimal (1992, 1995, 1999) zu mehrwöchigen Vortragsreisen in Südafrika. Schon während der ersten Reise lernten meine Frau und ich Familie ***Weidmann*** kennen, und wir begegneten uns auch später immer wieder. Das persönliche Willkommen und die herzliche Gastfreundschaft durfte ich mehrmals genießen. Ich habe den festen Eindruck gewonnen, dass Gott hier Menschen zusammengefügt hat, die sich ohne seine Führung wohl nie begegnet wären. Sie sind mit einer besonderen Berufung ausgestattet, und Gott hat ihren Dienst insbesondere unter den Deutschen in Südafrika durch viel Frucht reichlich bestätigt.

Heinrich wurde am 4. März 1953 in Ebern/Unterfranken und *Franziska* 1951 in Coburg geboren. Aufgewachsen ist er in Rentweinsdorf. Nach dem Besuch der örtlichen Grundschule folgte die Realschule in Ebern. Seine Ausbildung als Maschinenschlosser erhielt er bei der Robert Bosch GmbH in Bamberg und bei FAG Kugelfischer in Ebern. 1975 reiste er zum ersten Mal nach Südafrika aus. Von 1976 bis 1980 studierte er am Theologischen Seminar Chrischona bei Basel/Schweiz. Im Juli 1980 heiratete er *Franziska Schick* aus Coburg. Im September 1980 folgte für ihn die zweite Ausreise, während es für *Franziska* ein erster Aufbruch in ein fernes, unbekanntes Land war. In Johannesburg trat er seinen ersten Dienst als Stadtmissionar an und blieb dort bis Dezember 1991. Seit 1992 leitet *Heinrich Weidmann* die Stadtmission in Pretoria. Mit ihren vier Kindern *Simone, Bastian, Cornelius* und *Julia* sind sie eine glückliche Familie. Seine Frau ist ihm eine große Hilfe und Stütze in der missionarischen Arbeit, da sie ebenso wie er gut Kontakt und Zugang zu Menschen findet. Seiner spannenden Geschichte gab er den Titel: »Geklaut – geglaubt – getraut«.

gi

Z3: Geklaut – geglaubt – getraut

Fernweh

Schon als Teenager hegte ich den sehnsüchtigen Wunsch, einmal in ein fernes Land zu gehen. Eine konkrete Vorstellung hatte ich jedoch noch nicht. Als ich 15 war, starb plötzlich mein Vater. Daraufhin musste unser hundert Jahre alter Familienbetrieb geschlossen werden, weil meine ältere Schwester, mein jüngerer Bruder und ich noch nicht in der Lage waren, das Geschäft zu übernehmen und weiterzuführen. Glücklicherweise bekam meine Mutter bald eine Stelle als Dekanatssekretärin. So konnte sie uns Kinder durchbringen und uns eine Ausbildung ermöglichen. Ich erlernte einen technischen Beruf und wurde Maschinenschlosser. Als der Einberufungsbescheid zur Bundeswehr kam, meldete ich mich zur Marine. Ich hoffte, dadurch ein wenig in der Welt herumzukommen und fremde Länder zu sehen. Zu meiner Enttäuschung wurde ich zur Sanitätseinheit nach Regensburg eingezogen.

Danach arbeitete ich wieder in meinem Beruf bei einer Firma in Ebern/Bayern, die Maschinen zur Kugellagerfertigung herstellte. Eines Tages erwähnte ein Arbeitskollege, dass eine Kompressorenfirma in unserer Nachbarstadt Coburg einen Maschinenschlosser suche, um ihn im Ausland einsetzen zu können. Obwohl die Stelle schon seit mehr als zwei Monaten ausgeschrieben war, suchte ich nach dem Inserat in den alten Zeitungen, die meine Mutter aufhob, und bewarb mich. Ich wurde zu einem Vorstellungsgespräch eingeladen. Da ich ledig und ungebunden war, bekam ich die Stelle. Nun begann eine neunmonatige Ausbildungs- und Vorbereitungszeit für meine künftige Aufgabe im fernen Südafrika. Als unser Hausarzt, der die nötigen medizinischen Untersuchungen und Impfungen durchführte, erfuhr, dass ich mich auf dem Weg nach Südafrika befand, erzählte er mir von einer Ärztin, einer ehemaligen Studienkollegin seiner Frau, die jetzt auch dort lebt. Er gab mir ihre Adresse in Vanderbijlpark und bat mich, sie bei Gelegenheit zu besuchen und ihr Grüße zu bestellen.

Endlich weit weg

Endlich war es so weit! Am 19. Februar 1975 saß ich erwartungsvoll im Jumbojet der South African Airways nach Johannesburg. Mein erster großer Flug! Der Geschäftsvermittler zwischen der deutschen und der südafrikanischen Firma holte mich vom Flughafen in Johannesburg ab. Mir fiel ein Stein vom Herzen, denn von den Flughafendurchsagen verstand ich trotz meiner vier Jahre Englischunterricht in der Schule kein Wort. Am nächsten Tag wurden mir die Firma und die Innenstadt Johannesburgs gezeigt, und am Sonntag erlebte ich einen ersten Höhe-

Familie Heinrich und Franziska Weidmann mit ihren vier Kindern, Südafrika.

punkt meines erst so kurzen Aufenthalts in Südafrika: einen Ausflug nach Pretoria, der Hauptstadt mit ihren historischen Sehenswürdigkeiten.

Der Anfang in der Firma war nicht leicht. Der Chef, von Haus aus afrikaans-sprachig (eine der Hauptsprachen in Südafrika; verwandt mit dem Niederländischen), erklärte mir alles in seinem besten Englisch. Die Arbeitskollegen verhielten sich zwar freundlich, aber doch reserviert, und die schwarzen Arbeiter beließen es stets bei einem freundlichen Lächeln. Die Verständigung war in den ersten Wochen mühsam – war ich doch von Menschen umgeben, die in drei mir fremden Sprachen miteinander redeten. Erschwerend kam hinzu, dass ich bei den schwarzen Arbeitern einen nicht vom anderen unterscheiden konnte, da sie für mich alle gleich aussahen. Weil alles so ganz anders als zu Hause war, die Menschen, das Klima, der Umgang miteinander, wirkte all das Neuartige sehr faszinierend auf mich. Ich fühlte mich hier wohl. Jeden Tag erweiterte ich mit Hilfe eines kleinen Wörterbuches meinen englischen Wortschatz und konnte dadurch besser mit den Leuten reden.

Für den Ostertag hatte unser Geschäftsvermittler eine Überraschung parat: Er und seine Frau luden mich zu einer kleinen Rundreise ein. So kam ich aus der Hochhaus-Metropole heraus. Beeindruckt staunte ich über das weite und herrliche Land, das sich vor meinen Augen ausbrei-

Ein Blick auf Kapstadt (Südafrika) vom Tafelberg in Richtung Lionsberg.

tete. Mittags hielten wir am Vaaldam, einem riesigen Stausee 30 km südöstlich von Vereenigung (südlich von Johannesburg). Der Vaaldam ist das Hauptwasserreservoir für Johannesburg. Der gesamte Wasserbedarf für die Millionenstadt wird von hier aus in die Metropole gepumpt. Auf dem Rückweg kamen wir durch »Vanderbijlpark«. Als ich den Namen dieser Stadt las, fiel mir die Ärztin ein, der ich Grüße von meinem Hausarzt ausrichten sollte. Aber wo wohnte sie? Die Adresse hatte ich nicht dabei. Wir fuhren kurz entschlossen zum Krankenhaus und erkundigten uns dort. Es verging keine halbe Stunde, da saßen wir alle bei Kaffee und Kuchen in ihrem Haus. Es war ein wunderschöner Nachmittag. Zum Schluss wollte sie mir die Adresse und Telefonnummer eines Missionars mitgeben, der sich in Johannesburg um deutschsprachige Immigranten kümmert. Ich lehnte höflich ab, da ich keinen Kontakt zu Deutschen suchte. Außerdem wollte ich auch nichts mit kirchlichen Dingen zu tun haben. Als sie die Adresse nicht fand, sagte ich noch scherzend zu ihr: »Sehen sie, es soll wohl nicht sein!«

Eine folgenreiche Begegnung

In Johannesburg bewohnte ich ein einfaches Zimmer in einem kleineren Hotel mit familiärer Atmosphäre. Alle Gäste hatten sich für längere Zeit dort einquartiert. Mit der Zeit kannte jeder jeden. Als ich eines

Abends gegen meine Gewohnheit direkt aufs Zimmer ging, anstatt in der Bar noch ein Bier zu trinken, begegnete ich im Treppenhaus einem »Fremdling«. Er machte auf mich einen suchenden Eindruck, darum sprach ich ihn auf Englisch an. Der Fremde entpuppte sich als der Missionar *Lothar Buchhorn.* Er war der Mann, von dem die Ärztin aus Vanderbijlpark gesprochen hatte. Um nicht unhöflich zu wirken, lud ich ihn auf mein Zimmer ein. Er war sehr freundlich, und wir unterhielten uns gut. Trotzdem gab ich ihm bald zu verstehen, dass ich über Kirche und Mission meine eigene Ansicht hatte und daran nicht sonderlich interessiert sei. So wechselten wir das Thema, und er erzählte mir von Camps und Freizeiten, die er und seine Kirche durchführen. Er sprach von einem alten Lastwagen, den er für eine Okavango-Fahrt umbaue. »Okavango«[10] war für mich ein neues Fremdwort. Was er davon schilderte, klang sehr abenteuerlich und wild in meinen Ohren. Ich war von diesem kurzen Einblick begeistert. Das klang nach dem, was ich mir unter Afrika immer vorgestellt hatte. Wir verblieben so, dass ich einmal zu ihm käme, um an seinem alten Gefährt mitzubasteln.

Schon am nächsten Samstag fand ich mich bei ihm ein. »Stadtmission« stand im Schaukasten am Eingangstor. Wir arbeiteten den ganzen Samstag und hatten viel Spaß dabei. Irgendwie waren die jungen Leute hier anders als meine Kumpel zu Hause. So werkelten wir jeden Samstag drei oder vier Wochen lang. Die Einladungen zu den »Offenen Abenden« am Sonntag lehnte ich immer freundlich ab. Schließlich besuchte ich dann doch aus lauter Höflichkeit einmal einen »Offenen Abend«. Zunächst war ich etwas schüchtern, aber das änderte sich bald. Das fröhliche Singen zu Gitarrenbegleitung und das, worüber der Mis-

---

10 Der **Okavango** ist ein großer Fluss, der aus den Rinnsalen des Sommerregens in den Bergen Angolas entsteht. Anstatt ihren Lauf in den nur 300 km entfernten Atlantik zu nehmen, sammeln sich die Flüsse des Hochlandes und vereinen sich zu einem Strom, der verspielt und unberechenbar wie ein launenhaftes Kind landeinwärts fließt, um sich ein anderes Meer, den 3 000 km östlich gelegenen Indischen Ozean zu suchen. Wenn der Okavango die Ebene erreicht, ist er ein reißender, tiefer Fluss, der bereits 1 000 km lang fließt, bevor seine Flut nachlässt und er als unschlüssiger Eindringling in die Kalahariwüste, der ausgedehntesten Sanddecke der Welt, eintritt. Dort sinkt er dann in dem abgelegenen Durstland des nördlichen Botswana in den 300 m tiefen Sand ein und verzweigt sich in ein wirres Geflecht von Seitenarmen, Sümpfen, Inseln und Lagunen. Eine gigantische Wildnis von 15 000 Quadratkilometern Größe breitet sich dort aus und gibt dem sonst sehr trockenen, dürren Land lebensnotwendiges Wasser. An den üppigen Ufern des Okavango leben neben den verschiedensten Wildtieren Afrikas noch Buschmänner und Nomaden. Im Wasser, im Busch und in der Luft lauern viele Gefahren.

sionar redete, sprachen mich an. Ich war beeindruckt! An den folgenden Tagen musste ich immer wieder an jenen Abend denken, denn das Gesagte ging mir nicht mehr aus dem Sinn. Am nächsten Sonntag ließ ich mich wieder zum »Offenen Abend« abholen.

Abenteuer pur

Die Okavango-Fahrt rückte näher. Ich hatte in der Firma Urlaub eingereicht, um an dieser Abenteuerfahrt teilzunehmen. Drei Tage dauerte die mühsame Anreise, bis wir endlich im Okavango-Delta ankamen. In der Wildnis campten wir ohne Zelte und schliefen unter freiem Himmel. Mit einem afrikanischen Führer pirschten wir zu Fuß durch den Busch. Büffel, Elefanten, Giraffen und unzählig viele Antilopen so hautnah zu erleben, war für mich einfach überwältigend. Es war atemberaubend schön, am nächsten Tag mit dem Boot durch das Labyrinth der Wasserarme des Okavango zu gleiten. Wir fingen Tigerfische, beobachteten die Krokodile, wie sie faul in der Sonne lagen, und passten angestrengt auf, dass wir den Flusspferden nicht ins Gehege kamen. Eine Vielzahl verschiedener Vögel begleitete uns, und unvergesslich prägte sich mir der Schrei des Fischadlers ein. Alles, was ich erlebte, übertraf meine bisherigen Vorstellungen. Jeden Abend saßen wir ums Lagerfeuer, brieten den Fang des Tages und sangen danach Lieder zur Gitarre. *Lothar* erzählte von Gott. Gekonnt übertrug er die biblischen Geschichten in das Leben unseres Alltags. Da ging es an einem Abend um einen jungen Mann, der in die Welt auszog, um das Leben kennen zu lernen. Die Geschichte passte zu mir und traf direkt in mein Herz.

Wir blieben fünf Tage im Okavango-Gebiet und teilten uns in drei Gruppen auf. Eine zog zu Fuß durch den Busch, eine andere fuhr mit einem Boot entlang der Wasserarme, und die dritte ging mit dem Lastwagen auf Erkundungsfahrt. Am folgenden Tag kam ich nicht mit auf Safari und meldete mich freiwillig als Lagerwache. Ich wollte etwas Zeit für mich haben. In diesen Tagen ging mir so viel durch den Sinn. Jetzt wollte ich das Erlebte und Gehörte verarbeiten. In der Astgabel eines Maroela-Baums sann ich über mein Leben nach. Die Jahre liefen wie ein Film an meinem inneren Auge vorbei. Ich stellte mir Folgendes vor: Wenn ich Gott wäre und der *Heinrich* käme zu mir, würde ich ihn zu mir lassen? Daraufhin nahm ich mein Tagebuch und schrieb auf die eine Seite alles, wofür ich mir »Pluspunkte« geben würde und auf die andere alles, was ich mir als Fehler, als Schuld, Versagen oder Sünde, also als »Minus« anrechnen müsste. Die zweite Seite wurde viel schneller voll als die erste. Das war kein gutes Resümee. Am Ende des Abends fragte ich *Lothar*, ob er mir eine Bibel leihen könnte. In meinen Schlafsack gehüllt, suchte ich mit der Taschenlampe die Geschichte von dem jungen Mann (dem »verlorenen Sohn« in Lukas 15). Immer wieder las ich denselben Abschnitt, und etwas wurde mir immer klarer: Das ist meine Geschichte, auch wenn ich rein äußerlich nicht am Schweinetrog sitze, sondern gerade die bisher schönste Zeit meines Lebens erlebe. An der Existenz Gottes zweifelte ich nicht. Aber wenn Gott eine Person ist – das hatte ich einmal im Religions- und Konfirmandenunterricht gelernt – und eine Beziehung zu mir sucht, dann weiß ich davon nichts. Insofern war ich gegenüber Gott beziehungslos und im Grunde genommen gott-los. Diese Erkenntnis war für mich erschütternd. Aufgrund meiner Kirchenzugehörigkeit und meines ethisch einigermaßen »normalen« Lebens hatte ich immer geglaubt, mit Gott und mir sei eigentlich alles in Ordnung. Hinzu kam, dass ich bisher auch nie verlegen war, wenn es darum ging, in bestimmten Situationen eine Entscheidung zu treffen. Aber jetzt hatte ich keine Antwort. Wie der junge Mann in der Bibel zu seinem Vater zurückkehrte, so wollte auch ich zu Gott zurückkehren. Aber wie? Warum wusste ich nicht, wie man zu Gott kommt?

Der Wendepunkt meines Lebens

Als wir bereits auf der Heimfahrt waren, schlug *Lothar* vor, nach dem Abendessen noch ein paar Stunden als so genannte Nachtetappe zu fahren. Er wollte dadurch die lange Fahrt etwas verkürzen. Ich meldete mich als Beifahrer und setzte mich zu ihm ins Führerhaus. Während der Fahrt erzählte ich ihm von meinen inneren Erlebnissen der vergangenen Tage und dem Konflikt, in dem ich jetzt stand. Wir sprachen über Gott und über Jesus, über das Leben und dessen Sinn und Zweck. Er erklärte mir die Begriffe Schuld, Sünde, Bekehrung und Wiedergeburt. Ich erkannte, warum Jesus für uns gestorben ist. Eine wunderbare, neue Erkenntnis breitete sich in mir aus, dass ich jederzeit und überall zu und mit Gott sprechen kann. Im fahrenden Lastwagen beteten wir, und ich bekannte Gott meine Schuld und meine Sünden. Dabei nannte ich alle Einzelheiten, die in meinem Tagebuch als »Minuspunkte« eingetragen waren. Die Zusagen aus der Bibel, die *Lothar* mir zusprach, dass »das Blut Jesu Christi, des Sohnes Gottes, uns rein macht von aller Sünde« und »wenn wir unsere Sünden bekennen, er treu und gerecht ist, dass er uns die Sünden vergibt und reinigt uns von aller Untugend«, bewirkten eine spürbare Erleichterung in mir. Es war, als fielen mir Zentnersteine vom Herzen. Eine unsagbare Freude erfüllte mich. Ich empfand es als direkte Bestätigung Gottes, dass er mich als sein Kind angenommen hatte und mit seinem Heiligen Geist bei mir war. Jetzt wollte ich singen. Wir stimmten einige der Lieder an, die wir an den Abenden zuvor gesungen hatten, und übertönten damit das gleichmäßige Dröhnen des alten Bedford-Lastwagens, der für mich zur Wiege meines neuen

Lebens geworden war. Es war bereits weit nach Mitternacht, als wir endlich anhielten. Müde, aber glücklich kroch ich in meinen Schlafsack und zog die Kapuze zu. Es war kalt, der Himmel sternenklar. Als ich das überwältigende Firmament über mir sah, wusste ich, dass der Gott, der das alles geschaffen hat, mein Vater ist. Ich sprach ein Dankgebet und schlief mit der beglückenden Gewissheit ein: Jetzt bin ich daheim! Jetzt ist alles gut!

Das pochende Gewissen

Am Arbeitsplatz gab es viel zu erzählen, aber auch die ersten Probleme. Ganz oben in meinem Werkzeugkasten lag meine Schieblehre. Dieses Messinstrument hatte ich in meinem ersten Lehrjahr geklaut und bisher als »Siegestrophäe« wie ein wertvolles Schmuckstück gehütet. Mein Gewissen klagte mich nun heftig an. Am Wochenende nahm ich die Schieblehre mit nach Hause, schrieb einen Begleitbrief und schickte sie an den Ausbildungsleiter meiner Lehrfirma in Deutschland zurück. Ähnliches tat ich auch mit anderen Dingen, die ich mitgenommen hatte. Es war nicht leicht, diese Briefe zu schreiben, denn nun erfuhren Menschen, wer ich eigentlich war. Ich betete viel dafür, und es war eine große Erleichterung, Geschehenes zu bereinigen. Von nun an konnte ich auch anderen die befreiende Erfahrung des Lebens mit Jesus bezeugen. Eine Sache lag mir jedoch noch schwer auf der Seele. Das betraf meinen ehemaligen Chef in Deutschland und unser Verhältnis zueinander. Während der Vorbereitungszeit für Afrika brachte er mir uneingeschränktes Vertrauen entgegen, so dass zwischen uns eine persönliche Beziehung wuchs. Das wiederum half mir, aus seiner Firma Ersatzteile im Wert von etlichen tausend D-Mark entwenden zu können. Jetzt schrieb ich ihm von der inneren Veränderung in meinem Leben durch den Glauben an Jesus Christus. Ich bekannte ihm, wie ich sein Vertrauen missbraucht hatte. In einer beigefügten Liste führte ich alle entwendeten Teile haargenau auf und auch den Gewinn, den ich daraus geschlagen hatte.

Der Brief, der anders war

Die Antworten, die ich auf meine Briefe bekam, waren durchweg positiv. Man war von meiner durchgreifenden Wandlung zur Ehrlichkeit höchst überrascht. Gott hatte bewirkt, dass niemand »sauer« oder beleidigt reagierte. Im Gegenteil: Verhältnisse und Beziehungen sind erneuert und wiederhergestellt worden. Nur ein Brief war anders. Absender und Schrift waren mir unbekannt. Ich überlegte zunächst, ob ich ihn überhaupt öffnen sollte. Da aber meine Anschrift stimmte, hielt mich nichts davon ab:

Lieber Herr Weidmann!
Ich bin die Sekretärin von Herrn K. Ich habe Ihren Brief an den Direktor geöffnet und Ihre »Beichte« gelesen. Normalerweise öffne ich keine Briefe mit der Aufschrift »persönlich«. Aber da wir seit einiger Zeit mit Ihnen korrespondieren, hielt ich den Brief für geschäftlich, und so dachte ich mir nichts dabei. … Solch einen Inhalt hatte ich jedoch nicht erwartet, und darum antworte ich Ihnen heute – für Sie wohl auch unerwartet. Ich selbst kenne Jesus Christus seit Jahren. Leider fällt es mir nicht immer leicht, mich vor anderen Menschen zu ihm zu bekennen. Hier in der Firma wissen nur wenige davon. Nie schien mir die Gelegenheit passend, Herrn K. davon zu sagen, obwohl ich es mir immer wünschte. Ihr Zeugnis überwältigte mich so, dass mir auf einmal ganz klar wurde, dass jetzt der Moment gekommen ist, in dem ich nicht mehr schweigen kann. Ich erzählte ihm, dass Jesus Christus auch der Herr meines Lebens ist. Ihre Offenheit hat Herrn K. sichtlich beeindruckt. Wie die Angelegenheit weitergeht, ist Sache zwischen ihm, Ihnen und dem Herrn Jesus. Ich bin fest überzeugt, dass Sie IHM voll vertrauen dürfen. … Sie haben mir – ganz unbewusst für Sie – sehr geholfen, und ich kann Gott nur loben für sein großartiges Wirken. Ich freue mich sehr, dass Sie Jesus gefunden haben, und kann Ihnen nur weitersagen: »Mit Jesus zu leben, lohnt sich. Er ist ein wunderbarer Herr!«

Zwei Tage nach diesem Brief kam die Antwort des Chefs. Er hat mir vergeben und ein Drittel meiner Schuld erlassen. Zu unserem persönlichen Verhältnis sagte er: »Das steht jetzt auf einem neuen Fundament.« Obwohl die Sekretärin und ich uns noch nie gesehen hatten, schrieben wir uns weiter.

Das Lebensziel

Regelmäßig besuchte ich jetzt die Veranstaltungen der Stadtmission und half mit, wo ich nur konnte. »Gute Maschinenschlosser gibt es viele«, so ging es mir eines Tages durch den Sinn, »aber es gibt nur wenige, die das Herzensanliegen Gottes den Menschen weitersagen. Sollte ich nicht Missionar werden?«, dachte ich. Ich betete zu Gott, dass ich mit diesem Denken nicht einem abenteuerlichen Wunschtraum verfallen möge. Wochen vergingen, aber der Gedanke, Missionar zu werden, blieb. An einem Mittwoch war der Gedanke dann so stark, dass ich um 10 Uhr um Urlaub bat und dann sofort in die Stadtmission fuhr. Nach einem Gespräch mit den beiden Stadtmissionaren (so heißen die Pastoren der Stadtmission) beteten wir und verblieben so, dass wir in den nächsten Wochen Gott weiterhin dieses Anliegen vorbringen wollen. Es änderte sich nichts an meinem Wunsch. Ich wollte weiterhin Missionar werden.

Schließlich wandten wir uns an das Theologische Seminar Chrischona (Basel), wo auch die beiden Stadtmissionare ihre Ausbildung absolviert hatten. Ab jetzt war alles ganz einfach: Bewerbung, Annahme, und Mitte August 1976 begann das Studium.

Oh Schreck!

Kurz vor Studienbeginn fuhr ich noch für ein paar Tage nach Hause. Natürlich wollte ich bei dieser Gelegenheit auch meine »Brieffreundin«, die Sekretärin, kennen lernen. Keiner von uns wusste, wie der andere aussieht. Wir verabredeten uns in Tambach, das liegt auf halbem Weg zwischen unseren beiden Wohnorten. Als wir uns das erste Mal sahen, dachte ich nur: »O Schreck! Eine Frau mit Brille ...« Wir gingen miteinander in einem Park spazieren, und schon nach einer kurzen Zeit des gemeinsamen Weges und Redens dachte ich: Sie gefällt mir. Wir hatten uns ja bereits über ein Jahr lang geschrieben und »per Post« ganz gut verstanden. Aber die persönliche Begegnung war doch noch etwas anderes. Wie ihre Handschrift und ihr Schreibstil, so war auch ihre ganze Art beeindruckend und anziehend. Als ich *Franziska* am Abend nach Hause brachte, bewegte mich eine Frage, die mir schon öfter beim Schreiben und Lesen der Briefe gekommen war: Könnte sie wohl die Frau meines Lebens sein? Wie konnte ich darüber Gewissheit bekommen?

Am Abend vor meiner Abreise aus Südafrika hatte ich eine Begegnung mit einem pensionierten Pastor, der zu Besuch in Johannesburg war. Der sagte mir ganz unvermittelt: »Mein Freund, wenn du einmal eine Frau kennen lernst, die du heiraten möchtest, musst du dreierlei unbedingt beachten: 1. Sie muss eine Christin sein und den Herrn Jesus lieb haben; 2. Ihr müsst miteinander beten können und gemeinsam euer Herz vor Gott ausbreiten können; und 3. Mit dem Sex wartet bis nach der Hochzeit, nehmt euch da nichts vorweg.« Diese drei Punkte gingen mir jetzt durch den Kopf. Der erste Punkt war erfüllt, der dritte stand nicht zur Debatte. Die entscheidende Frage war: Wie steht sie zum Gebet? Ich dachte: Wenn ich sie frage, ob wir miteinander beten sollen, wird sie sicherlich nicht *nein* sagen. Von meiner zukünftigen Frau wünschte ich jedoch, dass ihr das gemeinsame Gebet so wichtig ist, dass sie hier selbst die Initiative ergreift. So bat ich Gott um ein Zeichen. Wenn sie die Frau ist, die er für mich bestimmt hat, dann soll die Anregung zum Beten von ihr kommen. Ich würde mich von ihr verabschieden und mich für die Begegnung und den schönen Nachmittag bedanken. Sie müsste dann etwa so antworten: »Wir haben so viel Schönes erlebt, jetzt lass uns noch miteinander beten und Gott dafür danken«. Als beim Abschied die genaue Satzstellung so von ihren Lippen kam, wusste ich: Gott hat mir heute meine zukünftige Frau gezeigt!

Kurz vor meiner Abreise nach Chrischona in der Schweiz trafen wir uns noch einmal. Ich wusste nicht, ob Gott auch mit ihr gesprochen hatte. So fragte ich sie, ob wir uns weiterhin schreiben sollten. Nach einer für mich viel zu langen Pause meinte sie, die Antwort erst überdenken zu müssen. Ich schlug vor, ihr von Chrischona aus eine Karte zu schreiben. Sie könne dann entscheiden, wie sie darüber denkt.

Der Heiratsantrag

Ich schrieb, sie antwortete. Ab und zu telefonierten wir zum »Mondschein-Tarif« (damals günstiges Telefonieren nach 23:00 Uhr). Sie war inzwischen nach England gegangen und lernte bei einem Au-pair-Aufenthalt in London die englische Sprache. So beschloss ich, sie in den Weihnachtsferien dort zu besuchen. Weil ich in meinen Briefen schon mehrmals »durch die Blume« auf das Thema Zukunft und gemeinsamer Lebensweg hingewiesen hatte, machte ich ihr gleich am ersten Abend meinen Heiratsantrag. Drei lange Wochen musste ich warten, bis sie mir endlich am 23. Dezember 1977 von Herzen »Ja« sagen konnte. Wir verlobten uns aber offiziell erst ein Jahr später an diesem Tag, und nach Abschluss meines Studiums im Juli 1980 heirateten wir. Gott hat uns in die Stadtmissionsarbeit nach Südafrika berufen. Im September 1980 kamen wir als jungverheiratetes Paar in Johannesburg an. Nun konnte *Franziska* sehen, wo Gott mit mir angefangen und in mein Leben hineingesprochen hatte. Hier begegneten mir die Menschen, die mir von Jesus erzählten, hier hörte ich ihn reden und wurde von innen völlig erneuert, und hier wurde ich von ihm zum Missionar berufen. Es ist so, wie *Franziska* bei unserer ersten Begegnung sagte: »Wir haben so viel Schönes erlebt.« Dafür wollen wir Gott loben und ihm danken.

Heinrich Weidmann, Pretoria (Südafrika)

ASIEN

Usbekistan

Asien umfasst einschließlich seiner Inseln 33 % der Landfläche der Erde und ist viermal so groß wie Europa. Unsere Zeugin ***Schirinai Dossowa*** stammt aus Usbekistan, einer der 15 Republiken der früheren Sowjetunion. Usbekistan grenzt im Norden an Kasachstan, im Osten an Kirgisien und Tadschikistan und im Süden an Turkmenistan und Afghanistan. Mit 447 000 km^2 ist Usbekistan um 25 % größer als Deutschland; es hat aber mit 20,6 Millionen Einwohnern nur ein Viertel so viel Einwohner wie unser Land. Am 20. Juni 1990 erklärte sich Usbekistan für souverän und am 31. August 1991 für unabhängig. Die Bewohner des Landes sind überwiegend sunnitische Moslems.

Auf dem kürzesten Weg zu Jesus

Fünfmal bin ich *Schirinai* bisher begegnet, dreimal in Moskau (Mai 1991, April 1993, August 2004) und zweimal während ihrer Deutschlandbesuche im April 1999 und am 18. Oktober 2004 in unserem Haus. Jeder Mensch ist ein Original Gottes. Nur selten trifft man auf Menschen, die mit einer so ganzheitlichen Hingabe ihres Lebens dem Herrn dienen. Ich empfinde sie im wahrsten Sinne des Wortes als ein von Gott erwähltes und zubereitetes Werkzeug. Es war für mich ein besonderes Erlebnis, *Schirinai* auf dem Arbat evangelisieren zu hören. Sie stellt sich in dieser bekannten Einkaufs- und Fußgängerzone Moskaus einfach irgendwo hin, hält ihr Markenzeichen, die Bibel, mit den deutlichen Buchstaben BIBLIJA hoch und ruft die Menschen mit unüberhörbarer Stimme herbei. Und dann geschieht das Unglaubliche: Menschen sammeln sich um sie herum, erst zwei, dann drei, dann fünf, bald zehn, nach wenigen Minuten schon zwanzig. Sie beginnt ihre Rede mit fesselnden Worten, mal mit sanfter Stimme, dann wieder emotionaler und herausfordernd. Die Menschen spüren: Hier wird nicht eine Schleuderware zum Verkauf angeboten, hier geht es ganz zentral um Christus. Die Ewigkeit steht zur Debatte. Immer mehr Menschen bleiben stehen. Bald ist eine riesige Menschentraube versammelt, und die meisten hören gebannt zu. Ein buntes Gemisch von Menschen steht hier von jung bis alt, Männer und Frauen, Hausfrauen und Kaufleute, Polizisten und Soldaten, Atheisten und Suchende, Zustimmende und Kritiker, Russen und Ukrainer, Kasachen und Tataren. So deutlich haben die meisten das Evangelium noch nie gehört, und viele hören es hier überhaupt zum ersten Mal. Zum Schluss betet sie mit den Menschen. Viele kommen dadurch in jene Bewegung hinein, die zur Ewigkeit führt. Ich bin mir sicher: Im Himmel werden viele sein, die Jesus dafür danken werden, dass er diese glühende Missionarin berufen hat, die ihnen half, den Weg nach Hause zu finden.

Schirinai findet auf dem kürzesten Weg zu den Herzen der Menschen, und in kürzester Zeit erzählt sie ihnen von Jesus. Als wir in dem großen Hotel Rossija im Zentrum von Moskau untergebracht waren, holte sie uns auf unserer Etage ab. Mit uns im abwärts fahrenden Fahrstuhl war auch eine Frau mit einem Rosenstrauß. *Schirinai* sprach sie kurz an, berührte eine der schönen Rosen und staunte über diese Pracht der Schöpfung. Ergriffen fragte sie: »Wer hat diese Blüte nur so schön gemacht?« In wenigen Sekunden war sie beim Schöpfer, bei Jesus Christus, angelangt. Die Zeit im Fahrstuhl reichte aus, um dieser unbekannten Frau eine Kurzbotschaft des Evangeliums zu bringen.

Als wir uns am 1. August 2004 nach einer kurzen Vortragsreihe zu einem Abschiedsessen in einem Moskauer Restaurant trafen, war für mich bewegend zu erleben, wie *Schirinai* sehr schnell mit der für uns zuständigen Kellnerin, der leitenden Kellnerin und der Dame, die die Gäste am Ausgang verabschiedete, ins Gespräch kam. Alle drei erfuhren an diesem Abend in einer gewinnenden Art etwas von dem rettenden Evangelium. Nach dem bekundeten Interesse erhielten die drei jungen Frauen ein evangelistisches Buch ausgehändigt. *Schirinai* verpasst keine Gelegenheit, um Menschen mit der besten Botschaft der Welt in Kontakt zu bringen.

Einige Details zum familiären Umfeld: *Schirinai* hatte einen tadschikischen Vater und eine ukrainische Mutter. Aus dieser Ehe gingen 7 Söhne und 3 Töchter hervor. Alle drei Töchter haben einen Zwillingsbruder. *Schirinai* ist das jüngste Kind. Alle wurden streng islamisch erzogen. Nachdem sie sich bekehrte, versuchte sie auch ihre Geschwister für den Glauben an Jesus Christus zu gewinnen. Nach neuestem Stand (2005) haben acht ihrer Geschwister das Evangelium angenommen. Drei der Brüder sind Gemeindeleiter in Usbekistan geworden, von denen einer im Oktober 2004 verstarb. Der verstorbene Bruder war der Erste aus ihrer Familie, der durch *Schirinai* zum Glauben fand. Nur der älteste Bruder ist noch nicht gläubig. Acht ihrer Neffen und Nichten sind bereits Missionare geworden bzw. befinden sich noch in der Ausbildung dazu. Als Muslim hatte ihr Vater noch eine zweite Frau. Mit dieser Usbekin hatte er weitere neun Kinder, von denen fünf schon sehr früh gestorben sind. Diese Frau wohnte in einem anderen Haus, und zu ihr gab es kaum Kontakte.

gi

Z4: Vom Islam zur christlichen Missionarin[11]

Kindheit und familiärer Hintergrund

Geboren wurde ich, *Schirinai,* am 12. Juli 1958 in einer großen moslemischen Familie (ich habe noch 9 Geschwister) in Usbekistan, einer der 15 früheren Republiken der UdSSR. Mein Vater ist Tadschike, und meine Mutter kommt aus der Ukraine. Sie wurde orthodox erzogen, aber durch die Heirat war sie gezwungen, zum Islam überzutreten. Meine Großeltern mütterlicherseits waren orthodox. Sie erzählten mir zwar nie etwas von Christus, doch ich sah sie oft beten, besonders die Oma. Ich erinnere mich noch genau, wie sie, bitter weinend, meiner Mutter klagte: »Du hast zehn Kinder geboren, und keines wird je die Chance haben, ein Christ zu werden – welch eine Not!« Meine Großeltern kamen 1941 mit meiner Mutter und deren Geschwistern aus der Ukraine nach Usbekistan. Dies war eine Folge der »Sonderumsiedlung« als Familienangehörige eines Vaterlandsverräters: *Alexander*, der Bruder meiner Mutter, war ein so genannter »Feind des Volkes« und wurde, wie Millionen andere, während des stalinistischen Regimes umgebracht.

Die Fahrt nach Usbekistan in Viehwaggons dauerte einen ganzen Monat. Endlich in der Steppe unter der sengenden Sonne angekommen, wurden sie in viehstallähnlichen Baracken untergebracht. Das Schlimmste war jedoch die Hungersnot. Als Folge davon schwollen den Menschen die Bäuche an, und der Bauchtyphus raffte sie wie die Fliegen dahin. In der ersten Zeit waren die Schildkröten aus der Steppe ihre einzige Nahrung. Meine Oma hatte diese Tiere nie zuvor gesehen, und sie bezeichnete sie abfällig als »Schlangenköpfe«. Sie konnte sich weder an den Anblick noch an ihren Geschmack gewöhnen, und jedes Mal, wenn eine lebendige Schildkröte ins kochende Wasser geworfen wurde und diese dann ihren Kopf auf dem langen Hals herausreckte, wurde Oma ohnmächtig. Als das Wasser immer knapper wurde und es schließlich kaum noch Schildkröten gab, wurde die Hungersnot noch größer.

Damals gab es in Usbekistan sehr viele Kriegsgefangene: Deutsche, Italiener und Japaner. Auch sie litten unter dem Hunger und waren in schäbige Lumpen gekleidet. Zu diesem Elend kam noch hinzu, dass sie von ihren Aufsehern grausam misshandelt wurden, so dass die meisten von ihnen diese Zeit nicht überlebten. Die Leichen warf man kurzerhand in eine Grube. Als nach Stalins Tod (1953) eine Untersuchungskommission aus Moskau angekündigt wurde, stellte man in der Nacht in eiliger Aktion auf einem großen Feld Kreuze auf. Das sollte den Ein-

[11] Die Übersetzung vom Russischen ins Deutsche wurde dankenswerterweise von Dipl.-Ing. *Alfred Bamesberger*, Braunschweig, angefertigt.

druck erwecken, als hätte man die Kriegsgefangenen in Einzelgräbern bestattet.

Mein Onkel erzählte mir später, dass er in dieser Zeit einen großen Hügel zu einem Feld umackern musste. Dabei bemerkte er, dass der Acker einem Melonenfeld vergleichbar mit Menschenschädeln übersät war. Das Leben der Gefangenen galt überhaupt nichts. Als z. B. die Kriegsgefangenen eines Tages zur Arbeit über ein Feld gejagt wurden, bückte sich einer von ihnen, um eine kleine Tomate zu pflücken. Er wurde deshalb auf der Stelle erschossen. Meine Mutter erinnerte sich ihr ganzes Leben lang an diese Tomate, um deretwillen ein Mensch einfach umgebracht wurde. In ihrer Familie wurde das menschliche Leben als große Kostbarkeit sehr geachtet. Ihr Vater erzählte immer wieder, dass er durch drei Kriege hindurchgegangen sei, ohne auch nur einen einzigen Menschen umgebracht zu haben.

Ich bin in einem Dorf aufgewachsen, dessen sämtliche Bewohner während des stalinistischen Regimes umgesiedelt wurden. Da gab es Ukrainer, Deutsche, Griechen, Finnen, Bulgaren, Esten, Tschetschenen, Karatschaier, Juden. Vielleicht ist das auch der Grund dafür, dass ich auch heute noch schnell Zugang zu Menschen unterschiedlicher Herkunft finde, denn ich habe es schon sehr früh gelernt.

Meine Mutter war eine sehr liebenswerte und im Dorf allseits geschätzte Frau. Obwohl sie nie etwas von Christus erzählt hat, war ihr Handeln dennoch von ihrem christlichen Hintergrund geprägt. Dass die beiden wichtigsten christlichen Feiertage allen Tadschiken bekannt waren, lag einzig an ihr. So bereitete sie vor Ostern mehrere große Körbe mit Ostergebäck vor, die sie dann freigebig verschenkte.

Wie schon erwähnt, waren wir zehn Kinder, davon drei Zwillingspaare. Vom Staat gab es damals den Befehl: »Alle müssen arbeiten!« Dieser Befehl machte auch für Mütter mit Neugeborenen keine Ausnahme. Zwei Wochen nach der Entbindung mussten sie bereits aufs Feld, und die Säuglinge kamen in die Kinderkrippe. So erging es auch meiner Mutter. Besonders schwer war es zur Zeit der Baumwollernte. Die täglich zu sammelnde Erntenorm betrug 60 bis 80 Kilogramm. Dabei mussten die jungen Mütter dreimal am Tag zum Stillen vom Feld in die Kinderkrippe laufen. Wenn meine Mutter abends nach Hause kam, wusste sie nicht, womit sie zuerst beginnen sollte: Das Vieh im Stall musste gefüttert, getränkt, gemolken werden, im Garten musste gepflanzt und gegossen werden, die Decken mussten genäht, die Kinder gewaschen und gefüttert werden. Nachts strickte sie Socken und reinigte die Baumwolle für die Decken. Sie arbeitete immer sehr schnell. Wenn mein Vater von der Arbeit kam (er war Gruppenleiter in der Kolchose), lief meine Mutter zu ihm, um ihm seine Stiefel von den Füßen zu ziehen, es ihm gemütlich zu machen und Tee zu servieren. Bei der Hausarbeit half er ihr nie. Es war so, wie es in moslemischen Familien üblich ist: Alles liegt auf den Schultern der Frau. Was meine Mutter machte, das tat sie von ganzem Herzen. Das war für mich der Ausdruck ihres Glaubens. Im Dorf erinnert man sich an sie mit großer Dankbarkeit.

Mein Vater war völlig anders als meine Mutter. Er war streng, despotisch und unbeherrscht. Eines Tages nähte meine Mutter eine Decke, und ich saß neben ihr. Als mein Vater hinzukam, fragte er nach den anderen Kindern. Sie sagte, sie seien ins Kino gegangen, um Zeichentrickfilme zu sehen. Daraufhin nahm er – unvermittelt und für uns unverständlich – einen Melkhocker und schlug ihn mit ganzer Wucht Mutter auf den Kopf. Wenn mein Vater uns Kinder bestrafen wollte, ließ er uns oft mit nackten Beinen auf Mais knien und schlug uns dann sehr hart, oft nur wegen einer Lappalie. Auch als wir älter wurden, erging es uns nicht besser.

Meine Schwester *Fatyma* wurde bereits im Kindesalter einem Mann als künftige Frau versprochen. Während des Studiums heiratete sie heimlich einen anderen. Als mein Vater davon erfuhr, schrie er vor Wut: »Ich brenne das Haus ab und bringe euch alle um!« Vor Angst, er könne diese Drohung wahr machen, wachte ich nachts auf und lief auf die Straße. Der Vater schlief im Nachbarzimmer, und bei jedem Geräusch fürchtete ich, er würde aufstehen und uns alle mit seinem großen Dolch abschlachten. Dieser Dolch lag immer unter seinem Kopfkissen, wie es bei vielen Moslems Sitte ist. Seit dieser Zeit spüre ich oft ein heftiges Stechen im Herz, was ich auf die Angst vor dem Dolch meines Vaters zurückführe. Meine Schwester *Suro* umschmeichelte den Vater häufig in dieser schwierigen Situation nach *Fatymas* heimlicher Heirat und rettete uns dadurch. Es entspricht durchaus moslemischer Sitte, dass, wenn eine Ehe nicht zustande kommt, der Heiratswillige die nächstjüngere Schwester heiratet. *Suro* willigte – wenn auch bitterlich weinend – ein, den von *Fatyma* verschmähten Bräutigam zu heiraten: »Ich tue es nur für meine Mutter und meine Schwester *Schira*« (so wurde ich zu Hause genannt). Diese Geschichte spielte sich ab, als ich in der achten Klasse war. Mein Vater wollte mir zunächst nicht mehr erlauben, weiter in die Schule zu gehen, sondern drohte, mich zum Schafehüten zu schicken, damit ich nicht auch so eigenwillig handele wie meine älteste Schwester. Durch die Heirat von *Suro* war mein Vater dann wieder besänftigt, und ich durfte weiter die Schule besuchen. Ich danke dir, *Suro*!

Ich lernte sehr gern, aber in der Familie gab es auch viel Arbeit. So war ich bereits ab der vierten Klasse intensiv in alle anfallenden Arbeiten eingespannt; ich molk z. B. unsere Kuh und knetete den Brotteig für die ganze Familie. In der Schule lernten wir nur drei bis vier Monate im

Jahr, weil alle Schüler von September bis Dezember zur Baumwollernte und im April und Mai zum Ausdünnen der Baumwollpflanzen eingesetzt wurden. Selbst wenn es schon nichts mehr zu ernten gab, mussten wir dennoch wegen des Befehls zur Planerfüllung bis sechs Uhr abends auf dem nassen Feld ausharren.

Von Usbekistan nach Moskau

Ich hatte damals vor, an der Moskauer Universität zu studieren. Die Aufnahmeprüfungen im Hauptfach Literatur bestand ich mit der Note »sehr gut«, dennoch wurde ich nicht angenommen, weil es pro Studienplatz acht Bewerber gab. Trotzdem kehrte ich nicht zurück, sondern blieb in Moskau. In dieser Zeit habe ich viel über meinen Vater nachgedacht. Wir Kinder hassten ihn. Wir freuten uns immer, wenn er von zu Hause wegfuhr. Außerhalb der Familie verhielt er sich völlig anders. Er war Ältester in seiner Sippe, und darum suchten ihn die Leute auf, um sich mit ihm zu beraten. Vater betete oft, denn er war ein strenger Moslem. Besonders liebte er es, den Mullah nach Hause einzuladen, wobei er ihn jedes Mal darum bat, die Heiligen Bücher mitzubringen, damit dieser ihm daraus vorlas. Dabei konnte er sogar weinen. Er selbst war ungebildet, aber er schätzte das Wissen, und darum ermöglichte er fast allen Kindern eine Hochschulbildung. Vater war sehr gastfreundlich, und zu uns kamen viele Gäste. Einmal brachte der Vater einen Eimer Honig mit, der selbstverständlich nur für die Gäste war und für uns Kinder unter Verschluss aufgehoben wurde. Versehentlich wurde auch der Kater in diesen abgeschlossenen Raum eingesperrt. Als er bis zum Hals im Honig steckte, schrie er fürchterlich. Der Kater wurde gerettet, aber der Honig war durch die vielen Katzenhaare für unsere Gäste nicht mehr verwendbar. Aus lauter Sparsamkeit wurde der Honig vom Kater abgekratzt, und nun durften auch wir davon essen.

Ich habe mich immer wieder gefragt, warum mein Vater so widersprüchlich war: einerseits weise und gütig, doch andererseits so grausam. Vielleicht lag es auch mit an seiner eigenen Kindheit und Erziehung.

Mein Bruder und ich sind ein Zwillingspaar und am 12. Juli, einem großen orthodoxen Feiertag, nämlich dem Tag der heiligen Apostel Petrus und Paulus, geboren. Meine Großmutter (mütterlicherseits) bat meinen Vater sehr, mir anlässlich des Feiertags den Namen *Paulina* und meinem Bruder den Namen *Peter* zu geben, denn sie war ein sehr religiöser Mensch. Aber mein Vater tat das nicht. Stattdessen nannte er mich *Schirinai* (»*Süßer Mond*«) und meinen Zwillingsbruder *Schakar* (»*Zucker*«). Omas Tränen und Wünsche erreichten dennoch den Himmel. Heute arbeite ich in einer Gemeinde in Moskau, und mein Bruder *Schakar* ist Pastor einer Gemeinde in Usbekistan. Auch bin ich meinem Vater sehr dankbar, dass er mir – unwissend – prophetisch den passendsten Namen gab: »Süßer Mond«. Der Mond hat kein eigenes Licht. Er reflektiert nur das Licht der Sonne. Mein Leben ohne Gott wäre genauso dunkel, wie auch der Mond ohne Sonnenlicht dunkel wäre. Es gibt für mich einen Tag, an dem die Sonne in mein Leben kam. Das war, als Jesus mein Leben hell gemacht hat. Und in diesem Licht ist es leicht, zu leben und sich zu freuen! Er, die große und ewige Sonne, erfüllt seitdem meine Seele. Mein Haus und die ganze Welt fingen für mich mit ganz neuen Farben zu strahlen an. Wahrhaftig: Christus ist die »Sonne der Gerechtigkeit« (Mal 3,20), und »sein Mund ist süß, und alles an ihm ist lieblich« (Hohelied 5,16).

Vom Suchen zum Finden

Die erste Predigt über Jesus hörte ich 1988 in den Zeiten von »Perestroika und Glasnost« auf dem Arbat, jener weltbekannten Fußgängerzone in Moskau. Ich schlenderte ziellos über den Arbat (und genauso ziellos war auch mein Leben damals mit dreißig Jahren) und hörte, wie dort ein Mann aus der Bibel predigte. Ich blieb stehen, als wären meine Füße plötzlich am Pflaster angewachsen. Seine Worte gingen mir direkt ins Herz. Etwas lang Ersehntes wurde plötzlich geweckt. Mit einem Mal sah ich mich mit der ganzen Ewigkeit konfrontiert. Endlich bekam meine suchende Seele die Wahrheit über Himmel und Ewigkeit zu hören.
Für den nächsten Tag lud ich diesen Mann zu mir nach Hause ein. Er musste mir unbedingt mehr über den Glauben an diesen Jesus erzählen. Der Prediger hieß *Viktor Pawlowitsch*. Viktor war 60 Jahre alt, zwölf Jahre davon hatte er wegen seines Glaubens im Gefängnis verbracht. Er besuchte mich bereits am frühen Morgen und ging erst so spät am Abend, dass er gerade noch den letzten Zug der Metro erreichte. Die Zeit verging wie im Flug. Ich habe dabei überhaupt nicht bemerkt, dass wir den ganzen Tag nichts gegessen hatten. Nicht einmal an eine Tasse Tee hatte ich gedacht. Zum ersten Mal verspürte ich, wie meine Seele gesättigt wurde. Am Ende des Gesprächs rief ich voller Gewissheit aus: »Ich glaube an Jesus Christus! Was muss ich jetzt machen?« Er antwortete: »Merke dir zwei Dinge, die die Bibel lehrt. Erstens: Führe ein rechtschaffenes Leben. Zweitens: Verkündige das Evangelium. – Denn wenn man mit dem Herzen glaubt, so wird man gerecht; und wenn man mit dem Munde bekennt, so wird man gerettet« (Römer 10,10).

Als Missionarin auf dem Arbat

Gleich am nächsten Tag ging ich nach der Arbeit in die Stadt (auf den Arbat), um auch den anderen Menschen das Evangelium zu sagen. Das

Erstaunlichste in jener gerade begonnenen »Perestroika«-Zeit war für mich, dass man nun öffentlich alles sagen und hören konnte. Tausende von Menschen gingen damals auf den Arbat, nur um dieses Wunder zu erleben. Wie ist es denn möglich, das laut auszusprechen, was man früher noch nicht einmal zu denken wagte? Im Allgemeinen waren es politische Gruppierungen, die dort heftig miteinander stritten.

Schirinai evangelisiert auf dem Arbat in Moskau.

Ich ging zum Arbat, und ich war so erfüllt, als hätte ich die Offenbarung des ganzen Universums in mir: »Christus ist für unsere Sünden gestorben, für uns auferstanden und kommt zum zweiten Mal, um uns zu sich zu holen.« Ich ging nicht ohne Ziel, ich trug eine feste Glaubensgewissheit in mir: »Hier sind sie, die armen und unglücklichen Menschen, sie wandern ziellos durch ihr Leben und kennen nicht die wahre Freude. Jetzt werde ich ihnen von Christus erzählen, und es wird ihnen sogleich gut gehen.« Als Erstes drängelte ich mich in eine politische Gruppe hinein und stellte die provozierende Frage: »Na, worüber streitet ihr denn? Das ist doch pure Nichtigkeit! Wisst ihr denn nicht, dass Christus für unsere Sünden gestorben ist? Am dritten Tag ist er auferstanden und kommt bald wieder! Wozu führt ihr diesen belanglosen Streit? Retten muss man sich!« Da wandten sich auf einmal alle Gesichter mir zu und fingen an, Fragen zu stellen. Aber aus der Bibel kannte ich fast gar nichts. Auch fehlte es mir an prägender Lebenserfahrung; dennoch hatte ich auf alle Fragen nur eine und dieselbe Antwort: »Glaubt, dass Jesus für uns alle gestorben ist, auferstanden ist und lebt, dann kommt helles Licht in euer Leben und ihr erkennt, was wirklich wichtig ist.« Erst später erkannte ich, dass es so auch in der Bibel formuliert ist: »Und der Herr hat uns geboten, nach all diesen Rechten zu tun, dass wir den HERRN, unseren Gott, fürchten, auf dass es uns wohlgehe unser Leben lang, so wie es heute ist« (5.Mose 6,24).

Einer der Zuhörer meinte, man könne die Existenz Gottes nicht beweisen. Aber ich weiß, dass man sich in seinem Herzen von seiner Gegenwart überzeugen lassen kann. In der Tat braucht man nicht viele kluge Worte – alles ist doch nach Jesu Wort so einfach zu erfassen: »Ich bin

Schirinai auf dem Roten Platz in Moskau vor dem Lenin-Mausoleum.

der Weg und die Wahrheit und das Leben« (Joh 14,6). In diese Richtung geht auch *Martin Luthers* Ausspruch, dass das Evangelium sowohl einem König als auch einer Müllerstochter gleichermaßen zugänglich ist. Offenbar lieben es die Menschen, die Wahrheit weit in der Ferne zu suchen, wie es in der folgenden Geschichte über Hodscha Nasreddin zum Ausdruck kommt:

Eines Tages kniete Hodscha suchend im Haus seines Nachbarn. »Was hast du verloren?«, fragte der Nachbar, als er ihn so suchend sah. »Meinen Schlüssel«, antwortete er. Der Nachbar half ihm daraufhin, den Schlüssel zu suchen. Nach einiger Zeit des erfolglosen Suchens fragte der Nachbar: »Wo hast du ihn eigentlich fallen lassen?« »Na, zu Hause«, antwortete Hodscha ruhig. »Und warum suchst du ihn dann bei mir?«, erkundigte sich der erstaunte Nachbar. Darauf der Hodscha: »Weil es hier heller ist.«

Im Leben gibt es viele Stellen, von denen wir meinen, dort sei es »heller«, doch was nützt es, wenn dort der »Schlüssel« – Jesus Christus – fehlt.

Als ich nach dieser ersten Rede nach Hause ging, lief mir ein junger Mann mit langen Haaren und zerrissenen Jeans nach: »Ich bin ungläubig, aber ich spüre, dass in Ihren Worten Wahrheit ist.« Unschlüssig, was zu tun sei, erkundigte ich mich nach der Adresse einer protestantischen Kirche und brachte ihn zum Malyj Wusowski. Ich war erstaunt, als dieser siebzehnjährige *Boris* aus Nowosibirsk dann zur Kanzel ging, um dort Buße zu tun. Er kniete nieder, während ich ihn von der Empore

Schirinai evangelisiert auch im Winter auf Moskaus Straßen.

aus beobachtete. Dabei wurde mir klar: Das ist das Zeichen für mich, was ich mit meinem Leben machen will. Ich erkannte meinen Auftrag, Jugendlichen wie *Boris* das Evangelium zu bringen. Er erlebte die Wende seines Lebens.

Im Laufe der Zeit besuchte ich auch das Gefängnis von Moschaisk (100 km westlich von Moskau) und sah dort viele Jugendliche eingesperrt. Anders als bei *Boris* hatte sie keiner vor Abwegen gewarnt. Solche Schicksale lassen sich kurz beschreiben: Der Mensch lebt die erste Hälfte seines Lebens dafür, um die zweite zu verderben. Stehen wir ohne Gott nicht alle in der Gefahr zu straucheln? »Der größte Teil unseres Lebens wird durch Fehler oder dumme Taten geprägt; ein bedeutender Teil verläuft in Tatenlosigkeit, und fast das ganze Leben besteht darin, dass wir nicht das machen, was wir tun sollten« (*Henry Beyle Stendhal*).

Ein anderes Mal kam nach einer Rede auf dem Arbat ein junger Mann namens *Sascha* zu mir: »Ich habe beschlossen, heute Selbstmord zu begehen, denn meine Freundin, die ich sehr geliebt habe, ist tödlich verunglückt.« Er war etwa 18 Jahre alt. Ich habe ihn lange darum gebeten, sein Leben nicht wegzuwerfen: »*Sascha*, du bist noch sehr jung, du hast noch alles vor dir. Ich kann deinen Schmerz verstehen. Aber glaube mir: Gott hat einen Weg für dich. Es wird irgendwie wieder gut.« Aber es ist schwierig, einen Menschen umzustimmen, wenn er seine Entscheidung schon ernsthaft getroffen hat. Wohl mehr aus Hilflosigkeit sagte ich ihm ganz zum Schluss: »Weißt du, ich möchte für dich beten. Darf ich das?

Schirinai verteilt evangelistische Schriften auf dem Roten Platz in Moskau.

Und dann kannst du gehen und machen, was du willst.« Er war damit einverstanden. Ich betete. Als wir uns verabschiedeten, dachte ich nur: »Herr, was wird nun mit ihm?!«

Und Gott antwortete mir nach zwei Jahren: Als ich wieder einmal auf dem Bahnhof evangelisierte, kam plötzlich genau dieser junge Mann auf mich zu: »Erkennst du mich? Ich danke dir. Ich werde diesen Abend und das Gebet damals nie vergessen!« Was war das für eine Freude für mich! Nicht nur, dass er den schweren Verlust überwunden hatte und lebte; er war zum Glauben gekommen und besuchte regelmäßig eine Gemeinde.

Es war im Winter auf einem Moskauer Bahnhof. Hunderte von Evangelien und Neuen Testamenten hatte ich an die Soldaten verteilt. Eines Tages saßen in der Bahnhofshalle sehr viele Wehrpflichtige aus Dagestan. Deshalb sprach ich spontan über Allah, den Propheten Mohammed und Jesus. Die Menschen aus Dagestan und Tschetschenien (beides russische Republiken im Nordkaukasus) sind über die Russen sehr erbittert, da diese ihr Land zerstört haben. Christus ist nach ihrem Verständnis ein Russe, wozu also brauchen sie ihn? Während der Verkündigung riefen mir die Soldaten zu: »Bei uns tragen die Frauen Kopftücher!« Ich hatte um den Hals ein Tuch umgebunden und sagte ihnen: »Jungs, ich werde es gleich aufsetzen.« Da kam einer dieser Jungen auf mich zu und fragte: »Darf ich es ihnen auf unsere Art umbinden?« Er band mir das Tuch auf die tschetschenische Art um, d.h. mit abgedeckter Stirn. Mit Zurufen wie: »Das ist eine von uns! Sie ist unsere!«, fing die Halle an zu applaudieren. Nach der Rede nahmen viele Dagestaner die Evangelien an. Ich hörte, wie einer der Soldaten zu einem anderen sagte: »Es ist nicht gut, dass wir dieses Buch mit schmutzigen Händen nehmen. Es ist doch heilig. Wir sollten uns die Hände waschen.«

Unter den Moslems sind die Tadschiken am aufgeschlossensten für das Evangelium. Man braucht es ihnen gar nicht erst mit einer Anknüpfung an den Koran zu übersetzen, denn wegen der endlosen inneren Unruhen sind viele vom Islam furchtbar enttäuscht. Neulich kam ein Tadschike mit dem Namen *Schali* zu mir und erzählte vom Dschihad (arab.), dem Heiligen Krieg der Moslems, bei dem seine drei Brüder gefallen waren. »Ich bin stolz auf meine Brüder«, sagte er, »weil sie in den Himmel kommen, aber das, was Sie hier machen, ist ein besserer Dschihad. Sie verstecken sich nämlich nicht im Hinterhalt; Sie führen einen ›offenen‹ Krieg. In unserem Dschihad schießt man dir in den Rücken, und du siehst nicht einmal, wer es war.« Wenn überall so ein heiliger Krieg, so ein »Dschihad«, wie er sagte, geführt werden würde, wie wir ihn hier auf dem Bahnhof führen, dann wären seine Brüder noch am Leben. Er bedankte sich bei mir für das, was er gehört hatte, und nahm das Evangelium mit.

Gefangen im Okkultismus

Die Völker in Zentralasien sind stark in Okkultismus und Kontakten zu finsteren Mächten verstrickt. In jeder Straße wohnt mindestens ein Zauberer, Schwarzkünstler oder Hexenmeister. Es gibt eine regelrechte Übergabepraxis dieser »Kräfte«, zumeist an Verwandte. Den Worten über Christus hören diese Leute zunächst ganz ruhig zu, doch nach einer gewissen Zeit fangen sie sehr auffällig an zu gähnen, so dass einem ganz unwohl dabei wird. Werden sie durch ein Gebet von diesen finsteren Mächten befreit, macht sich das häufig körperlich bemerkbar: Sie haben Schaum vor dem Mund, die Augen fallen zurück, ihr Gesicht verzerrt sich, und sie können den Namen »Jesus« nicht wiederholen, sondern geben nur unverständliche Laute von sich. Doch nach dem Gebet, wenn die dunklen Mächte vertrieben sind, werden ihre Gesichter plötzlich hell, und sie strahlen vor Freude.

Oft wird diese Verbindung mit okkulten Mächten von einer Generation zur nächsten weitergegeben. Der Schwiegervater meines Vaters (mein Vater hatte als Moslem gleichzeitig zwei Frauen) wohnte in den Bergen und besaß Schlangen, mit denen er sprach. Er verfügte über eigenartige Wunderkräfte. Noch heute pilgern diejenigen, die sich an ihn erinnern oder von den Älteren über ihn erfahren haben, zu seinem Grab.

Die Menschen sind sich bei dieser vordergründigen Hilfe nicht bewusst, an welche Mächte sie sich gebunden haben und dass sie sich damit dem ewigen Leben verschließen. In 1.Petrus 5,8 werden wir ermahnt: »Seid nüchtern und wacht; denn euer Widersacher, der Teufel, geht umher wie ein brüllender Löwe und sucht, wen er verschlinge.«

Die ersten Kinder der zweiten Frau unseres Vaters sind zunächst alle nacheinander gestorben. Und dann sagte der Vater: »Wenn das nächste Kind geboren wird, werde ich ihm meine Zauberkraft weitergeben, und es wird leben.« So wurde meine ältere Halbschwester geboren, eine liebe und gute Frau. Sie verfügt tatsächlich über magische Fähigkeiten. Zum Beispiel kann sie Menschen heilen – je nach Krankheit verwendet sie dabei ein schwarzes oder ein weißes Huhn. Durch Schläge auf das Tamburin kann sie Dinge aus dem Leben von Menschen erfahren. Als ich sie bat, sich von all diesen Mächten loszusagen, war sie zwar nachdenklich, erbat sich aber eine Bedenkzeit von 40 Tagen. Danach antwortete sie mir: »Ich kann nicht. Hier ist ein Messer, auch wenn du mich damit erstechen würdest, kann ich mich dennoch nicht lossagen, ich kann dir auch nicht alles sagen.« Während dieser 40 Tage lief sie mit schrecklichen Furunkeln herum. Der Feind des Menschen, der Teufel, hält die Seelen derer, die in seinen Diensten stehen, mit festem Griff. Ich bete weiterhin für sie.

Die Kraft Gottes

Gott ist stark und tut auch heute noch Wunder. Vor einiger Zeit erzählte ich einem Kasachen in meinem Dorf von Christus. Ich wollte ihm ein Evangelium schenken, aber er sagte: »Ich habe schon eins. Ich ging einmal auf der Straße und sah, wie dort ein großer Müllhaufen brannte. Und dort geschah ein Wunder: Der Haufen brannte lichterloh, aber das Buch, welches darinnen lag, überhaupt nicht. Ich staunte und wartete ab. Dann nahm ich dieses Buch aus der Glut und las, was darauf geschrieben stand: *Das Neue Testament unseres Herrn Jesus Christus*. Ich nahm es an mich, obwohl ich ein Moslem bin. Ein Buch, das im Feuer nicht verbrennt, muss ein heiliges Buch sein. Wie sollte man es nicht nehmen! Und wenn ich jetzt auf dem Feld Honigmelonen bewache, dann lese ich immer darin. Dieses Buch bewahre ich ständig unter dem Kopfkissen auf.«

Verstärkung auf dem Arbat

Im Mai 1991 war *Werner Gitt* mit seinem Team zu evangelistischen Vorträgen nach Moskau gekommen. Bei dieser Gelegenheit lernten wir uns auch kennen. Ich lud ihn und sein Team ein, mich einmal auf den Arbat zu begleiten. Als wir ankamen, schlug ich vor, er solle doch hier eine Straßenpredigt halten, worauf *Werner* einwandte, er habe noch nie auf der Straße gepredigt. Ohne darauf einzugehen, rief ich der vorübereilenden Menschenmenge zu, einmal stehen zu bleiben: »Unter uns ist ein Professor aus Deutschland. Er wird uns jetzt etwas ganz Wichtiges und Interessantes sagen.« *Werner* blieb nun nichts anderes übrig, als darauf einzugehen. Als er dann merkte, dass die Menschen gespannt zuhörten, sprach er mit Begeisterung etwa 40 Minuten. Die Menschen nahmen ihm ab, was er sagte. Anschließend verteilten wir seine Bücher in russischer Sprache. Sie waren in kürzester Zeit alle vergriffen.

Der Moskauer Putsch von 1991

Mit Dankbarkeit erinnere ich mich daran, wie ich im August 1991 während des Putsches (Staatsstreich orthodoxer Kommunisten unter Führung von Vizepräsident *Gennadij Janajew*) 4 000 Neue Testamente an die Soldaten am Manege-Platz (in der Nähe des Roten Platzes) und am Weißen Haus, dem Regierungsgebäude in Moskau, verteilte. Es herrschte eine unheilvolle Todesstille. Die Panzer der Kommunisten bezogen Stellung. Ringsherum standen Menschen, aber keiner sprach mit dem anderen. Ich kann mich daran erinnern, wie ich auf einer Anhöhe stand, die Bibel über meinen Kopf hielt und die Soldaten bat: »Tötet uns nicht, Gott möchte es nicht, Gott will kein Blutvergießen. Christus gab sein Leben für uns, damit wir einander lieben. Wir alle sind Brüder und Schwestern, und wir haben einen Vater im Himmel.«

In dieser bedrohlichen Stille rechnete ich jede Sekunde damit, eine Kugel in den Kopf zu bekommen. Wenn ich das hier erwähne, dann nicht, um mich besonders heldenhaft darzustellen, denn das war ich gewiss nicht, sondern nur, um zu bestätigen, dass Gott mir in dieser Situation eine nicht nachvollziehbare Furchtlosigkeit geschenkt hat. Während des Putsches empfahl mir ein Mitarbeiter der Bibelgesellschaft, mich doch jetzt nicht auf die Bibel zu beziehen, sondern nur den Erlass *Jelzins* zu verlesen, in dem dieser die Putschisten als unrechtmäßige Machtergreifer deklarierte. Darauf antwortete ich: »Ich will nicht für *Jelzin* sterben, ich bin um Christi willen hierher gekommen.« Die Bibel hatte mich gelehrt, mich nicht zu fürchten, auch nicht vor dem Tod. Der Herr fordert uns auf, sein Wort »zur Zeit oder zur Unzeit« zu verkündigen (2Tim 4,2).

Wenn ich auf mein Leben zurückblicke, sehe ich den einzigartigen Plan Gottes. Er hat mich aus einer großen Sippe herausgenommen, um weit weg allein in Moskau zu wohnen mit dem einzigen Ziel, Menschen zu helfen, Jesus kennen zu lernen.

Gedanken über die Ewigkeit

Über das Ewige nachzudenken, ist ein tiefes Verlangen unserer Seele. Wir lesen es auch in Prediger 3,11, dass Gott uns Menschen »die Ewigkeit ins Herz gelegt hat«. Nach meiner Erfahrung entstehen diese Gedanken in uns schon in früher Kindheit. Ich war noch sehr klein, als ich zum ersten Mal mit dem Tod konfrontiert wurde. Einer meiner Onkel war gestorben. Ich fragte die Erwachsenen: »Warum liegt der Onkel wie versteinert und bewegt sich überhaupt nicht? Und was wird jetzt mit ihm?« Man erklärte mir, dass er jetzt in die Erde gelegt wird. Ich fragte weiter: »Und wann kommt er zurück?« Da bekam ich eine Antwort, die mich sehr schockierte: »Niemals!« Ich begann das auf mich zu übertragen: Wenn ich sterbe, dann werde auch ich nie zurückkehren.

Mit fünf Jahren fing ich an, begierig Zahlen zu lernen. Zuerst zählte ich bis zehn, und dann beschäftigten mich die großen Zahlen: 100, 1 000, …, sogar das Wort Quintillion habe ich gelernt. Ich wollte wissen, welche Zahl wohl dem Wort »niemals« entspricht. Aber mir wurde gesagt, dass es nach der Quintillion nichts mehr gibt. In der Familie dachten daraufhin alle, dass ich einmal eine große Mathematikerin werden würde, aber nur meine kleine Seele wusste, wozu sie diese Zahlen brauchte. Ich zog mich in eine einsame Ecke zurück und zählte an meinen Fingern ab, wie lange ich nicht da sein werde, wenn ich sterbe: Wenn ich »Quintillion« aussprach, dann war das für mich eine Vorstellung von Ewigkeit. Ich empfand sie als hellblau und malte sie mir als ein wunderbares Leben aus. Aber niemand kann dorthin gelangen; so hatte man es mir – wenn auch nur unterschwellig – beigebracht. Darüber fing ich bitterlich an zu weinen, weil ich fand, es sei die größte Ungerechtigkeit der Welt, nicht dorthin kommen zu können. Ich zählte oft an meinen Fingern, und die Gedanken an die Ewigkeit ließen mich nicht mehr los; sie zeigte sich mir immer gleich: hellblau, majestätisch, still und sehr schön. Dieses Geheimnis habe ich damals mit keinem geteilt. Ich fürchtete, die Erwachsenen würden mit ihrem »Niemals« meine hellblaue Ewigkeit nie verstehen. Ich bin zutiefst davon überzeugt: Wenn wir uns an alle unsere Erfahrungen aus der Kindheit erinnern könnten, würden wir viel Wunderbares sehen.

Meine Bilanz

Ich staune über mein Leben und lerne, mich nach den Worten des Herrn zu freuen: »Seid allezeit fröhlich, betet ohne Unterlass, seid dankbar in allen Dingen; denn das ist der Wille Gottes in Christus Jesus an euch« (1Thes 5,16-18). Ich möchte leben, weil mein Leben einen Sinn und ein Ziel hat: Es ist Jesus Christus, der mir ewiges Leben gibt. Als Kind empfand ich es als ungerecht, dass es ein ewiges Leben gibt und nach meiner damaligen Vorstellung niemand dorthin gelangen kann. Nun weiß ich, dass dieser Gedanke zum Teil sogar richtig war: Das ewige Leben erreicht wirklich niemand so nebenbei; auch in alle Unendlichkeit ist es nie und nimmer zu haben. Aber durch Jesus, und nur durch ihn allein, ist es erreichbar (Joh 14,6). Falsch war deshalb mein Gedanke, dass ich dort nicht hinkommen könnte. Seit Jesus in meinem Herzen ist, bin ich gewiss: Er ist der Garant meines ewigen Lebens. Am Kreuz hat er es für mich erworben.

Es sind schon zwanzig Jahrhunderte seit dem Tag vergangen, an welchem das große Erdbeben (Mt 28,2) das Grab des darin begrabenen Sohnes Gottes erschüttert hat. Noch Jahrhunderte danach gilt uns die Frage des Engels: »Was sucht ihr den Lebenden bei den Toten? Er ist nicht hier, er ist auferstanden« (Lk 24,5-6). Dieser Ausruf erschüttert auch heute noch den menschlichen Unglauben und erweckt viele Seelen zu neuem Leben. Er lebt, und er ist mit uns, wie er es versprochen hat: »Und siehe, ich bin bei euch alle Tage bis an der Welt Ende« (Mt 28,20). Jeder, der sich darauf von Herzen einlässt, kann es erfahren. Jeden Tag kommen Tausende von Menschen in den unterschiedlichsten Regionen der Erde zum Glauben an Christus: Sie geben ihm ihr Herz und finden in ihm Sinn und Freude. »Christus, das ist unsere Freude, das ist unser Reichtum, das ist unser Alles!« (*Seraphim Sarowski*).

Ich habe Ihnen von einigen Stationen meines Lebens berichtet und Sie hier und da in einige ausgewählte Erlebnisse mit hineingenommen. Sie waren nicht streng chronologisch geordnet; manchmal blendete ich zurück, um das gerade Dargelegte vor einem geeigneten Hintergrund aus früher Erlebtem verständlich zu machen. Mit alledem möchte ich Ihnen das Wichtigste bezeugen: Jesus Christus ist der Sohn des lebendigen Gottes. Er ist die Antwort auf alle unsere Fragen. Er ist der einzige tragfähige Sinn des Lebens. In ihm ist all mein Reichtum, und er ist meine unaufhörliche Liebe. In ihm bin ich geborgen in Zeit und Ewigkeit.

Schirinai Dossowa, Moskau (aus Usbekistan)

AMERIKA

Paraguay

Paraguay umfasst eine Fläche von 406 752 km² und ist damit noch um 14 % größer als Deutschland (357 022 km²). Die 5,36 Millionen Einwohner machen jedoch nur 6,6 % der Bevölkerungszahl unseres Landes (82,5 Millionen) aus. Das ist etwa die Zahl der Einwohner Berlins (3,4 Millionen) und Hamburgs (1,7 Millionen) zusammen.

In der Zeit vom 9. bis 28. August 2001 waren wir (meine Frau und ich) in den Chaco nach Paraguay zu einer Vortragsreise eingeladen. Es erwartete uns ein gut gefülltes Programm mit zwei Evangelisationen – die eine in Blumental und die andere in der Sporthalle von Fernheim; zu letzterer kamen allabendlich 1 500 bis 1 800 Personen. Außerdem waren Vorträge bei der Chaco-Konferenz und dem Lehrerverein vorgesehen.

Der paraguayische Chaco ist ein Teil des Gran Chaco, einer Großlandschaft im zentralen Südamerika. Diese erstreckt sich über eine riesige Ebene von rund 800 000 km² zwischen dem Paraná-Fluss und den Anden. Die Landschaft gehört zu den drei Ländern Paraguay, Bolivien und Argentinien. Das Klima ist subtropisch, und die Vegetation besteht aus Trockenwald und Trockenbuschsavanne.

Bevor die deutschen Kolonisten in den Chaco kamen, lebten dort vier verschiedene Indianerstämme, die Lenguas, die Chulupies, die Guarinies und die Adjoreos. Sie waren Nomaden, die sich von dem ernährten, was sie in dieser Gegend vorfanden: Früchte, Tiere und Honig von wilden Bienen und Wespen.

Häufig hören wir die Meinung, man möge die Urvölker in ihrer Kultur und Lebensweise so belassen, wie sie sind. Auf keinen Fall solle man sie missionieren, denn sie seien glücklich und zufrieden. Stimmt das wirklich? Als die Indianer noch unberührt von aller Zivilisation lebten, hatten sie es als Nomaden schwer, weil die karge Landschaft des Chaco den Nahrungsbedarf nur spärlich deckte. Daher mussten sie schon nach kurzer Zeit ihre Lager wieder abbrechen, um an anderer Stelle nach Nahrung zu suchen. Hierbei waren ihnen kleine Kinder und Alte oft hinderlich. Für dieses »Problem« hatte man im wahrsten Sinne des Wortes eine mörderische Abhilfe. Gab es zu viele Kinder, streute man den Neugeborenen so lange Sand in den Mund, bis sie qualvoll daran erstickten. Alten Menschen, die beim Weiterziehen nicht Schritt halten konnten, erging es nicht besser. Auch ihrer entledigte man sich kurzerhand: Man grub ein Loch und stellte die alten und schwachen Menschen senkrecht hinein. Das Loch wurde zugeschaufelt, und irgendwann beendete der Tod ihre Qual.

Ein junger Mann setzt konsequent seinen Entschluss um

Dass auch diese Indianer ihr Leben, ihre Einstellung und ihren Umgang miteinander ändern können, wenn sie das Evangelium annehmen, erfuhren wir bei einer Begegnung mit ***Gerhard Hein***. An einem Nachmittag waren wir bei ihm und seiner Frau *Irma* zum Kaffeetrinken eingeladen. Sein Lebenslauf hat mich tief beeindruckt. In jungen Jahren traf er eine Entscheidung, die sein eigenes Leben und das Tausender Indianer verändern sollte. Er ging zu den Chulupies, erlernte in mühsamer Kleinarbeit ihre schwierige und für uns völlig andersartige Sprache und übersetzte ihnen die Bibel.

Die Frucht seiner Arbeit können wir heute beobachten: Einer der Indianer, der noch das frühere Nomadenleben kannte, brachte die Veränderung in seinem Volk mit den Worten auf den Punkt: »Wer einmal ein Stück Brot gegessen hat, will nie wieder in den Chaco zurück« – und damit meinte er das alte beschwerliche Nomadenleben. Aber das ist nicht alles. Die gravierendste Veränderung trat mit dem Gebrauch der Bibel ein. Dadurch wurde der bedrückende Geister- und Dämonenglaube von ihnen genommen. Sie verfügen inzwischen über eigene Gemeinden und führen in ihrem Stamm selbstständig Evangelisationen durch. Bei dem Besuch einer Radiostation beobachteten wir einen Indianer, der aus der Bibel einen Text für eine Live-Sendung vorlas. Es ist inzwischen bei den Chulupies eine deutliche Verbesserung der Lebensqualität eingetreten. Sie leben nicht mehr wie früher von dem Spärlichen, was sie in der kärglichen Wildnis vorfanden, sondern wohnen heute zusammen mit den Deutschen in den von ihnen angelegten Siedlungen. Es sind dies die Kolonien Fernheim, Neuland und Loma Plata im Chaco. Für ihre Kinder gibt es eine Schul- und Berufsausbildung, und viele gehen einer geregelten Arbeit nach. Sie bewohnen eigene Häuser, erhalten ärztliche und soziale Versorgung und sind Teilhaber der Infrastruktur, die die Deutschen entwickelt haben. Das Wichtigste aber ist: Durch die Bibel und durch den, von dem sie redet – Jesus Christus – haben sie das ewige Leben gefunden.

Mir ging während des Kaffeetrinkens durch den Kopf: Unsere Medien berichten ausgiebig über allerlei sportliche Siege, über Wahlsiege, über Erfolge von Politikern, Managern, Schauspielern und Models. In Talkshows präsentieren sich allerlei Leute des öffentlichen Lebens und verteidigen ihre politischen Anschauungen oder ihre Lebenskonzepte. Sie überschütten uns mit ihren oft banalen Biografien, und sie retuschieren die Flecken ihres Lebens für den Leser.

Über die Taten von *Gerhard Hein* berichtet keine Tageszeitung und auch kein Fernsehen, und doch hat er mehr getan als all jene, die von den Medien so hochstilisiert und gefeiert werden. Er hat vielen Menschen, die sonst ewig verloren wären, zum ewigen Leben verholfen. Die Bewegung, die durch die Bibel in Gang kam, ist keineswegs abgeschlossen. Von Generation zu Generation wird die gute Nachricht der Rettung durch Jesus nun weitergegeben. So sind nun auch viele Chulupi-Indianer eingetragen im Buch des Lebens und haben eine wunderbare Zukunft vor sich.

Im Rückblick sieht *Gerhard Hein* auf ein Leben, das sich gelohnt hat. In der Ewigkeit werden einmal viele dem Herrn Jesus dafür danken, dass er diesen Mann zu einem besonderen Dienst berufen hat. Nun aber wollen wir *Gerhard Hein* selbst hören. Der Titel meiner Einleitung ist eine Zusammenfassung seines Berichtes.

gi

Z5: Ein Leben für die Indianer

Am 10. Juli 1929 wurde ich in Steinfeld, einem mennonitischen Dorf in der Ukraine (Bezirk Jekaterinoslav) geboren, das damals ausschließlich von Deutschen bewohnt war. Es waren schwere Zeiten, durch die meine Eltern, *David* und *Anna Hein* geb. *Epp*, und ebenso viele andere Gläubige gehen mussten. Sie hatten es durch ihren Fleiß zu einem gewissen Wohlstand gebracht. Darum wurden sie als *Kulaken*[12] bezeichnet, und kurzerhand entzog man ihnen jedes Stimmrecht. Die Abgaben von den Ernteerträgen, die sie prompt und sofort zu entrichten hatten, grenzten in ihrer Höhe an das Unmögliche. Erschwert wurde Vaters Situation noch dadurch, dass er in der Gemeinde tätig war und sich auch an der Wortverkündigung beteiligte; und so keimte in ihm der Wunsch, mit seiner Familie auszureisen. Durch eine Reise nach Moskau und Sibirien hatte er die Aufmerksamkeit der Sowjets noch mehr auf sich gezogen. Schließlich wurde er eines Nachts festgenommen und abgeführt. Bei den vielen Verhören ging es u.a. um die Frage: »Welchen Zweck hatte die Reise nach Moskau?« Mein Vater nannte zwei Gründe: »Ich besuchte Verwandte und wollte außerdem erkunden, ob es eine Möglichkeit gibt, nach Amerika auszuwandern.« Darauf erhielt er die entschiedene Antwort: »Dass du Amerika nie sehen wirst, dafür werde ich sorgen!«

Zu jener Zeit gab es ständige Machtkämpfe zwischen der Roten und der Weißen Partei, und beide Seiten fühlten sich daher unsicher. Dies führte letztendlich dazu, dass Vater freigelassen wurde. Zu Hause angekommen, wurde der frühere Plan der Ausreise in die Tat umgesetzt.

---

12 **Kulak** (russ.): Bezeichnung für den russischen Mittel- und Großbauern, der nach den Agrarreformen von *P. A. Stolypin* (1906/1907) nicht in den MIR (Dorfgemeinschaft) integriert war und sein Land mit familienfremden Arbeitskräften bewirtschaftete. Im Verlauf der Kollektivierungsmaßnahmen unter *Stalin* wurden die Kulaken 1929/30 als feindliche »Klasse« liquidiert (Vermögenskonfiszierungen, Vertreibung von Höfen, Deportationen, Erschießungen).

Zu Besuch bei Familie Hein im Chaco (Paraguay) am 23. August 2001. Von links nach rechts: Irma und Gerhard Hein, Werner Gitt.

In aller Eile verluden wir die wenigen Sachen, die noch übrig geblieben waren (Mutter hatte nämlich vieles verschenkt oder billig verkauft), auf den Wagen, und los ging die Fahrt. Dabei wählten wir nicht, wie sonst üblich, die Dorfstraße, sondern nahmen vorsichtshalber einen Nebenweg zur Bahnstation. Ein befreundeter Russe hatte sich erboten, diese Fahrt mit uns zu machen. Schon kurze Zeit nachdem meine Eltern den Hof verlassen hatten, wurde dies von einem Verräter gemeldet. Sofort hetzten die Verfolger mit einem Pferdegespann hinterher, um die Flüchtlinge zurückzuholen.

Und nun geschah etwas, was ich nur als ein Wunder bezeichnen kann: Aus unerklärlichem Grund sprangen die Pferde des verfolgenden Gespanns plötzlich zur Seite, und der Wagen kippte um. Einer der Verfolger erlitt einen Wirbelbruch, so dass sie zur Umkehr gezwungen wurden und die Hetzjagd abbrechen mussten. Was mag es wohl gewesen sein, das den Pferden den Weg versperrte? Hatten sie etwas gesehen, was den Blicken der Fahrer verborgen blieb? Kann es auch hier der Engel des Herrn gewesen sein, der sich einst Bileam in den Weg stellte, und der nur von der Eselin gesehen wurde (4.Mose 22,23-26)? Was immer auch geschehen ist: Gottes Hand war es, die uns herausgeführt und geleitet hatte. Gottes Schutz und Beistand durften wir auch in Moskau erfahren, und am 25. November 1929 gehörten wir zu den wenigen, die Russland verlassen durften. Mehrere tausend Menschen, die sich ebenfalls in den Vorstädten Moskaus versammelt hatten, um auszureisen, wurden dazu gezwungen, auf Güterwagen zu steigen, um nach Sibirien abtransportiert zu werden.

In den deutschen Flüchtlingslagern Prenzlau, Mölln und Hammerstein fand unsere Gruppe eine freundliche Aufnahme. Wir wurden gut verpflegt und erhielten eine Aufenthaltsgenehmigung für mehrere Monate. Von hier aus wurde dann die Weiterreise nach Südamerika geplant und vorbereitet. Es wurden Gruppen gebildet, die nach und nach Deutschland in Richtung Südamerika (Brasilien oder Paraguay) verließen.

Wir kamen nach Paraguay in den Chaco, wo wir eine neue Heimat fanden. Noch war allerdings nicht viel davon zu sehen. Auf dem von der paraguayischen Regierung zugewiesenen Gelände gab es lediglich einen Trinkwasseranschluss, und jede Familie erhielt als Startausrüstung ein Zelt und einen Spaten. Nun begann für uns ein ganz neuer Lebensabschnitt. Alles war hier so völlig anders und oft auch recht schwierig. Nie haben meine Eltern darüber geklagt – ganz im Gegenteil: Für die wunderbare Errettung aus dem Land der Angst und des Schreckens haben sie stets dem Herrn gedankt. Dessen waren sie sich gewiss: Der Herr hatte sie hierher geführt und damit eine bestimmte Absicht gehabt. Hier durften sie in aller Freiheit ihren Glauben leben, und niemand hinderte sie daran, ihre Bibel zu lesen und öffentlich über das zu sprechen, was ihnen wichtig war. Nach und nach baute sich jede Familie ein Häuschen, und Sonntagsschulen für die Kinder wurden eingerichtet. In der Tagesschule, die zuerst in Gottes freier Natur abgehalten wurde, fand der Bibelunterricht seinen festen Platz. Es gab mehrere Männer in der Gruppe, die predigen konnten. Sie planten und hielten gleich, als die Siedlung entstand, Sonntagsgottesdienste und veranstalteten in verschiedenen Ortschaften Evangelisationsversammlungen.

Es waren nur einige Jahre verstrichen, als auch in unserem Dorf eine solche Versammlung stattfand. Bei dieser Gelegenheit bekehrten sich auch meine beiden älteren Geschwister. Ich erinnere mich noch sehr genau daran, mit welcher Freude sich ihr Herz erfüllte und wie sie nur so übersprudelten. Das machte einen so tiefen Eindruck auf mich, dass auch ich mich bekehren wollte. Mit diesem Anliegen wandte ich mich an meine Mutter. Obwohl ich noch nicht ganz mein fünftes Lebensjahr erreicht hatte, nahm sie meinen Wunsch sehr ernst. In einer Weise, die meinem Alter entsprach, erklärte sie mir den Heilsweg, nämlich das, was Jesus für uns getan hat und was er von uns erwartet. Nach einem gemeinsamen Gebet empfand auch ich diese tiefe Freude der Bekehrung.

Und dieses neue Leben, das als zartes Pflänzchen aus dem Boden göttlicher Gnade hervorsprießen durfte, wurde besonders auch von meinen Eltern in Sorgfalt und Liebe gepflegt und bewacht. Ihnen gilt mein innigster Dank.

Indianerfrau mit Kind im Chaco. Heute werden alle Indianer mit dem Evangelium bekannt gemacht, 2003.

Ein weiteres Erlebnis, das mich stark beeinflusst und mein Leben zum großen Teil mitbestimmt hat, war der Kontakt mit den Indianern, den Ureinwohnern des Chaco. Schon gleich nach der Gründung der Kolonie Fernheim nahm man Kontakt mit dem Lengua-Stamm auf. Dieses Gebiet war nämlich ihr ursprüngliches Wohngebiet. Obwohl sie etwas scheu waren, dauerte es nicht lange, bis sie sich zutraulich unseren Hütten näherten. So entstand schon recht schnell ein vertrauensvolles, wenn nicht gar freundschaftliches Verhältnis. Waren sie es wohl – und auch die anderen Stämme –, an die Gott dachte, als er die Mennoniten in den Chaco führte? Dieser Gedanke bewegte in jener Zeit die Herzen vieler Glaubensgeschwister, und so kam es zur Gründung des Missionsbundes »Licht den Indianern«. Wir sahen in dem Indianer nicht nur den Arbeiter, der uns behilflich war, den Chaco urbar zu machen, sondern auch den erlösungsbedürftigen Mitmenschen, der von Gott mit allem genauso begabt war wie wir auch. Es entstand eine Missionsarbeit, die bis heute noch besteht.

Nach dem Chacokrieg, den Paraguay mit Bolivien in den Jahren 1932-35 führte, kamen die ersten Chulupies (sie nennen sich selbst *Nivacle*) in das Gebiet der Mennoniten-Kolonien. Im Folgenden werde ich mich größtenteils mit diesem Stamm befassen, denn zu diesen Indianern hat uns (meine Frau *Irma*, mich – ja, unsere Familie) der Herr besonders gesandt.

Nach Abschluss der Fernheimer Zentralschule (1947) arbeitete ich im Konsumladen der Kooperative als Verkäufer. Der tägliche Umgang mit den verschiedenen Volksgruppen in unserer Region war für mich eine besondere Erfahrung, aber auch eine Herausforderung. Ich empfand den Wunsch, diesen Menschen noch in ganz anderer Weise zu helfen. Es war die Stimme Gottes, die mir zuerst ganz leise, dann aber immer lauter und deutlicher sagte: »Ich habe noch eine andere Aufgabe für dich.« Und dann erlebte ich selbst, was in Jesaja 6,8 steht: »Und ich hörte die Stimme des Herrn, wie er sprach: Wen soll ich senden? Wer will unser Bote sein? Ich aber sprach: Hier bin ich, sende mich!« Wie sehr Jesaja darum gerungen hat, bis er diese Antwort geben konnte, wird uns nicht berichtet. Ich jedenfalls habe zuvor stundenlang mit meinem Herrn über den Auftrag gesprochen, bis ich zu meinem Ja fand. So stieg ich 1949 als Missionar in die Arbeit ein, die einige Jahre zuvor von dem Kanadier *Jakob Franz* gegründet worden war. Zur selben Zeit begann auch *Kornelius Isaak*, der in Ausübung seiner Missionstätigkeit 1958 von den Moro-Indianern (sie selbst nennen sich in ihrer Sprache *Adjoreos*) getötet wurde.

Der Flaschenbaum ist der übliche Baum im Chaco. Er kann die beachtliche Dicke von zwei Metern erreichen, 2003.

Es würde zu weit führen, wollte ich hier alle Einzelheiten erzählen, daher beschränke ich mich auf einige Schwerpunkte unserer Arbeit: Der Stamm der Chulupies zählt gegenwärtig etwa 9 500 Personen, von denen ungefähr 7 500 in unserem Gebiet wohnen. Wie viele es damals waren, kann ich nicht mit Bestimmtheit sagen, jedenfalls waren es erheblich weniger.

Als wir mit der Arbeit begannen, konzentrierten wir uns auf das Sprachstudium. Hierbei stießen wir auf Besonderheiten, die es in anderen Sprachen nicht gibt. Einige dieser Aspekte möchte ich dem Leser einmal nennen, um auf die prinzipielle Andersartigkeit dieser Indianersprache gegenüber europäischen Sprachen aufmerksam zu machen. Im Deutschen kennen wir die drei Artikel »der, die, das«. In der Lengua-Sprache gibt es überhaupt keine; in der Chulupie-Sprache hingegen 16 verschiedene Artikelformen, die peinlich genau beachtet werden müssen. Ein Beispiel soll das veranschaulichen:

na nivacle = der Mann (bekannt und gegenwärtig)
ja nivacle = der Mann (bekannt, aber abwesend)
pa nivacle = der Mann (unbekannt)
ca nivacle = der Mann (bekannt, aber schon gestorben)

lha nivacche = die Frau (gebraucht wie das männliche na)
lhja nivacche = die Frau (gebraucht wie das männliche ja)
lhpa nivacche = die Frau (gebraucht wie das männliche pa)
lhca nivacche = die Frau (gebraucht wie das männliche ca)

Die Pluralform ist männlich und weiblich gleich napi, japi, papi, capi – z. B.
napi nivacle = die Männer, genauso
napi nivacche = die Frauen
Bei Tieren und Sachen ist die Singularform so wie bei den Menschen (na, ja, pa usw.).
Die Pluralform ist jedoch anders: nava, java, pava, cava (entspricht dem napi, japi, papi, capi).

Diese sprachlichen Besonderheiten mussten bei der Bibelübersetzung natürlich streng beachtet werden. Aus diesen Gründen müssen beim Lukasevangelium andere Artikelformen verwendet werden als bei den anderen drei Evangelien, weil Lukas als einziger der Evangelisten nicht Augenzeuge von dem war, was Jesus getan und gelehrt hatte. Zu Beginn des Evangeliums sagt er: »So habe ich's für gut gehalten, nachdem ich alles von Anfang an sorgfältig erkundet habe, es für dich, hochgeehrter Theophilus, in guter Ordnung aufzuschreiben« (Lk 1,3).

Ein anderes Beispiel: Den Ausdruck »das Wort Gottes« hatten wir mit »cava Dios Lhasinôc« übersetzt, also den Artikel »cava« verwendet, der von einem leblosen Gegenstand spricht. Eines Tages kam ein einheimischer Bruder zu mir und machte mich auf die falsch verwendete Artikelform aufmerksam, denn »das Wort Gottes« ist nicht tot – es lebt und spricht zu mir. Kurz nachdem ich dies erfahren hatte, las ich im Buch Jeremia, und plötzlich kamen mir die Tränen. Mir schien der Auftrag, den Jeremia auszuführen hatte (Jer 1,4-19), zu groß und zu schwer, und ich fragte mich, was ich tun würde, wenn ich einen solchen Auftrag bekommen würde? Durch dieses Gespräch wurde mir klar, dass wir die Artikelform ändern müssten. Wir haben sie nun von »cava« in »nava« geändert. »Nava Dios Lhasinôc« ist seitdem etwas Lebendiges und Gegenwärtiges.

Mit diesen Beispielen habe ich jedoch etwas vorweggenommen, denn mit der Übersetzung der Bibel konnten wir erst später beginnen. Zuerst übersetzten wir einfache biblische Geschichten, dann die vier Evangelien und später das übrige Neue Testament. Inzwischen erlebten wir viele Bekehrungen, und es wurden Gemeinden gegründet. Es fehlte uns an hilfreichem schriftlichen Material für das Bibelstudium und den Gemeindebau: Dieses musste erst übersetzt werden, und das war mit großem Aufwand an Zeit und Kraft verbunden. Jetzt empfanden wir es immer stärker als Mangel, dass uns noch das Alte Testament zur ganzen Bibel fehlte. Nach ernstem Gebet, in dem wir um einen geeigneten Informanten[13] sowie auch um Weisheit und Erleuchtung baten, gingen wir ans Werk. Unsere Gebete lassen sich wie folgt zusammenfassen: »Herr, zeige uns, was du in dein Wort hineingelegt hast, und lass uns die geeigneten Worte finden, die das treffend wiedergeben.« Der Herr gab Gnade zu diesem Unternehmen. Dass die Übersetzung biblischer Begriffe und Wahrheiten nicht so einfach ist, kann man sich vorstellen. Manchmal fehlen Begriffe, weil sie in der Kultur und dem Sprachgebrauch der Indianer gar nicht vorkommen. In solchen Fällen müssen Worte gesucht und gelegentlich erst völlig neue gebildet werden, um den Begriff zu erklären und einzuführen. Auch dazu möchte ich einige Beispiele nennen:

Als wir uns mit Johannes 10 beschäftigten, stießen wir auf das Wort Jesu: »Ich bin die Tür; wenn jemand durch mich hineingeht, wird er selig werden.« Bei unserer Übersetzung schüttelte der Informant nur den Kopf und meinte: »Das können wir in unserer Sprache nicht sagen«, und er schlug vor, eine andere Formulierung zu verwenden, nämlich »ya lhashi lhavo'« – und das heißt: »Ich bin der Türhüter.« Hierauf schüttelte ich nun meinerseits den Kopf und erklärte ihm: »Das ist hier nicht gemeint.« Nach längerer Diskussion sagte er dann: »Was wir sagen könnten, wäre: »ya lhashi'eshc'oya« – »ich stelle eine Tür dar«; also »ich bin wie eine Tür«. Auf diese Formulierung haben wir uns schließlich geeinigt.

Ähnliches erlebten wir mit 1.Johannes 4,8, wo es heißt: »Denn Gott ist die Liebe.« Sofort dachte ich an das Beispiel »Ich bin die Tür« (Joh 10,9). Vielleicht könnte man auch hier sagen: »Gott stellt die Liebe dar« – »pa Dios ti vatencheyashesh«. Der Informant gab seine Zustimmung und meinte, dass dies richtig sei und man es so gebrauchen könne. Darauf wandte jedoch ein anderer ein: »Dieses könnte falsch gedeutet werden, und ein Kritiker könnte meinen: ›Gott tut so, als ob.‹« Natürlich änderten wir das Wort und sagten: »pa Dios ti vancaclôfjanesh pa vatencheyash«, d.h. »Gott ist ganz mit Liebe erfüllt, nichts anderes hat in ihm Raum.«

In Johannes 19,30 hatte sich durch die Verschiebung etlicher Buchstaben ein grober Fehler eingeschlichen. Jesus sagte am Kreuz: »Lhapa

---

13 Um eine gut verständliche Übersetzung zu erstellen, ist es nötig, jede Formulierung von den Eingeborenen selbst überprüfen zu lassen. Wird z.B. der biblische Text auch richtig verstanden? Werden Redewendungen richtig gebraucht? Für alle diese Arbeiten brauchte ich einen Indianer, von dem die anderen Stammesleute meinten, dass er sprachlich gewandt ist und deutlich spricht. Diese für die Übersetzungsarbeit unerlässliche Person nenne ich im Folgenden den Informanten.

javaclhitesh lhacôm'a«, d.h. »Ich habe alles vollbracht.« Nun stand hier das Wort »vacla'esh«, welches bedeutet: »Es reicht nicht aus.«

Als besonders schwierig erwies sich der richtige Gebrauch von Vor- und Nachsilben, von denen es fast unzählig viele gibt. Durch eine falsche Anwendung dieser Wortteile kann der Sinn nicht nur entstellt, sondern sogar ins Gegenteil verkehrt werden. Die vielfachen Möglichkeiten der Vor- und Nachsilben machen einen unverzichtbaren Reichtum dieser Sprache aus; sie bringen Farbe hinein und machen die Sprache sehr lebendig. In Chulupie kann man eine ganze Kette von Nachsilben bilden und diese an ein beliebiges Verb anhängen. Durch jedes Glied der Kette wird der Sinn Stück für Stück erweitert. Will man solch ein Wort ins Deutsche übersetzen, dann ist ein längerer Satz dazu erforderlich. Dazu ein Beispiel:

joc	ich gehe
jo-qu-e	ich gehe dorthin
jo-qu-esh-e	ich gehe dorthin mit einer Absicht
jo-qu-esh-e-mey	ich gehe dorthin mit einer Absicht, weil ein anderer mich geschickt hat
joc-taj-esh-e-mey	ich gehe dorthin mit einer Absicht, weil ein anderer mich geschickt hat, aber ohne Erfolg.

Hiermit möchte ich das Fensterchen schließen, das uns einen kleinen Einblick in die Möglichkeiten und Schönheiten dieser Sprache gewährte. In einem Zeitraum von vier bis fünf Jahren konnte das Alte Testament übersetzt und das Neue Testament noch einmal überarbeitet werden. In Südkorea wurde die Chulupie-Bibel dann in Druck gegeben, und am 11. März 1995 durften wir sie dann dem Stamm der Chulupies übergeben.

Und nun noch kurz etwas zu der Reaktion, die die Bibelübersetzung hervorgerufen hat: Durch den Kulturwechsel, durch den auch unser Chulupie-Stamm gegangen ist und zum Teil noch geht, durch die Begegnung mit dem Christentum und besonders auch mit dem Evangelium hat sich so manches bei den Indianern geändert. Fragen sind aufgebrochen, von denen schon viele beantwortet wurden. Heute heißt es nicht mehr so, wie es früher üblich war: »Was sagt der Missionar dazu?« – Sondern vielmehr: »Was sagt die Bibel dazu?« Und das ist ausschlaggebend. Dazu die Äußerung eines jungen Mannes aus diesem Stamm. Nach Beendigung der schlichten Feier zur Übergabe der übersetzten Bibel an den Stamm trat er an mich heran, reichte mir die Hand und sagte:

»Wie dankbar sind wir, dass wir ab heute die Bibel in unserer Sprache besitzen. Wir wollen darin lesen und forschen, was sie uns zu sagen hat. Aus ihr wollen wir die Wahrheiten schöpfen, wenn wir vor die Versammlungen treten werden. Doch«, so fuhr er fort, »über *einen* Text der Bibel solltest du niemals predigen.« Natürlich war ich höchst gespannt und wollte wissen, welchen Text er wohl meinte. Darauf nannte er die beiden Verse aus Lukas 2,29-30: »Herr, nun lässt du deinen Diener in Frieden fahren, wie du gesagt hast, denn meine Augen haben deinen Heiland gesehen.« – »Du sollst noch lange bei uns bleiben. Wir wollen gemeinsam die Bibel studieren. Sie soll uns stets ein Ansporn sein und eine Hilfe in dem Kampf, der uns verordnet ist.«

Bis vor kurzem (2003) arbeiteten sie an einem großen Werk: Das Neue Testament wurde vorgelesen und auf Kassetten gebracht. Hierzu wurden etwa 30 Mitarbeiter benötigt, die die verschiedenen Rollen übernahmen und die entsprechenden Texte lasen. Ohne Zweifel wird nach der Vervielfältigung eine positive Reaktion folgen, und Gottes Wort wird sich als lebendig und kräftig erweisen, so wie es der richtig verwendete Artikel aussagt: »nava Dios Lhasinôc« (»das lebendige Wort Gottes«).

Gerhard Hein, Fernheim (Paraguay, Chaco)

EUROPA

Mit einer Fläche von 10,5 Millionen km^2 ist Europa nach Australien der kleinste Erdteil. Die Einwohnerzahl von 700 Millionen ist mit dem amerikanischen Doppelkontinent vergleichbar. Als Grenze gegen Asien gelten der Ural, der Uralfluss und das Kaspisches Meer.

Die folgenden Zeugnisse beziehen sich allesamt auf derzeit in Deutschland lebende Personen. Bezüglich des Glaubenslebens besteht ein deutlicher Unterschied zwischen den USA und Deutschland. In der amerikanischen Verfassung ist die Trennung von Staat und Kirche festgeschrieben. Damit sollte nicht der Glaube aus dem öffentlichen Raum verbannt werden. Vielmehr ist es bis heute selbstverständlich, den Glauben als Maßstab für das politische Handeln anzusehen. In den USA herrschte von Anfang an Glaubensfreiheit, während in Deutschland das Prinzip des Augsburger Religionsfriedens von 1555 galt: »Cuius regio, eius religio« (lat.: »Wessen das Land, dessen die Religion«). Der Untertan musste danach den Glauben seines Landesfürsten annehmen. Wer das nicht wollte, wurde verfolgt oder musste auswandern.

Die Trennung von Kirche und Staat in den USA richtet sich nicht gegen den Glauben, sondern beabsichtigt, die religiöse Freiheit der unterschiedlichen Glaubensrichtungen zu schützen. Aus diesem Grund gibt es in den USA auch keinen Religionsunterricht an den staatlichen Schulen. Da an deutschen staatlichen Schulen der Religionsunterricht weitgehend von nichtbekehrten Lehrern erteilt wird, wirkt sich der bibelkritische Unterricht verheerend auf die Jugend aus. Wenn junge Menschen nicht in einer bibeltreuen Gemeinde aufwachsen, sind sie späterhin für den Glauben kaum noch zu gewinnen.

Über die Hälfte der US-Amerikaner (55 Prozent) hält die Bibel Wort für Wort für korrekt. 92 Prozent der Erwachsenen sind davon überzeugt, dass Jesus Christus tatsächlich gelebt hat, und 82 Prozent erkennen ihn als Sohn Gottes an. 52 Prozent stimmen der Aussage zu, dass Jesus wiederkommen wird. Die Jungfrauengeburt ist für 79 Prozent der Amerikaner eine Tatsache. 62 Prozent möchten, dass im Biologieunterricht nicht nur die Evolutionslehre, sondern auch die Schöpfungslehre gelehrt wird. Die entsprechenden Zahlen für Deutschland liegen nicht vor. Aus unserer Alltagserfahrung im Umgang mit unseren Mitbürgern wissen wir jedoch, dass die entsprechenden deutschen Zahlen erheblich niedriger sind.

Aus Deutschland gibt es dennoch auch viel Erfreuliches zu berichten. Im Folgenden berichten wir von Menschen, die ihren Glauben bezeugen und uns auch sehr detailliert erklären, wie sie gläubig wurden und was ihr Glaube im Leben bewirkt hat.

Tragödie Ostpreußen

Für viele der heutigen Leser dürfte weitgehend unbekannt sein, welche Tragödien sich 1944/45 in Ostpreußen abgespielt haben, als die Rote Armee erstmals deutschen Boden erreichte. Als Kind habe ich vieles mit eigenen Augen und an der eigenen Familie miterleben müssen (siehe 2.1 in Teil II und mein Buch »Fragen …«[14]). Von der für uns heute kaum noch vorstellbaren Situation schreibt *Heinz Schön*, ein Überlebender des Untergangs des mit über 10 000 ostpreußischen Flüchtlingen beladenen Schiffes »Wilhelm Gustloff«, in seinem aufwändig recherchierten Buch »Tragödie Ostpreußen«[15]:

> »Keine andere deutsche Provinz musste in den letzten zehn Monaten des Zweiten Weltkrieges und den drei ersten Nachkriegsjahren die menschenverachtende Brutalität der Roten Armee so hautnah erleben wie Ostpreußen und die ostpreußischen Frauen, Kinder und alten Menschen. Diese erlitten eine Tragödie, die in der Welt ohne Beispiel ist. Was russische Besetzung und Besatzung bedeuteten, war bereits im Oktober 1944 sichtbar geworden, als die Rote Armee für 48 Stunden die Ortschaft Nemmersdorf im Kreise Goldap besetzt hatte. Als deutsche Truppen den Ort wieder freigekämpft hatten, fanden sie nur noch vergewaltigte und ermordete Frauen, mehrere davon in gekreuzigter Stellung an Scheunentore genagelt, Säuglinge, Kinder, Greise erstochen, erdrosselt, totgeschlagen. Der gnädigste Tod, den sie erlitten, war der Tod durch Genickschuss. Wohnungen und Häuser waren geplündert und ausgeraubt, verwüstet.«

Im Folgenden werden wir in drei außergewöhnliche Erlebnisse hineingenommen, von denen ***Walter Stumpf*** berichtet. Der erste Bericht fällt in die Zeit des untergehenden Ostpreußens, und die beiden folgenden erzählen von seiner russischen Kriegsgefangenschaft. Zuvor möchte ich *Walter Stumpf* kurz vorstellen:

Wer ist dieser Mann, der uns im Folgenden einige seiner Erlebnisse in notvoller russischer Kriegsgefangenschaft schildern wird? Vor Jahren habe ich ihn zum ersten Mal im Marburger Missionshaus Tabor kennen gelernt (September 1983), als ich dort einige Vorträge hielt. Die bemerkenswerte Geschichte mit dem Bibelboten hatte er mir damals erzählt. Im Oktober 1999 rief er mich an und fragte, ob ich ihm helfen könne, seine Erlebnisgeschichten zu publizieren, da ein christlicher

---

14 *Werner Gitt:* Fragen, die immer wieder gestellt werden; CLV Bielefeld, 20. Auflage 2005, S. 177-178.

15 *Heinz Schön:* Tragödie Ostpreußen, Arndt-Verlag, 1999, S. 5.

Verlag bereits abgelehnt habe, weil sich heute niemand mehr für solche Geschichten interessiere. Mir kam spontan der Gedanke: Wenn Gott diese außergewöhnlichen Dinge im Leben eines Mannes, der ihn und sein Wort liebt, tut, dann dürfen diese nicht sang- und klanglos verschwinden. Sie müssen zur Ehre Gottes weitergegeben werden. Die Bibel ist doch voller Zeugnisse, wie Gott im Leben von Menschen wunderbar gehandelt hat. So schickte *Stumpf* mir seine Geschichten zu, die er bereits kurz nach seiner Rückkehr aus der Gefangenschaft aufgeschrieben hatte. Ich habe alles sorgfältig durchgelesen und mir Fragen notiert, auf die ein unbefangener Leser stoßen würde. Am 11. Dezember 1999 besuchte ich ihn einen ganzen Tag lang in Neustadt an der Weinstraße, um ergänzende Informationen zu erhalten. *Walter Stumpf* habe ich als einen sehr demütigen, freundlichen und fröhlichen, in festem Bibelglauben stehenden Mann kennen gelernt. Ich halte ihn für absolut vertrauenswürdig, so dass ich ihm seine Erlebnisse als authentisch abnehme.

Immer wieder fielen mir noch Fragen ein, um *Stumpfs* Geschichte hinreichend zu verstehen. So hat es noch mancherlei Telefonate gegeben, um spezifische Details zu erfahren, die ich dann noch eingefügt habe. Auf meine Frage: »Warum schickte die Majorin Sie nach Hause?«, sagte *Stumpf*: »Darüber habe ich immer wieder nachgedacht, ja sogar bis heute – über 50 Jahre danach –, aber ich weiß es nicht.«

Eine andere Frage bewegte mich ebenso: »Haben Sie nicht bedacht, dass Sie den Wachtposten in höchste Gefahr bringen, wenn Sie zum Kommandanten gingen und ihm sagten, dass einer von seinen Leuten Ihnen eine Bibel gegeben hat?« *Stumpf:* »Natürlich war die Gefahr für den Mann sehr groß. Man hätte ihn erschießen können, oder aber mehrere Jahre Gefängnis wären ihm sicher gewesen. Ich hatte aber eine innere Gewissheit, dass dies keiner von seinen normalen Wachtposten war. Er hatte ein so außergewöhnlich schönes und glänzendes Gesicht, dass ich merkte: Hier ist etwas Besonderes geschehen. Heute noch achte ich auf Menschen, die im Fernsehen als besonders schön herausgestellt werden. Doch seitdem habe ich nie wieder jemanden mit vergleichbarer Schönheit gesehen. Schon gleich nach der Begegnung mit dem Wachtposten war mir klar: Hier hat Gott gehandelt.«

Walter *Stumpf* wurde am 22. November 1914 in Ludwigshafen geboren. Als 1931 eine 10-tägige Evangelisation in Ludwigshafen stattfand, traf er 17-jährig eine persönliche Entscheidung für Christus. 1933 ging er nach Marburg, um im Seminar für Innere und Äußere Mission (Haus Tabor) ein theologisches Studium zu absolvieren. Schon als Kind hegte er den Wunsch, einmal als Missionar nach China zu gehen. Als er 1937 seine Ausbildung beendet hatte, war es aus politischen Gründen nicht mehr möglich, in das Reich der Mitte einzureisen. So entschloss er sich, die Stelle des Sekretärs bei der Direktion im Missions-Seminar anzunehmen.

Im Mai 1940 wurde er zur Wehrmacht einberufen. Er wurde in Kalisch/Polen eingesetzt und dort dem Stab ZBV (Zur Besonderen Verwendung) zugeteilt. Er war dort mitverantwortlich für die Verteilung der Verpflegung im Heeresabschnitt Mitte. Im Laufe des Vormarsches des Heeres gelangte der Stab bis nach Jaroslavl, einem Ort, der etwa 20 km vor Moskau liegt. Es war für ihn eine gütige Fügung, dass er während des ganzen Krieges nicht einen Schuss abgeben musste. Dann erlebte er den sukzessiven und so schrecklichen Rückmarsch von Russland bis nach Ostpreußen, wo er am 31. Januar 1945 in russische Gefangenschaft geriet. Am 4. Juli 1948 betrat er nach über dreijähriger Kriegsgefangenschaft erstmals wieder deutschen Boden (Frankfurt/Oder) und kehrte am 7. Juli zu seiner Familie nach Neustadt/W. zurück. Er hat eine Tochter (*Traudel*, *1944) und einen Sohn (*Herbert*, *1949).

Nach seiner Rückkehr in die Heimat wurde er in der Pfälzischen Landeskirche ordiniert und wandte sich der Jugendarbeit zu. Er leitete zunächst ein CVJM-Jugendwohnheim und danach fast 25 Jahre lang zusammen mit seiner Frau ein Waisenhaus. 1995, nach dem Tod seiner Frau, zog er ins Wohnstift, wo er 14-tägig Bibel-Gesprächsabende veranstaltet und hin und wieder Gottesdienste hält.

Stumpf war bei meinem Besuch 85 Jahre alt, und das sieht ihm niemand an. Er ist topfit, körperlich und geistig wendig. Er sagt treffend: »Ich bin der gesündeste Mensch im ganzen Heim (mit 450 Personen), denn ich bin völlig gesund an Leib, Seele und Geist.« Hier gewinne ich den deutlichen Eindruck: Gott hat ihm die verlorenen Jahre der Gefangenschaft erstattet. Er verrät mir, er könne sich vorstellen, bei der jetzigen Verfassung noch weitere fünf Jahre hier zu bleiben, um im Heim noch manch einem den Weg zur ewigen Heimat zu weisen. »Dann aber« – so fährt er fort – »will ich zu meinem Herrn, der mir in so vielen Situationen des Lebens geholfen hat.«

Aus dem persönlichen Erleben von *Walter Stumpf* habe ich einiges lernen können. Wenn sich jemand so vorbehaltlos zu Gott bekennt, wie viel mehr ist der Herr sich selbst treu und versagt seine Hilfe nicht, auch und gerade in schweren Notzeiten. Selbst beim Blick in den Lauf der Pistole ist der Herr nicht am Ende. Seine Engel kann er immer noch rechtzeitig senden, in welcher Uniform und in welch bedrängender Situation auch immer. Vielleicht ist es uns hilfreich, in guten Zeiten zu lernen, dass in bösen Zeiten und der größten Not der Nothelfer immer noch größer ist als jede erdenkliche Not.

gi

Z6: Wenn Gott seine Engel schickt

1. Es geschah in schier endloser Schneewüste

Mitte Januar 1945 begann die Großoffensive der Roten Armee auf Ostpreußen, die östlichste Provinz des damaligen Deutschen Reiches. Ich gehörte damals zur 4. Armee (ZBV-Stab; »Zur Besonderen Verwendung«), und wir 300 Soldaten hielten uns in einem kleinen Dorf im nördlichen Ostpreußen auf (Beerendorf, Kreis Labiau), dessen Bewohner bereits ausnahmslos geflüchtet waren. Es war am 31. Januar um 5 Uhr früh, als ein erster Granatwerfer das Dorf beschoss und russische Soldaten anrückten. Ein Entkommen schien aussichtslos. Und doch versuchte ich, in den nahe gelegenen Wald zu fliehen. Wie ich aber gar bald feststellen musste, waren die Russen auch bereits hierhin gelangt. Zusammen mit drei anderen Kameraden geriet ich dort in russische Gefangenschaft. Bald kamen noch weitere 18 Gefangene hinzu. Was aus den übrigen Soldaten geworden ist, weiß ich nicht. In einem Haus, das dort mitten im Wald stand und bereits als russische Kommandantur eingerichtet worden war, wurden wir in einem Raum gefangen gehalten. Es war sehr kalt, und wir bekamen weder etwas zu essen noch zu trinken. Die umliegenden Orte waren ebenfalls in russischer Hand. Mit uns hatte man einen besonderen Plan. Wir wurden durch verschiedene Orte getrieben, um den dort stationierten Rotarmisten zu zeigen: Es gibt bereits deutsche Gefangene! Der Krieg war ja noch nicht zu Ende, und so wollte man den Soldaten auf diese Weise Mut machen zum Weiterkämpfen.

Wir 22 Soldaten empfanden uns als den spärlichen Überrest einer zerschlagenen deutschen Armee. Gleich nach dem Tag der Gefangennahme begann nun für uns jeden Morgen ein etwa 40 Kilometer langer Tagesmarsch – und das ohne einen Bissen Essen oder einen Schluck Wasser. Auf diesem Marsch mussten wir immer wieder durch russische Einheiten und die uns schon bekannten Ortschaften hindurch. Wir 22 Jammergestalten waren bei klirrender Januarkälte von etwa minus 15 bis 20 Grad nur sehr notdürftig gekleidet, denn russische Soldaten hatten uns Uniform und Stiefel abgenommen und uns irgendwelche Lumpen hingeworfen. So trotteten wir hungrig, frierend und todmüde fünf Tage durch die schneebedeckte und in der Sonne glitzernde Winterlandschaft – geordnet in einer Kolonne und immer zu zweit nebeneinander. Damit wir nicht fliehen konnten, wurden wir ständig von sechs bewaffneten Soldaten bewacht. Abends kehrten wir von diesem Rundmarsch wieder in das Waldhaus zurück und wurden gemeinsam in einem kalten, dunklen Raum eingesperrt. Tag für Tag verging so in gleicher Weise. Auch am fünften Tag kamen wir wieder an der uns schon bekannten zwei Kilometer langen, von hohen Bäumen umsäumten Allee vorbei.

Auf diesem Weg sollte uns aber etwas ganz Außergewöhnliches passieren. Während der Kamerad neben mir mit müder Stimme von seiner Hoffnung sprach, doch bald wieder zu seiner jungen Frau und seinem Töchterchen zu dürfen, richtete ich mich wieder einmal auf, um die lange Gerade entlangzuschauen. Doch da stockte mir der Atem. Vor uns stand ein prachtvoller Schimmel. Darauf saß ein blutjunger Offizier. Er trug eine knallrote Uniformjacke mit goldenen Knöpfen und Schnüren, viele Orden über der Brust, eine himmelblaue Reithose mit roten Streifen und nagelneue hellbraune Stiefel. Nach meiner Beurteilung war er so gekleidet, wie man in einem Bilderbuch einen Kosaken nicht besser hätte darstellen können – darum nenne ich ihn im Folgenden auch so. Weder vorher noch nachher habe ich je wieder jemanden mit solcher Uniform gesehen. Als schlügen Feuerflammen des Hasses aus seinen Augen, so wutentbrannt schaute er auf uns Gefangene herab, und ich ahnte nichts Gutes. Weil wir ja alle mit gesenkten Köpfen dahintrotteten, hatte auch keiner den uns entgegenreitenden Offizier bemerkt. Er hatte sich schon auf zehn bis zwölf Meter herangenaht, da stieß ich meinen Kameraden neben mir fest in die Seite und rief laut: »Pass auf, er kommt!« Aber es war schon zu spät. Der Kosake hat seinem Schimmel die Sporen so tief in die Weichen gestoßen – als Reiter wusste ich, was jetzt kommt –, dass er wie ein Ungeheuer mitten durch unsere Gruppe raste. Ich konnte gerade noch die zum Feld hin abschüssige Böschung hinabspringen, alle anderen aber wurden zu Boden geschleudert. Es gab ein wüstes Durcheinander. Die Wachsoldaten waren von einfachem Rang und griffen darum nicht in die Aktion des Offiziers ein. Sie waren zwar sehr erregt, hatten aber nur die eine Sorge, dass wir nicht die Gelegenheit nutzen und davonlaufen würden, doch ihre Schüsse in die Luft waren uns Warnung genug. Sie schrien immerzu mit ihrem stark russischen Akzent: »Aufstäähn, aufstäähn!«, bis wir schließlich wieder geordnet unseren Marsch fortsetzen konnten. Der Kosake war mit einem solchen Tempo durch uns hindurchgerast, dass er erst weit hinter uns wieder zum Stehen kam. Ich wusste, dass er in seiner Wut in gleicher Weise noch einmal von hinten zwischen uns durchrasen würde, und schaute immer wieder zurück. Und dann kam er mit ungestümer Wucht und hat uns alle erneut durcheinander gewirbelt.

Mein Tiroler Kamerad und ich waren die Einzigen, die noch standen. Und genau vor uns beiden hielt er seinen Schimmel so ruckartig an, dass der auf seinen Hinterbeinen vor uns hochstieg. Dann schlug der Offizier mit seiner Reitpeitsche auf uns beide ein. Vielleicht war es die russische Pelzmütze meines Kameraden, von der er annahm, dieser habe sie gestohlen; oder es waren die abwehrenden Arme gegen die Peitschenhiebe, die den Offizier glauben machten, mein Kamerad wollte nach ihm schlagen. Wutentbrannt zog der Reiter seine Pistole, zielte auf die Stirn des Kameraden und schoss ihm mit drei blitzschnell aufeinander folgenden Schüssen, wie mit einem Lineal gezogen, ein symmetrisches Dreieck in die Stirn. Es war ein grausiger Anblick, der mir unvergesslich auch heute immer wieder vor Augen steht. Der liebe Kamerad, der gerade noch von seiner Hoffnung sprach, Frau und Töchterchen doch bald wiederzusehen, wurde durch den abgrundtiefen Hass eines Menschen so furchtbar hingerichtet. Er sank zu meinen Füßen, dann rollte er die Böschung hinunter.

Nun aber hatte der Kosake es auf mich abgesehen, und ich starrte in ein Paar flammender Augen. Es schoss mir durch den Kopf: Jetzt kommt auch mein Ende. Der Kosake hob seinen Arm wie zu einer Schießübung und richtete seine Pistole aus etwa 40 Zentimetern Entfernung auf meine Stirn. Mit unsagbarem Entsetzen sah ich seinen Finger am Abzugsbügel der Pistole und wusste, dass in Bruchteilen einer Sekunde auch mein junges Leben ausgelöscht sein würde. Man muss es erlebt haben, um zu wissen, was sich gedanklich in einem Nu wie in Zeitlupe abspielen kann. Immer das Todesdreieck auf der Stirn meines Kameraden vor Augen, türmte sich ein Heer von Gedanken, Ängsten, Bildern und Gefühlen aufeinander und übereinander, so, als wäre noch genug Zeit, über alles nachzudenken. Dazu die schmerzlichen Gedanken an die Lieben zu Hause – ich war auch jungverheiratet –, und mich befiel eine unaussprechlich tiefe Angst, jetzt auch mein hoffnungsfrohes Leben zu verlieren. Ich sah gebannt in den dunklen Lauf der Pistole, die ja nur eine Armlänge von mir entfernt war, und mit unsagbarer Angst auf den Finger am Abzug, der sich jetzt unweigerlich zum Todesschuss krümmen würde. Jäh wurde ich aus meinen bisherigen Gedanken gerissen. Mir blieb nur noch ein letzter Aufschrei: »Herr, hilf!« Das ist doch eine Zusage Gottes: »Rufe mich an in der Not, so will ich dich erretten!« (Ps 50,15). Was dann geschah, ist mir bis heute unerklärlich:

Noch bevor der Offizier seinen Finger zum Abschuss krümmen konnte, wurde er wie von unsichtbarer Hand von seinem Schimmel heruntergerissen. Was war geschehen? Plötzlich stand mitten unter uns verstörten Gefangenen ein Lastwagen, wie vom Himmel herabgelassen. Keiner von uns 21 hat auch nur das leiseste Motorengeräusch eines LKW gehört, der nun aber etwa zwei Meter neben dem Pferd stand. Auf der verschneiten Allee hätte man auf hundert Meter selbst eine Maus gesehen, umso mehr einen Lastwagen. Über die Bordwand der nach oben offenen Ladefläche des Fahrzeugs sprangen hastig sechs Männer in grünen Drillichanzügen (= Arbeitsanzug mit Jacke und Hose). Sie rissen den Offizier gewaltsam vom Pferd und hielten ihn am Boden liegend fest, und zwar so lange, bis wir Gefangenen ihm entkommen konnten.

Diese sechs Gestalten blickten ausschließlich auf den am Boden liegenden Offizier, so dass wir die Gesichter unserer Nothelfer nicht sehen konnten. Eines aber fiel uns auf, dass diese sechs Männer in ihrem Erscheinungsbild völlig gleichgestaltet waren. Vor lauter Angst haben wir alle immer wieder zurückgeschaut, ob der Kosake nun erst recht noch einmal kommen würde, aber wir sahen ihn dann doch langsam von uns wegreiten in jene Richtung, aus der wir gekommen waren.

Eines hat uns danach noch lange bewegt: Wer waren diese sechs Retter, und woher kam so plötzlich dieser Lastwagen, dessen Kommen keiner von uns gesehen oder gehört hatte? Als ich mich aus 30 bis 40 Meter Entfernung noch einmal umdrehte, ritt der Reiter weg; der LKW aber stand noch an demselben Platz, wo er so unversehens aufgetaucht war. Offenbar hatte er noch eine Schutzfunktion wahrzunehmen. Da wir alle dasselbe gesehen hatten, war diese sonderbare und für uns nicht erklärbare Aktion noch lange danach der einzige Gesprächsstoff. Meine Kameraden kamen über viele Fragen nicht hinweg. Für mich war das alles besonders ergreifend, denn es hatte meiner Errettung aus größter Todesgefahr gedient. Ich hielt das eigenartige Geschehen für das machtvolle Eingreifen Gottes. Ob die Kameraden später vielleicht auch noch zu dieser Erkenntnis gekommen sind, wenn sie an jene schrecklichen Minuten zurückdachten? Für mich bleibt es die unvergessliche und wunderbare Erfahrung: »Er wird seinen Engeln befehlen über dir, dass sie dich behüten auf allen deinen Wegen!« (Ps 91,11). Diese sechs Männer waren für mich nicht nur Schutzengel, wie wir ja volkstümlich auch menschliche Helfer bezeichnen, sondern in Wahrheit Boten Gottes, die er zu unserer Errettung ausgesandt hatte.

2. Ein außergewöhnlicher Bibelbote

Während des Zweiten Weltkriegs geriet ich in russische Kriegsgefangenschaft. Es waren 5 000 Mann, die bei Stalino (Name der Stadt zur Zarenzeit: Jusowo; heute: Donezk) im Donezbecken in der Ukraine bei mangelhafter Verpflegung harte Arbeit im Kohlebergbau verrichten mussten. Das tägliche Arbeitssoll pro Mann war festgelegt auf den Abbau einer 10 m langen Steinkohlenwand, und zwar unter primitivsten Bedingungen. Außer Essgeschirr, Löffel und Rasierzeug durfte keiner irgendwelche persönlichen Dinge besitzen, was durch das ständige Filzen und Durchsuchen der Räume kontrolliert wurde. In dem riesigen Lagerbereich gab es am Anfang somit kein Stück Papier, kein Schreibzeug, ja nicht einmal ein Buch. Es war gegen Ende des Jahres 1946. Da hatte ich ein Erlebnis besonderer Art, von dem ich nun berichten will:

Eines Tages stand ich in der Dämmerung vor unserer Baracke, schaute in den Abendhimmel und suchte mich anhand der jetzt mehr und mehr sichtbar werdenden Sternenbilder in Richtung Heimat zu orientieren. Wie aus der Erde gestiegen, stand plötzlich ein Hüne von einem Wachtposten mit aufgepflanztem Bajonett direkt vor mir. Er trug eine russische Uniform und die übliche Russenmütze. Weil er deutlich über 1,80 Meter groß war, musste ich (1,74 m) zu ihm hochschauen. Er fasste mich mit ungewöhnlich festem Griff am rechten Oberarm und zog mich schweigend hinter die Baracke. War das mein Ende? Als Kriegsgefangene waren wir ja schutzlos allen Unberechenbarkeiten ausgeliefert. Ich befürchtete Schlimmes. Der große Unbekannte öffnete seine Uniformjacke, legte den Zeigefinger der rechten Hand auf seinen Mund, um mit Entschiedenheit deutlich zu machen, dass jetzt kein Wort gesprochen werden darf. Dann griff er mit der Linken unter seine Uniformjacke und reichte mir ein Buch. Sollte ich es nehmen? Privatbesitz war ja streng verboten und wurde bei Entdeckung mit etlichen Tagen Bunker bei Wasser und ganz wenig Brot hart bestraft. Nun war ich dem großen Unbekannten gegenüber in einer schwierigen Lage. Lehnte ich ab, würde er vielleicht böse; nähme ich an, machte ich mich strafbar. Was tun? Zum Nachdenken ließ er mir keine Zeit, sondern drückte mir das Buch fest in die Hand.

Obwohl es schon fast dunkel geworden war, war ich doch neugierig, was das wohl für ein Buch sei. Schon beim Zufassen durchströmte mich ein unbeschreibliches Gefühl, denn Format und Stärke des Buches erschienen mir sehr vertraut. Ich schlug es auf und erkannte im Halbdunkeln: Ich hielt eine deutsche Luther-Bibel in Händen. Es war genau jene Jubiläumsausgabe mit Erklärungen und Konkordanz, wie ich sie seit meinem 15. Lebensjahr zu Hause besaß und fast täglich gelesen hatte. Wäre dieser Wachtposten nicht gewesen, hätte ich meine unbeschreibliche Freude mit einem Luftsprung zum Ausdruck gebracht. So aber schlug ich das Buch zu, um diesem seltsamen Fremden zu danken. Als ich aber von meinem Buch aufschaute, war der Wachtposten, so plötzlich, wie er vor mir stand, auch wieder verschwunden – als hätte ihn der Erdboden verschlungen.

Wer war dieser nach meiner Schätzung etwa vierzig Jahre alte stattliche Mann, dessen scharf geschnittene, aber außergewöhnlich schöne Gesichtszüge mir heute noch so gut in Erinnerung sind? Was war das für ein Erleben bei hereinbrechender Nacht in russischer Kriegsgefangenschaft?

Nur wer die Heilige Schrift liebt, kann sich in etwa vorstellen, wie mir zumute war. Ich war der reichste Mann unter 5000 Habenichtsen! Ich hatte ein Buch – inmitten einer atheistischen Welt besaß ich plötzlich eine Bibel. Sogleich wurde mir ein Problem offenbar: Wo kann ich die Bibel verstauen, wenn ich zur Schicht im Bergwerk bin? Ich hatte keine

Alternativen, und so versteckte ich sie in dem untersten Ende des Strohsacks meiner Schlafpritsche.

Als ich von der ersten Schicht nach diesem Erleben wieder ins Lager kam und meine Bude betrat, packte mich großes Entsetzen. Sämtliche Strohsäcke lagen in wüstem Durcheinander auf einem Haufen. Mein erster Gedanke: Wo ist meine Bibel? Sie war verschwunden! Nun gab es ein ganz merkwürdiges Gesetz *Stalins,* wonach der Besitz einer Bibel und von *Hitlers* »Mein Kampf« in Lagern erlaubt war. Wer sollte in einem russischen Kriegsgefangenenlager jemals an diese Bücher kommen, die doch dem Kommunismus entgegenstehen? Während der Zeit bei der deutschen Wehrmacht verwaltete ich mancherlei Akten und kannte daher diese nicht erklärbare sowjetische Verordnung. Im Wissen um die Gültigkeit dieses Dokuments ging ich zum russischen Lagerkommandanten – einem gefürchteten Mann –, um den Vorfall zu melden. Er war nicht wenig erstaunt, dass ich von diesem Papier wusste. Auf seine Frage, wie ich zu dieser Bibel gekommen sei, sagte ich wahrheitsgemäß: »Von einem Ihrer Wachtposten!« Ich spürte ihm seine große Erregung ab. Sofort gab er den Befehl: »Alle Wachtposten raus, antreten!« Er befahl mir, die Front mit ihm abzuschreiten und den gesuchten Wachtposten zu identifizieren. Ich erinnerte mich sehr wohl an die markanten Gesichtszüge jenes großen Mannes und glaubte, ihn mühelos herausfinden zu können. Der Überbringer der Bibel aber war nicht dabei. Der Kommandant zuckte ratlos die Schultern und signalisierte damit das Ende dieser Suchaktion. Natürlich hätte er zu gerne herausbekommen, wer im Lager Bibeln verteilt – so aber hat er die Sache nicht weiterverfolgt.

Als ich am nächsten Tag vom Bergwerk ins Lager zurückkam, war die Bibel wieder genau dort, wo ich sie versteckt hatte. Nicht nur ich, auch die Kameraden waren sprachlos und voller Fragen. Wer hat das getan? Eines wurde mir jetzt sehr klar: Dieser Bibelüberbringer gehörte nicht zur Wachtmannschaft des Lagers. Für mich war es ein Engel in Uniform! Durch die jüngsten Ereignisse gab mir Gott eine so klare Bestätigung, dass es mir zur festen Gewissheit wurde.

Die Lagerkommandantur hatte mir die Erlaubnis erteilt, jeden zweiten Sonntag einen Gottesdienst zu halten. Anfangs kamen 40 bis 50 Leute. (Im Laufe der Zeit wurden es wegen der sich verstärkt breit machenden Hoffnungslosigkeit in unserer Situation immer weniger, so dass wir zum Zeitpunkt meiner Entlassung leider nur noch sechs bis acht Gefangene waren.) Man hatte sich von der Lagerleitung hierdurch eine bessere Stimmung unter den Gefangenen erhofft. Da ich seit meinem 18. Lebensjahr viele Bibelverse und teilweise ganze Kapitel auswendig gelernt hatte, konnte ich immer wieder auf ein Gotteswort zurückgreifen – auch ohne Bibel. Jetzt aber war es mir möglich, den Kameraden aus einer echten Bibel vorzulesen. Diese Bibel ging im Lager von Hand zu Hand; jeder wollte sie haben, um darin zu lesen. Ich habe den Kameraden immer wieder gesagt: »Gott kann uns hier aus dieser Hölle herausführen, wenn wir ihm nur vertrauen.« Wenn meine Hoffnung auf Gott auch oft müde belächelt wurde, so habe ich doch daran festgehalten und die Kameraden zu diesem Vertrauen immer wieder ermutigt. Es sollte auch nicht enttäuscht werden.

3. Die strenge Majorin und ihr barmherziger Augenblick

Worüber sollten 5 000 Väter, Söhne und Brüder in russischer Kriegsgefangenschaft im beginnenden vierten Jahr nach dem Ende des Zweiten Weltkriegs reden und nachts träumen als davon, endlich nach Hause zu dürfen, endlich entlassen zu werden! Dieser Wunsch wurde immer stärker, je menschenunwürdiger die Verhältnisse im Lager und je unerträglicher die Arbeit in den Kohlebergwerken wurden. Arbeit, Arbeit und immer nur Arbeit war die Forderung der Russen; Heimkehr, Heimkehr hingegen beherrschte alles Denken und Wünschen der gestressten und verbitterten Gefangenen. Dieser Kontrast bestimmte die tägliche Atmosphäre in dem riesigen Straflager. Durch Grubenunglücke oder sonstige Todesfälle fehlende Arbeiter wurden durch Neuzugänge immer wieder ersetzt; entlassen wurde auch im vierten Jahr kein Einziger. Da war es für mich schwierig, im Lagergottesdienst immer wieder Mut zu machen und zu betonen, dass Gott uns aus dieser Hölle herausholen kann. Der Lageroberst hat mir wohl deshalb erlaubt, alle 14 Tage Gottesdienst zu halten – einen arbeitsfreien Sonntag gab es für uns nicht –, weil er sich davon einen guten Einfluss auf die allgemeine Stimmung versprach. Aber weder die leeren Versprechungen der Lagerleitung noch meine Versuche, all den hoffnungslosen Menschen Mut zu machen, konnten an der miserablen Stimmung etwas ändern.

Eines Tages trat etwas Unvorhergesehenes ein. Es war der 11. Juni 1948. Und es begann am Lagertor. Als ich nach dem Schichtwechsel mit meiner Arbeitsbrigade dort ankam, rief ein Wachtposten: »Pleny *Stumpf* k Majoru!« – »Der Gefangene *Stumpf* zum Major!« O weh, was war passiert? Ich hörte aus den Reihen meiner Brigade: »Jetzt bist du dran, jetzt hilft dir nur noch beten!« In der Tat: Wer als Gefangener zum Major musste, hatte exemplarische Strafe zu erwarten. Normale Strafsachen wurden von den Brigadiers erledigt. Ich war mir keiner Schuld bewusst und konnte mir nicht vorstellen, was da auf mich zukommen sollte.

»Major«, dieses Wort hat uns das Fürchten gelehrt. Aber wer war dieser Major? Man höre und staune – es war eine zierliche, hübsche blonde Frau von ca. 45 Jahren. Sie war Lagerärztin, und als Herrscherin über

5 000 Mann trug sie stets ihre Majorsuniform. Auffallend war ihr gleich bleibender eiskalter Gesichtsausdruck, wenn sie mit gewohnt strenger Miene durch die Lager- bzw. Mannschaftsräume ging. Lächeln sah man diese resolute Frau nie. Keiner traute sich in ihre Nähe. Meistens ging sie schweigend durch die Räume; geschimpft hat sie nie, dennoch wirkte sie sehr bedrohlich auf uns. Hatte sie z. B. in einem Schrank Speisereste entdeckt, dann wurde der Betreffende nach der Durchsuchungsaktion von einem Wachtposten in ihr Büro geführt. Dort hat sie ihn dann zurechtgewiesen, oder es wurde eine Strafe verhängt. Die meisten Strafen hat sie angeordnet, wenn sich jemand politisch geäußert hat oder wenn jemand bei der Arbeit das Kohlesoll nicht erfüllt hatte. Dann waren fünf Tage Bau bei Wasser, trocken Brot und ständiger Finsternis üblich.

Zu ihr führte mich nun ein Wachtposten, der aber sogleich wieder verschwand. Zaghaft klopfte ich an ihre Tür. Ihr »Herein« klang laut und energisch. Als ich eintrat, stand sie hinter ihrem Schreibtisch auf, kam freundlich lächelnd auf mich zu und sagte in akzentfreiem Deutsch: »Freu dich, du darfst heute nach Hause!« Man kann sich meine Verwirrung vorstellen. Hatte ich recht gehört? Sie sah mir meine Zweifel an und wiederholte freundlich lächelnd: »Du darfst heute nach Hause. Dort draußen siehst du einen Lastwagen, und in 20 Minuten bist du auf diesem Wagen. Geh, mach dich fertig und ›Gute Fahrt!‹« Als Kohlenhauer stand ich immerhin noch schwarz vom Kohlenstaub vor ihr, nur Augen und Zähne zeigten Weißes. Sollte ich das, was die Majorin gesagt hatte, wirklich ernst nehmen? Es erschien mir einfach unmöglich, ja geradezu unfassbar. Aber was immer auch diese »allmächtige« Majorin befahl, das musste auch geschehen.

Es war alles wie in einem schönen Traum, als ich nach dieser unerwarteten Begegnung auf die Bude zu meinen 29 Kameraden kam. Wie und was sollte ich ihnen sagen? Die lachen mich doch aus. Ganz gespannt erwarteten sie mich und bestürmten mich mit Fragen: »Was ist los? Was hast du verbrochen? Welche Strafe kommt auf dich zu?« Ich berichtete ihnen dann von meiner Begegnung mit der freundlichen Majorin und wurde, wie erwartet, ausgelacht. »Jetzt dreht er durch! Er ist verrückt! Er will uns zum Narren halten!« Als ich dann anfing, meine wenigen Sachen zu packen, waren sie doch sehr irritiert. Einige liefen zum Lagertor, um zu sehen, ob dort wirklich ein Lastwagen stand. Tatsächlich, der war da. Ich befand mich nun in einer eigenartigen, ja fast unwohlen Situation. Einerseits war ich erfüllt von großer Freude, andererseits konnte ich die große Enttäuschung und Traurigkeit meiner Mitgefangenen gut verstehen, die immer noch warten und hoffen mussten. Wie ein Lauffeuer hatte sich die aufsehenerregende Nachricht im Lager verbreitet. Entlassung! – das war das einzige Thema der 5 000 Gefangenen.

Als ich mich mit meinen wenigen Habseligkeiten zum Lagertor begab, begleitete mich eine große aufgeregte Menschenmenge. Die auf so wunderbare Weise erhaltene Bibel gab ich einem Kameraden. Auf dem Wagen wurden mir immer mehr Zettel und Papierröllchen mit Heimatanschriften zugeworfen, um die Angehörigen zu benachrichtigen. Hin und wieder hörte ich aus der Menge den erstaunten Ausruf: »Das ist doch der Lagerpastor, der immer behauptet hat: ›Gott kann uns aus dieser Hölle herausführen!‹ Warum wird der allein entlassen? Das kann es doch nicht geben.« Die Lagerärztin hatte von ihrem Fenster aus die Szenerie beobachtet. Als sie zum Lastwagen trat, machten ihr die Gefangenen bereitwillig Platz und warteten gespannt auf eine Erklärung. Sie wechselte jedoch nur mit dem Fahrer ein paar Worte, schaute freundlich lächelnd zu mir auf, winkte mit einer kaum merklichen Handbewegung, als wolle sie, wie schon in der Baracke, sagen: »Gute Fahrt!« Auf ihren Befehl hin öffnete sich für mich, einen einzigen Mann, nach langen Jahren der Gefangenschaft das riesige Gefängnistor aus Holzbohlen und Stacheldraht. Was war das für ein schicksalhafter Augenblick in meinem jungen Leben, als das große Gefangenenlager langsam meinen Augen entschwand!

Das Lager hatte ich nun zwar hinter mir, doch war ich noch lange kein freier Mann. Das wurde mir sehr bewusst, als ich in der nächsten Kommandantur einer gründlichen Durchsuchung unterzogen wurde. Dort kam ich in größte Not und Verlegenheit, denn ich war ja immer noch in russischer Gefangenschaft. Ich hätte allerdings wissen müssen, was mir noch bevorstand. In der Kommandantur wurde ich völlig entkleidet und von Kopf bis Fuß durchsucht. Ich wusste, was sie bei mir suchten, denn sie hatten ihre Erfahrung. Es ging um versteckte schriftliche Notizen oder Anschriften. Wohin nun mit meinen drei bis vier Zentimeter breiten Papierröllchen? Es war mein Glück, dass in jenem Raum noch vier andere Gefangene durchsucht wurden, und so galt die Aufmerksamkeit nicht mir allein. An der Wand stehend, bemerkte ich eine Kiste; und die schien mir die Lösung zu sein. In einem Augenblick war es mir möglich, mich unbemerkt meiner Zettel zu entledigen, indem ich sie kurz entschlossen zwischen Wand und Kiste warf. Meine Heimkehr wäre schon an diesem ersten Tag, d.h. nach wenigen Stunden beendet gewesen, hätte man bei mir etwas Unerlaubtes gefunden. Wie gern hätte ich meinen zurückbleibenden Kameraden ihre Wünsche erfüllt und Angehörige besucht oder benachrichtigt. Von jener Kommandantur wurde ich zu einem Bahnhof gebracht und dort allein in einen Güterwaggon verfrachtet, in dem ich auf der langen Fahrt auf einem Strohlager kampiert habe. Ich wusste weder die Uhrzeit, noch kannte ich die mir endlos erscheinende Fahrtroute. Hin und wieder wurde ich abgekoppelt und auf ein Abstellgleis geschoben; und dann, oft mitten in der Nacht, gab es einen Ruck, und es ging weiter. Wie gut, dass die Julisonne fast täglich schien und ich so bei offenem Waggon, die Beine nach draußen baumeln lassend, mich wie auf einer Urlaubsfahrt fühlte. Erstaunt war ich über meine gut organisierte Verpflegung. Hatte da die Majorin ihre Hände im Spiel? 23 Tage und Nächte fuhr ich durch das weite Russland, bis ich endlich am 4. Juli 1948 in Frankfurt/Oder meinen Fuß auf deutschen Boden setzen konnte. Erst hier verschwanden die mich unauffällig begleitenden russischen Wachsoldaten endlich. Dieses Gefühl der endgültigen Freiheit ist unbeschreiblich!

Erst Ende 1949 wurde das Lager völlig aufgelöst, und ich bekam Besuch von einem meiner ehemaligen Stubenkameraden. Er berichtete mir von dem Unmut der Kameraden darüber, dass damals nur ein Mann entlassen wurde, und von der offenen Frage: Warum? Für mich war es nicht nur eine große Erleichterung und Freude zu hören, dass alle anderen auch nach Hause durften; sondern auch eine wunderbare Glaubenserfahrung: »Gott aber kann, bei ihm ist kein Ding unmöglich!«

Walter Stumpf, Neustadt an der Weinstraße

Vom zwielichtigen Gewerbe in den Dienst Jesu

Wie so oft endet auch diese Evangelisation im Juni 1999 mit einem Sonntagsgottesdienst in einer der Gemeinden, die mich eingeladen hatten. Einige Gespräche schließen sich noch an, aber dann freuen meine Frau und ich uns schon auf die Rückfahrt nach Braunschweig bei strahlendem Sonnenschein. Doch da ist noch eine Frau, die mich unbedingt sprechen will. Mit verweinten Augen tritt sie in den Seelsorgeraum. Sie weiß nicht so recht, wie sie das Gespräch beginnen soll. In Anknüpfung an die Predigt frage ich, ob sie sich bekehren will. Ihre Antwort kommt nur zögernd und stockend. Nein, eigentlich ist es keine Antwort, sondern eher ein herzzerreißender Aufschrei:

»Bitte helfen Sie mir, ich weiß nicht mehr weiter. Ich schaffe es nicht mehr zu leben. Alles ist zerstört, mein ganzes Leben. Nirgendwo sehe ich einen Ausweg. Helfen Sie mir bitte!«

»Ja, das habe ich verkündigt: Hilfe ist für jeden da, der sich zu Jesus hin aufmacht und alle Hilfe von ihm erwartet. Welches ist Ihre Not?«

»Menschen habe ich geglaubt und vertraut; ich war dabei vertrauensselig, ja völlig unkritisch. Dadurch habe ich nicht nur all mein Geld verloren, sondern bin auch tief in Schulden geraten, aus denen es praktisch keinen Ausweg mehr zu geben schien. Deshalb habe ich mich verkauft. An Männer. Die Schulden, vor denen ich eines Tages stand, waren riesig. Es schien so, als wollten sie mich ersticken, verschütten, unter sich begraben. Das einzige Kapital, das ich diesem Elend noch schnell und unkompliziert entgegensetzen konnte, war ich selbst, war mein Körper.«

»Wie ich Sie verstanden habe, wollen Sie raus aus diesem Elend. Allein ist das nicht zu schaffen, aber ich kenne einen, der Ihnen aus Schuld und Sünde heraushelfen kann. Es ist Jesus Christus, der unseren verlorenen Zustand kennt wie kein anderer.«

»Ja, mir ist klar, dass ich mich nicht selbst aus dem Sumpf befreien kann. In Ihren Vorträgen der vergangenen Abende haben Sie deutlich über die Verlorenheit, die ewige Verdammnis gesprochen. Sie haben aber auch von der Errettung durch Jesus gesprochen. Ich habe erkannt, dass dies auch für mich der einzige Weg ist, aus dem Chaos herauszukommen und errettet zu werden.«

»Sind Sie bereit, Ihr Leben zu verändern und einen völlig neuen Weg zu beschreiten?«

Es kommt ein volles »JA!« Nun erkläre ich ihr anhand der Bibel den Weg der Sündenvergebung durch den Herrn Jesus, und wie man diesen Herrn ganz persönlich annehmen kann. Er ist es auch, der zu einem neuen Lebensweg verhilft. Sie betet inständig mit. Unter Tränen der Buße, aber auch der Freude um die vollständige Vergebung eines verpfuschten Lebens, nimmt sie Jesus als ihren Herrn an. Am Ende des längeren Gesprächs habe ich den Eindruck gewonnen: Hier ist jemand mit ganzem Herzen umgekehrt und damit heimgekehrt.

Über einige Zeit habe ich den Weg von *Esther* – aus Personenschutzgründen nenne ich sie hier nicht mit ihrem wirklichen Namen – telefonisch begleitet. Sie kann mich anrufen, wenn sie weitere Hilfe im Glauben oder für ihre Lebenssituation braucht. Davon hat sie hin und wieder Gebrauch gemacht, und wir haben jedes Telefongespräch mit einem Gebet beendet.

Esther hat eine sehr radikale Umkehr von ihrem alten Leben erlebt. Aus welch einer Tiefe sie durch Jesus gerettet wurde, wird deutlich, wenn man ihren persönlichen Bericht liest. Aus diesem Grund habe ich die offene Schilderung ihres sündigen Lebens weitgehend in der ungeschminkten Weise stehen lassen. So mag gerade ihr Zeugnis eine Hilfe für jene Leser sein, die meinen: »Ich bin so tief gesunken, mich kann Gott nicht mehr annehmen.« Solchen Lesern möchte ich insbesondere aufgrund dieses Zeugnisses zurufen: Gottes Barmherzigkeit reicht immer noch tiefer als unser Fall. Im Kreuz Jesu hat sich Gott bis in die tiefsten Abgründe unseres entgleisten Denkens und Handeln herabgeneigt. Er rettet jeden, der es nur will. Mein verehrter Lehrer im Glauben, *Heinrich Kemner*, sagte einmal: »Den Reichtum seiner Gnade legt Gott nur in Bettlerhände.« Und genau das hat *Esther* erfahren.

Ich habe mich über *Esthers* stete Entwicklung im Glauben und ihren geistlichen Hunger immer wieder gefreut. Als in der unmittelbaren Folgezeit nach ihrer Bekehrung die Freier in altgewohnter Weise anriefen, um mit ihr einen Termin zu verabreden, verkündigte sie ihnen nun das Evangelium: »Ich tue es nicht mehr – nie wieder! Denn ich habe mich zu Jesus bekehrt. Tue es auch, um nicht ewig verloren zu gehen!« Manchmal wollte die Gegenseite wohl nur debattieren, dass es keinen Gott gäbe. Meistens aber folgte darauf nur ein betretenes Schweigen am anderen Ende des Telefons und ein unkommentiertes Auflegen des Hörers.

Als sie sich nach einer neuen Arbeit umsah, fand sie schließlich eine Stelle in einem Alten- und Pflegeheim, die ihre ganze Kraft forderte. *Esther* stellte fest: »Was ich hier in einem Monat verdiene, ist weniger als das, was ich früher an manchen besonders ›guten‹ Tagen beschaffte.«

Ihre Tochter *Magdalena* aus geschiedener Ehe lebte zur Zeit der Bekehrung von *Esther* auch völlig ohne Gott. Aber dann begann *Esther* immer wieder über Gott und Jesus zu sprechen. *Magdalena* wehrte anfänglich jedoch jeden Gedanken an Gott massiv ab, doch Gebete haben schon so manche Festung des Unglaubens erobert – so auch hier: Eines Tages wird es bestimmt so weit sein, und auch *Magdalena* trifft die wichtigste Entscheidung ihres Lebens.[16] Ich habe es so oft beobachtet: Wenn sich

---

16 Inzwischen hat sich *Magdalena* tatsächlich bekehrt. Auch sie hat eine ähn-

jemand von ganzem Herzen bekehrt hat, dann dauert es meistens nicht lange, bis jemand anders aus dessen Umfeld auch diesen Schritt tut. Ein lebendiger Glaube ist auch am missionarischen Eifer erkennbar. Nun berichtet *Esther* selbst aus ihrem Leben:

gi

Z7: Und der Herr wandte sich um und sah mich an …

Vielleicht wirst du erstaunt sagen: Was für eine ungewöhnliche Überschrift ist das? Noch eigenartiger wird es dir vorkommen, dass der Herr (ich denke, die meisten wissen gleich, dass mit »der Herr« Gott gemeint ist) sich nach jemandem wie mir umwandte, wenn du erst etwas über meine Lebensgeschichte erfährst.

Hast du gewusst, dass wir gesehen werden, beobachtet – immer, ständig und überall? Nein, nicht nur vom »Big Brother« – doch, von dem natürlich auch. Der sieht uns aber nicht immer und nicht überall – höchstens unsere Spuren von Zeit zu Zeit. Es sei denn, wir fallen ihm besonders auf, und er meint, er müsse da etwas genauer hinschauen. Aber noch jemand anders sieht uns, achtet auf das, was wir reden und tun, pausenlos, immer und überall: Wir werden ständig aus dem Himmel beobachtet, von unserem Schöpfer, der Himmel und Erde und das gesamte Universum geschaffen hat.

»Der Herr schaut vom Himmel auf die Menschenkinder, dass er sehe, ob jemand klug sei und nach Gott frage.« So steht es in Psalm 14,2. Und dieser Gott führt genauestens Buch über das, was er sieht. Über jeden Menschen gibt es ein präzise geführtes Tagebuch, denn in Psalm 139,17 steht geschrieben: »Alle Tage waren in dein Buch geschrieben, die noch werden sollten und von denen keiner da war.«

So schrieb Gott auch viele, viele schlimme Seiten in mein Lebensbuch. Die schlimmste Geschichte jedoch, die er verzeichnen musste, begann damals, als ich nur noch ein einziges Ziel hatte, nämlich:

Millionärin werden

Ich wollte und ich musste Millionärin werden – und zwar um jeden Preis! Arbeiten bis zur Rente, das schien mir ein mehr als unerträglicher Gedanke zu sein. Sehr viel lieber wollte ich möglichst schnell reich werden, um den Rest meines Lebens mit süßem Nichtstun zu verbringen, am liebsten auf einer schönen sonnigen Insel im Atlantik. Also schloss ich mich dem »Club der Goldgräber« an und stellte mit Genugtuung

---

lich dramatische Hinwendung zu Jesus erlebt, und zwar zehn Monate nach ihrer Mutter.

fest, dass viele andere Menschen ein ähnliches Ziel verfolgten. Auf diese Weise lernte ich viele nette Menschen kennen, auch solche, die mir bei meiner wundersamen Geldvermehrung behilflich sein wollten. Mit enormer Verbissenheit investierte ich deshalb hier und da und dort. Gelder flossen in Schneeball-Systeme, Struktur-Vertriebe, riskante Options-Geschäfte an der Börse, und ich ging dubiosen Geschäftsideen nach. Von letzteren waren ja in der Zeitung genügend unter der gewinnversprechenden Rubrik »Kapitalanlagen« aufgelistet.

Endlich hatte ich alles irgendwo investiert; nur irgendwie wollte es mit dem Reichtum nicht so richtig klappen. Verzweifelt setzte ich sogar solche Gelder ein, die ich treuhänderisch verwalten sollte. Aber plötzlich erkannte ich, dass diese vielen netten Leute es eigentlich nur auf mein Geld abgesehen hatten. Was für eine herbe Enttäuschung! Der Traum vom großen Geld, der Traum, schnell reich zu werden, war jäh ausgeträumt. Eiskalt und brutal landete ich auf dem harten Boden der Realität, denn alles investierte Geld war weg, und sogar der Geldautomat bei der Bank war mir gesperrt worden! Schulden, ja, riesige Schulden gähnten mich plötzlich an. Wie eine schmutzige, hässliche Lawine wälzte sich mir dieser Schuldenberg entgegen. Unmöglich könnte ich ihn wieder abtragen. Panik und Verzweiflung erfassten mich; plötzlich war ich total ruiniert! Nun besaß ich selbst nichts mehr, wie sollte ich nur all die Gelder jemals zurückerstatten?

Eine neue Geldquelle

Fix und fertig war ich, aber irgendwie musste ich da wieder raus. Das Einzige, was mir jetzt noch geblieben zu sein schien, war ein kühler Kopf, und so schaltete ich mit dem buchstäblich letzten Geld, das sich zusammenkratzen ließ, eine kleine Anzeige in einer Wochenzeitung. Unter der Rubrik »Stellengesuche« bot ich meine Dienste als »Gesellschafterin« an. Was in der Zeitung als Gesellschafterin bezeichnet wird, ist die Beschreibung einer Tätigkeit, die nur Insider kennen und zu entschlüsseln verstehen, nämlich ein Begleitservice, wo man überwiegend sexhungrige Männer zu Hause aufsucht. Frauen, die solche Dienste tun, werden als »Callgirl«[17] bezeichnet. Mir war in dem Moment egal, was ich tat – Hauptsache, die Bezahlung stimmte. Ich sah keinen anderen Ausweg aus der Misere als das Motto: Augen zu und durch! So ein Job, den ja schließlich auch viele andere Frauen erledigen, könnte meine Rettung werden, dachte ich mir. Und so machte ich nun tapfer die ersten Erfahrungen in einer mir bis dahin völlig unbekannten Welt.

---

17 Callgirl (engl.; nach *Wahrig*: »Die deutsche Rechtschreibung«): Prostituierte, die auf telefonischen Anruf hin kommt oder jemanden empfängt.

Von der hausbackenen grauen Maus avancierte ich zum Typ »Schwarze Katze«. Meine neuen »Freunde« fanden es toll, dass ich so »unverdorben« war, und gaben sich daher viel Mühe, mir all das beizubringen, was ich ihrer Meinung nach wissen müsste. Sie versorgten mich mit den nötigen heißen Accessoires, stylten mich zu einem völlig neuen Typ und spendeten großzügig für meine Dienste. Damals war gerade das erste mobile Telefon auf den Markt gebracht worden: ein schweres Gerät, das aussah wie eine Gurke oder ein Knochen. Man konnte es auch als Wurfgerät benutzen, um sich bei Gefahr zu verteidigen. So ein Handy, bei dem dauernd die Gespräche abrissen, hatte ich geleast, um immer gut erreichbar zu sein. Angst, ja sogar große Angst befiel mich jedes Mal, wenn das Gerät klingelte. Irgendwie war mir bewusst, dass ich mich auf sehr gefährlichem Terrain, schon ein bisschen in der Unterwelt, bewege. Sehr leicht kann man da in eine Falle tappen. Heute, im Nachhinein muss ich feststellen, dass es Engel gewesen sein müssen, die mir Gott zum Schutz auf den Weg gestellt hat. Wie sehr muss ich heute Gott dafür danken, dass er mich diese Zeit weitgehend unbeschadet überstehen ließ!

Ein tiefer Fall

Irgendwann hatte sich dann herausgestellt, dass ich die geborene »Domina«[18] wäre. In sexy schwarzem Lack-, Gummi- oder Lederoutfit und mit hohen Stiefeln ging ich fortan einer mir sehr entgegenkommenden Tätigkeit nach. Die neue Variante meines Jobs bestand darin, Männer auf Fantasiereisen zu begleiten. Zu Beginn dieser »Karriere« hätte ich niemals vermutet, dass sich in vielen Männerköpfen das gesamte Denken nur um das kleine Teil dreht, was sie auf die perversesten Ideen kommen lässt. Wie könnte man es sich sonst vorstellen, dass jemand teures Geld bezahlt, um gefesselt, geknebelt, mit Nadeln zerstochen, gewürgt, getreten, ausgepeitscht oder an einer Kette herumgeschleift zu werden? Natürlich gab es auch fast normale Männer, die »soft« behandelt werden wollten. Die allermeisten Ideen und Anregungen lieferten mir einschlägige Video-Kassetten, durch die ich meinen »Wissensstand« verbessern konnte. Als Pflichtlektüre galt in jener Zeit ein bekanntes Werk von *Marquis de Sade*. Aus diesem Buch habe ich »viel gelernt«, denn meine Hauptaufgabe bestand nach wie vor darin, ein klitzekleines Teil zur Explosion bringen zu müssen.

---

18 Domina (nach *Wahrig*: »Die deutsche Rechtschreibung«): Prostituierte, die von Masochisten aufgesucht wird. Masochismus ist das Streben nach Steigerung der geschlechtlichen Erregung durch Erdulden körperlicher oder seelischer Misshandlungen.

Und dies auch bei den »bösen Buben«, den so genannten Internatszöglingen. Im wirklichen Leben waren sie »große Tiere«, zum Beispiel Manager. Wenn sie zu mir kamen, spielten sie Schuljungen, die das Einmaleins nicht gelernt hatten oder das ABC nicht in der richtigen Reihenfolge aufsagen konnten. Sie mussten deshalb in der Ecke stehen und wurden mit dem Rohrstock tüchtig verhauen. Dabei habe ich erstaunliche Dinge über das Internatsleben an einer katholischen Schule erfahren. Wer hätte es für möglich gehalten, dass biedere fromme Klosterschwestern helle Freude und Wonne an entblößten Knabenpopos gefunden haben sollten? Während die Jungen sich schämen und ihre Köpfe in den langen Gewändern vergraben mussten, wurden sie verprügelt. Manche Erzieherin hat dabei offenbar ihre geheimen sadistischen Träume ausgelebt. Mit solch tief empfundenen Verletzungen kamen sie dann als Männer zu mir, um das Trauma auf ihre Weise aufzuarbeiten.

Mit großem Erstaunen stellte ich fest, wie viel Zeit und Geld Männer in ihre absonderlichen Neigungen zu investieren bereit sind. Anscheinend drehte sich bei den meisten meiner damaligen »Freunde« alles um ihr »Lieblingsspielzeug«. Tag und Nacht schienen sie mit ihren wilden Träumen sowie ihrer ungebändigten Sexsucht beschäftigt und von ihr geradezu besessen und umhergetrieben zu sein. Mehr und mehr wurde mir bewusst, wie erbärmlich arm Menschen sein können: leer und ausgehöhlt, Betäubung und Vergessen suchend in ihren »kleinen Freuden«. In flüchtigen Begegnungen suchen sie Liebe, Angenommensein und Bestätigung und fallen letztendlich aber doch nur wieder in ihr altes schwarzes Loch zurück, das Alleingelassensein.

Alkohol und Nikotin als ständige Begleiter

Irgendwann hatte ich mir abgewöhnt zu denken und begann, immer öfter und immer intensiver meine eigenen Neigungen zu befriedigen. Das einzige und höchste Glück, außer meinem Kind, waren Alkohol und Zigaretten, mit denen ich meine Sinne vernebelte. Da war ich mir völlig sicher: Nicht einen einzigen Tag hätte ich ohne meine mir damals liebsten Freunde – harte Getränke und Nikotin – lebend überstanden. Peinlich nur, dass sich meine Augäpfel schon gelblich zu färben begannen und so zum Verräter wurden. Und dann dieser fürchterliche Husten und der penetrante Nikotinmief, der sich überall in der Wohnung und in der Kleidung eingenistet hatte. Niemand schien den Aufschrei meiner kranken Seele zu hören. Mehr und mehr hatte ich an Würde verloren. Nun gab es nichts mehr zu verstecken. Lallend und umhertorkelnd bot ich mit Sicherheit ein erbärmliches Bild. So schamlos mutete ich mich meiner Tochter zu. Dass ich von ihr mit einer Pennerin, also mit jemandem, der nirgendwo hinzugehören scheint, verglichen wurde, tat weh, es war aber mehr als zutreffend. Eigentlich waren wir beide heimatlos, jeder auf seine Weise. Nur schwiegen wir über diese Not und versuchten beide, sie so gut wie möglich zu kaschieren. Endlich konnten wir uns nämlich Vergnügen und Freude leisten. Und so begann ich, mir Freude zu kaufen, wobei ich in einen regelrechten Kaufrausch verfiel. Selten kam ich von einem Ausflug zurück, ohne schwer mit Tüten bepackt zu sein. Lange hielt die Begeisterung über die neuen Dinge allerdings nicht vor, denn schon bald musste ich wieder einkaufen gehen. An meinem Job versuchte ich weiterhin Spaß zu behalten, wobei ich mir tapfer einredete, dass es nichts Spannenderes und Abwechslungsreicheres gäbe, als Männer zu demütigen, zu bestrafen, zu quälen – alles verpackt in ein nettes, lukratives Spiel.

Wie gewonnen, so zerronnen

Mein ersehntes Ziel hatte ich endlich erreicht: keine Schulden mehr! Für die Zukunftsabsicherung hatte ich sogar ein Bündel wunderschöner brauner Scheine[19]. Wie heiß und innig liebte ich sie, diese Scheine, die mich aus der Armut, aus der Misere gerettet hatten. Liebevoll streichelte und liebkoste ich sie, trug sie am Körper, um ihr Knistern zu hören. Unsäglich stolz war ich auf mich. Und mich an den neuen Luxus zu gewöhnen, fiel mir nicht schwer.

Aber dann passierte etwas, was meine alte Geschichte so richtig in sich zusammenkrachen ließ. Und ich wusste endgültig: Jetzt reicht es, ich will nicht mehr, ich kann nicht mehr. Am besten einschlafen und nicht mehr aufwachen müssen. Hast du auch schon mal so gedacht? Und hast du auch gesagt: »Gott ist schuld daran, dass es mir so dreckig geht«? Wie kann ich glauben, dass es einen guten, barmherzigen Gott im Himmel gibt, der zulassen kann, dass ich von einem Elend ins nächste falle?

Was war denn nur geschehen? Ach, es erging mir so, wie dem Hans im Glück aus dem Märchenbuch oder wie es in einem Sprichwort heißt: »Wie gewonnen, so zerronnen.« Absolut nichts hatte ich aus meinen vergangenen Fehlern gelernt, denn schon wieder schielte ich nach lukrativen Investitionsmöglichkeiten. Sie ließen nicht lange auf sich warten, denn tatsächlich lief er mir schon bald über den Weg: der smarte Geschäftsmann mit seinem todsicheren Anlagetipp. Er umwarb mich auf so charmante Weise, und das schöne Geld verschwand auf Nimmerwiedersehen in seiner neuen Geschäftsidee.

---

[19] Zu DM-Zeiten waren die Tausendmarkscheine braun.

Ein rettendes Angebot

Etwa zur selben Zeit fand in unserer Stadt eine große Evangelisation statt, zu der ich per Handzettel eingeladen wurde. Wie betäubt schleppte ich mich an den Veranstaltungsort. In meinem Inneren sah es wie nach einem Erdbeben aus. Nein, jetzt hatte ich keine Kraft mehr zu einem nochmaligen Neuanfang! Wieder hatte ich alles verspielt. Starr und kalt wie Granit fühlte ich mich, leer und völlig ausgebrannt. In grenzenloser Apathie ließ ich die Abende über mich ergehen, und doch schrie mein Innerstes nur noch nach Hilfe. Am letzten Abend sprach mich eine Dame an, die meine Not offensichtlich erkannte. Sie bat mich unter Tränen, dass ich doch zurückbleiben solle, um mit dem Evangelisten zu beten. Die Menschen wurden nämlich nach Ablauf eines jeden Vortrags eingeladen, ihr Leben vor Gott in Ordnung zu bringen. Der Prediger nannte das »für den Himmel buchen«. Obwohl mich das Mitleid, das mir entgegenfloss, berührte, lief ich auch diesmal weg und gab trotzig Gott die Schuld für mein Elend. Somit war mit Abschluss der Evangelisation die letzte Chance für eine hilfreiche Aussprache vertan. In der Spielbank, beim Roulette hätte es nun geheißen: »Rien ne va plus« – aber zum Glück nicht so bei Gott. Gerade als ich im Begriff war, den allergrößten Fehler meines Lebens zu begehen, wieder vor Gott zu fliehen, muss es so gewesen sein, »dass der Herr sich umwandte und mich ansah…«

Hast du gemerkt, dass dies auch die Überschrift zu meiner Geschichte ist? Nun wirst du dich vielleicht fragen, wer wohl dieser »Herr« war, der sich umdrehte, um mich anzusehen. In der Bibel hatte es auch schon jemanden gegeben, den Jesus tieftraurig ansah. Dieser Mann – es war Petrus, ein Jünger und Freund von Jesus – hatte ihn ganz erbärmlich verraten, indem er sagte, er würde ihn nicht kennen. Im Lukasevangelium, wo dieses tragische Ereignis aufgeschrieben ist, lesen wir: »Und der Herr wandte sich um und sah Petrus an… Und Petrus ging hinaus und weinte bitterlich« (Lukas 22,61-62).

Genauso habe auch ich Jesus immer und ständig verleugnet, ein ganzes Leben lang. Absichtlich war ich ihm immer ausgewichen, wollte ihn nicht kennen. Trotzdem bin ich in seinen Augen unendlich wertvoll und kostbar, weil Gott mich nach seinem Ebenbild geschaffen hat.

Am letzten Abend der Evangelisation mag Jesus vor mir stehen geblieben sein, als ich erneut flüchtete. Tieftraurig hat er mich wohl angeschaut, denn plötzlich wusste ich es, und plötzlich spürte ich es ganz deutlich: Jetzt meint er mich! Die Botschaften der Vortragsreihe hatten mich tief in meinem Inneren getroffen und erschüttert. Als der Evangelist zum Abschluss sagte, er würde am folgenden Sonntag nochmals in einer christlichen Gemeinde predigen, war ich wie vom Blitz getroffen und wusste genau: Da muss ich hin! Voller Angst, dass es schon zu spät sein könnte, hastete ich also an jenem Sonntagmorgen an diesen Ort.

Mir war sehr komisch zumute; innerlich fühlte ich mich gedrängt, einmal anonym allen Jammer vor einem Menschen auspacken zu können. So viel Elend war in meiner Seele zu einer höchstexplosiven Mischung aufgestaut. Ich meinte, daran ersticken zu müssen. Aber mehr noch bemitleidete ich mich selbst aus tiefstem Herzen wegen all des Leids, das mich so unverdienterweise überrollt hatte. Zu müde war ich, um weiterzukämpfen, um wieder von vorn anzufangen. Es sah so aus, als wäre ich nun tatsächlich am tiefsten Punkt meines Lebens angelangt; am Schweinetrog nämlich, von dem in der Bibel gesprochen wird (Lukas 15,16). An diesem war auch der »verlorene Sohn« angekommen, mit dem großen Unterschied, dass er sein Geld selbst verprasst hatte. Ich dagegen hatte es den Leuten hinterher geworfen. Um es zurückzuholen, mühte ich mich mit zäher Verbissenheit, und doch war jegliche Mühe »für die Katz« gewesen. Wie viele gräuliche Schandtaten hatten sich aber auf diesem steinigen Weg angehäuft, die meine Seele verfinsterten und wie in einem abscheulichen Kerker gefangen hielten. Am Schweinetrog gelandet zu sein, bedeutete, völlig unfähig zu sein, aus diesem selbst gezimmerten Elend aufzustehen, bankrott zu sein, erstarrt, lebendig tot, ja wie begraben zu sein. Mit großer Erschütterung wurde mir klar, wie nutzlos ich mein Leben verspielt und vergeudet hatte. Nur noch ein chaotischer Scherbenhaufen war von diesem Leben übrig geblieben.

Und dann hörte ich vom *wahren Leben* und dass Jesus Christus auf diese Erde gekommen ist, damit wir in ihm das Leben haben dürfen!

Als der Gottesdienst beendet war, wäre ich am liebsten weggerannt, davongelaufen; doch einige der dort anwesenden Menschen hatten mich zu einem Gespräch ermutigt.

Irgendwie war es wohltuend und erstaunlich zugleich, dass bis dahin mir unbekannte Menschen so an meinem Schicksal interessiert zu sein schienen. Auf liebevolle Weise drängten, ja nötigten sie mich fast, zu bleiben, um noch mit dem Prediger zu sprechen.

Mit letzter Kraft

Also schleppte ich mich zu einer Aussprache mit dem Evangelisten. *Werner Gitt* erklärte mir, wie ich mich durch die Auflehnung gegen Gott und seine Gebote gegen Gottes Heiligkeit versündigt hatte. Ungehorsam und Rebellion führten zu einer Trennung von Gott. Er sagte, dass es nur diesen einen Ausweg gibt: vor Gott mit demütigem Herzen, mit zerbrochenem Herzen hinzutreten, um alle Schuld aufzudecken und zu bekennen. Aus der Bibel las er mir Gottes Antwort aus Jesaja 1,18 vor: »Wenn eure Sünde auch blutrot ist, soll sie doch schneeweiß werden, und wenn sie rot ist wie Scharlach, soll sie doch wie Wolle werden.« Was für eine Verheißung! Und diese Verheißung, diese Zusage Gottes könne auch ich ganz persönlich für mich in Anspruch nehmen, versicherte er mir. Dann betete Herr *Gitt* mit mir. Endlich konnte ich den ganzen Berg von Sünde und Schmutz, der mein Leben so fürchterlich verwüstet hatte, vor Gottes Sohn abladen. Er weiß sowieso alles aus meinem Leben, deshalb gab es auch nichts, was ich verstecken oder beschönigen musste. Wie eine Lawine aus hartem Stein und Geröll bahnten sich all die scheußlichen Dinge und Erinnerungen einen Weg in die Freiheit, ans Tageslicht. Tränen begannen mein Herz aufzuweichen, Versteinerungen bröckelten ab. Für meine bewussten Verfehlungen flehte ich zu Gott um Vergebung, um Erbarmen, und ich bat ihn, mein Herz so weiß wie Schnee zu waschen. Mit einem gereinigten Herzen konnte ich endlich Jesus Christus dafür danken, dass er für meine Schuld am Kreuz gestorben ist, und ihn einladen, von nun an der Herr in meinem Leben zu sein. Auch für mein Leben konnte ich nun die Verheißung aus Römer 10,13 in Anspruch nehmen: »Wer den Namen des Herrn anrufen wird, soll gerettet werden.« Damit wurde mir ewiges Leben und die Gewissheit, einmal für immer bei Gott im Himmel sein zu dürfen, zugesagt.

Noch zwei weitere Bibelstellen, die beide im Lukasevangelium zu finden sind, bekam ich mit auf den neuen Weg. In einer spricht Jesus davon, »dass Freude vor den Engeln sein wird über einen Sünder, der Buße tut« (Lukas 15,10). Und dann ließ uns Jesus auch noch wissen, worüber wir uns freuen sollten, indem er sagte: »Freuet euch aber, dass eure Namen im Himmel geschrieben sind« (Lukas 10,20).

Die Veränderung

Was für ein großes Ereignis ist es, ein Kind Gottes geworden zu sein und zum Schöpfer des gesamten Universums »Vater« sagen zu dürfen! Sehr bald schon begann sich mein Vater im Himmel fürsorglich um mich zu kümmern, indem er wunderbare Menschen schickte, die mich so ganz selbstverständlich bei der Hand nahmen und auf neue Wege führten. Erste große Wunder geschahen schon bald in meinem Leben, die eigentlich nur derjenige am besten verstehen und nachvollziehen kann, der süchtig ist oder war. Niemals hätte ich es für möglich gehalten, auch nur einen einzigen Tag ohne Nikotin und Alkohol überleben zu können. Diese beiden Drogen hatten mich seit vielen Jahren fest im Griff. Sie bedeuteten mir alles; von diesen »süßen« Giften war ich total abhängig. Jeder Süchtige wird bestätigen, dass es schier unmöglich, ja geradezu aussichtslos ist, sich mit eigener Kraft aus den Krallen und Fesseln der Abhängigkeit zu befreien. Aber für den großen, allmächtigen, ewigen Gott war es mühelos und leicht, mir Heilung zu schenken. Ich habe Heilung an Körper, Seele und Geist erfahren. Er – und nur er – hat mich von den Qualen und dem Laster des Rauchens und des Trinkens befreit! Inzwischen weiß ich ganz sicher, dass diese beiden Suchtmittel in meinem Leben für immer tabu sein werden. Ein Rückfall hatte mich dahin gebracht, ganz bewusst für immer die Finger von Alkohol und Zigaretten zu lassen. Auch der Teufel hatte damals mein Versprechen gehört, niemals wieder zu rauchen, nie wieder zu trinken. Aber einen wunderschönen heißen Sommer nahm er zum Anlass, mich an frühere, spritzige Getränke zu erinnern. Ich dachte mir, alkoholfreies Bier kann ja nicht schaden – und plötzlich begann ich irgendwie tatsächlich wieder rückfällig zu werden. Langsam und allmählich wollten sich alte Gewohnheiten einschleichen. Gott ließ mich erkennen, in welcher Gefahr ich schwebte. Ich war erschrocken, dass ich überhaupt so wortbrüchig und untreu werden konnte. Dieses getrübte Verhältnis zu Gott wurde sehr schlimm und belastend für mich. Aber auch mit dieser schlimmen Verfehlung durfte ich wieder zu Gott kommen und ihm diese Sucht erneut, mit der Bitte um Hilfe und Vergebung, zu Füßen legen. Hier wurde mir richtig bewusst, wie fehlerhaft wir Menschen doch sind und bleiben. Trotzdem werden wir von Gott immer geliebt, und wenn wir »unsere Sünden bekennen, so ist er treu und gerecht, dass er uns die Sünden vergibt und reinigt uns von allem schuldigen Verhalten«. So steht es in 1.Johannes 1,9 für uns geschrieben.

Von ganzem Herzen danke ich meinem Vater im Himmel, dass ich seit dem erwähnten Sommer nicht mehr rückfällig geworden bin und weder Lust auf alkoholische Getränke noch auf Zigaretten habe. Ja, das erscheint mir immer wieder wie ein großes Wunder! Wie dankbar bin ich auch, dass dieser Zeit und Energie raubende »Beschaffungszwang« ein Ende hat. Wie unnütz und erbärmlich war es doch, von Süchten versklavt zu sein. Endlich bin ich befreit von diesem Druck, ständig genügend Flaschen mit alkoholischem Inhalt kaufen, transportieren, lagern und entsorgen zu müssen. Dabei möchte ich auch erwähnen, dass ich meine Wohnung damals renoviert habe, um auch jede noch so leise Geruchserinnerung ans Rauchen zu vertreiben.

Mein altes, zerlumptes Leben hat Gott völlig umorganisiert und neu gemacht. Wenn ich auf die letzte Zeit zurückschaue, kann ich nur staunen, wie viel Liebe und Fürsorge er in mein Leben strömen ließ. Er hat sich auch um eine neue Arbeit für mich gekümmert, in der ich zwar viel weniger verdiene, mir es aber an nichts mangelt. Ich weiß auch, dass er für alle Bereiche in meinem Leben Sorge tragen wird und mir das geben wird, was ich brauche. Trotzdem macht mich die Erinnerung an dieses zerlumpte Leben von damals oft noch sehr traurig. So unendlich Leid tut es mir, Männer verführt zu haben durch das Vorgaukeln kurzfristiger Freuden, die sie letztendlich teuer bezahlten. Auch die großen Summen von Geld schmerzen mich, die sich in Nichts aufgelöst haben. Wie vielen Menschen hätte man damit helfen, ihre Not lindern und sie »für den Himmel buchen« können!

Zu den »Freunden« von damals habe ich natürlich keinerlei Beziehung mehr. Verstehen oder nachvollziehen konnte keiner von ihnen, was mit mir geschehen war. Ab und zu erkundigt sich noch jemand, »wie es so gehe«, und ich freue mich, die Gelegenheit dann nutzen zu können, zu erzählen, wie sehr Gott mein Leben verändert hat. Dabei versuche ich, ihnen und euch anderen sexbesessenen Männern und Frauen zuzurufen: Jesus, der Mann aus Nazareth, Gottes Sohn, kann auch euch helfen, euch befreien und euch heilen. Er wird die dämonischen Fesseln zerschlagen, die finsteren Mächte aus eurem Leben vertreiben, in deren Bann ihr gefangen seid. »Mir ist gegeben alle Gewalt im Himmel und auf Erden«, sagt Jesus Christus in Matthäus 28,18. Darum ruft zu ihm, schreit zu ihm. Es gibt Hoffnung und Befreiung auch für euch.

Es ist mir ein großes Anliegen, ja ein Verlangen geworden, mit anderen Christen die Bibel zu lesen, um immer besser verstehen zu können, was Gott uns in diesem wunderbaren Buch für unser Leben mitteilen möchte, doch auch, um ihn besser kennen zu lernen. Ja, immer mehr wird mir bewusst, dass die Bibel nur Gottes Wort sein kann! Durch sie erfahren wir mehr von Gottes Charakter, von seiner Vollkommenheit, aber auch über seinen wunderbaren Plan, uns auf liebevolle Weise verändern zu wollen, und so können wir uns ganz sorgenfrei in seine schützenden Hände begeben. Wie schön ist es, dass es jetzt in meinem Leben jemanden gibt, der meine Zukunft in seinen Händen hält und weiß, was das Beste für mich ist!

Ein sehr wichtiges Ereignis war für mich auch die Taufe. Vielleicht sagst du, dass du auch getauft bist, und zwar schon als Baby. Aber für uns Christen bedeutet die Taufe, dass wir unseren Mitmenschen damit zeigen, dass wir ein neues Leben begonnen haben, und zwar ein Leben mit Gott. Mir ist folgendes Symbol dabei sehr wichtig: Wir werden mit unserem ganzen Körper im Wasser untergetaucht. Das bedeutet, dass wir von unseren Sünden reingewaschen und mit Christus in seinen Tod hineingetauft sind. Das Auftauchen symbolisiert den »neuen Menschen«, der sein Leben jetzt mit und für Gott leben möchte und Christus als Herrn und Erlöser angenommen hat. So wie Christus von den Toten auferstanden ist, werden auch wir auferstehen, um einmal für ewig bei ihm sein zu dürfen. Im Römerbrief Kapitel 6, Vers 5 heißt es so treffend: »Denn wenn wir mit ihm verbunden und ihm gleich geworden sind in seinem Tod, so werden wir ihm auch in der Auferstehung gleich sein.«

Meiner christlichen Gemeinde, es ist eine evangelische Freikirche, in die ich regelmäßig gehe, ist es sehr wichtig, den Menschen von Gottes Liebe zu erzählen. Wir möchten, dass jeder eingeladen wird, ein neues Leben mit Gott zu beginnen. Dabei ist es ganz egal, wie viel Müll sich in seinem Leben ohne Gott angehäuft hat! Jeder soll die Chance bekommen, eine neue Perspektive für sein Leben zu finden, wie aussichtslos seine jetzige Situation auch erscheinen mag!

Was mich nach meiner Entscheidung immer wieder besonders traurig macht, ist, mitanzusehen, wie sehr Menschen über Gott und die Himmelswelt lästern und sie verspotten. Unsere Spaßgesellschaft lullt die Menschen geradezu ein und vermittelt die Ansicht, dass der »alte Herr dort droben« – vorausgesetzt, es gibt ihn überhaupt – schon nicht so pingelig sein wird. Weil der Teufel richtig sympathisch und niedlich gemacht worden ist, schafft er es, die Hölle bzw. das einmal ewige Getrenntsein von Gott auf intelligente Weise zu verharmlosen. Vor allem betrügt er uns, indem er uns einflüstert: »Die Sache mit Gott hat noch Zeit, es eilt überhaupt nicht…, später…, vielleicht…, irgendwann einmal…, aber noch nicht jetzt.« Aber irgendwann wird es kein Zurück mehr geben. Wir sollten in den »Zug des Lebens« einsteigen, solange er noch auf uns wartet.

Und deshalb ist es unser Ziel, so viele Menschen wie möglich über Gott und das leider viel zu oft anzutreffende falsche Gottesbild aufzuklären. Dies geschieht in der Gemeinde, an Büchertischen und »Offenen Abenden«, an denen wir christliche Literatur verteilen und mit den Menschen sprechen. Die meisten Menschen denken, am besten seien sie im »Niemandsland« aufgehoben. Sie meinen: Warum sollte ich mich extra für Gott entscheiden, wenn ich doch gar nichts gegen ihn habe? Aber bei Gott gibt es keine Grauzone und auch kein Niemandsland. Entweder du bist für ihn; sonst bist du automatisch gegen ihn. Dazwischen gibt es nichts! Das ist wie mit deiner Existenz. Entweder du bist geboren, oder du bist es nicht. Ein bisschen ist nicht möglich. Entweder du bist ein Kind Gottes, oder du bist es eben nicht!

Das gilt auch für dich

Auch du bist eingeladen, dein Leben vor Gott in Ordnung zu bringen. Jesus liebt dich und bietet dir an, ganz neu mit ihm zu beginnen. Er ist auch für deine Sünden gestorben! Und er ist wieder auferstanden und lebt und möchte, dass auch wir eines Tages die Ewigkeit mit ihm verbringen!

Damals, vor einigen Jahren, war Jesus an mir vorübergegangen, und plötzlich hatte ich ganz deutlich gewusst und verstanden: Jetzt meint er mich! Heute schaut er dich an! Auch in dein Lebensbuch möchte er eine ganz neue Geschichte und einen Neuanfang schreiben. Jesus steht vor deiner Herzenstür und wartet, dass du ihm dein Herz öffnest! Komm zu ihm, sprich zu ihm, bete zu ihm und lade ihn ein, in dein Leben zu kommen! Nur er allein kann aus jedem Scherbenhaufen ein wunderschönes Mosaik entstehen lassen. Dreh dich um, geh ihm entgegen! Er steht mit offenen Armen da, um dich zu empfangen! Gott segne dich, so wie ich es auch erlebt habe!

Esther (aus Süddeutschland)

Fromm und doch verloren

In der Bergpredigt spricht Jesus von Menschen, die zwar äußerlich ein frommes Leben führen, deren Lebenswandel aber keineswegs mit dem Willen Gottes übereinstimmt. Sein Urteil über sie nennt er uns in Matthäus 7,21-23:

> Es werden nicht alle, die zu mir sagen: Herr, Herr!, in das Himmelreich kommen, sondern die den Willen tun meines Vaters im Himmel. Es werden viele zu mir sagen an jenem Tage: Herr, Herr, haben wir nicht in deinem Namen geweissagt, … böse Geister ausgetrieben, … viele Wunder getan? Dann werde ich ihnen bekennen: Ich habe euch nie gekannt, weicht von mir, ihr Übeltäter! (Mt 7,21-23).

Wir können in der Kirche oder der Gemeinde sehr aktiv sein und vor anderen Menschen als fromm gelten, dennoch mag alles nur Fassade sein. Das endgültige Gerichtsurteil über den Verbleib in einer ganzen Ewigkeit wird einmal viele fromme Leute gleichermaßen überraschen wie auch entsetzen. Sie waren zu Lebzeiten fest davon überzeugt, einmal in den Himmel zu kommen, aber nun – für sie völlig unfassbar – werden sie in die Hölle geworfen. Welch eine ungeheure Tragik! Wir sollten bedenken: Der nichtbekehrte Mensch kann sehr fromm sein, und doch ist er verloren. Eine wirklich echte und ganzheitliche Hinwendung zu Jesus tut dann Not! Diesen Wandel hat eine Polin intensiv erlebt. Ich nenne sie hier aus Personenschutzgründen *Jola,* einem in Polen häufigen weiblichen Vornamen. Wegen ihrer von Kindheit an eingeübten und auch praktizierten Frömmigkeit glaubte sie, auf dem sicheren Weg zum Himmel zu sein. In einer Evangelisation wurden ihr Schritt für Schritt die Augen geöffnet. *Jola* schreibt nachfolgend sehr ausführlich, was sie in den Tagen der Veranstaltung empfunden hat und wie sich dadurch ihr Lebenswandel grundlegend veränderte.

gi

Z8: Befreit durch den Ruf Jesu

Es war ein warmer Sommertag im Juli 1997. Ich war auf dem Weg von der Arbeit nach Hause und stoppte an einer roten Ampel. Mein Blick fiel dabei auf ein Plakat. Die großen Buchstaben »Friede mit Gott – eine echte Befreiung« konnte ich gerade noch wahrnehmen, dann aber schaltete die Ampel auf »Grün«, und ich musste weiterfahren. Wann und wo die Veranstaltung stattfand, hatte ich in den wenigen Sekunden leider nicht mehr lesen können. Diese Überschrift hatte mich aber irgendwie ergriffen, denn schon lange sehnte ich mich nach Gott und suchte ihn. Mir war bewusst, dass ich von ihm sehr weit weg war. Aber ich wusste nicht, wie ich ihn finden könnte. Längst betete ich nicht mehr. Ich hatte viele Probleme. Die meisten hatte ich mir wegen meines Lebensstils selbst zuzuschreiben.

Zu jener Zeit lebte ich ohne jede Hoffnung. Die Suche nach Unterhaltung, Fröhlichkeit und Spaß hatten mir nicht das gebracht, was ich erhofft hatte, und alles, was ich erhaschte, verflog sehr schnell. Regelmäßige Gottesdienste in der katholischen Kirche waren das Einzige, das mich noch irgendwie an Gott erinnerte. Doch Gott fand ich dort nicht wirklich. Die Kirche wirkte zwar beruhigend auf mich, aber sie gab mir keine Antworten auf meine Lebensfragen. Sie bot mir keinen Ausweg aus meiner seelischen Not. Ich hatte niemanden, der mich wirklich verstand und der mir hätte helfen können. Aus dem Dunkel dieser Hoffnungslosigkeit wollte ich unbedingt heraus.

Das Plakat hatte ich schon bald vergessen. Aber Gott hatte etwas mit mir vor. Eines Tages wurde ich sehr unruhig und rief eine Bekannte an. In diesem Gespräch ermutigte sie mich sehr, zu jener Evangelisation zu kommen, von der ich schon an der roten Ampel gelesen hatte. Dazu war ich gerne bereit, und so freute ich mich auf den Abend, obwohl ich den Grund dafür gar nicht kannte. Die Veranstaltungsreihe hatte schon zwei Tage zuvor begonnen. Mein Herz schlug schneller, als ich mit dem Auto auf dem Parkplatz vor der großen Halle ankam. In der Halle saßen schon viele Leute. Der Prediger sollte *Wilhelm Pahls* sein. Das alles machte mich sehr neugierig; insbesondere staunte ich über die riesige Menschenmenge. Von meiner Kirche her war ich es gewohnt, dass zu religiösen Versammlungen nur wenige Menschen kamen; meistens waren es nur ältere. Was ich aber hier sah, das ermutigte mich sehr.

Ich musste ziemlich weit nach vorne gehen, um überhaupt noch einen Platz zu bekommen. Ein für mich ungewöhnlich großer Chor sang klangvolle Lieder. Alles war so festlich. Mein Freund, der wie ich auch katholisch war und mit dem ich seit einigen Jahren zusammenwohnte, wollte ursprünglich nur kurz vorbeischauen, um sich einen Eindruck zu verschaffen. Doch letztendlich war er wie ich an allen Abenden dabei. Die Predigten sprachen mich sehr an, hier bekam ich Nahrung für meine Seele, und das alles ging mir sehr zu Herzen. Von einem Abend zum anderen stieg die Spannung in mir an, und schließlich waren alle meine Gedanken schon den ganzen Tag darauf gerichtet, abends zur Evangelisation gehen zu können. Ich ging nicht nur, ja ich lief geradeso, als hätte mir jemand Flügel gegeben, um dort noch mehr Minuten zu erleben. Ich empfand eine noch nie gekannte Freude und Ruhe, die mich mit aller Kraft dorthin zog. Normalerweise bin ich ein ständig frierender

Mensch, aber an diesen Abenden habe ich unabhängig von der Temperatur keinerlei Kälte verspürt.

Die ruhige Atmosphäre, die freundlichen Frauen, die immer neben mir saßen, und die schönen Lieder des Chors ergriffen mich zutiefst. So etwas hatte ich bis dahin noch nie gehört und erlebt. Ich sah so viele junge Menschen, die Gott und Jesus von ganzem Herzen lobten und priesen. Das alles hätte ich bisher nur alten Omas zugeschrieben. Moderne Menschen denken, sie seien so unabhängig und klug, dass sie Gott nicht brauchen. Doch wir alle sehnen uns nach Liebe, wir suchen sie. Das Wort Gottes, das *Wilhelm Pahls* aus der Bibel vorlas und das, worüber er predigte, war so einfach und wirkte doch mit unvorstellbarer Kraft auf mich und sprach direkt zu mir. Auf einmal fing ich an, all das Gesagte zu verstehen. Mir wurde Gottes unfassbare Liebe und Barmherzigkeit über meine Verlorenheit bewusst.

All das, was um mich herum geschah, war plötzlich völlig belanglos geworden. Ob meine Freundin oder mein Freund auch zur Evangelisation kamen, oder was auf meiner Arbeitsstelle geschah – das war mir alles absolut unwichtig. Ich empfand mich quasi in höhere Ebenen entführt und erlebte etwas so Neues, das ich nie gekannt hatte.

So wurde mir erstmals die Größe Jesu vor Augen gemalt. In der katholischen Kirche hatte mir keiner gesagt, dass das Wort Jesus ist. Niemand hat mir gesagt, dass das Wort zum Leben führt und dass nur er der Weg zum Himmel ist. Hier aber erkannte ich erstmals, dass ich nicht lebendig, sondern tot war. In diesem Moment begann etwas in mir zu leben. O ja, man kann biologisch leben und trotzdem tot sein, wenn man ohne Jesus lebt. Hier habe ich erstmals erkannt, dass es nicht zum Himmel führt, wenn man in die Kirche geht, Gutes tut und die Sakramente einhält. Ich hatte den Wunsch zu leben, und dieses Leben erhielt ich von Jesus, der gesagt hat: »Ich bin der Weg und die Wahrheit und das Leben; niemand kommt zum Vater denn durch mich« (Joh 14,6).

Am dritten Abend sagte eine Frau, die neben mir saß: »Er predigt alles so, wie es in der Bibel steht.« Es war mir ein Rätsel, woher die Frau die Bibel so gut kannte, dass sie das so beurteilen konnte. Ich kannte die Bibel nur von den kurzen Predigten in der Kirche, und die waren sowieso unverbindlich. Die Bibel selbst hatte ich nie gelesen.

Nach den Ansprachen wurde jeden Abend zu einer persönlichen Glaubensentscheidung aufgerufen. Eine Frau fragte mich: »Willst du dich bekehren?« »Ich?«, wehrte ich entrüstet ab. »Da sollen doch diejenigen hingehen, die noch nie etwas von Gott gehört haben. Ich aber bin doch bekehrt. Ich ging schon als Kind zum Religionsunterricht und jeden Sonntag zur Kirche; ich glaube an Gott, denn ich gehöre ja zur katholischen Kirche, usw., usw.«

Es war am dritten oder vierten Abend, da flossen mir während der Predigt die Tränen nur so herunter. Zum ersten Mal in meinem Leben habe ich mich selbst erkannt und als Sünderin gesehen. Der Satz aus Psalm 14,3 traf mich: »Sie sind alle abgewichen und allesamt verdorben; da ist keiner, der Gutes tut, auch nicht einer.« Ich war zutiefst traurig darüber, dass Jesus für mich sterben musste und dass ich Jesus mit meiner Gottlosigkeit so viel Schmerzen am Kreuz zugefügt habe. Als der Evangelist Sünden beim Namen nannte, wusste ich: Jetzt war ich gemeint. Jesus hatte durch sein Wort zu mir persönlich gesprochen. Ich merkte plötzlich: Das alles sind meine Sünden. Ohne Jesus bin ich ewig verloren.

Aber gerade meinetwegen kam Jesus, der Sohn Gottes, auf diese Erde: »So wahr ich lebe, spricht Gott der HERR: ich habe kein Gefallen am Tode des Gottlosen, sondern dass der Gottlose umkehre von seinem Wege und lebe. So kehrt nun um von euren bösen Wegen« (Hes 33,11). Es ist jemand da, der für meine Sünden bezahlt hat. Jesus ist am Kreuz von Golgatha gestorben, damit ich nicht selbst sterben muss, denn das hat er schon für mich getan, weil er mich liebt. Jetzt brauchte ich nur noch seine Hand zu ergreifen und mich für ihn zu entscheiden. Das alles war mir klar geworden; ich bin selbst nicht in der Lage, mich zu bessern. Jesus ist zu mir gekommen. Er erfüllte mein Herz mit großer Freude und Zuversicht.

Der Schritt über die Linie

Es war an einem der Abende nach der Veranstaltung. Jesus wartete auf meine Entscheidung. Ich war schon wieder zu Hause, da habe ich dem Herrn Jesus im Gebet alle meine Schuld bekannt. Jesus lud mich zu einem neuen Leben ein. Womit hatte ich das nur verdient? Ich wusste: Alles war nur seine unermessliche Liebe und Gnade. Er wollte mich jetzt retten. Konnte ich da absagen? Niemals! Wie könnte ich mein altes Leben noch weiterleben, das so voller Schmutz und Sünde war? Jesus in seiner Gnade vergab mir alle Sünden. Er hat mich so grundlegend geheilt, dass ich »alle meine Gebrechen« (Psalm 103,3) nicht mehr länger tragen musste. Er vergab mir alles und machte mich ganz neu! Ich war frei geworden. An diesem Abend verschwand mein altes Leben. Es war vergangen und sollte nie mehr wiederkommen. Ich spürte, dass ich mich an diesem Tag verändert hatte. Darüber war ich selbst erstaunt. Auch andere, die mich vorher kannten, haben diese deutlich eingetretene Veränderung bemerkt und es mir gesagt. Ich habe mein altes Leben abgetan wie einen alten abgetragenen Mantel. Mir war klar, dass ich nicht etwas verloren, sondern alles gewonnen hatte. Ich hatte Jesus eingeladen, in mein Leben zu kommen, und er hatte mich zu einem Kind

Gottes gemacht und mir ewiges Leben geschenkt. Ich war gerettet. Ich hatte den Himmel geschenkt bekommen. Von nun an war ich nicht mehr allein mit meinen Sorgen. Jetzt stand jemand an meiner Seite, der allmächtig ist und der bereit war, mir immer zu helfen. Eine Gemeinschaft mit dem Schöpfer hatte begonnen, die bis in alle Ewigkeit andauert. Ihm sei Ehre und Dank!

Ich konnte nicht mehr schweigen

Mein Herz war von einer unbeschreiblichen Freude erfüllt. Ich fühlte mich befreit. Als erste Konsequenz meiner Bekehrung zu Jesus habe ich meinem Freund gesagt, dass wir nicht länger in wilder Ehe zusammenleben können. Das ist gegen Gottes Wille. Ich empfand es als Befreiung, Gott gehorsam zu sein. Auch er hatte sich in jenen Tagen bekehrt, und das erleichterte die Trennung. In mir entstand eine Liebe zur Gemeinde, zum Volk Israel und zu allen Menschen.

In kurzer Zeit hatte ich das Neue Testament durchgelesen. Jesus hatte die Worte so in mein Herz gelegt, dass es mir ein Bedürfnis war, vielen Menschen die Frohe Botschaft weiterzusagen. Ich konnte nicht anders, als auf die Straßen zu gehen und auch anderen Menschen von Jesus zu erzählen. Bald wussten es auch alle Menschen, mit denen ich hier und da im Alltag zusammenkam, so z. B. meine Gemüsehändlerin oder mein Blumenverkäufer. Auch auf meiner Arbeitsstelle als Biologin konnte ich meine Freude nicht verbergen und musste einfach über Gottes wunderbaren Plan sprechen. Doch meine Arbeitskollegen nahmen die Botschaft nicht an, und so bekam ich schnell den Spitznamen »Laborpredigerin«. Oft haben sie Gott verspottet und mich wegen meiner Veränderung und meiner Worte ausgelacht. Das brach mir das Herz und war mir eine sehr schmerzhafte Erfahrung. Durch mein Zeugnis verlor ich an Akzeptanz und wurde verhasst. Als bald danach Stellen eingespart werden mussten, traf es mich als Erste. Ich wurde arbeitslos. Wie viel Trost gab mir in jener Zeit das Wort Jesu: »Selig seid ihr, wenn euch die Menschen hassen und euch ausstoßen und schmähen und verwerfen euren Namen als böse um des Menschensohnes willen. Freut euch an jenem Tage und springt vor Freude; denn siehe, euer Lohn ist groß im Himmel« (Lk 6,22-23). Was hat Jesus in meinem Leben verändert? Was hat er neu gemacht?

Mein altes Leben

Vielleicht denkt jetzt manch einer: Warum erzählt sie nur so ausführlich von diesen Evangelisationsabenden? Es war mir ein Anliegen, über die Liebe Gottes zu schreiben, die mich in jenen Tagen aus aller Verlorenheit zog. Aus welch einem Leben mich der Herr befreit hat, wird erst verständlich, wenn ich jetzt aus meinem alten Leben berichte.

Ich heiratete mit 22 Jahren, war also noch recht jung. Ich heiratete nur aus einem einzigen Grund: Ich wollte dem Kind, mit dem ich schwanger war, eine Familie geben. Geliebt habe ich meinen Mann nicht wirklich. Nach Gottes Willen habe ich dabei gar nicht gefragt. Auch als mir mein Mann vor der Hochzeit sagte, dass er es mit der Treue nicht so ernst nehme, war das für mich kein Heiratshindernis. Als er jedoch schon kurz nach unserer Hochzeit begann fremdzugehen, traf mich das zutiefst. Nach einigen Monaten wurde dann unsere Tochter geboren.

In aller Enttäuschung über meinen Mann – wie das nun mal im Leben so ist – ergab sich für mich eine Gelegenheit. Es war etwa zwei Jahre nach unserer Hochzeit, da buchte ich mit meiner Freundin eine längere Schiffstour. Während der langen Überfahrt lernte ich einen jungen Mann kennen, in den ich mich verliebte. Ist denn Liebe etwas Schlechtes?, dachte ich. Die Folge der fortwährenden Beziehung war eine ungewollte Schwangerschaft. Das war zunächst ein Schock, aber dann redete ich mir ein: Das kann ja jedem einmal passieren. Weil aber dieses Baby ungelegen kam – ich studierte damals noch, und außerdem war ich ja verheiratet –, entschied ich mich dafür, es abzutreiben. O, wie könnte ich heute dieses Kind beweinen! Die Bibel sagt: »Die Feigen aber und … Mörder…, deren Teil wird in dem Pfuhl sein, der mit Feuer und Schwefel brennt; das ist der zweite Tod« (Offb 21,8). Heute weiß ich, dass die Bibel gegen solche Liebe ist.

Der lockere Lebenswandel meines Mannes änderte sich nicht, und die Streitigkeiten zwischen uns nahmen kein Ende. Aber auch meine Beziehung zu dem Freund von der Seereise dauerte immer noch an. Ich reichte die Scheidung ein, und bald nach dem Abschluss des Prozesses wollte ich zusammen mit unserer gemeinsamen sechsjährigen Tochter nach Deutschland ausreisen. Das gelang uns, und wir fingen an, uns eine gemeinsame Existenz aufzubauen.

In Deutschland schien mir alles ganz anders, viel freier. Ich kam mit Menschen zusammen, die scheinbar fröhlich und unbekümmert lebten und das Leben genossen. Ganz allmählich wurde ich ihnen immer ähnlicher. Was in meinem Land tabu war, tat man hier ohne Skrupel. Offensichtlich galt das Motto: Jeder muss schließlich selbst wissen, was für ihn gut ist. Ich lernte etliche Männer kennen. Ich suchte nach Liebe und hatte Sehnsucht nach einer glücklichen Familie, aber ich fand das alles nicht. Manche Menschen, auch in der Kirche, sagten mir, ich solle nach dem eigenen Gewissen leben. Hatte ich bei meiner Lebensweise irgendwelche Gewissensbisse? Kaum! Ich ging regelmäßig in die Kirche zur Beichte und freute mich, dass alles, was immer ich auch ganz bewusst an Falschem tat, mir stets vergeben wurde. Heute ist mir klar, dass Gott so ein leichtfertiges Spiel mit der Sünde nicht mitmacht.

Eines Tages kam meine Mutter aus Polen zu mir zu Besuch. Ich wollte ihr etwas Schönes schenken. So ging ich in ein Modegeschäft und ließ eine hübsche Bluse mitgehen. Ich hatte auch gleich eine entschuldigende Erklärung für mein Gewissen parat: Einmal ist keinmal!

Um die deutsche Staatsangehörigkeit mit all den damit verbundenen Vorteilen zu erlangen, heiratete ich pro forma einen alten Mann, einen Alkoholiker. Erstaunlich, dass der Standesbeamte noch nicht einmal stutzig wurde, denn nicht einmal Trauringe hatten wir. Mit dieser sonderbaren Trauung endete jeder weitere Kontakt zu meinem »Ehemann«.

Für meine Tochter hatte ich nur wenig Zeit übrig, und ich erwies ihr auch nur wenig Liebe. Um ihre Erziehung bemühte ich mich nicht sonderlich. Nie habe ich mit ihr über Gott gesprochen, für sie gebetet oder ihr aus der Bibel vorgelesen. Meine Tochter rutschte durch mein schlechtes Vorbild immer mehr in eigene Sünde und Gottlosigkeit. Auch hierfür habe ich mir damals keine Schuld gegeben.

Mein neues Leben

Während der Evangelisation gingen mir dann plötzlich Augen und Ohren auf. Im Nu stand mir mein verpfuschtes und nur fromm scheinendes Leben vor Augen. Jetzt begriff ich, dass mich die ewige Verdammnis erwartete, wenn ich so weiterleben würde. Ich wäre für immer verloren. Aber in dieser Dunkelheit erschien ein Licht. Mir wurde klar: In Jesu Wunden, seinen durchbohrten Händen und Füßen, dem gemarterten Leib, dem Spott und den Schlägen liegt mein Heil! Er musste nicht sterben, denn er selbst ging völlig unschuldig in diesen grausamen Tod. Er starb für mich. Als ich das begriff, konnte ich nicht anders, als ihm allein mein Herz und den Rest meines Lebens zu übereignen. Seitdem bin ich mit einer neuen Kraft erfüllt, die mir hilft, nach seinem Willen zu leben. Seitdem darf ich Gottes Kind sein und zu Gott »Vater« sagen. Der kompromisslose Glaube an ihn und sein Wort rettet mich und ist unser Sieg.

Schon kurze Zeit nach meiner Bekehrung ließ ich mich taufen, denn meine Säuglingstaufe empfand ich als ungültig; sie war nicht das, wovon ich im Neuen Testament gelesen hatte. Jetzt gehöre ich zu einer evangelischen Freikirche, in der die Bibel geglaubt und bezeugt wird. Insbesondere wird zur persönlichen Hinwendung zu Jesus gerufen, um gerettet zu werden. Mein altes Leben habe ich zutiefst bereut; ungeschehen kann ich es nicht machen. Manches hatte ich auch vor Menschen zu bereinigen. So brachte ich z. B. die gestohlene Bluse wieder in das Geschäft, aus dem ich sie entwendet hatte.

Gott hat mir durch Jesus vergeben. Nun war ich auch bereit, meinem polnischen Ex-Mann alles zu vergeben, was er mir angetan hatte. Diese

Vergebungsbereitschaft hat mich davor bewahrt, dass die Scheidungsmisere bei mir irgendwelche psychischen Schäden hinterlassen hat. Jesus hat meinem Leben Stabilität, Sinn und Zukunft gegeben.

Meine Tochter war damals zweimal bei der Evangelisation dabei. Ja, sie war sogar bereits im Seelsorgeraum, aber die frei machende Botschaft war noch nicht zu ihr durchgedrungen. Zurzeit studiert sie, und so sehen wir uns leider nicht allzu oft. Wenn wir zusammen sind, beobachtet sie mich und merkt, dass es eine gute Sache ist, mit dem Herrn zu leben. Möge Gott ihr den Mut zu einer Entscheidung schenken, so dass auch sie eines Tages gerettet wird.

Rettung ist für jeden möglich, der es nur will. Der Himmel ist damit greifbar nahe. Ich kann heute wie der Psalmist beten:

> Du hast mir meine Klage verwandelt in einen Reigen, du hast mir den Sack der Trauer ausgezogen und mich mit Freude gegürtet, dass ich dir lobsinge und nicht stille werde. HERR, mein Gott, ich will dir danken in Ewigkeit (Ps 30,12-13).

Jola (aus Polen)

Der lange Weg bis zur Wahrheit

Z9: Von der Zeugin Jehovas zur Zeugin Jesu

Meine Kindheit

Ich wurde am 10. März 1958 in Hasselsweiler, einem kleinen Dorf im Kreis Düren (Rheinland), geboren. Wir waren zu Hause vier Kinder; ich hatte eine drei Jahre ältere Schwester, einen zwei Jahre älteren und einen acht Jahre jüngeren Bruder. Wir waren katholisch. Meine Mutter betete abends immer mit uns, obwohl sie selbst – außer zu besonderen Anlässen – nie die Kirche besuchte. Als meine Schwester zum Kommunionsunterricht ging, musste sie mich, als damals Vierjährige, immer zur Kirche mitnehmen. Unser Pfarrer mochte mich gern, und er war der Meinung, ich hätte eine schöne Stimme; so kam es, dass ich zu besonderen Anlässen wie z. B. Weihnachten in der Kirche singen durfte. »Maria durch ein' Dornwald ging« war eines dieser Lieder. In solchen Momenten glaubte ich, dass Gott nun sehr stolz auf mich sei, weil ich doch für ihn gesungen hatte. Damals wurden die Kirchen tagsüber noch nicht abgeschlossen, und ich ging oft allein dorthin, um mit Gott zu sprechen. Ich meinte, ihm an diesem Ort näher zu sein als anderswo.

Mit sechs Jahren kam meine erste Glaubenskrise. Ich hatte einen kleinen Bruder, den ich nicht allzu oft gesehen hatte, weil er die meiste Zeit seines Lebens im Krankenhaus gelegen hatte. Er ist nur neun Monate alt geworden und starb an einer Hirnblutung. In diesem Jahr verlor ich drei für mich wichtige Menschen. Zuerst starb *John F. Kennedy* durch einen Mord. Wir gehörten zu den Ersten, die einen Fernseher besaßen, und immer dann, wenn *Kennedy* im Fernsehen erschien, war ich begeistert. Ich erinnere mich noch gut daran, wie meine Mutter und ich uns die Übertragung seiner Beisetzung ansahen und wie traurig ich war. Einige Monate später starb mein kleiner Bruder. Noch nie zuvor in meinem Leben hatte ich meinen Vater weinen sehen, und ich kann heute gar nicht mehr sagen, was mich unglücklicher gemacht hatte: dass ich meinen Bruder nie wiedersehen würde oder dass mein Vater so verzweifelt war. Alle sagten mir damals, dass mein Bruder nun bei Gott sei. Gott habe ihn zu sich geholt. Ich reagierte mit Unverständnis und konnte nicht glauben, dass Gott uns den Kleinen einfach wegnimmt, obwohl er doch wissen musste, wie traurig wir dann alle sein würden. Einige Monate danach starb mein geliebter Großvater im Alter von 63 Jahren. Es war genauso schrecklich für mich wie bei der Beerdigung meines Bruders. Niemand konnte und wollte mit mir darüber reden. Ich weiß noch, dass meine junge Mutter sehr lange in Schwarz ging und wie befremdend es für mich war, als sie das erste Mal wieder bunte Sachen trug.

Der Tod war kein Thema, über das man mit einem Kind sprach, und so wurden alle meine Fragen abgewürgt. Schließlich gab ich Gott die Schuld für all das, was uns widerfahren war. Ich betete zwar noch, aber meist nur dann, wenn ich Gott dringend brauchte. Ich meine, es war auch jene Zeit, in der meine Mutter aufgehört hatte, abends mit uns zu beten. Sie gab vielleicht auch Gott die Schuld. Wir haben leider nie darüber gesprochen, um ja keine alten Wunden aufzureißen. Als ich neun Jahre alt war, wechselte unser Pfarrer die Gemeinde. Mein Glaubensleben versandete immer mehr, zumal meine Eltern nicht viel von Gott und der Kirche hielten.

Jung geheiratet

Nach der Schulzeit arbeitete ich in einer Schneiderei und lernte dann meinen zukünftigen Mann *Michael* kennen. Mit 19 Jahren bekam ich bereits mein erstes Kind, *Jasmin* (* 1977). Aus meiner heutigen Sicht war das viel zu früh, denn ich musste schon in so jungen Jahren eine große Verantwortung tragen. Genau zu dieser Zeit ließen sich meine Eltern nach 23 Ehejahren scheiden. Das war ein großer Schock für mich, denn ich verlor ein Stück Zuhause. Mein Vater zog nach Trier zu seiner neuen Freundin, und meine Mutter musste sich neu orientieren, so dass sie mir nicht mehr beistehen konnte, wenn ich ihre Hilfe brauchte. Das Haus, in dem ich aufgewachsen war, wurde vermietet, und nichts war mehr wie früher. Ich denke, das war der Augenblick, in dem ich das erste Mal nach dem Sinn des Lebens fragte.

Fünf Jahre nach unserer ersten Tochter wurde 1982 *Svenja* geboren. Etwa ein halbes Jahr später begann ich mich mit Dingen zu beschäftigen, die mir noch übel zusetzen sollten.

Mein Hang zum Mystischen

Auf meiner Suche nach dem Sinn des Lebens fühlte ich mich sehr zum Mystischen hingezogen und begann, mich für Tonbandstimmenforschung (Verbindung mit Verstorbenen) und Tischrücken zu interessieren. Wenn ich mich einer Sache verschrieben habe, dann betreibe ich diese mit ganzem Einsatz. So traf ich mich regelmäßig mit Gleichgesinnten, und wir tauschten und werteten unsere Ergebnisse aus. Da ich sehr gern Kohlezeichnungen anfertigte, malte ich z. B. auch eine Teufelsanbeterin, die mir noch üble Probleme bereiten sollte. Etwa zwei Jahre lang ging alles gut, doch dann wurde ich von Dämonen belästigt. Mein Mann und ich hörten Schritte im Haus, obwohl die Kinder tief und fest schliefen. Einmal stand ich im Hof neben unserem großen Wohnzimmerfenster, es gab einen Knall, als ob ein Stein gegen das Fenster geflogen wäre. Ich wartete auf das Klirren der Scheibe, aber sie vibrierte nur. Es konnte niemand einen Stein geworfen haben, da es sich um einen geschlossenen Hof handelte. Ich hatte solche Angst, so dass ich den »Verstorbenen« drohte, wenn sie sich nicht anders bemerkbar machten, würde ich das Tonband nicht wieder anhören. Von da an flackerte in der Küche oder im Wohnzimmer das Licht, je nachdem, wo wir uns gerade aufhielten.

Meine Drillinge

Fünf Jahre nach *Svenja* wurde ich mit Drillingen schwanger. Weil es während der Schwangerschaft Komplikationen gab, lag ich ab der 24. Schwangerschaftswoche in der Kölner Uniklinik und hatte einfach keine Zeit mehr, mich um die Tonbandstimmen zu kümmern. Seit der Geburt unserer Drillinge (*Isabel, Christopher* und *Mandy*; * 1987) war bei uns nichts mehr, wie es vorher war. Die Babys wurden in der 30. Schwangerschaftswoche geboren und wogen nur etwa 1000 Gramm. Sie kamen also zehn Wochen zu früh. Die Ärzte kämpften um ihr Leben. Unsere kleine *Mandy* wurde am fünften Lebenstag am Herzen operiert. Sie wog danach nur noch 860 Gramm. Sie schwebte in Lebensgefahr, und wir waren sehr besorgt. Der Arzt meinte, jetzt hänge alles von ihrem Lebenswillen ab. Ich dachte: Woher soll sie denn die Kraft nehmen, um leben zu wollen? Sie war so winzig klein und lebte nur, weil sie an der Beatmungsmaschine hing. Manchmal versuchte sie gegen die Maschine anzuatmen. Das hatte zur Folge, dass der eine Lungenflügel überdehnt wurde und sie so nur auf einer Lungenhälfte beatmet werden konnte. Wir waren so entsetzlich hilflos. Die beiden anderen lebten bereits ohne Beatmungsmaschine, aber *Mandy* schaffte es einfach nicht allein. Man sagte uns, je länger sie angeschlossen sei, desto größer wäre die Gefahr, dass sie einen Schaden davontragen wird. Nun war es schon die dritte Woche, und keine Besserung war in Sicht. Als wir an einem Sonntag *Mandy* wieder besuchten, bot sich uns ein erschütternder Anblick. *Mandy* war nur mit einer winzigen Pampers bekleidet, und wir sahen die große Narbe, die vom Brustbein herum bis zur Wirbelsäule reichte. Es brach mir fast das Herz, sie tat mir so unendlich Leid. Immer noch keine Besserung; Hilflosigkeit und Wut machten sich breit. Ich war wütend auf mich, weil ich es nicht geschafft hatte, die Kinder länger auszutragen, und ich war ebenso wütend auf Gott. Warum lässt er mein Kind so sehr leiden? Weinend verließ ich die Intensivstation.

Obwohl ich sonst wenig Kontakt zu Gott hatte, befand ich mich plötzlich im Dialog mit ihm: »Warum hilfst du ihr denn nicht? Du hast doch die Macht, oder willst du mich für meine Sünden bestrafen? O.k., wenn du sie haben willst, dann nimm sie zu dir, aber dann nimm sie sofort und lass sie nicht so lange leiden. Aber wenn du für sie bestimmt hast, dass sie leben soll, dann gib ihr auch die Kraft dafür. Dein Wille geschehe, egal wie du dich entscheidest, ich werde es akzeptieren. Nur tu bitte etwas!«

Darf man so mit Gott sprechen? Ich weiß es nicht, ich habe es so getan, und er war treu und hat augenblicklich geholfen. Am nächsten Tag wurde mein Kind nur noch 29-mal pro Minute beatmet; vorher war es 49-mal. Langsam wurde die Beatmungsmaschine abgesetzt, und nach vier Tagen konnte sie von der Intensivstation verlegt werden. Der Ungläubige sagt, es war Zufall; der Gläubige sagt, es war Gott.

Mein Weg zu den Zeugen Jehovas

Vier Monate nach diesem Ereignis kam mein Schwager aus Trier zu Besuch. Er und meine Schwester sind Zeugen Jehovas. Bis zu diesem Zeitpunkt hatte ich eine gewisse Abneigung gegen die Zeugen und wenig Lust, mir etwas darüber anzuhören. An diesem Abend aber war es anders. Mein Schwager schnitt ein bestimmtes Thema an und entfachte ein Streitgespräch. Er behauptete, alles mit der Bibel beweisen zu können. Zu meinem Erstaunen war es tatsächlich so. Ich habe nicht schlecht gestaunt, wie gut er sich in der Bibel auskannte. Ihm habe ich es zu verdanken, dass sich in sechs Stunden mein Leben verändert hat. Ich wollte immer mehr wissen. Nie hätte ich geglaubt, dass in diesem verstaubten alten Buch so zeitgemäße Bezüge drinstehen. Ich stürzte mich mit der gleichen Leidenschaft auf die Bibel wie zuvor in den Spiritismus. Von dem Tag an kamen zwei Zeugen Jehovas zu mir nach Hause und betrachteten mit mir die Bibel. Ich machte rasch Fortschritte. So oft ich nur konnte, las ich in der Bibel, und das oft bis tief in die Nacht hinein. Selbst während des Kochens ließ ich nicht davon ab. Nach drei Wochen saß ich eines Nachmittags auf dem Sofa und las wieder einmal in der Bibel, während die Kinder schliefen. Mit den Drillingen musste ich meine Zeit gut planen. So saß ich dann da, in der rechten Hand die Bibel und in der linken die Zigarette. Mir wurde augenblicklich bewusst, dass ich mich entscheiden musste – entweder für das Rauchen oder für den Weg mit Gott.

Ich erinnerte mich an den Text, den ich morgens in 1.Korinther 3,16 gelesen hatte: »Wisst ihr nicht, dass ihr Gottes Tempel seid und der Geist Gottes in euch wohnt?« »Einen ganz schön verdreckten Tempel hast du da bezogen«, sagte ich zu Gott. Mir wurde angst und bange, weil ich schon unzählige Versuche hinter mir hatte, mit dem Rauchen aufzuhören. Die Entzugserscheinungen waren mir noch gut in Erinnerung. Doch Gott war für mich schon nach drei Wochen so wichtig geworden, dass ich mich entschied, mit dem Rauchen aufzuhören. Im Gebet sagte ich Gott, dass ich es nur schaffen könne, wenn er mir helfe. Er gab mir die Kraft, die über das Normale hinausgeht. Wenige Tage später hörte ich auf zu rauchen, und ich hatte an keinem einzigen Tag Entzugserscheinungen. Bis zum heutigen Tag habe ich keine Zigarette mehr angerührt, und das ist schon 16 Jahre her. Wie schrieb doch Paulus in 1.Korinther 6,12: »Alles ist mir erlaubt, aber nicht alles dient zum Guten. Alles ist mir erlaubt, aber es soll mich nichts gefangen nehmen.«

Meine Absage an das Okkulte

Etwas sehr Spektakuläres ereignete sich fünf Monate nachdem ich die Bibel zu studieren begonnen hatte. Wie eingangs beschrieben, hatte ich früher Spiritismus betrieben, aber mit zunehmender Erkenntnis verstand ich, dass alles, was damit zu tun hatte, aus meiner Wohnung und meinem Leben verschwinden musste. So entsorgte ich gewissenhaft alle Gegenstände, die in irgendeinem Zusammenhang damit standen. Ich wollte auf Nummer sicher gehen und vernichtete alle Bücher, Protokolle und sogar das Tonbandgerät mit Mikrofon. Auch eine Marienstatue musste verschwinden, weil ich erkannte, dass Gott im Geist und in der Wahrheit angebetet sein will.

Jetzt war ich mir sicher, dass aller Spuk ein Ende haben würde. Was ich nun erzähle, habe ich wirklich so erlebt. Nur ganz wenige Menschen wissen davon. Ich dachte mir: Wenn ich anderen davon erzählte, würden die sagen: »Jetzt dreht sie durch!« Es wurde ja auch nicht als normal angesehen, dass die *Christa*, die sonst ein Hansdampf in allen Gassen war, nun fromm geworden war. Das Nachfolgende hat sich aber tatsächlich so abgespielt, und Gott ist mein Zeuge.

Mein Mann und ich gingen wie jeden Abend gegen 22 Uhr ins Bett. Wir schliefen noch nicht lange, da wurde ich durch irgendetwas geweckt. Ich lauschte in das dunkle Zimmer hinein, aber hören konnte ich nichts, dennoch überfiel mich eine seltsame Beklemmung. Es war so, als wäre jemand im Raum und beobachtete mich, ohne dass ich ihn sehen konnte. Ich nickte wieder ein, wurde aber bald wieder wach und spürte Augen auf mich gerichtet. Ich bekam merkliche Angst und kroch zu meinem Mann ins Bett. Stunden vergingen, und immer wieder wurde ich wach. Es war so, als wollte mich jemand einfach nicht schlafen lassen. Auch jenes beklemmende Gefühl war wieder da.

Meinem Mann konnte ich doch nichts davon erzählen, der hielt mich ja schon für komplett verrückt, weil ich die Bibel las und Zeugin Jehovas werden wollte. Doch so gegen drei Uhr ist mir der Kragen geplatzt, und ich schrie laut: »Verdammt noch mal, merkst du eigentlich nicht, dass hier etwas nicht stimmt?« Zu meinem Erstaunen schlief mein Mann auch nicht und bemerkte: »Ja, du hast Recht, irgendetwas stimmt hier nicht!« Ich machte das Licht an und berichtete ihm von diesem seltsamen Gefühl der Beklemmung, und er hatte es genauso empfunden.

Am nächsten Morgen überlegte ich, was mir in der Nacht widerfahren war, und während ich darüber nachdachte, wurde mir klar, was die Ursache der Belästigung war. Alles hatte ich vernichtet, nur nicht die Teufelsanbeterin und andere Fratzen, die ich in Kohle gezeichnet hatte. Sie standen in der Sammelmappe neben dem Kleiderschrank. Unsere Tochter *Jasmin* hatte einen Tag zuvor ihrer Freundin die Bilder gezeigt. Und Satan wurde da wohl auch aufmerksam und glaubte, eine Daseinsberechtigung in unserem Schlafzimmer zu haben.

Ich wollte in aller Ruhe die Bilder vernichten, da aber Osterferien waren, musste ich *Jasmin* unter irgendeinem Vorwand zur Oma schicken. Es war so gegen 10 Uhr morgens an einem sonnigen Tag, da nahm ich die Bilder in die Hand und betete zu Gott: »Als Zeichen meiner Liebe und Treue zu dir vernichte ich die letzten Gegenstände meiner spiritistischen Vergangenheit.«

In dem Augenblick, als ich die Bilder zerriss, gab es draußen einen lauten, kräftigen Donnerschlag, der noch einige Sekunden nachhallte, obwohl die Sonne hoch vom Himmel schien und kein Wölkchen am Himmel zu sehen war. Mir wurde ganz schlecht. Ich dachte: Wenn ich das nicht nur geträumt habe, dann muss es meine Mutter, die nur zwei Straßen weiter wohnte, auch gehört haben. Ich rief sofort an und fragte nach, ob sie den Donner auch gehört habe? Sie bestätigte es. Es war gerade in jenem Moment, als meine Tochter bei ihr angekommen war, da hat es auch bei ihnen diesen Donnerschlag gegeben, und beide waren sehr erschrocken. Also hatte ich doch nicht geträumt. Bleibt nur noch die Frage: War es ein Zeichen Gottes?

Ich wurde Zeugin Jehovas

Wenige Monate später, es war im Januar 1988, wurde ich eine Zeugin Jehovas. Ich ließ mich taufen und war der glücklichste Mensch – so glaubte ich jedenfalls. Ich frage mich oft, was mich damals hat glauben lassen, die richtige Religion gefunden zu haben? Mir imponierte, dass diese Zeugen Jehovas zum Krieg NEIN sagen und konsequenterweise auch den Wehrdienst verweigern, und zwar weltweit. Es beeindruckte mich weiterhin, dass alle Zeugen sehr bibelfest sind. Ich glaubte: Wenn man sich so gut in der Bibel auskennt, dann hat man die Wahrheit. Welche Religionsgemeinschaft verfügt schon über so viel religiöses Wissen? Dann waren da noch die moralisch hohen Werte, die mich faszinierten: Die Ehe durfte nur aufgrund von Hurerei geschieden werden. Es gab keine getürkten Steuererklärungen. Ehrlichkeit war immer wieder ein Thema. Das galt auch für den Arbeitsplatz: Surfen im Internet während der Arbeitszeit ist nicht erlaubt, weil dadurch dem Arbeitgeber Zeit gestohlen wird. Fasziniert war ich auch von dem eindrucksvollen Predigtwerk. Weltweit sind Menschen aktiv dabei, die Lehre zu verbreiten. Der Gedanke an eine neue Welt, in der Liebe regiert und alle Menschen friedlich miteinander leben, hatte für mich einen besonderen Reiz. Es war für mich etwas Wunderbares, zu einer Organisation zu gehören, deren Glieder aus allen Rassen und Nationen stammten und durch das »vollkommene Band der Einheit« – die göttliche Liebe – miteinander verbunden waren, um gemeinsam Jehova anzubeten und ihm zu dienen.

Mein erster großer Kongress, an dem ich teilnahm, fand in einem Stadion statt. Es waren etwa 7000 Zeugen Jehovas gekommen, und als die Menschen das Stadion verließen, fand man dort nicht einmal einen Papierschnipsel. Es waren noch einige andere Dinge, die mich faszinierten, und so glaubte ich: Wo alles so harmonisch abläuft, da kann doch nur Gottes Geist dahinter stehen. Dass es nur eine gut strukturierte Organisation war, erkannte ich leider erst Jahre später.

Allmählich kamen mir Zweifel

Die Zeit meiner Zugehörigkeit zu den Zeugen waren sehr harte Jahre für mich. Ich musste fünf Kinder versorgen und das große Haus mit Garten bewirtschaften. Nicht zu vergessen sind der Predigtdienst und der Besuch von wöchentlich fünf obligatorischen Versammlungen, und das mit allen Kindern. Wenn ich mit dem Kleinbus losfuhr, kam mir das jedes Mal wie eine Völkerwanderung vor. Um am Sonntagmorgen um 9:30 Uhr in der Versammlung zu sein, musste ich spätestens um 6:30 Uhr aufstehen und die Kinder füttern, wickeln und waschen. Da ich auf mein Äußeres immer Wert gelegt habe, waren auch meine Kinder wie aus dem Ei gepellt. Meine Glaubensgeschwister sagten dann oft zu mir: »Wie schaffst du das nur alles? Ihr seid immer tipptopp, und du bist noch nie zu spät gekommen. Das ist bestimmt Gottes Segen, dass alles so gut funktioniert.« Von wegen! Das war meine eiserne Disziplin! Ich wollte allen beweisen, dass ich das hinbekomme.

Etwa sieben Jahre lang hielt ich diesen Stress durch, doch der Einfluss der Gehirnwäsche machte sich allmählich bemerkbar. In meiner anfänglichen Begeisterung war ich im übertragenen Sinne zwei Meter groß, als die mit mir fertig waren, war ich nur noch eine kleine Maus. Das Zauberwort hieß nämlich nicht Bekehrung, sondern Belehrung. Man hatte mir beigebracht, dass ich erst eine »neue Persönlichkeit« anziehen muss, um von Gott angenommen zu werden. So sehr ich mich auch anstrengte: Ich wurde immer mutloser. Wenn es mir einerseits auch gelang, etwas nicht mehr zu tun (z.B. rauchen), schoss ich dafür auf der anderen Seite über mein Ziel hinaus (z.B. aufgrund meines impulsiven Temperaments). Ich schämte mich zutiefst vor Gott und hörte irgendwann auf zu beten, weil ich glaubte: Gott mag meine Gebete nicht hören, weil ich es nicht schaffe, so zu sein, wie er mich haben will. So hatte ich es ja gelernt: Wenn du immer alle Versammlungen besuchst und jeden Monat deine Stunden im Haus-zu-Haus-Dienst erfüllst und alles andere auch gut machst, dann bekommst du auch den Segen Jehovas. Das Einzige, was ich spürte, war eine innere Leere, eine tiefe Traurigkeit über mein Versagen, eine Hoffnungslosigkeit, weil ich glaubte, dass Gott mich nicht mehr lieb habe. Ich besuchte weder die Versammlungen, noch verrichtete ich die anderen Dienste. Es war vorbei. Ich war zwar ohne Gott nicht glücklicher, aber endlich hatte ich mal Zeit, mich auszuruhen.

Nach zwei Jahren begann ich, gelegentlich wieder die Versammlung zu besuchen, jedoch in einer anderen Ortsversammlung, weil ich keine Erklärungen abgeben wollte. Viele gingen mir aus dem Weg, weil ich »schlechte Gesellschaft« war, denn ich besuchte nicht jede Versammlung. Man bekommt nur dann die Liebe der »Brüder«, wenn man genau in der Spur läuft, wie es der »treue und verständige Sklave« (Wachtturmgesellschaft) vorgibt. Es war mir jedoch gleichgültig, was die anderen von mir dachten – ich wollte nur ab und zu meinem Gott wieder ein bisschen näher sein.

Ein erster Lichtblick

In der Versammlung gab es einen Ältesten, der mich stets sehr freundlich begrüßte. Bei ihm hatte ich den Eindruck, dass er sich wirklich freute, wenn ich mal kam. Er erkundigte sich auch immer nach meiner Familie. Er hatte eine ganz besondere Art, die Herzen der Menschen anzurühren. Ich fühlte mich wenigstens bei ihm und seiner Frau willkommen geheißen. In dieser Zeit wurde mein Mann betriebsbedingt entlassen, und ich sackte wieder in ein Tief. Die Arbeitslosigkeit machte ihm und mir sehr zu schaffen. Niemand wollte einen 46-Jährigen einstellen, der zudem Diabetiker, also chronisch krank, ist.

Ich nahm nun zusätzlich zu all meiner Hausarbeit noch drei weitere Jobs an. Eines Tages war ich mit dem Auto auf dem Weg nach Hause, da weinte ich mir die Seele aus dem Leib. Am liebsten wäre ich tot, dachte ich. Was ist denn das für ein Leben!? In meiner Verzweiflung rief ich aufrichtig zu Gott: »Bitte hilf mir, ich kann nicht mehr, zeig mir den Weg, den ich gehen soll!« Im selben Augenblick dachte ich an *Wolfgang K.*, diesen liebenswürdigen Ältesten aus der Versammlung. Er war zwar immer freundlich, aber wir kannten uns nicht näher. Ich zögerte den ganzen Abend, doch dann fühlte ich mich gedrängt, ihn anzurufen. Um 22:30 Uhr griff ich dann endlich zum Hörer: »Du wunderst dich sicher, dass ich dich anrufe.« Für mich überraschend antwortete er: »Nein, eigentlich nicht. Ich musste die ganze Woche an dich denken.« Gott hatte auf meinen Hilferuf sofort reagiert, als ich aus tiefstem Herzen zu ihm schrie.

Seitdem treffen wir uns, um gemeinsam die Bibel zu lesen. Auch er hatte Zweifel an der Lehre der Zeugen Jehovas, wie ich bald herausfand.

Wenige Monate später schloss sich auch seine Frau uns an. Gottes Heiliger Geist hat uns viele Irrtümer in der Lehre der Zeugen Jehovas aufgedeckt und uns seine Wahrheit erkennen lassen. Fast drei Jahre dauerte unser privates Bibelstudium, bis ich erstmals damit begann, Bücher zu lesen, die nicht von der Wachtturmgesellschaft stammten. »Jerusalem – Spielball der Völker« von *Dave Hunt* war mein erstes Buch. Ich fühlte es instinktiv: Das, was ich da las, war die Wahrheit. Dann folgten Bücher von *Werner Gitt, Roger Liebi, Norbert Lieth, Tim LaHaye* usw. Das Buch von *Norbert Lieth,* »Die Zukunft des Christen«, war für mich wie eine Offenbarung, und ich bekehrte mich augenblicklich. Ich betete zu Jesus und bat ihn um Vergebung meiner Sünden und meiner geistlichen Verirrung und sagte ihm, dass er von nun an der Herr in meinem Leben sein sollte.

Der nächste Schritt

Ich abonnierte die Zeitschriften »Mitternachtsruf« und »Perspektive« und konnte es kaum erwarten, bis die nächste Ausgabe erschien. Waren die Artikel der Wachtturmgesellschaft wie ein drohender Finger, so wirkten die Beiträge in diesen Zeitschriften wie eine liebevolle Einladung. Eines Tages brachte *Wolfgang* ein Video von Prof. Dr. *Werner Gitt* mit dem Titel »Gibt es ein Leben nach dem Tod?«, das er beim Mitternachtsruf bestellt hatte. Es gefiel mir, wie kraftvoll er sprach, die Dinge beim Namen nannte und die Sache auf den Punkt brachte. Bis zu diesem Zeitpunkt habe ich nicht gewusst, dass wir entweder im Himmel oder in der Hölle die Ewigkeit verbringen werden. Aber jetzt war es mir völlig klar.

Ich mag es, wie Herr *Gitt* die Menschen herausfordert und manchmal sogar ein wenig provoziert: Da hören die Menschen zu und nehmen etwas mit nach Hause. Wie oft ist es mir bei den Zeugen Jehovas passiert, dass ich nachmittags schon nicht mehr sagen konnte, was wir morgens für einen Vortrag hatten. Das passiert bei *Werner Gitt* ganz bestimmt nicht. Bei ihm hatte ich den Eindruck, dass die Angelegenheit super dringend ist und keinen Aufschub duldet, sozusagen Alarmstufe Rot, da muss man zuhören, das geht nicht einfach wieder unter. Ich liebe es, wenn er dann sagt: »Komm heute zu Jesus, warte nicht länger, komm so, wie du bist, mit all deinen Sünden und Lastern, und er wird dich verändern.« Persönlich erlebte ich ihn das erste Mal in Wuppertal bei einem Vortrag zum Thema »Jesus, Herr über Raum und Zeit«. Dabei ist mir vieles klar geworden. Dort gab es auch einen Literaturtisch, an dem ich mich kräftig mit Büchern von ihm eingedeckt hatte. Auch kaufte ich mir an jenem Abend zehn CDs mit weiteren Vorträgen von ihm. Die hörten wir uns in unserem Bibelkreis an. Die klare biblische Positionierung bestätigte uns immer wieder, dass wir auf dem richtigen Weg sind. Ich stelle heute fest: Jesus hatte mich nie aus den Augen verloren, ich hatte ihn in all den Jahren zuvor nur noch nicht gefunden.

Auf einem Kalenderblatt las ich:

Jesu allmächtige Hand,
welche die Erde umspannt,
der da gebrochen die schäumenden Wogen,
die jedem Sturm seine Grenzen gezogen,
Jesu allmächtige Hand,
selig, wer je sie gekannt.

Hand, die durchstochen für mich,
Hand, die mich festhält bei sich,
fühl ich mich elend, sie kann mich nicht lassen,
strauchelt mein Fuß, sie wird sicher mich fassen,
bebt mir das Herz, sie ist da,
heilend, still tröstend und nah.

Herr, deine liebende Hand,
die meine Wunden verband,
löst alle Wirren und bangenden Fragen,
stützt mich und trägt mich in all meinen Lagen,
nichts ist unmöglich für sie,
sie versagt heut nicht – und nie.

Hand, die so stark ist und treu,
dir nur vertrau ich mich neu,
du bist allmächtig, nichts kann dir misslingen,
du wirst zum herrlichen Ziele mich bringen.
Selig, wer fest in dir ruht,
der ist geborgen – der hat es gut!

Heute weiß ich: Jesus nimmt uns so an, wie wir sind, aber er lässt uns nicht so. Sein Geist verändert uns, das können wir aus eigener Kraft gar nicht schaffen. Darum bin ich auch bei den Zeugen Jehovas gescheitert, weil ich versucht habe, mich aus eigener Kraft für Gott zu formen. Der Weg über die Zeugen Jehovas war für mich ein Umweg zu Gott. Nur aus ein paar Gründen tut es mir nicht Leid, dass ich eine Zeugin Jehovas gewesen bin: Sie zeigten mir, wie man die Bibel liest und wie man sich gute Studiengewohnheiten aneignet. Allerdings bin ich geistlich fast verhungert, weil nicht Jesus die Speise war, sondern Lehren von Menschen.

Ich empfinde heute eine tiefe Liebe zu ihm und versuche aus Dankbarkeit für all das, was er für mich tut, Menschen zu ihm zu bringen. Ich betreibe einen Hundesalon und rede mit Menschen über das Evangelium von Jesus Christus, dem Gekreuzigten und Auferstandenen.

Treffen im Untergrund

Seit dem Jahr 2000 trafen wir uns im kleinen Kreis mit *Wolfgang K.* Es war zwar nicht in den Katakomben wie damals bei den ersten Christen, aber dennoch mussten wir vorsichtig sein. Würde es in der Wachtturmgesellschaft offenbar, dass wir etwas anderes glauben als sie, dann würden wir aus ihrer Gemeinschaft ausgeschlossen werden und keiner dürfte mehr mit uns sprechen. Das wollten wir aber vermeiden, denn es war unser Wunsch, noch einige Menschen aus den Fängen dieser Sekte zu befreien, und zwar mit der Botschaft vom Kreuz. Weil ich glaubte, dass da noch Menschen sitzen, die Gott wirklich lieben, wollte ich diese Gelegenheit noch so lange nutzen, wie der Herr mich ließ. Seit 2003 gehöre ich nicht mehr zu den Zeugen Jehovas. Inzwischen sind wir ein Hauskreis von zehn ehemaligen Zeugen Jehovas. Alle haben sich inzwischen zu Jesus Christus bekehrt.

Hans-Jürgen Twisselmann, ein ehemaliger Zeuge Jehovas, schreibt in seinem Buch »Vom Zeugen Jehovas zum Zeugen Jesu«:

> Die Wachtturmgesellschaft steht mit ihren Lehren in direktem Widerspruch zum Evangelium unseres Herrn Jesus und seiner Apostel, und zwar in neunfacher Hinsicht:
>
> - ihr Inhalt: nicht das »Wort vom Kreuz« – sondern das »aufgerichtete Königreich«
> - ihr Mittelpunkt: nicht die Person Jesu – sondern das Jahr 1914
> - ihre Grundlage: nicht (heils-)geschichtliche Tatsachen – sondern chronologische Berechnung
> - ihr Ursprung: nicht im Herzen Gottes – sondern in den Köpfen von Menschen
> - ihr Ziel: nicht Einsammlung zu Jesus hin – sondern zur »theokratischen Organisation«
> - ihre Frucht: nicht Bekehrung – sondern Belehrung
> - ihre Berufung: nicht die himmlische – sondern die irdische
> - ihr Geist: nicht der Geist der Liebe und des Erbarmens für die Verlorenen – sondern der Geist des Verurteilens und der Lust am Untergang anderer
> - ihre Vorstellung vom Reich Gottes: es kommt nicht – sondern es ist schon da!

Was war der vorherrschende Geist bei den Zeugen Jehovas? Was überzeugte mich davon, dass ein falscher Geist am Werk war? Die Menschen besaßen nicht jene Liebe, von der Jesus sagte, dass man an ihr seine wahren Jünger erkennen könne.

Ein Beispiel dafür: Meine Nachbarin wurde von den Zeugen Jehovas ausgeschlossen, weil sie mit einem Mann in wilder Ehe zusammenlebte. Nachdem sie diesen Mann geheiratet hatte, war der Grund des Ausschlusses hinfällig geworden. Nun wollte sie sich wieder den Zeugen Jehovas anschließen. Das aber ist gar nicht so einfach. Hat jemand den Wunsch, wieder aufgenommen zu werden, muss er zuerst einen formellen Antrag stellen und als Beweis seiner ernsthaften Bemühungen alle Zusammenkünfte (fünfmal wöchentlich!) besuchen. Hierbei wird die gesamte letzte Reihe für dieses verirrte Schaf reserviert, und niemand darf sich dazusetzen. Das ist als Zuchtmaßnahme gedacht! Ich brauche nicht zu erwähnen, wie diese Person sich wohl fühlen mag. Dies alles muss der Betreffende tapfer ertragen, auch die Nichtbeachtung durch die anderen. Die Mitglieder dürfen mit Ausgeschlossenen keinen Umgang haben, sonst werden sie auch ausgeschlossen. Wenn dann »der Mond gut steht« und man dann nach etwa acht bis zwölf Monaten gnädig gestimmt ist, wird das Schäfchen wieder in ihrer Mitte willkommen geheißen. Ist diese Prozedur nicht schrecklich?

Als Zeugin Jehovas darf ich normalerweise kein Wort mehr mit meiner ausgeschlossenen Nachbarin reden; noch nicht einmal ein »Guten Tag« ist erlaubt. So kann ich einfach nicht handeln, denn sie ist ein sehr liebenswerter Mensch. Als wir zum Beispiel in das Haus einzogen und es renovierten, brachte sie uns regelmäßig Kaffee; ebenso unaufgefordert hat sie für uns alle mitgekocht. Dies tat sie aus Liebe, anders kann ich es mir nicht erklären. Niemals könnte ich so lieblos sein und ihre Hilfsbereitschaft ausschlagen. Jesus hätte auch liebevoll reagiert, da bin ich mir ganz sicher. Er hätte zu ihr gesagt: »Komm Kind, ich bin auch für deine Sünden gestorben. Du hast deinen Fehler eingesehen und bereut, ich vergebe dir.« Sind wir denn nicht alle von seiner Gnade abhängig? Wie können Menschen über andere Menschen so richten? Sagt die Schrift uns nicht, dass wir einmal mit dem Maß gemessen werden, mit dem wir andere gemessen haben (Mt 7,2; Mk 4,24; Lk 6,38)?

Meine freundliche und hilfsbereite Nachbarin hat inzwischen keine weiteren Versuche mehr unternommen, bei den Zeugen Jehovas wieder aufgenommen zu werden. Sie gesellt sich mittlerweile jeden Sonntag zu uns in den Bibelkreis. Jetzt ist sie eine wiedergeborene Christin und freut sich heute schon auf den Himmel.

Meine Befreiung von den falschen Lehren der Zeugen Jehovas

Meine ersten Bedenken zum Lehrgebäude der Zeugen Jehovas (Z. J.) entstanden, als ich Römer 11 gelesen hatte. Sagt doch die Wachtturmgesellschaft, dass Gott die Juden verworfen hätte, weil diese den Messias verworfen haben. Aber in Römer 11,29 heißt es klar und unmissverständlich: »Denn Gottes Gaben und Berufung (bezüglich Israel) können ihn nicht gereuen.« Weiterhin bin ich auf etliche andere biblisch zentrale Aussagen gestoßen, die von den Z. J. falsch gelehrt werden:

- *Sie sagen*: Christus starb nicht an einem Kreuz, sondern an einem Pfahl. Es ist aber historisch nachgewiesen, dass die Römer Verbrecher gekreuzigt haben.
- *Sie sagen*: Christus gab sein Leben als Lösegeld für die gehorsamen Menschen. Jesus selbst aber sagt: »Ich bin gekommen, die Sünder zu rufen und nicht die Gerechten« (Mt 9,13).
- *Sie sagen*: Jesus kommt nicht sichtbar wieder, sondern sei schon 1914 unsichtbar wiedergekommen und regiere bereits im Himmel. Die Bibel hingegen bezeugt (z. B. Offb 1,7; Apg 1,11, Mt 24,30) die sichtbare und noch ausstehende Wiederkunft Jesu.
- *Sie sagen*: Es gibt keine Hölle. Die Hölle ist das allgemeine Grab der Menschheit. Egal wie du gelebt hast: Nach der Auferstehung ist dein Schuldenkonto auf Null gesetzt, und du bekommst noch einmal eine Chance, Z. J. zu werden. Ich fand es damals schon sehr ungerecht, weil das ja bedeuten würde, dass z. B. *Hitler* und *Stalin* trotz all ihrer Gräueltaten noch einmal einen Neuanfang starten könnten. Da erklärte man mir, dass solche Menschen im Grab bleiben und nicht auferstehen. Das empfand ich als noch schlimmer, denn das bedeutet ja, dass sie vollkommen ungestraft bleiben. Die Bibel aber sagt in Offenbarung 20,12-13, dass die Toten nach ihren Werken gerichtet werden, die in den Büchern aufgezeichnet sind.
- *Sie sagen*: Nur 144 000 Menschen kommen in den Himmel, und die anderen werden für immer auf einer gereinigten paradiesischen Erde leben. Hätte Jesus gesagt: »Sammelt euch aber Schätze im Himmel« (Mt 6,20), wenn wir gar nicht für den Himmel vorgesehen wären? Die Aussage Jesu: »In meines Vaters Haus sind viele Wohnungen… Ich gehe hin, euch die Stätte zu bereiten« (Joh 14,2), bezieht sich ebenfalls auf den Himmel und nicht auf die Erde. Die Z. J. versprechen ihren Anhängern nur die Erde, obwohl Gott uns eine Ewigkeit im Himmel verheißen hat: »Unser Bürgerrecht aber ist im Himmel« (Phil 3,30).
- *Sie sagen*: Wir dürfen nicht zu Jesus beten, sondern nur zu Jehova. Folgende Texte belegen das Gegenteil: »Sie beteten ihn (Jesus) an«

Ehepaar Christa und Michael Götzen, 2004.

(Lk 24,52). Bei seiner Steinigung betete Stephanus: »Herr Jesus, nimm meinen Geist auf!« (Apg 7,59). Paulus kennzeichnet die Gemeindeglieder als solche, »die den Namen unseres Herrn Jesus Christus anrufen an jedem Ort« (1Kor 1,2).

- *Sie sagen*: Wenn der Tod eintritt, hört die Menschenseele auf zu existieren. Jesus aber lehrt in Lukas 16,23 etwas ganz anderes: Der Reiche im Totenreich hob seine Augen auf, als er in seiner Qual war.

Es war ein weiter Weg von der Katholikin zur Spiritistin, dann zur Zeugin Jehovas und nun zur Zeugin Jesu. Es spielt letztendlich keine Rolle, welchen Weg wir gegangen sind: Die Hauptsache ist, dass wir das Ziel, unseren Herrn Jesus, erreichen. Mit meinem Leben kann ich bezeugen, dass bei Gott kein Ding unmöglich ist.

Meine Familie findet den Retter Jesus

Meinen eigenen Kindern war es anfangs sehr fremd, von dieser neuen Botschaft Jesu Christi zu hören. Jesus ist bei den Zeugen Jehovas keineswegs die zentrale Person des Glaubens; er darf darum auch niemals angebetet werden. Meine älteste Tochter *Jasmin* wollte mit 14 Jahren nicht mehr mit zu den Zeugen Jehovas gehen, weil sie nichts damit anfangen konnte, wie sie sagte. Meine zweite Tochter *Svenja* ließ sich mit 11 Jahren als Zeugin Jehovas taufen und war ein Eiferer für Gott. Als sie erst sechs Jahre alt war, sprach sie bereits mit anderen Menschen über Gott. Mit 18 Jahren verliebte sie sich in ein »Heidenkindchen«, einen jungen Mann aus der früheren DDR. Welch ein Drama: *Sandro* war dazu auch noch völlig ungläubig. Mit 19 Jahren verließ sie auf eigenen Wunsch die Versammlung der Zeugen Jehovas.

Da ich in den letzten Jahren so gut wie nicht mehr zu den Z. J. hingegangen war, hatten die Drillinge keine so tiefe Beziehung zu dieser Sekte. Mein Mann hat sich 15 Jahre erfolgreich dagegen gewehrt, sich der Gehirnwäsche der Z. J. zu unterwerfen. Als ich ihn damals auch dafür gewinnen wollte, stieß ich stets auf taube Ohren.

Im September 2003 flogen mein Mann und ich das erste Mal im Leben in den Urlaub. Eine Woche vor unserem Flug lud ich alle unsere fünf Kinder einschließlich der beiden Schwiegersöhne ein und bat sie, mit mir die Videokassette von *Werner Gitt*, »Gibt es ein Leben nach dem Tod?«, anzusehen. Es hätte ja sein können, dass wir mit dem Flugzeug abstürzten, und meine Kinder hätten womöglich niemanden mehr gehabt, der ihnen das Evangelium nahe bringen würde. Obwohl wir schon häufig darüber gesprochen hatten, wollte ich mit diesem Video nun die Sache auf den Punkt bringen. Ich bat meinen Mann, mir zuliebe das Video mitanzusehen. Zwar wollte er mit seinem Freund noch die Steuererklärung machen, aber bis dahin könne er ja hinschauen, meinte er. Sein Freund kam aber schon nach einer halben Stunde. Enttäuscht dachte ich: Wie schade, gerade jetzt, wo *Werner Gitt* auf dem Video zu den zentralen Punkten kommt, geht er. Aber mein Mann machte keinerlei Anstalten zu gehen. Im Gegenteil: Er gab seinem Freund eine Tasse Kaffee und bat ihn, das Video mit uns zu Ende zu sehen. Aufmerksam verfolgten beide das Gesagte, und ich weiß, dass das der Augenblick war, als Jesus meinen Mann rief.

Heute ist er ein wiedergeborener Christ und nimmt jeden Sonntag an unserem Bibelkreis teil. Auch meine Kinder haben nach dem Video von Herrn *Gitt* Jesus in ihr Leben gelassen. Meine älteste Tochter *Jasmin* sagt, dass sie an den Herrn Jesus glaubt und gelegentlich auch in der Bibel liest. Meine behinderte Tochter *Isabel*, die Erstgeborene der Drillinge, wollte auch zu Jesus gehören, nachdem ich ihr alles erklärt habe, was uns als wiedergeborene Christen erwartet. Als ich ihr sagte, dass wir dann für immer mit dem Herrn Jesus zusammen sein dürfen und dass es uns nie wieder an etwas mangeln wird, berührte das ihr Herz. Ich habe mit ihr gebetet, und seitdem ist auch sie eine wiedergeborene Christin. Ich fand es rührend, als sie mich fragte, ob sie im Himmel auch noch behindert sein werde. »Nein«, antwortete ich ihr, »dann wirst du vollkommen sein.« Die zweite Tochter *Svenja*, die früher Zeugin Jehovas war, ist heute ebenfalls eine wiedergeborene Christin, und mein Schwiegersohn (der Ungläubige) hat vor zwei Wochen aufgehört zu rauchen und stellt mir sehr viele Fragen zum Thema Bibel. Ich bin mir sicher: Es dauert nicht mehr lange, und auch er ergreift das ewige Leben in Jesus Christus.

Vier unserer fünf Kinder sind inzwischen wiedergeborene Christen, nur unser Sohn *Christopher* will im Moment lieber seine Jugend »genießen«. Er ist sehr genau von mir informiert worden, und ich bete jeden Tag dafür, dass er schnell wieder zur Vernunft kommt, denn er hat den Herrn geliebt. Ich glaube, dass mein Gebet nicht vergeblich sein wird.

Im März 2004 gab es eine Evangelisation mit Herrn *Gitt* in Gummersbach. Zu viert haben wir uns an einem Abend von Jülich aus auf den Weg dorthin gemacht. Der Einladung zum Nachgespräch sind wir, mein Mann und ich sowie ein Ehepaar aus unserem Bibelkreis, gefolgt. Alle waren sie schon durch die gehörten CDs und unseren Kreis für den Glauben an Christus »vorgewärmt«, aber nun wollten sie es in dem Gespräch nach der Versammlung auch noch einmal richtig festmachen. Mit der großen Freude im Herzen, dass wir nun ganz und gar dem Herrn Jesus gehören, traten wir die Rückfahrt an.

Mein Mann und *Isabel* haben sich im März 2004 auf den Namen Jesu taufen lassen.

Ich bin sehr dankbar, dass der Herr gnädig mit mir war und mich auf den richtigen Weg gelenkt hat. Es gibt derzeit etwas mehr als sechs Milliarden Menschen auf dieser Welt, und es ist für mich eine große Ehre, vom Schöpfer dieser Welt ausgesucht worden zu sein, zu seiner Gemeinde zu gehören. Er hat mich gerufen, und ich bin froh, dass ich seinen Ruf gehört habe. Jesus hat gesagt: »Ihr werdet die Wahrheit erkennen, und die Wahrheit wird euch frei machen« (Joh 8,32).

Gemeinde gefunden

Inzwischen (2004) haben wir uns einer lebendigen Gemeinde (Freikirche) angeschlossen, in der Jesus der Mittelpunkt ist. Schon beim ersten Besuch spürte ich, dass ich ein Stück Heimat gefunden habe. Die Gemeinschaft mit Menschen, die Jesus genauso lieben wie ich, bereichert mich sehr. Ich bin mir sicher, dass ich nun auf dem richtigen Weg bin. Als wir nach dem ersten Besuch die Gemeinde verließen, atmete ich die Luft ein und sagte zu *Bärbel*: »Riech mal, sogar die Luft riecht hier anders, so rein, als hätte Gott eine große Glocke über das ganze Grundstück gelegt.« Auch sie hat das so empfunden. Mir kam Psalm 133,1 in den Sinn: »Siehe, wie fein und lieblich ist's, wenn Brüder einträchtig beieinander wohnen!«

Wir ehemaligen Zeugen Jehovas haben nach genauer Prüfung erkannt, dass wir uns noch einmal taufen lassen müssen, nämlich auf den Namen Jesu und in seinen Tod hinein. Dieser denkwürdige Tag mit zehn Täuflingen war der 10. Oktober 2004. Die Nachbargemeinde stellte uns das erneuerte Taufbecken zur Verfügung, und wir sieben aus dem Hauskreis, darunter auch *Bärbel,* und noch zwei junge Leute und eine ältere Frau waren die Ersten, die darin getauft wurden.

Es wartet noch viel Arbeit auf uns, denn aus der verlorenen Welt müssen noch Menschen zum Herrn gebracht werden. Zurzeit treffe ich mich jeden Dienstag mit zwei Z. J., und wir arbeiten alle Lehrpunkte der Wachtturmgesellschaft anhand der Bibel durch. Es sind zwei Frauen in meinem Alter, die mir schon immer sehr am Herzen lagen. Vor zwei Jahren hatte ich schon einmal versucht, ihnen zu zeigen, dass sie auf dem falschen Weg sind. Das führte damals dazu, dass sie sich noch intensiver an ihre Lehren klammerten. So schnell gebe ich nicht auf, und darum änderte ich meine Strategie. *Helgas* Sohn ist sehr wissenschaftsgläubig und beschäftigt sich insbesondere mit Astronomie. Da ich weiß, dass auch *Helga* sich für diese Thematik interessiert, schenkte ich ihrem Sohn das Buch »Wozu gibt es Sterne?« von *Werner Gitt.* Als ich mich einige Zeit später erkundigte, bestätigte sie mir, auch darin gelesen zu haben. Damit war ein neues Interesse geweckt. Von da an machte sie gute Fortschritte und hat inzwischen den Herrn Jesus als ihren Herrn angenommen.

Meine Freundin Bärbel – eine späte Frucht

Als Zeugin Jehovas war ich früher regelmäßig im Haus-zu-Haus-Dienst unterwegs, um Menschen den Weg zu Jehova zu weisen. Die mageren Ergebnisse führten schnell zu Frustrationen und hinterließen in mir den Eindruck, die Menschen seien nicht mehr an Gott interessiert. Als Beispiel nenne ich meine Freundin *Bärbel* (44 Jahre alt), die ich 1990 an der Haustür kennen lernte. Wir mochten uns auf Anhieb, und schnell willigte sie in ein Bibelstudium ein. Nach kurzer Zeit hatte sie jedoch keine Lust mehr, und so beendeten wir den Kurs. Aber der Mensch *Bärbel* war mir wichtig, und so wuchs eine bleibende Freundschaft heran.

Mit den Z. J. wollte sie nichts zu tun haben, und so gab ich die gelegentlichen Versuche auf, sie mit Bibelweisheiten doch noch für Gott zu gewinnen. Nun aber erlebte sie etwas Neues bei mir: meinen Absturz bei den Z. J. und auch meinen neuen Weg mit Jesus; zu beidem äußerte sie sich jedoch nie. Nach meiner Bekehrung gab es Situationen, wo ich einige Male drauf und dran war, mich aus der Freundschaft zu verabschieden. Es gab eine Zeit, da war sie »ganz schön schräg drauf«, und ich hatte mit ihrem Lebensmuster große Probleme.

Eines Abends aber nahm ich meinen ganzen Mut zusammen und startete noch einmal einen Versuch. Ich begann mit den Worten: »*Bärbel,* du bist meine Freundin, und ich muss dir jetzt etwas sehr Wichtiges sagen.« Ich erklärte ihr, dass es nach dem Tod nur zwei Orte gibt, wohin wir gelangen können. »Ich möchte, dass du auch in den Himmel kommst.« Ich gab ihr die Broschüre »Warum es sich lohnt, Christ zu sein« vom Mitternachtsruf und das Faltblatt »Wie komme ich in den Himmel?« von *Werner Gitt*. An ihrem Gesicht konnte ich ablesen, was sie dachte, nämlich: »Jetzt ist sie vollkommen übergeschnappt.« So sprang sie plötzlich auf und verabschiedete sich schnell. Ich war ein wenig traurig, weil sie so ganz anders reagierte, als ich es erhofft hatte. Aber ich betete beständig für sie.

Einige Wochen später meldete sie sich. Sie rief mich ganz aufgeregt auf meiner Arbeit an und sagte, sie müsse mich unbedingt noch heute Abend sprechen. Ich vermutete etwas Schlimmes. Es war wirklich etwas Unfassbares passiert, aber gottlob etwas Gutes. Meine Freundin *Bärbel* hatte die Broschüre gelesen, und dabei waren sehr viele Fragen aufgebrochen, die ich ihr anhand der Bibel beantworten konnte. Am 1. Mai 2004 verbrachten wir den ganzen Nachmittag zusammen, und weil sie immer noch nicht das Faltblatt von Herrn *Gitt* gelesen hatte, nahm ich dies zum Anlass, es mit ihr gemeinsam zu lesen. Am Abend dieses Tages geschah das von Gott erbetene Wunder. Sie hat dem Herrn Jesus ihr ganzes Leben gegeben und Buße über ihre Sünden getan. Seitdem ist sie eine wiedergeborene Christin, die sehr viel betet und nun Jesus in alle Situationen einbezieht. Sie hat erkannt, dass einige Dinge in ihrem Leben nicht in Ordnung sind, die sie auch umgehend änderte. So teilte sie mir mit, dass sie keinen Karneval mehr feiern werde. Ihren Freund hat sie »in die Wüste« geschickt, weil sie weiß, dass sie mit ihm keine Zukunft haben möchte. Sie gestand mir, bei der Wahl ihrer Männer habe sie immer den Falschen ausgesucht. Jetzt weiß sie: Ihr Zukünftiger muss auch ein wiedergeborener Christ sein. Ich hielt *Bärbel* früher für unerreichbar, aber der Herr ist immer noch größer. Jesus hat auch sie überwunden und errettet. Es war für mich eine besondere Freude, dass sie nun auch noch mit mir am selben Tag getauft wurde.

Schlusswort

Ich habe ein blaues Buch, darin schreibe ich alle Erlebnisse auf, die ich mit Gott habe, nicht nur die großen Wunder, auch die kleinen alltäglichen. Ich möchte, dass meine Kinder nach meinem Tod immer wieder nachlesen können, wie Gott in den verschiedensten Situationen meines Lebens an mir gehandelt hat. Heute bin ich frei von allen religiösen Zwängen. Vor dem Tod habe ich keine Angst mehr. Mein Blick ist nach oben gerichtet zu meinem Herrn, den ich sehnlichst erwarte.

Christa Götzen, Jülich

Als Gott mein Herz traf

Z10: Ertappt

Ich wurde am 16. August 1970 in Süddeutschland geboren. Da meine Eltern seit meinem ersten Lebensjahr geschieden waren, wuchs ich nur bei meiner Mutter auf. Mein Vater wurde in der Phase der Scheidung Christ, so dass ich schon als Kind Kontakte zu einer Freikirche hatte (zumindest in den Schulferien). Als Jugendliche galten meine Interessen zunehmend anderen Dingen, so dass Glaubensfragen immer mehr in den Hintergrund traten. 1989 machte ich die Fachhochschulreife und wollte Fremdsprachensekretärin werden. Mein Plan war, nach Heidelberg zu ziehen, um dort auf die Fremdsprachenschule zu gehen. Doch ein innerer Unfrieden nach einem Besuch in Heidelberg und mein neuer Freund hielten mich davon ab, so dass ich mich zu einer Ausbildung vor Ort als Industriekauffrau entschied.

Nach der Ausbildung brachen die Fragen nach Gott und dem Sinn meines Lebens immer wieder auf. Zu jener Zeit lud mich mein Vater zu einer Freikirche in unserer Nähe ein. Anfangs hatte ich noch keinen Zugang zu dem Gesagten, aber mit der Zeit sprachen mich die Gottesdienste und die persönlichen Kontakte immer mehr an, so dass ich regelmäßig dorthin ging.

Schon bald wurde mir klar, dass Gott mich liebt und dass auch ich mit ihm leben will. Ich wusste, dass Jesus der Weg zum Himmel ist, deshalb wollte ich auch anderen Menschen von ihm erzählen. Um mehr über den Glauben zu erfahren, kaufte ich mir das Buch »Fragen, die immer wieder gestellt werden«. Es war an einem Donnerstag, und zwar in der Mittagspause an meinem Arbeitsplatz. Meine eigentliche Absicht war, mir Informationen für andere zu verschaffen, doch während des Lesens all der Fragen und Antworten sprach Gott mich plötzlich selbst an. Als ich zu der Frage »Was ist Hurerei?« kam, erkannte ich mich selbst darin, denn voreheliche sexuelle Gemeinschaft ist laut Bibel Hurerei. Aufgeregt schlug ich die angegebenen Bibelstellen nach. Es traf mich mitten ins Herz, und ich war erschrocken über den einen Gedanken, der mich nicht mehr losließ: »Ich bin eine Hure vor Gott!« Auf meine Seele und meine Schultern legte sich eine große Last. Ich wusste, dass Jesus auch für meine Sünden gestorben war, gleichzeitig war mir aber klar, dass ich mein Leben ändern musste. Das bedeutet: Ich musste die sexuelle Beziehung zu meinem Freund beenden oder die Partnerschaft sogar ganz aufgeben. Wie sollte ich ihm das nur erklären? Er würde mich bestimmt für verrückt halten. Außerdem wollte ich doch, dass auch er an Jesus glaubte und gerettet werden würde.

Als wir uns am folgenden Samstag trafen, hatten wir auch prompt wieder eine Auseinandersetzung wegen des Glaubens. Nun erkannte ich deutlich: Wir haben ja überhaupt keine gemeinsame Basis! Am Sonntagmorgen saß ich zwar im Gottesdienst, aber ich war unfähig, auf die Predigt zu hören. Mich beschäftigte nur der eine Gedanke: »Ich will ganz zu Gott gehören und mein altes Leben hinter mir lassen. Ich will neu anfangen!« Entschlossen ging ich gleich nach dem Gottesdienst zu meinem Freund und machte Schluss mit ihm. Als ich wieder zu Hause ankam, kniete ich mich sogleich an meinem Bett nieder, um zu beten. Unter Weinen bat ich Jesus um Vergebung für meine Schuld, für mein Leben, das ich ohne ihn geführt hatte. Geradezu augenblicklich spürte ich, wie Jesus mir die Last meiner Sünde wegnahm und tiefer Friede und überschwängliche Freude in mein Herz einzogen. Ich gewann die Gewissheit, dass von nun an alles neu werden würde. In meinem Kopf entstand ein Bild, das Gott mir schenkte: Er saß auf dem Thron und hatte auf seinem Schoß jenen Plan, wie er sich mein Leben vorstellte. Er verglich diesen Plan mit dem, was ich tatsächlich hier auf Erden machte. Ich wurde beschämt, da ich bisher nicht ein einziges Mal nach Gottes gutem Willen für mein Leben gefragt hatte.

Ich versprach Gott, von nun an so zu leben, wie er es für mich geplant hatte. Das war am 27. Januar 1991. Ich bin nun seit mittlerweile vierzehn Jahren überzeugter Christ und habe diese Entscheidung, Jesus nachzufolgen, keine Sekunde bereut. Gott hat alle Verletzungen, die ich durch meinen falschen Lebenswandel erlitten hatte, geheilt, und nun bin ich glücklich verheiratet und habe zwei herzige Kinder.

Ulrike Sch., Bad Säckingen

Wie eine Lebensphilosophie zusammenbricht

Inés Carreras gehört der jüngeren Generation an und kann insbesondere ihren Altersgenossen eine Hilfe sein, den Sinn des Lebens zu finden. Im folgenden Zeugnis erzählt sie, wie sie aus allen Bindungen und Verstrickungen der Esoterik herausfand. Sie besuchte in München das Dante-Gymnasium und die Elly-Heuß-Realschule. Nach dem Abschluss der Mittleren Reife machte sie eine kaufmännische Ausbildung in der Modebranche. Sie spricht fließend Spanisch (zweite Muttersprache) und kann sich in Wort und Schrift fließend in Englisch, Italienisch und Französisch ausdrücken.

Inés war lange auf der Suche nach Lebenssinn und Lebenserfüllung. Durch ihre Bekehrung zu Jesus Christus änderte sich vieles in ihrem Leben schlagartig. Ein halbes Jahr hat sie auf Missionsstationen in Spanien und Italien mitgearbeitet, um auch anderen Menschen ein Zeugnis des Glaubens zu sein. Sie ist ein äußerst fröhlicher Mensch und ist heute vielen, insbesondere jungen Menschen ein guter Wegweiser zum rettenden Glauben an Jesus Christus. Wie sie dorthin kam, erzählt sie nun selbst:

gi

Z11: New Age – ich war auf dem Weg der Verblendung

Ich wurde am 4. Januar 1972 in Pfarrkirchen, einem kleinen Ort in Niederbayern geboren. Mein Vater ist Spanier und meine Mutter Deutsche. Ich glaube sagen zu können, dass ich ein ziemlich normales und glückliches Kind war, obwohl sich meine Eltern scheiden ließen, als ich erst fünf Jahre alt war. Von beiden fühlte ich mich geliebt – besonders von meiner Mutter hier in Deutschland, wo ich aufwuchs. Sie hat alles für mich getan, um mir eine schöne Kindheit zu schenken; aber auch von meiner spanischen Familie, bei der ich sämtliche Ferien verbrachte, wurde ich geliebt und verwöhnt.

Als ich etwa 13 war, begann sich meine Mutter zunehmend mit Esoterik zu beschäftigen. Auch für mich wurde diese unbekannte, Hilfe versprechende Welt immer verlockender, und so verbrachte ich viele Stunden mit Astrologie, Pendeln, Autosuggestion, Yoga und dem Studium fernöstlicher Kulturen. Ich wurde ganz besonders angezogen von Büchern wie »Kraftzentrale Unterbewusstsein« oder »Macht durch positives Denken«. Sie versprachen, alles erreichen zu können, wenn man es nur wirklich will und fest daran glaubt. Meine zwei größten Probleme zu jener Zeit waren meine Schulnoten und meine Finanzen. Ich hatte drei Fünfen in meinem Zwischenzeugnis des Gymnasiums, und meine Versetzung war dadurch gefährdet. Neben der Schule hatte ich zwei kleine Nebenjobs: Ich führte Hunde aus und ging samstags in einer Bäckerei jobben, aber trotzdem reichte das Geld nicht, um mir all das zu kaufen, was ich wollte. Also versuchte ich mein Glück auf esoterische Weise zu finden. Ausprobieren kostete ja nichts – versuchen konnte ich es ja mal!

Ich begann mir meine Traumwelt nach Anweisung der Bücher vorzustellen und autosuggerierte mich mit der Vorstellung von guten Noten und genügend Geld in den Schlaf. Ich nahm mir fest vor, meine Wünsche – Geld und gute Noten – aus dem Kosmos zu beziehen. Es funktionierte! Zwar wiederholte ich trotzdem die Klasse und wechselte die Schule, aber immerhin wurde ich dann Klassenbeste. Ich muss allerdings zugeben, dass ich jetzt zu Hause wesentlich mehr lernte als zuvor. Mit dem Geld wurde es auch besser. Zwar traf der besagte Lottogewinn nicht ein, den ich im Universum bestellt hatte, dafür hatte ich jetzt vier Nebenjobs – ich gab unter anderem Nachhilfe in Mathe und Englisch, beides Fächer, in denen ich zuvor jeweils eine Fünf hatte. Von meinem Horoskop ermutigt, in dem es hieß, dass ich ein zielstrebiger und fleißiger Charakter sei und ich es auch »zu einigem bringen könnte«, behielt ich die besagte Taktik »Kraftzentrale Unterbewusstsein« bei. Horoskop und Astrologie nahmen mich zu jener Zeit derart gefangen, dass ich z.B. nur nach solchen jungen Männern Ausschau hielt, die laut Horoskop zu mir passten. Mit 18 lernte ich jemanden kennen, den ich sehr mochte. Als ich aber erfuhr, dass sich seine Sonne und sein Aszendent nicht mit meinem verstanden, beendete ich diese Freundschaft sofort. Sternentechnisch war für mich diese Geschichte ja sowieso auf einen Flop programmiert! Obwohl ich traurig war, vertraute ich jedoch den Sternen weiterhin mein Leben an. Zu jenem Zeitpunkt bemerkte ich gar nicht, wie gefangen mich das alles nahm und welche unsinnigen Grenzen ich mir selbst auferlegte.

Wenn Horoskope versagen und Handlinien keine Antwort geben

Mit zunehmendem Alter musste ich immer mehr Entscheidungen treffen. Sollte ich studieren oder nicht? Sollte ich eine Lehrausbildung beginnen? Wenn ja, was für eine? Eine Frage nach der anderen tat sich auf. Dabei wuchs ständig die Angst, eine falsche Entscheidung zu treffen. Da die Horoskope, die ich für mich persönlich erstellen ließ und die nicht ganz billig waren, weder Angaben über meinen beruflichen Werdegang machten, noch verrieten, ob der aktuelle Partner der richtige war, beschloss ich, mir meine Zukunft von diversen Kartenlegern vorhersagen zu lassen. Beeindruckt hat mich, was sie alles aus meiner Vergangenheit wussten, und das umso mehr, da sie mich doch gar nicht kannten und

Inés Carreras, 2005.

mich auch nie zuvor gesehen hatten. So glaubte ich ihnen aufs Wort. Bei positiven Angaben ging es mir natürlich gut. Einmal hieß es zum Beispiel, ich würde eine berühmte Persönlichkeit werden. Begeistert von dieser mir schmeichelnden Vorhersage schickte ich auch meine Mutter zu dieser Kartenlegerin. Als meine Mutter dann mit ihrer Vorhersage, die sie sogar auf Kassette aufgenommen hatte, nach Hause kam, war die Verblüffung groß: Auch sie sollte eine berühmte Persönlichkeit werden. Seltsam, diese Übereinstimmung! Na ja, umso besser – gleich zwei Berühmtheiten in der Familie. Ich war total blind. Ich bemerkte überhaupt nicht, wie wir an der Nase herumgeführt wurden. Einmal erhielt ich eine negative Prophezeiung über meine damalige Beziehung. Die Prognose lautete, dass diese Beziehung nicht von Dauer sein werde und früher oder später zerbrechen werde. Ich war geschockt und wollte diese Zukunft nicht wahrhaben. Ich hatte Angst. Ich wollte nicht, dass dies eintraf. Ich kann mich daran erinnern, dass ich zu jener Zeit zu (einem) Gott betete, er solle das nicht geschehen lassen und mir die innere Angst nehmen. Dies war das letzte Mal, dass ich bei einer Kartenlegerin war. Ich hatte bemerkt, wie groß der Einfluss der Karten auf mich wurde, und bekam es mit der Angst zu tun. Es machte mich fertig, ständig damit leben zu müssen, dass das Vorausgesagte wohl eintreffen würde.

Ein weiteres und ebenso lange anhaltendes Trauma hatte ich nach der Begegnung mit einer Handleserin. Sie »prophezeite« mir, dass ich nie eine intakte und lange anhaltende Beziehung bzw. Ehe haben würde. Den Grund dafür sah sie in der »Beziehungslinie« meiner linken Hand. Sie gabelt sich am Ende, und das wird in der Kunst des Handlesens so gedeutet, dass die zwei Menschen wieder auseinander gehen. Das wurde mir zu einem schrecklichen Alptraum. Plötzlich brach eine Welt über mir zusammen. Ich wollte doch einmal eine dauerhafte, glückliche Beziehung und eine Familie haben. Sollte ich dieses Geschenk nie erhalten – nur wegen einer Handlinie? Nein, dass konnte doch nicht wahr sein! Ich war total verzweifelt. Und so schrie ich abermals zu diesem mir immer noch unbekannten Gott, mich doch von diesem Fluch zu befreien.

Was ich zu jenem Zeitpunkt noch nicht über Kartenlegen, Handlesen und Astrologie wusste: Es gibt keine weiße, d.h. »gute« Magie. Das ist ein Trugschluss. Alle Arten von Magie sind nicht von Gott! Der Teufel hat hier seine Hände mit im Spiel. Er kennt unsere Vergangenheit und unsere Gegenwart. Aber er kennt keineswegs unsere ganze Zukunft. Die kennt nur Gott. Alles, was von Kartenlegern und in Horoskopen über die Zukunft erzählt wird, kann man getrost vergessen![20] Das Einzige, was bleibt, ist die zermürbende Angst, damit leben zu müssen. Man lebt in einem ständigen Zustand der Beeinflussung, in einem hilflosen Ausgeliefertsein und in einer Ohnmacht und ist nicht mehr in der Lage, etwas daran zu ändern. Die Sterne und Karten sagen es ja; so steht es nun mal für dein Leben geschrieben, und du kannst dem nicht entrinnen!

Das wollte ich nicht, und so entschied ich mich für andere Techniken. Im Supermarkt der Religionen und Selbsthilfen gibt es ja schließlich genug Angebote.

Ein neuer Trip: New Age

Auf der Suche nach einem besseren Weg zu meiner Identität und nach Antworten auf all meine Fragen stieß ich dann auf »New Age«. Diese

---

[20] Nur Gott ist allwissend; er weiß alle Dinge und damit auch unsere komplette Zukunft (Ps 139,2-3). Der Teufel weiß sicherlich auch einiges bezüglich der Zukunft, aber seine Schau ist äußerst begrenzt. Das Verführerische der teuflischen Machenschaften besteht nicht darin, dass er immer und ausschließlich lügt. Er vermischt die Lüge immer mit einem Quäntchen Wahrheit und versucht sich dadurch Vertrauen zu verschaffen. In Apostelgeschichte 16,16-22 berichtet Paulus von einer Frau, die einen Wahrsagegeist hatte. Obwohl sie von einem dämonischen Geist besessen war, sagte sie etwas Wahres über Paulus und seine Mitarbeiter: »Diese Menschen sind Knechte des allerhöchsten Gottes, die euch den Weg des Heils verkünden« (V. 17). Paulus hatte die Gabe der Geisterunterscheidung, und er erkannte sofort, dass diese Wahrheit nicht von Gott kam, sondern von einem bösen Wahrsagegeist. Diesem dämonischen Geist gebot er mit den Worten: »Ich gebiete dir im Namen Jesu Christi, dass du von ihr ausfährst. Und er fuhr aus zu derselben Stunde« (V. 18). Die Wahrsagerin wurde augenblicklich von ihrer Wahrsagefähigkeit gelöst. Dieser Zwischenfall in der jungen Europamission war sehr wirkungsvoll. Zunächst sehen wir daran, dass es solche Wahrsagekräfte wirklich gibt und nicht alles nur Humbug und Schwindel ist. Die Wahrsagerin sagte Tatbestände aus, aber sie bezog ihre Erkenntnisse von außermenschlichen Intelligenzen, von dämonischen Mächten. Weiterhin erkennen wir, dass die Wahrsagerei auch fromme Inhalte richtig verkündigen kann. Nur zu oft wird das dunkle, dämonische Treiben solcher Menschen mit christlichem Mäntelchen getarnt. In Vollmacht gebot Paulus im Namen Jesu den dunklen Machenschaften. Dabei leuchtete der ganze Sieg des Evangeliums über die dämonisch verfallene Heidenwelt auf. Im Namen Jesu sprangen die Bande und Ketten entzwei. Das arme gequälte Menschenkind wurde frei.

liberale Weltanschauung, diese Lebensphilosophie des Friedens, der Erleuchtung und der »Zeit des Wassermanns« sowie das Ideal »alles ist eins« hörten sich verlockend vielversprechend an. Ich hoffte, dass mir diese Religion eine Antwort auf mein inneres Bedürfnis nach Sicherheit und einem erfüllten Leben geben würde. Außerdem versprach ich mir davon neue Hoffnung, persönliche Wertachtung und geistliche Erfahrungen. Die Hauptaussage dieser Religion könnte man etwa so zusammenfassen: leben und leben lassen; gut und böse sind relativ; der Prozess der Reinkarnation reinigt und erlaubt es, immer höhere Stufen von geistlicher Erleuchtung und Erfüllung zu erreichen; Gott ist in uns und überall, ja letztlich ist alles Gott. Die Grundlage ist die Liebe – zu uns selbst und zu anderen. Es gibt keine Sünde. Schlechte Erfahrungen oder Dinge gehören eben zu unserem Lebensweg dazu.

Zu meinen neuen Praktiken gehörten jetzt Yoga (ich versuchte die Erleuchtung zu bekommen) und Meditieren (ich wollte mit dem Kosmos eins werden) sowie mich selbst und andere zu lieben (ich versuchte es zumindest). Meine Aura wollte ich mit Aurasoma-Öl vor negativen Situationen und Menschen schützen (ich redete es mir zumindest ein). In schwierigen Situationen nahm ich Bachblüten. Außerdem verteilten meine Mutter und ich seltsame Metallplatten und Steine in unserer ganzen Wohnung; deren kosmische Schwingungen sollten ebenfalls zu unserem Wohlfühlen beitragen. Eine Zeit lang standen auch kleine Pyramiden aus den unterschiedlichsten Metallen hoch im Kurs. Sie mussten immer in Nord-Süd-Richtung positioniert sein und waren für unsere Energiefelder zuständig. Meine Mutter, die sich ebenso wie ich auf dem Selbstfindungstrip befand, hatte dieses Zeug von diversen Esoterikmessen angeschleppt. Ich habe mich manchmal gefragt, wie viele Urlaubsreisen wir wohl hätten machen können, wenn wir diese nutzlosen Gegenstände nicht gekauft hätten. Zum Glück habe ich es nie nachgerechnet.

Und so lebte ich nun insgesamt 15 Jahre – um mich herum all die selbst kreierten Götter. Mit meinem Leben war ich so mittelmäßig zufrieden. Ich hatte eine gute Arbeitsstelle in einem renommierten Modeunternehmen und kannte wirklich gute Freundinnen, mit denen ich wahlweise auf einen Berg klettern oder mal kurz nach Verona zum Shoppen fahren konnte. Mode und perfektes Aussehen waren für mich ein absolutes Muss. Ich hatte eine super süße Wohnung, die komplett nach den Prinzipien von Feng Shui eingerichtet war. Der Springbrunnen – an einer ganz bestimmten Stelle platziert – sorgte für meine Finanzen. Und außerdem gab es einen Mann in meinem Leben, der mich liebte. Was wollte ich mehr? Ich hätte doch allen Grund gehabt, absolut glücklich sein zu können! Oder? Doch irgendetwas in meinem Leben fehlte noch immer. Es musste doch noch einen tieferen Sinn geben! Alles erschien mir irgendwie zu oberflächlich. Konnte das alles gewesen sein? War das meine ganze Lebenserfüllung?

Die Frage nach meiner Zukunft und alle damit verbundenen Ängste blieben. Am liebsten hätte ich mich gegen alles versichern lassen. Ich litt unter Existenzängsten und der Befürchtung, vieles in meinem Leben falsch zu machen. Ich hatte einige Menschen, darunter meine Mutter und einige Männer, verletzt und war im Laufe verschiedener Beziehungen selbst verletzt worden. Ich sah ein, dass ich nicht so ein toller Mensch war, wie ich es mir immer einzureden versuchte. Eine der Grundlehren der Esoterik lautet nämlich: Wir sind perfekt! Und mit dem Lieben des Nächsten war das auch so eine Sache – es ging gar nicht so einfach. Ich empfand, dass alles von mir selbst abhing, und das machte mir Angst; denn oft fehlte mir jegliche Kraft. Ich wollte getragen werden. Aber von wem nur? Ich suggerierte mir doch, eine starke, clevere Frau zu sein, die im Leben wusste, was sie wollte. Warum klappte es nur nicht so, wie ich es mir vorstellte? Was machte ich falsch? Schwäche war hier nicht gefragt. Ich musste funktionieren. Und zwar gut! Im Job, in meiner Fernbeziehung mit meinem Freund, in meinem Leben. Es funktionierte aber nur, wenn ich funktionierte. Und doch fühlte ich mich oft so schwach. Ich wollte mich mal fallen lassen und aufgefangen werden und hatte den Wunsch, dass mich jemand an die Hand nimmt und mit mir den »richtigen Weg« geht – und zwar jemand, der ihn kennt. Und mich noch dazu! Jemand, der weiß, wer ich bin und was ich brauche! Ich war es satt, jemand »Toughes«[21] spielen zu müssen, der ich gar nicht war. Ich sehnte mich nach Geborgenheit und Sicherheit und danach, endlich das »Richtige« zu tun. Die Sterne jedenfalls konnten mir dies alles nicht geben.

Die Wende

Und dann kam die große Wende. Ich fiel in ein großes, tiefes Loch. Das fing Anfang 2000 an: Obwohl ich in meiner damaligen Modefirma sehr zufrieden war, nahm ich das Angebot, für eine andere Firma zu arbeiten, an. Der Grund war ein besseres Gehalt. Da ich mit meinen vielen Flügen nach Hamburg zu meinem damaligen Freund ein treuer Sponsor sämtlicher Fluggesellschaften war, also ein höheres Gehalt gut gebrauchen

---

21 Aus dem Englischen entlehntes Wort, das besonders von jungen Leuten verwendet wird. Trotz der Aussprache »taff« wird auch im Deutschen die englische Schreibweise beibehalten (nach *Wahrig*: »Die deutsche Rechtschreibung«, Bertelsmann Lexikon Institut, 2003). Engl. *tough* = zäh, unnachgiebig. »Tough« ist also jemand, der nicht unterzukriegen ist.

konnte, entschied ich mich nach langem Zögern für die Stelle. Allerdings stellte sich das Ganze schon am zweiten Tag als riesiger Flop heraus. Ich wurde von meinen Kollegen gemobbt! Das geschah ausgerechnet mir, die ich doch bisher mit allen gut ausgekommen war. Ich verstand die Welt nicht mehr. Ich selbst wollte doch nie jemandem etwas Böses tun. Warum verhielten sich meine Kollegen so? Die Situation verschlimmerte sich von Tag zu Tag. Darauf reagierte ich seelisch und körperlich so extrem, dass ich nur noch von Nikotin und Beruhigungstabletten lebte.

Zeitgleich hatte sich im Leben meiner Mutter etwas ereignet: Sie sagte, sie habe jetzt Gott persönlich kennen gelernt und ein neues Leben begonnen. Nein, nicht schon wieder etwas Neues! Ich war doch bereits mit sämtlichen »Techniken« bestens ausgerüstet. Wo hatte sie denn diese Sache jetzt schon wieder aufgegabelt? Bibel & Co., mit dieser Liga konnte und wollte ich mich nicht identifizieren. Viel zu altbacken und uncool! Wer glaubte schon an so etwas Veraltetes? Das war nun gar nicht mein Fall. »Christliche Menschen« – ich kannte diese Leute von meiner Oma her, die selbst dazugehörte – waren für mich Birkenstock-Freaks, die in sackartigen Klamotten auf dem Boden sitzen – natürlich ungeschminkt – und zu ihrem Gitarrengeklimper »Halleluja« singen. So wollte ich auf keinen Fall werden. No way! Meine Mutter, die begann, in dieser Richtung sehr aktiv zu werden und mich davon überzeugen wollte, dass Jesus wirklich die einzige Lösung für mein Leben sei, brachte anstatt der esoterischen Wundermittel seit neuestem Leute zum Kaffee mit, die mir von Gott erzählten. Mich ließen solche Bekehrungsversuche eher unberührt. Abgesehen davon glaubte ich ja auch irgendwie an eine höhere Macht. Ich hatte mir meinen eigenen Gott kreiert, der von allem etwas zu bieten hatte: eine Gottheit aus dem Buddhismus – ich wartete immer noch auf meine »Erleuchtung« – vereint mit allen liberalen, esoterischen Ansichten und kosmischer Energie. Das Ganze war zudem abgerundet mit sämtlichen fernöstlichen philosophischen Ideen. Das war doch wohl genug. Musste das nicht reichen!?

Was ich zu jenem Zeitpunkt noch nicht über New Age wusste: Jeder Mensch braucht etwas, an das er glauben kann – eine Sehnsucht nach einem Schöpfer. Ich kreierte, wie so viele andere Menschen es auch tun, mir meinen eigenen Gott. Ich war der Schöpfer! Und Gott war das Erschaffene. Und dieser Gott sollte mir nun helfen. Mir fiel gar nicht auf, welch eine Ironie in dem Ganzen lag: Der Schöpfer, der eigentlich größer sein sollte als alles andere, bittet nach meiner damaligen Auffassung das Erschaffene um Hilfe. Wie unlogisch! Ich verstand damals noch nicht, dass Gott mich erschaffen hat und nicht umgekehrt. Die Bibel sagt, dass er alle Menschen kennt, ja schon bevor sie überhaupt geboren wurden. Er weiß bereits alle Wege des Menschen im Voraus. So groß ist er!

Zu diesem Zeitpunkt wurde die Situation in diesem besagten Job geradezu unerträglich. Weder meine täglichen Meditationsübungen noch meine positiven Energiestrahlen oder das aufgeladene Aurafeld halfen, meine lieben Kollegen zu besänftigen oder an der Situation auch nur annähernd etwas zu ändern. Auch mein damaliger Freund konnte mir nicht helfen. Offenbar konnte mir niemand helfen. Ich war ganz auf mich allein gestellt. Und hier musste ich auch ganz allein durch. Ich fühlte mich so hilflos und einsam. Erstmals begann ich mich wie ein Versager zu fühlen. Wie sehr sehnte ich mich doch nach einem echten Helfer!

Meine bis dahin vermeintlich so gut funktionierende Lebensphilosophie geriet allmählich ins Wanken. Plötzlich stellte ich immer mehr Sachen in Frage. Eine Frage, die mich bis dahin immer oft beschäftigte, blieb weiterhin unbeantwortet: Was passiert eigentlich nach unserem Tod? Ich konnte mich zwar mit 100 Versicherungen für sämtliche Lebensbereiche bestens absichern. Für die Rubrik »Tod« gab es allerdings keine. Früher oder später müsste sich wohl jeder Mensch diese Frage stellen. Obwohl ich mich definitiv zu jung zum Sterben fühlte und auch ehrlich gesagt nicht die Absicht hatte, so früh diese Welt zu verlassen, war es doch ein Thema, das mich schon immer beschäftigt hatte. Wohin gehen wir? Mir war natürlich auch bewusst, dass wir unsere Zeit diesbezüglich nicht selbst bestimmen können. Menschliche Macht hat auch ihre Grenzen! Aber hierzu hat die Esoterik einige sehr »interessante« Varianten zu bieten. Jeder kann sich so ziemlich selbst aussuchen, was er darüber glauben möchte. Das Problem war nur: Was war die Wahrheit? Reinkarnation konnte mich nicht wirklich überzeugen. Diese Lehre fand ich weder sehr ermutigend noch einigermaßen glaubwürdig. Mein menschliches Gehirn weigerte sich strikt, sich mein nächstes Dasein wahlweise als umherhüpfender Laubfrosch oder schlimmstenfalls als kriechende Kakerlake in irgendwelchen Kellergewölben vorzustellen. Was wird aus mir, wenn mich jemand zertritt? Erleuchtung stellte ich mir dann doch etwas anders vor. Aber so etwas würde mir ja blühen, falls ich mein Karma nicht erreichen würde, d.h. falls ich in meinem Leben nicht gut genug gewesen bin. Aber waren denn »richtig« und »falsch« nicht relativ? So hieß es doch. Die andere Alternative lehrt, dass alle Menschen in den Himmel kommen, da wir ja vollkommen sind. Und ich muss gestehen: Die Vorstellung, mit *Hitler*, *Lenin* und *Stalin* im Himmel zu sitzen, gefiel mir auch nicht wirklich. Wo war da die Gerechtigkeit geblieben? Viele unbeantwortete Fragen türmten sich auf – jedenfalls für mich. Meine Mutter dagegen hatte ihre Antwort gefunden: Die Bibel sagt, dass jeder, der an Jesus glaubt und ihm sein Leben anvertraut, ewiges Leben im Himmel hat. Wie schön für sie. Was für eine wunderbare Zukunft doch auf sie wartete. Mir nützte das alles herzlich wenig. Aber ich begann zumindest mal darüber nachzudenken.

Und noch etwas brachte mich zum Nachdenken: Warum hatten alle unsere »Wundermittel« das jahrelange Alkohol- und Nikotinproblem meiner Mutter nicht besiegen können? Dieser lebendige Gott dagegen hatte sie, wie durch ein Wunder, von einem Tag auf den anderen geheilt! Für mich war das wirklich ein Wunder! Allerdings wollte ich das nicht eingestehen.

Vom Suchen zum Finden

Meine Mutter hatte mich bis dato oft zu christlichen Vorträgen eingeladen, allerdings vergeblich. Eines Tages beschloss ich jedoch – nach langem Hin und Her – nur ihr zuliebe doch einmal mitzugehen und mir ein eigenes Bild davon zu machen. Schaden würde es schon nicht.

Und was ich an jenem Tag im April 2000 auf diesem IVCG-Vortrag[22] hörte, hat mein Leben komplett verändert. Ich erkannte, dass ich ohne Gott in meinem Leben nichts zustande bringen würde und dass ich vor Gott ein verlorener Mensch bin. Ich würde einmal nicht bei ihm sein, wenn ich schon in diesem Leben nichts mit ihm zu tun haben wollte. Mir leuchtete ein, dass ich ihn wirklich brauche. Ja, jeder Mensch ohne Ausnahme braucht ihn. Und ich hörte noch etwas sehr Wesentliches: Das Wesen dieses Gottes ist Liebe. Er liebt mich total und ist bereit, mir alles zu vergeben, was ich jemals getan habe. Er will mich leiten und mir den Weg zeigen. Wie wundervoll! Ich bekam ein komplett neues Bild von Gott. Ich glaube, ich habe an diesem Tag zum ersten Mal wirklich verstanden, dass Gott mich liebt und dass es kein Verlust für uns bedeutet, wenn wir ihm unser Leben anvertrauen – im Gegenteil: Es wird die große Bereicherung für uns sein. Mir war klar, dass ich eine Entscheidung treffen muss. Für oder gegen ihn. Nur wenn ich mich in diesem Leben für ihn entscheide, werde ich die Gewissheit haben, dass ich auch in der Ewigkeit bei ihm sein darf. Und das wollte ich unbedingt! Ich hatte den Eindruck, dass Gott zu mir ganz persönlich sprach und ich ihn auf einmal verstand.

Einen für mich ganz entscheidenden Bibelvers las ich: »Denn ich weiß wohl, was ich für Gedanken über euch habe, spricht der Herr: Gedan-

---

[22] Die IVCG (Internationale Vereinigung Christlicher Geschäftsleute) veranstaltet in allen größeren Städten Deutschlands, der Schweiz und Österreichs fachlich orientierte Vortragsabende mit eindeutig biblischem Hintergrund, um insbesondere solche Menschen anzusprechen, die dem christlichen Glauben (noch) fern stehen. Die Vorträge finden durchweg an neutralen Orten, insbesondere in Hotels, statt.

ken des Friedens und nicht des Leides, dass ich euch gebe Zukunft und Hoffnung. Und ihr werdet mich anrufen und hingehen und mich bitten, und ich will euch erhören. Ihr werdet mich suchen und finden; denn wenn ihr mich von ganzem Herzen suchen werdet, so will ich mich von euch finden lassen« (Jeremia 29,11-14). Durch diesen Vers gewann ich den Eindruck, dass Gott zu mir ganz persönlich sprach und mein Herz berührte. Auf einmal verstand ich. All die Zeit über war ich blind und taub für seine Liebe und die Wahrheit gewesen.

Da wollte mir Gott also eine wunderbare Zukunft schenken. Das konnte ich irgendwie noch gar nicht fassen. Aber eines war mir klar: Ja, ich wollte mit meinem ganzen Herzen nach diesem Gott suchen.

Nach dem Seminar habe ich an jenem Abend zu Hause allein mit Gott gesprochen. Ich habe ihn gebeten, mir im Namen Jesu all meine Sünden zu vergeben. Sünde ist die Zielverfehlung unseres Lebens. Wir alle haben unser eigentliches Ziel, den Weg zu Gott, verfehlt. Mir war absolut klar, dass ich diese Vergebung unbedingt brauchte. Ich war keineswegs ein so guter Mensch, wie ich mich immer eingeschätzt hatte. Und ich hatte zugegebenermaßen auch Angst. Es war die Angst, einem mir noch unbekannten Gott mein Leben anzuvertrauen und Jesus in mein Leben einzuladen. Jesus sagt: »Kommt her, die ihr mühselig und beladen seid; ich will euch erquicken… so werdet ihr Ruhe für eure Seelen finden« (Matthäus 11,28-29). Diese Einladung des Sohnes Gottes steht. Ich wusste zwar, dass sich in meinem Leben einiges ändern musste, aber mir war auch bewusst, dass dieser Weg der einzig richtige ist. Diesen Schritt musste ich aber auch willentlich gehen. Ja, es war ein Glaubensschritt. Glauben setzt Vertrauen voraus. Und das bedeutet, alles loszulassen, was mich bindet, hindert und ängstigt, um mich dann im Vertrauen fallen zu lassen. In die Hände Jesu. Dort – und nur dort – wird unser hungriges Herz gestillt! Ich habe es erfahren: Gott lässt sich nur in Jesus, seinem Sohn, finden. So habe ich Gott, und zwar nur diesem einen, lebendigen, wahren Gott, mein Leben gegeben, indem ich mich darauf einließ, ihm ganz und gar zu vertrauen und mich von ihm führen zu lassen. Ich habe diese Entscheidung nie bereut! Im Gegenteil: Ich bin unermesslich glücklich, Gott endlich gefunden zu haben.

Das neue Leben

Das ist nun schon eine ganze Weile her. Vieles hat sich seitdem in meinem Leben verändert. Ich gehe jetzt z. B. in eine Gemeinde, in der sich auch andere versammeln, die eine persönliche Beziehung zu Christus haben. Es ist mir sehr wichtig, dass wir gleichgesinnte Freunde haben, mit denen wir zusammen beten, in der Bibel lesen und Gott einfach loben können für das, was er in unserem Leben und für uns getan hat! Es ist schön, das Wichtigste in unserem Leben – unseren Glauben an Gott – mit anderen zu teilen. Es verbindet einfach.

Nach meiner Entscheidung war ich längere Zeit im Ausland. Hier habe ich Gott intensiver kennen gelernt und seinen umsorgenden Segen gespürt. Ich habe eine neue, innere Freiheit und einen Frieden gefunden, wie ich beides nie zuvor kannte. Natürlich gibt es nach wie vor auch schwierige, traurige oder einfach nicht so rosige Zeiten in meinem Leben. Aber ich weiß jetzt, dass ich den Weg nicht mehr allein gehen muss, sondern dass ich von Gott getragen werde. Ich darf in Schwachheit zu ihm kommen. Ich kann mich fallen lassen und brauche nicht mehr cool oder tough zu sein, sondern werde von Gott so angenommen, wie ich bin, und zwar mit all meinen Problemen und Sorgen. Es ist eine schöne Erfahrung: Wir dürfen zu Gott kommen, so wie wir sind, aber wir bleiben nicht, wie wir sind!

Ich habe erfahren dürfen, wie er sich um sämtliche Bereiche in meinem Leben kümmert. Vom Materiellen angefangen, über meine Arbeitsstelle bis hin zu meiner Seele. Ich kann sagen, dass Gott mich komplett von meinen Zukunfts- und Existenzängsten geheilt hat. Ich vertraue jetzt ihm. Es ist wunderbar beruhigend, dass er weiß, was ich brauche, und dass er den Weg kennt, der gut für mich ist. Und vor allem ist es gut zu wissen, dass Gott ein perfekt ausgesuchtes Ziel für mich hat. Auch wenn ich diesen Weg und das Ende selbst noch nicht kenne, weiß ich, dass Gottes Plan für mich gut sein wird.

Wären wir nicht ausgesprochen dumm, wenn wir die vorbeifahrende Yacht, die einen guten Steuermann an Bord hat, der die Route kennt und uns zum Einsteigen einlädt, ablehnen und lieber weiter in unserem Schlauchboot ohne Rettungsring auf dem großen Ozean orientierungs- und hilflos umherplantschen? Klar, wir können wählen: ein Leben mit Gott – oder eines ohne Gott. Er lässt uns die Freiheit der Entscheidung.

Er hat uns einen Weg gezeigt, über den wir zu ihm Kontakt aufnehmen können, um zu erkennen, wozu wir eigentlich da sind und was es bedeutet, Gott in unser Leben aufzunehmen und – was das Allerwichtigste ist – gerettet zu werden. Und dieser Weg ist Jesus. Er ist nicht irgendein Weg, sondern der einzige. Er ist auch nicht irgendeine Wahrheit, sondern die einzige, und er ist das ewige Leben in Person. Er sagt uns unmissverständlich, dass niemand zu Gott kommen kann außer durch ihn. Die vielen Religionen nennen uns tausend Wege, doch es sind alles bedauerliche Irrwege. Der sündige Mensch kann nicht von sich aus zu Gott gelangen. Jesus weist uns darum einen anderen Weg, nämlich den von Gott zu uns Menschen. Ob uns dieser Weg nun zusagt oder nicht: Es ist und bleibt der einzige von Gott gezeigte Weg. Auf einen kurzen Nenner gebracht, bedeutet das: »Wer Jesus hat, der hat das ewige Leben. Wer Jesus nicht hat, der hat das ewige Leben nicht« (nach 1.Johannes 5,12).

Erst nach meiner Entscheidung, Jesus nachzufolgen, habe ich verstanden, warum so viele Menschen ihr Glück in der Esoterik suchen: Viele, wenn nicht sogar die meisten Menschen, leben in Einsamkeit, Isolation und Bedeutungslosigkeit angesichts einer kalten, unpersönlichen Welt. Viele kennen nur ein verzerrtes Bild des biblischen Glaubens und Lebens und wissen gar nicht, wie armselig ein Leben ohne Gott ist. So greifen sie nach allen möglichen Ködern des Feindes, weil sie nach etwas hungern, was ihre geistliche Not ausfüllt. New Age bietet angeblich durch seine endlose Vielfalt für jeden etwas. Man verspricht sich persönliche Erfüllung, Hoffnung, Frieden, Lebenssinn. Es wirkt attraktiv und tolerant. Viele ahnen nicht einmal, auf welch gefährlichem Pfad sie sich befinden.

Schlusswort

Es ist mir ein Anliegen, dich vor allen New-Age-Richtungen und der Esoterik zu warnen, weil ich selbst zutiefst drinsteckte. Es ist ein Spiel mit dem Feuer! Du denkst: »Es wird doch nichts Schlimmes dabei sein«, zumal die Esoterik sogar kleine Auszüge aus der Bibel verwendet. Aber das ist ja gerade der Trick des Teufels. Er will, dass Menschen unabhängig von Gott sind; nur so kann er Macht über sie ausüben und sie »verspulen«. Und das macht er auf eine ganz subtile und intelligente Art. Du fällst rein. Und du bist gefangen. Er will mit allen Mitteln verhindern, dass wir errettet werden und einmal bei Gott sind. Er versucht uns einzureden, dass wir autonom sind und keinen Gott benötigen. Wenn du aber darüber nachdenkst, wirst du vielleicht selbst erkennen, dass das nicht richtig ist. Wir können uns den Himmel nicht selbst verdienen. Es ist ein Geschenk Gottes. Geschenke kann man sich gewöhnlich nicht erkaufen. Sonst wäre es ja kein Geschenk mehr. Du kannst dieses Geschenk nur annehmen oder »Nein danke!« sagen.

Schuldverniedlichung und Sündenverdrängung sind eine weitere Folge der Gottverwerfung. Da es nun in der Esoterik keine »oberste Instanz« mehr gibt, sind logischerweise jedem sittlichen Verfall Tür und Tor geöffnet. Jeder moralische Maßstab ist somit relativ. Sünde als solche existiert dort nicht. Sie ist höchstens ein Schönheitsfehler, den man wegreden oder klein reden kann. Ich habe es selbst erlebt: Als ich begann, mein Leben einmal ehrlich zu beurteilen, da merkte ich meine unübersehbaren körperlichen und seelischen Wunden. Das war für mich der beste Beweis dafür, dass ich letztlich nach einer göttlichen Lösung schrie.

Ich habe versucht, mein Bewusstsein zu betrügen und das aufkeimende Gewissen niederzutrampeln. Ich habe sogar versucht, Gott davonzulaufen! Aber ich habe es nie, nie verhindern können, dass Gott mich liebt. Lass du es doch auch zu, von einem großen, wunderbaren Gott, dem einzig wahren Gott der Bibel geliebt und getragen zu werden. Nimm sein Geschenk für dich an! Es wartet ein neues, wunderbares Leben mit Perspektive auf dich. Egal, wo du stehst, was du an Ballast mitbringst. Trau dich! Du kannst nichts verlieren. Nur gewinnen. Und zwar alles! Denke daran: »Denn wenn du ihn suchen wirst mit deinem ganzen Herzen, dann wirst du ihn finden!«

Inés Carreras, München

Des Lebens raue Wege

Z12: Unkaputtbar

Als Überschrift meines Lebenszeugnisses habe ich nur ein einziges Wort gewählt, und es ist eine etwas ungewöhnliche Konstruktion: Unkaputtbar. Was meine ich damit? Nicht kaputtzukriegen, einfach nicht totzukriegen, einfach unzerstörbar, siegessicher, völlig überzeugt vom kostbaren Ich – ja, so habe ich es auch über fünf Jahrzehnte lang gemeint und gelebt. Mit zwanzig wollte ich Schriftstellerin werden. Ich hatte im damaligen Kultmagazin »twen« auch schon ein paar Gedichte und Kurzgeschichten veröffentlicht. Mein geplantes Buch sollte den Titel »Unkaputtbar« tragen.

Zu dem Buch ist es aber nie gekommen. Auch vieles andere ist nicht so gekommen, wie ich es wollte, und das ist gut so. Das aber verdanke ich allein dem gnädigen Eingreifen meines Vaters im Himmel. Viermal war ich dem Tode nahe, aber Gott hat mich nicht sterben lassen. Zugelassen aber hat er viele, viele Katastrophen in meinem Leben, zu denen es aufgrund falscher Entscheidungen gekommen ist.

Er hat mich nicht kaputtgehen lassen. Er hat das geknickte Rohr nicht zerbrochen – wie es in Jesaja 42,3 steht – nein, ganz im Gegenteil: Er hat seine Gnade walten lassen, denn erst mit 56 Jahren habe ich endlich, endlich begriffen, dass nur er mir Heimat, Hilfe und neues Leben schenken kann. Er hat mir aus Gnade das unkaputtbare, neue, ewige, richtige Leben geschenkt, gratis und unverdient! Und so kann ich dankbar mit dem 11. Vers aus Psalm 40 sagen: »Von deiner Wahrheit und von deinem Heil rede ich. Ich verhehle deine Güte und Treue nicht vor der großen Gemeinde.«

Mein Leben begann mit Ablehnung. Damit Gott Menschen gebrauchen kann – das ist jedenfalls meine Erfahrung –, ist es notwendig, durch Täler der Ablehnung zu gehen und von Menschen tief enttäuscht zu werden. Er wird alles, was uns zum Thema Ablehnung widerfährt, zu unserem Besten, ja zum Heil wenden. Ich weiß es, denn ich habe es live erlebt. Dreimal wurde ich in meinem Leben enterbt: Ich verlor meine Heimat, die Tschechoslowakei, und ich verlor zweimal den Ehemann. Bis auf meinen Sohn und einen Halbbruder habe ich keine engen Familienangehörigen mehr – viele, fast alle sind inzwischen gestorben. Hier nun beginnt mein Lebenszeugnis.

HINWEIS: Alle in diesem Bericht vorkommenden Personen, Orte und Geschehnisse sind authentisch. Nur den Namen meines Sohnes, meiner beiden Stiefkinder, meiner Halbschwester und des Barons habe ich aus Personenschutzgründen abgeändert.

Meine Kindheit und Jugend

Am 16. Juni 1940 wurde ich als Sudetendeutsche in der Tschechoslowakei geboren. Als Fünfjährige floh ich 1945 mit meiner Großmutter in einem Lastwagen in Richtung Österreich. Bei dieser dramatischen Flucht wurden wir oftmals von Partisanen beschossen, aber wir kamen unverletzt durch. Doch ich litt jahrelang unter einem Trauma. Es folgten Flüchtlingslager und verschiedene Aufenthaltsorte in Deutschland. Ich war katholisch und wurde im Alter von 9 bis 18 Jahren im Klosterinternat und Gymnasium von den katholischen »Ursulinen« (Orden in Königstein/Taunus) und den »Englischen Fräulein« (Bensheim/Bergstraße) erzogen. Ich fühlte mich bei den strengen Nonnen oft sehr einsam.

Erst mit 13 erfuhr ich per Zufall: Ich wurde unehelich geboren. Meine Mutter hatte sich mehrfach mit dem Gedanken getragen, mich abzutreiben. Das war die erste Ablehnung, die ich noch vor meiner Geburt erfahren hatte. Mein Vater war ein berühmter westfälischer Jagdflieger im Zweiten Weltkrieg. In der Garnisonsstadt Olmütz[23], in der meine Familie wohnte, war er 1939 stationiert, und dort lernte er meine Mutter kennen. Er war jedoch bereits mit einer deutschen Frau verlobt, heiratete sie auch und hatte mit ihr eine Tochter. Nun wurde er auch noch mein Vater. Er geriet in große innere Konflikte, denn er liebte beide Frauen. Weder ich noch meine 12 Monate ältere Halbschwester *Maja* in Deutschland haben ihn bewusst wahrnehmen können, denn er stürzte 24-jährig mit seinem Flugzeug ab, als wir beide noch Babys waren. Meine Großeltern väterlicherseits adoptierten mich mit drei Jahren, damit man nicht schon am Namen erkennen konnte, dass ich unehelich geboren wurde. Ich trug bis zum Abitur ihren Namen »Uellenbeck« (also Eulenbach). Später haben *Maja* und ich uns bei den Großeltern (väterlicherseits) kennen gelernt und noch viel später angefreundet – eine Freundschaft, die bis heute anhält. Auch unsere Mütter, die beiden Frauen meines Vaters, hatten ein paar Mal Kontakt miteinander.

Mich begleiteten bis zum Abitur Einsamkeit und Selbstdisziplin. Da ich gute Zeugnisse hatte, wollte ich Germanistik studieren, um dann Lektorin zu werden. Mein Stiefvater aber sagte NEIN dazu. Stattdessen sollte ich in seinem Pelzgeschäft in Frankfurt/M. helfen und Pelze verkaufen, Briefe schreiben und Pelze auf Modenschauen vorführen. Mein Stiefvater kam aus Insterburg in Ostpreußen. Dort hatte er auch sein Pelzgeschäft, ebenso wie meine Mutter und Großmutter in Olmütz. 1949 hatte meine Mutter meinen Stiefvater geheiratet. Die Internatskos-

---

[23] Olmütz gehörte zum früheren Sudetenland. Der heutige tschechische Name der Stadt ist Olomouc. Sie liegt etwa 200 km von Prag (Richtung Ostsüdost, zwischen Brno und Ostrava) entfernt und hat heute etwa 100 000 Einwohner.

ten, die er in mich investiert hatte, sollten sich nun durch meine Arbeit in seinem Geschäft amortisieren. Ich fügte mich. Meine Mutter half mir nicht, sie war eine reine Geschäftsfrau; zu Hause lief unser Leben nüchtern und ohne Liebe ab. Siebzehn Jahre nach mir, als ich kurz vor dem Abitur stand, wurde mein Halbbruder in diese liebesarme Familie hineingeboren. Wenn ich das Baby spazieren fuhr, trug ich stets eine große Sonnenbrille, um nicht erkannt zu werden. Ständig fürchtete ich, die Passanten könnten meinen, es sei mein eigenes Kind. *Ernst* wurde später neun Jahre lang in einem Internat und Priesterseminar katholisch erzogen und flüchtete nach dem Abitur nach München, wo er heute noch ist – weit weg vom Glauben und der Nähe zu Gott. Ich bin seine Patin. Zeitgleich (1979) ließen sich meine Eltern scheiden. Mein Stiefvater hatte schon länger ein Verhältnis mit einer anderen Frau gehabt, mit der er sogar ein Kind gezeugt hatte. Anscheinend war ihm das nicht genug: Zu Hause stand er über zwei Jahre lang jede Nacht nackt vor meinem Bett. Ich wehrte mich wie ein Automat, indem ich ihm zwei schnelle Ohrfeigen verabreichte, die Gott sei Dank jedes Mal wirkten.

Ich springe zeitlich noch einmal zurück in das Jahr 1957: Ich begann eine Ausbildung als Model und Mannequin. Gerade als ich vor dem internationalen Durchbruch stand (1962) – ich hatte mehrere Angebote aus Paris von Dior und der Haute Couture zum Präsentieren der Kollektionen erhalten –, wollte jedoch mein Stiefvater, dass ich die Ausbildung abbrach, um weiter Pelze zu verkaufen. Ich fügte mich. Die strenge Klostererziehung hatte meinen Willen gebrochen.

Überall traf ich nur Menschen, die auf mein Äußeres reagierten. Die Männer sahen in mir eine Beute, die es zu erobern galt. Ich bin zu weltfern erzogen worden, war zu naiv, zu schüchtern und wusste mich nicht zu wehren. So stolperte ich unerfahren und unaufgeklärt in einige sexuelle Beziehungen hinein, die ich nach kurzer Zeit beendete. Ich hatte nach wirklicher Liebe gesucht und durchschaute die Regeln für eine dauerhaft haltbare Beziehung noch nicht. Da waren ein Rechtsanwalt, ein Baron, ein Fotograf, ein Hotelier. Ich verstand mich selbst nicht mehr, wollte ich doch mit 16 Jahren im Internat noch Klosterschwester werden. Jetzt mit 22 Jahren war ich mir selbst zuwider. Ich war zutiefst verwirrt. Aber es kam noch schlimmer. Ich fuhr mit einer Freundin nach Südtirol zum Skifahren. Nach einem Kinobesuch, zu dem uns zwei freundliche Skifahrer eingeladen hatten, gaben sie vor, uns zum Hotel zu bringen. Der Steuerinspektor, mit dem ich fuhr (meine Freundin fuhr im Auto des anderen), brachte mich in einen Wald und vergewaltigte mich dort auf dem Schnee. Anschließend fuhr er mich ins Hotel. Ich hatte mich noch nie so schmutzig gefühlt, und ich konnte mit niemandem darüber reden. Die 60-er Jahre waren diesbezüglich tiefstes Mittelalter. Ich

Heidrun Förstner-Henn als Model, 1962.

fühlte mich mutterseelenallein und sterbenselend. Zu Hause in Frankfurt merkte ich, dass ich schwanger war und suchte meinen Hausarzt auf. Dieser bot mir nach Untersuchung und Bestätigung der Schwangerschaft an, mich bei einer Abtreibung zu unterstützen, wenn ich ihm ab sofort zu Willen sei. Danach – und besonders nach der Abtreibung – war ich am Boden zerstört, verzweifelt und todunglücklich und bekam Magengeschwüre. Dieser Arzt, das erfuhr ich später, war Abtreibungsspezialist in Frankfurt. In seiner Praxis saßen die schönsten Mädchen der Stadt. Naiv, wie ich war, und willenlos, wusste ich nicht, dass er mit vielen von ihnen – wie mit mir – ein Verhältnis hatte.

Auch mein Stiefvater bedrängte mich in dieser schweren Zeit immer noch. Ich habe ihm verziehen, obwohl er bis zu seinem qualvollen Tod kein Gespräch mit mir wollte. Ich durfte nicht zu ihm; mein Bruder pflegte ihn ein halbes Jahr lang bis zu seinem Tod. *Ernst* gegenüber stritt er alle Annäherungsversuche mir gegenüber ab. Meine äußere Attraktivität änderte nichts daran, dass ich immer wieder Ablehnung erfuhr, und ich setzte mehr und mehr eine Maske auf. Merkwürdig ist, dass ich niemals mit Gott gehadert habe, ich war Kirchenchrist, ging aber selten in die Kirche und dachte, dass ich eine Gottesbeziehung hätte. Tief im Innern sehnte ich mich nach einer Insel des Friedens, nach Ehe und Familie.

Meine erste Ehe

Ich heiratete, weil ich mich nach einer Familie sehnte, die ich nie zuvor gehabt hatte. Mein erster Mann war ein bekennender Lutheraner. Er war versiert im Wort Gottes, diskutierte vehement mit jedem Pfarrer über Glaubens- und Kirchenfragen. Auf gar keinen Fall wollte er römisch-katholisch heiraten, ebenso wenig wie ich bereit war, mich evangelisch trauen zu lassen. Da uns die von der Kirche gesegnete Ehe wichtig war, suchten wir nach einer Lösung und fanden sie schließlich bei der altkatholischen Kirche. Hier dürfen die Priester heiraten, und der Papst ist nur der erste Bischof, der nicht ex cathedra Dogmen verkünden darf, weil kein Mensch, auch nicht er, unfehlbar sein kann. Aus diesem Grund ist diese Kirche seit 1870 von Rom getrennt. Der Geistliche Rat in Frankfurt machte auf uns beide einen tiefen Eindruck. Der Rat war ökumenisch engagiert und korrespondierte mit Kardinälen in Rom. Ich trat aus der katholischen Kirche aus und wurde altkatholisch. Damals ahnte ich nicht, dass es noch viel mehr gibt, denn von Wiedergeburt und Bekehrung hatte ich nichts gehört, und ich bin dankbar, dass Gott mich so geduldig geführt hat. In meiner Ehe mit *Karl Förstner* erfuhr ich Geborgenheit, Liebe und Nestwärme. *Karl* war elf Jahre älter als ich und kannte wie ich keine Vaterliebe, da sein Vater starb, als er gerade zehn Jahre alt war. Mein Mann war im Krieg als Jugendlicher beim Volkssturm und in der Flugabwehr. Er war warmherzig und reif, weit über sein Alter hinaus. Mit ihm konnte ich lachen und unbeschwert glücklich sein. Nach zwei Jahren bekamen wir einen Sohn.

Das jähe Ende des Glücks

Und dann brach plötzlich das Unglück über uns herein. Mein Sohn *Rolf* war erst acht Monate alt; er war allein zu Hause, und wir waren nur zu einem kurzen Termin mit dem Auto unterwegs. Da kam es auf der B3 zu einem Autounfall. Unser VW kollidierte mit einem Wagen der Bundeswehr-Fahrschule direkt am durchgezogenen Mittelstrich. Ich schrie noch »*Karl*« und war schon vor dem Aufprall bewusstlos. Unser Auto wurde seitlich eingedrückt und mein Mann tödlich verletzt. Ich rutschte unter den Handschuhkasten, schluckte die halbe Windschutzscheibe und wurde vor größeren Verletzungen durch Metallgegenstände durch eine sehr dicke rote Halskette bewahrt. Es ist so, wie es oft an der Kriegsfront gewesen sein muss, wenn dein Kamerad neben dir tot umfällt – ich bin da, wieder weg, wieder da, höre meinen Mann schreien wie ein Tier, will hin, werde festgehalten, bin wieder bei Bewusstsein, gebe Telefonnummern an, sage, dass unser Baby allein ist, und bin wieder ohnmächtig. Es war ein Alptraum, den ich sehr lange nicht vergessen konnte. Der Rettungswagen kam zu spät, *Karl* starb bereits am Unfallort. Im Krankenhaus stand ich zwei Tage unter Schock. Der tote Winkel, in dem ich saß, hat mich überleben lassen. Nur der tote Winkel? Ich weiß, dass Gott seine Hand über mir hatte.

Er wollte, dass ich weiterlebe. Er hatte noch etwas mit mir vor! Ich war zu diesem Zeitpunkt 27 Jahre alt. *Karl* war als Hochschullehrer so beliebt, dass 200 seiner Studenten von Karlsruhe nach Mannheim zur Beerdigung kamen, auch die Professoren der wirtschaftswissenschaftlichen Fakultät der Universität Fridericiana Karlsruhe waren dabei. Ich fiel fast ins Grab, so wackelig war ich vom vielen Valium, das man mir gegeben hatte. Zudem war ich nach dem Klinikaufenthalt immer noch nicht gesund. Ich hatte massive Depressionen, man konnte mich nicht allein in der Wohnung lassen. Ich sah in jeder Ecke ein Seil und die Aufforderung, mich damit umzubringen. Mein kleiner Sohn und die Liebe zu ihm retteten mich. Ich betete nicht, aber ich haderte auch nicht mit Gott. Es war mir eine große Hilfe, dass meine Schwiegermutter, die ihren einzigen Sohn verloren hatte und ebenfalls Witwe war, zu mir zog. So konnte ich mich um einen Job kümmern, denn die Hochschulpension wurde erst ein Jahr später gezahlt. Es folgte eine schwere Zeit für mich. Das Autowrack wurde in die Garage geschleppt, täglich musste ich daran vorbeilaufen, und die polizeilichen Untersuchungen waren einseitig. Es gab keine Zeugen. Die Ermittlungen ergaben: Bundeswehr und Polizei waren im Recht. Mein Mann, ein guter Autofahrer, sollte allein schuld gewesen sein. Von der ersten Ehe blieben das Grab, die Fotos vom schrecklichen Unfall und der Nachgeschmack einer voreingenommenen Ermittlung.

Zwei ausfüllende Jobs

Ich bekam eine Hochschulpension, die aber nicht ausreichte, denn mein verstorbener Mann hatte noch nicht genügend Dienstjahre – er war erst 38 Jahre alt gewesen. Es klingt merkwürdig, aber 14 Tage nach seinem Tod erhielt er von zwei Universitäten einen Ruf auf einen Lehrstuhl; sie wussten noch nichts von seinem plötzlichen Tod.

Nachdem ich mich etwas erholt hatte, ließ ich mich vom Arbeitsamt umschulen zur Stenotypistin und legte eine Prüfung vor der Industrie- und Handelskammer ab. Ich hätte zwar gern studiert, aber das war mir zu teuer. Die erste Anstellung bekam ich bei ETO-Suppen in der Werbeabteilung in Ettlingen (ETO ist die dritte bekannte Suppe auf dem deutschen Markt neben Knorr und Maggi). Ich kümmerte mich um Werbedamen und teilte sie in die Verbrauchermärkte ein. Außerdem kostete und begutachtete ich im ETO-Team neue Suppensorten. Nach zwei Jahren lernte ich die Chefs vom Heine-Versand kennen, die unseren Betrieb besichtigten. Ich bewarb mich spontan um eine Stelle im Einkauf, die ich auch prompt bekam. Jetzt arbeitete ich mit Frau *Heine* zusammen, machte den Schriftverkehr, hatte das Ressort Neumodellprojektion mit entsprechenden Sitzungen, ging auf Messen und hatte als Einkäuferin speziell Pelze und Textilien zu ordern. Dank des Einsatzes meiner Schwiegermutter in Haushalt und Kleinkinderziehung konnte ich nun halbtags – und während der Messen auch ganztägig – arbeiten. Zudem war ich in der 14-köpfigen Jury, die über die Artikel bestimmte, die in den Katalog kamen. Es war eine abwechslungsreiche Zeit. Diese zwei Jahre genoss ich, auch wenn es mich manchmal traurig stimmte, dass ich nicht immer zu Hause bei meinem kleinen Sohn sein konnte.

Neues Glück?

Unverhofft ließ sich der beste Freund meines verstorbenen Mannes scheiden. Er war ebenfalls Professor an der Universität Karlsruhe und hatte zwei kleine Kinder. Von heute auf morgen fragte er mich, ob ich ihm nicht helfen und mit ihm zusammenziehen wollte, damit wir alle eine fünfköpfige Familie bildeten. Wir kannten uns schon seit über zwanzig Jahren. Er und mein Mann waren jahrelang an denselben Universitäten, dann im In- und Ausland im selben Institut gewesen, und während der Jahre vor dem Tod meines Mannes und danach waren wir sehr eng miteinander befreundet – und ich bekenne, auch mehr als das. In den ersten Monaten nach dem Tod meines Mannes half er mir viel in organisatorischen Dingen. Wir waren uns sympathisch, und daraus wurde dann mehr und mehr.

Also zog ich mit 32 Jahren mit *Rudolf Henn* zusammen. Seine beiden Kinder waren drei und fünf Jahre, mein Sohn sechs Jahre alt. Endlich eine Großfamilie! (Heute nennt man so etwas auf Neudeutsch »Patchwork-Familie«.) Wir wollten nicht auf meine Witwenpension verzichten. *Rudolf* baute gerade ein Haus, das er von seinem Gehalt abzahlen wollte, und mit meiner Witwenpension beglichen wir alle anderen Ausgaben. Um diese nicht zu verlieren, heirateten wir nicht. Ich war zunächst zufrieden und glücklich. Schnell und leichten Herzens warf ich meinen interessanten Job bei Heine hin.

Kam jetzt erneut das Glück zu mir? Ich war nun vollzeitliche Hausfrau mit Haus, Garten und drei Kindern. Aber in der Universität redete man hämisch über diese wilde Ehe. So etwas war damals noch nicht üblich, zumal der Herr Professor 18 Jahre älter war als ich. Er war 50, ich 32 Jahre alt. Es gab viel zu tun in Haus und Garten, Universität, Familie und Kindererziehung. Ich war ein regelrechtes Arbeitstier, engagierte mich vielfältig, auch in der Karlsruher Gesellschaft; ich arrangierte gesellschaftliche Zusammenkünfte bei uns und erlebte, wie die wirtschaftswissenschaftliche Fakultät Karlsruhe durch meinen Lebensgefährten einen Aufschwung erfuhr. Er initiierte den Karlsruher Studiengang »Wirtschafts-Ingenieur«, bestimmte die Fakultätspolitik, war geliebt und gefürchtet. Das wurde besonders deutlich, als er gegen den Willen des amtierenden Rektors an der Uni den damaligen Ministerpräsidenten *Lothar Späth* zum Ehrendoktor machte. Er ging in die Fakultätstreffen mit einem festen Ziel im Kopf, oft war er mit seiner Meinung allein, und dennoch war das Ergebnis der Abstimmung immer einstimmig, wie er es schon immer voraussagte. Er war während des Zweiten Weltkriegs schon mit 15 Jahren Standortführer von Neuwied am Rhein und mit 18 Regiments-Adjutant gewesen, und 1944 war er als aktiver Panzeroffizier beim Kampf um Arnheim (niederländ. Arnhem; am Niederrhein) gegen die Amerikaner dabei. Im Krieg hatte er einmal mit seinem Panzer einen General aus einem Kessel in Frankreich herausgefahren. Er hatte also gelernt, zu kämpfen und sich durchzusetzen.

Meine Suche nach Ausgleich

Nach den ersten gemeinsamen Jahren stellten sich im Einerlei des Alltags Ermüdungserscheinungen ein. Ich musste feststellen, dass es eine falsche Entscheidung gewesen war, mit *Rudolf* zusammenzuziehen. Ich fühlte mich zerrissen, weil ich es allen Beteiligten immer recht machen wollte. Es war ein täglicher Balanceakt zwischen fünf Stühlen. Intern herrschte Krieg zwischen den drei Kindern, der Stiefsohn war radikal, er prügelte und war verbal ausfallend. Mein Sohn litt in dieser Familie, er wurde vom Stiefvater traktiert und vom Stiefsohn verprügelt – aber er wehrte sich nicht. Wenigstens hatte er in der Schule keine Probleme. Er wurde Schülersprecher seines Gymnasiums, aber mein Ehemann und mein Stiefsohn nahmen ihn trotz seiner guten Noten nicht ernst, ja mehr noch, sie belächelten ihn ironisch, lehnten ihn ab, verachteten ihn und nannten ihn »Deppi«.

So suchte ich Erfrischung und Ablenkung und fand sie körperlich im Sport. Beruflich war ich wieder mit Bürotätigkeiten beschäftigt. Äußerlich ging es mir also gut. Doch seelisch fühlte ich mich ausgelaugt und ausgenutzt.

Mein Familienleben bestand fortan nur noch aus Sport, Sport und nochmals Sport. Irgendwann waren wir alle gut trainiert in Karate, Judo, Rudern, Schwimmen, Surfen, Joggen, Fechten, Schießen und Skifahren. Ab und zu gab es Familienkonferenzen, die ich aufgrund der permanenten Dissonanzen zwischen meinem Sohn *Rolf* und meinem Stiefsohn *Michael* eingeführt hatte. Ich litt sehr unter den Streitigkeiten zwischen den Jungen und schickte *Rolf* oft zu meiner Schwiegermutter, seiner Oma, die ihn und die er sehr liebt. Er hatte in den ersten Jahren Mutter, Großmutter und Liebe ohne Maßen. Das fehlte ihm jetzt bei uns. Mein Stiefsohn beleidigte auch mich täglich mit Ausdrücken wie »du alte Drecksau«, und mein Mann griff leider nicht ein. Er sagte dann nur: »Du wirst doch wohl deine Probleme selbst lösen können!«

In den 17 Jahren des Zusammenlebens machte ich unzählige Anläufe, mit *Rolf* auszuziehen, aber ich schaffte es nicht. Die drei Kinder sollten – so dachte ich – erst erwachsen sein. Heute weiß ich: Ich hätte gehen müssen, denn die Ergebnisse meiner Kraftanstrengung, dieses Balanceakts, waren Hass der beiden Söhne aufeinander, der Krebstod meines Mannes und die nach Jahren auftretende Homosexualität meines Sohnes.

Und wieder Unglück

Irgendwann hielt ich die Streitereien nicht mehr aus. Etwas in mir war zerbrochen. Im Oktober 1986 verließ ich das Haus meines Lebensgefährten und zog in ein Hochhaus, in dem ich mit kurzer Unterbrechung bis

März 2004 wohnen blieb. *Rudolf* besuchte mich ab und zu, und ich begleitete ihn noch zu offiziellen Anlässen, sonst aber blieb ich für mich – bis zu dem Tag, als er kam und mir die tödliche Diagnose der Heidelberger Ärzte mitteilte: Magenkrebs im Endstadium. Das war im April 1989.

Fünf Monate vor seinem Tod schlug er vor, dass wir noch heiraten sollten. Auf diese Weise würde ich nach seinem Ableben eine deutlich höhere Pension erhalten als von meinem ersten Mann, denn *Rudolf* hatte erheblich mehr Dienstjahre als *Karl*. So heirateten wir im Juni 1989.

Nach der Hochzeit gab ich meine kleine Wohnung auf, zog wieder zu ihm zurück ins Haus und begleitete ihn ein halbes Jahr durch die Kliniken in Heidelberg. Er konnte nicht mehr operiert werden. In den letzten Wochen wurde jedoch der Tumor, der gewachsen war und ihn zu ersticken drohte, per Lasergerät perforiert. Jeder Eingriff war mit der großen Ungewissheit behaftet, ob er ihn wohl überleben würde. Er wollte nie – auch nicht, wenn ich ihn dazu aufforderte – mit mir über sein Leben und über die Dinge, die ihn belasteten, reden. Er vergrub alles tief in sich, und ich konnte ihm nicht helfen. Allerdings sagte er einen Tag vor seinem Tod etwas Bemerkenswertes. Damals waren seine Tochter *Julia* 20 Jahre, sein Sohn *Michael* 22 Jahre und ich mittlerweile 49 Jahre alt. Wir hatten Tag und Nacht an seinem Bett gesessen und ihm abwechselnd die Hand gehalten, und das schon seit drei oder mehr Tagen. Es war geradezu ein Vermächtnis, als er seine Kinder dazu anhielt, mich bis zu meinem Tod zu achten und zu ehren. Sie mussten es ihm versprechen, denn ich sei eine Heilige. Diesen Satz kann ich nicht vergessen, wie kam er nur zu einer solchen Aussage?

Er starb am 19. November 1989. Wir waren alle dabei. Er hörte einfach auf zu atmen, und er sah dabei wunderschön und ganz jung aus. Er war 67 Jahre alt geworden.

Muss ich jetzt auch sterben?

Nach dem Tod meines Mannes fühlte ich mich müde, krank und sehr schwach. Weil ich einen Druck in der Magen-Leber-Gegend verspürte, ging ich zum Internisten. Der Arzt untersuchte mich per Ultraschall und Computertomographie. Das Ergebnis war niederschmetternd: Ich hatte ein Hämangiom, einen Blutschwamm, von 13 x 18 Zentimeter Größe auf der Leber. Die Klinik in Karlsruhe wollte nicht operieren, ich sollte alle drei Monate zur Kontrolle kommen, aber keine sportlichen Aktivitäten mehr ausüben. Ich musste mit der Gefahr leben, jederzeit innere Blutungen zu bekommen, und der Tod konnte innerhalb von Minuten nach einem Sturz oder anderen ruckartigen Bewegungen eintreten. Zuerst war es ein Schock – musste ich jetzt sterben? Dann aber fügte ich mich in das, was kommen sollte.

Ich holte ein anderes Gutachten von einem Arzt in Heidelberg ein. Die Uniklinik in Heidelberg riet zur Operation. So traf ich die Ärzte meines Mannes wieder. In der Nacht vor der Operation betete ich zu dem dreieinigen Gott. Anders wusste ich es damals nicht; ich tat Buße für alles Vergangene, für Abtreibung, Männergeschichten und viele falsche Entscheidungen. Ich habe Gott gesagt, dass ich lebenssatt sei, und dass ich bereit sei zu gehen. Die Operation verlief ohne Komplikationen, ich verschlief alle Details, erlebte noch nicht einmal die Intensivstation. Erst ein Knistern brachte mich wieder zum Bewusstsein. Da saß ein Student, der auf die Schläuche aufpassen musste. Er aß genüsslich Gummibärchen und raschelte dabei ständig mit der Tüte. Der Chirurg, der in Heidelberg auch für meinen Mann zuständig gewesen war, meinte beim ersten Besuch an meinem Bett, so etwas Monströses und gleichzeitig Gutartiges hätten die Klinik und er noch nie gesehen. Die Geschwulst war drei ganze Kilo schwer. Wieder einmal hatte Gott seine Hand über mir!

Als ich mich nach einigen Wochen etwas erholt hatte, fuhren mich mein Sohn *Rolf* und mein Halbbruder *Ernst* von der Uniklinik Heidelberg wieder zurück nach Karlsruhe. Für mich war klar: Ich mochte nicht mehr länger im Haus meines verstorbenen Mannes wohnen bleiben, denn die Kinder meines Mannes machten mir das Zusammensein mit ihnen zum Alptraum. Sie hatten das Haus allein geerbt, ich hatte schon im Vorfeld auf meinen Pflichtteil vertraglich verzichten müssen. So wurde ich nach 17 Jahren gemeinsamen Lebens quasi enterbt, hatte aber noch Glück im Unglück, denn wenn mein Mann schon drei Monate, und nicht, wie geschehen, fünf Monate nach der Heirat gestorben wäre, hätte ich die Witwenpension nicht bekommen.

Im September 1990 zog ich wieder in das 200 Meter entfernte Hochhaus ein, das am höchsten Punkt Karlsruhes steht. Ich kümmerte mich nun wieder ausschließlich um mich und meine Fitness. Gott gab es für mich zwar noch; ich war auch hier und da dankbar, aber eine echte Beziehung zu ihm hatte ich auch nach den Gebeten in der Klinik immer noch nicht.

Noch ein falscher Mann

Während ich mein Leben zu ordnen versuchte, tauchte plötzlich ein Jugendfreund, Baron *Hugo v. B.*, zum Kaffee auf. Ich ahnte nicht, dass der Teufel dahinter stand und schon vorher lachte, denn er wusste, was nun kommen würde: Dem Tod von der Schippe gesprungen, war ich nur allzu bereit, Komplimente zu hören, die er mir gerne machte. Er erzählte von seiner Frau, die Alkoholikerin ist, und von seinen beiden sich in der Pubertät befindlichen Kindern. In mir klingelte es: Das gleiche Modell noch einmal? Und doch fiel ich wieder darauf herein, entwickelte sofort das Helfersyndrom und ging auf alle möglichen Vorschläge ein. Wir kamen uns schon beim zweiten Treffen näher, fanden uns sympathisch und verbrachten die Nacht miteinander. Und der Teufel redete mir ein: Sollte sich jetzt nicht der Kreis schließen, er lässt sich scheiden, und du bekommst doch noch deine Familie!? Und so begann das Unheil aufs Neue. Sechs Jahre war ich die Geliebte dieses Mannes, fuhr mit ihm sogar in den Urlaub.

Ein halbes Jahr lang sahen wir uns ständig, und zwar in der Zeit, als seine Frau stationär auf einer Entziehungskur war. Seine verwahrloste Burg in Süddeutschland wurde von mir und einer 80-jährigen Frau bis auf die Grundfesten gesäubert, der Haushalt auf Vordermann gebracht, die Kinder beaufsichtigt und in Sportprogramme eingebunden. Nach einem halben Jahr kehrte ich nach Karlsruhe zurück und erlebte einen seelischen Zusammenbruch. Mein Freund konnte sich nicht entscheiden, er wollte beides: seine Familie, aber auch die Geliebte. Er ist Gourmand und Gourmet – Vielfraß und Feinschmecker. Ich konnte es nicht fassen und dachte lange darüber nach, wie ich mich wieder hatte täuschen lassen. Die wöchentlichen Treffen bei mir waren abwechselnd Fest und Absturz, Fest und wieder Absturz.

Irgendwann ertrug ich die Rolle der Geliebten nicht länger. Psychosomatische Krankheiten stellten sich ein, doch die Ärzte fanden nichts. Der Baron wollte mich nicht verstehen, er hatte überhaupt kein Feingefühl, ja, er erzählte mir sogar voller Stolz, dass er auch noch – und gern – zu Prostituierten gehe. Ich war verzweifelt und am Ende. Wieder erlebte ich Ablehnung nach einem hohen Einsatz an Liebe und Aufopferung.

Meine Bekehrung zu Jesus Christus

Seit Sommer 1996 arbeitete ich zum zweiten Mal in einem Bankbüro, in dem die Überweisungsbelege von 260 Banken in Deutschland bearbeitet, korrigiert und eingescannt wurden. Es war ein anstrengender Job, ein Tagesgeschäft unter erheblichem Druck.

Eines Tages gab mir eine meiner Kolleginnen, Frau Dr. *Angelika Fuhrmann,* ein Taschenbuch mit dem Titel »Wenn Tiere reden könnten« von Prof. Dr. *Werner Gitt* und *Karl-Heinz Vanheiden*. Ich ahnte nicht, dass dieses Buch mein Leben entscheidend verändern würde. Zu Hause setzte ich mich bequem in einen Wohnzimmersessel und begann zu lesen – das ganze Buch in einem Zug. Schon immer habe ich Bücher nicht nur gern gelesen, sondern geradezu verschlungen. Es ging um den 200 Gramm wiegenden Goldregenpfeifer, der im Nonstopflug von Alaska nach Hawaii fliegt, um den 140 Tonnen schweren Blauwal und um viele andere faszinierende Tiere. Ich las mit Interesse, wie wunderbar und einfühlsam Gott die Tiere geschaffen hat, las und las. Schließlich war ich auf Seite 125 angekommen. Und da stand:

> Herr Jesus Christus, mir ist jetzt klar geworden, dass ich mit der Schuld meines Lebens nicht vor dir und dem lebendigen Gott bestehen kann.

Es gab einen hörbaren Schlag: Ich fiel, ja ich wurde geradezu aus dem Sessel katapultiert, fiel auf den Teppich und lag mit dem Gesicht auf dem Boden. Das tat weh, aber vielmehr schmerzte die Erkenntnis, dass dieser Satz für mich geschrieben schien. Ich lag da, und die Tränen liefen und liefen ohne Ende. Lange, lange lag ich da und weinte. Der Film meines Lebens lief vor mir ab, und ich erkannte meine Schuld und war so traurig über mich und meine Verstocktheit, dass ich immer und immer wieder anfing zu weinen. Als ich fiel, war es noch hell, als ich aufstand, war es schon längst dunkel. Wie lange ich so lag, kann ich nicht sagen. Ich weiß aber, dass ich als neuer Mensch aufstand, wiedergeboren und mit neuer Hoffnung und Freude. »Das Alte ist vergangen, Neues ist geworden« (2Kor 5,17).

Veränderungen durch das neue Leben

Ich hatte jetzt das neue Leben bekommen, aber mir fehlte noch die erforderliche biblische Lehre. Ich hatte das Gebet gesprochen, es geschah laut und ehrlich, doch dann ging ich leider wieder zur Tagesordnung über. Als mein Freund, der Baron, wiederkam und ich ihm die Tür weisen wollte, konnte ich es nicht. Es gingen noch endlose Wochen ins Land, bis ich es mit der Hilfe meines Herrn schaffte, von dieser schrecklichen Gebundenheit frei zu werden.

Ich schrie zu Jesus Christus: »Du hast mich gerettet für Zeit und Ewigkeit, ich bitte dich: Hilf mir! Komm und befreie mich!« Und er tat es! Beim letzten Treffen zog mein Freund plötzlich ein Bündel Fahrscheine aus der Tasche und sagte, das seien die Bahnfahrten des letzten halben Jahres, und ich solle ihm doch 600 Mark dafür erstatten. Ich war doppelt sprachlos, und mir wurde klar, dass Jesus eingegriffen hatte, damit ich hier endlich »Nein« und »Raus« sagen konnte. Ich tat es mit allem Ernst und aller Konsequenz. Und so bin ich seitdem frei durch Jesus Christus!

Das war im Februar 1997. Eine Woche später besuchte ich zum ersten Mal den Gottesdienst in Neustadt an der Weinstraße bei »Miteinander e.V.«[24]. Schon beim ersten Mal wusste ich: Hier ist meine geistliche

---

24 »Miteinander e.V.« ist ein überkonfessionelles Glaubenswerk, das von Prof. Dr. *Helmut Ziegler* (Mitglied der ev. Landeskirche) geleitet wird.

Heimat, hier wird die gesunde biblische Lehre gelehrt, die ich brauche, hier bin ich zu Hause! Ab diesem Zeitpunkt fuhr ich jeden Sonntag und jeden Dienstag nach Neustadt. Es war und es ist wie ein göttlicher Sog, der mich seit acht Jahren dorthin zieht.

Recht bald wusste ich auch, dass ich mich taufen lassen sollte. Die Babytaufe erschien mir wertlos, da ich sie nicht bewusst miterlebt hatte. Überall auf den Büchertischen sprangen mir die Titel zum Thema Taufe geradezu ins Auge, ich war wie elektrisiert und befürchtete zuweilen, der Herr Jesus würde jetzt sehr bald kommen, und ich wäre dann nicht getauft, sprich untergetaucht. Als ich das erste Mal von bisher sechs Malen in Israel war, ließ ich mich im Jordan taufen. Erst dann wurde ich ruhiger, und deutliche Veränderungen in meinem Leben wurden sichtbar.

Nach der Israelreise und der Taufe im Jordan begann ich im Mai 1997 in der Karlsruher Ökumene mitzuarbeiten. Ich erkannte bald, dass diese Institution keineswegs unproblematisch ist, weil sie sich auf dem Weg zur Weltreligion hinbewegt, wo alle Konfessionen in einen Topf geworfen werden. Dennoch konnte ich manche geistlichen Impulse an die etwa 16 bis 20 anderen Mitarbeiter weitergeben, die aus römisch-katholischen, altkatholischen, evangelischen und anglikanischen Kirchen kamen.

Von 1998 bis Anfang 2004 leitete ich einen Hauskreis. 1999 wurde ich Mitarbeiterin in einer Vereinigung christlicher Geschäftsleute (Christen im Beruf) in Neustadt an der Weinstraße, deren Ziel es ist, Menschen für den Glauben an Jesus Christus zu gewinnen. Weiterhin arbeite ich seit 2003 im erweiterten Mitarbeiterstab von Dr. *Ziegler* bei »Miteinander e.V.« in Neustadt, wo klar biblisch orientierte Gottesdienste stattfinden.

Nach Seminaren über Leitung und Seelsorge sehe ich mich seit 2000 in den missionarischen und seelsorgerlichen Dienst gerufen, um anderen Menschen zu helfen: zu Hause am Telefon, auf Seminaren, auf den Reisen nach Israel und überall dort in meinem Umfeld, wo Gott mich hinschickt, sei es in Krankenhäusern, unterwegs oder wo auch immer. Ich tue all die Dinge, die anfallen, und bin dankbar für diesen vielfältigen und abwechslungsreichen Dienst am Leib Christi. Nie erlebe ich Langeweile. Noch nie in meinem Leben habe ich so sinnerfüllt gelebt! Nie hätte ich zu träumen gewagt, dass ein intensives Leben mit Gott so viel Erfüllung, Freude und Frieden mit sich bringt. Mit dem Wort »Segen« ist all das Gute kurz zusammengefasst.

Zu meinem Sohn und meinem Bruder habe ich ein sehr herzliches Verhältnis. Wir sehen uns von Zeit zu Zeit in München, Berlin oder Karlsruhe und seit April 2004 in Neustadt. Mit meiner Stieftochter *Julia* bin ich weiterhin in Kontakt. Sie hat Wirtschaftsmathematik studiert und ist Dozentin an der Universität Basel. Mein Stiefsohn *Michael*, Doktor der Wirtschaftsmathematik, lebt und arbeitet in Zürich, aber er hat den Kontakt zu mir abgebrochen. Alle sind bisher unverheiratet. Meine Halbschwester *Maja A.* (63, Architektin) ist Mutter von drei Kindern. Sie arbeitet nach ihrer Scheidung zurzeit ehrenamtlich mit Alzheimer- und Demenzkranken. Ihr Mann, ebenfalls Architekt, hatte sie und die Kinder wegen einer erheblich jüngeren Frau verlassen.

Seit 1999 hatte ich immer wieder den Satz in meinem Herzen: »Geh in die neue Stadt.« Ich behielt ihn für mich. Bedeutete das nun, in eine neue Stadt (irgendeine andere als Karlsruhe) oder nach Neustadt zu gehen? Es dauerte bis September 2003, bis ich in meinem Herzen Ruhe fand. Im Januar 2004 begann die Wohnungssuche, und im März zog ich nach Neustadt um. Wenn ich Gottes Ruf recht gehört habe, dann bin ich gewiss: Neue Aufgaben werden folgen!

Mit dem Umzug endete nach über sieben Jahren auch meine Mitarbeiter-Tätigkeit im Ökumene-Kreis in Karlsruhe. Auch den Hauskreis musste ich aufgeben. Meine »Kinder«, Sohn und Halbbruder, werden mich in Zukunft hier besuchen, wenn unsere kleine Familie zusammenkommt. *Ernst* ist jetzt 47, er hat Soziologie studiert und arbeitet jetzt als Taxifahrer in München. Er hat allein durch Gebet das Rauchen (20 Jahre lang täglich ca. 30 Zigaretten) von heute auf morgen aufgeben können, und zwar ohne Entzugserscheinungen. Mein Sohn *Rolf*, jetzt 38, hat Jura studiert, das CAD-Diplom gemacht und lebt und arbeitet seit 1987 in Berlin. Er raucht, ist ein Workaholic, also arbeitssüchtig, und kann mein neues Leben nicht einordnen. Dennoch weiß ich: Gebet ist die stärkste Waffe, und ich kann für die noch vorhandenen Familienmitglieder eintreten – Gott erhört Gebet!

Ich habe gern alle Masken abgelegt, die ich über die tiefen Ablehnungswunden aufgesetzt hatte. Freiwillig habe ich sie ans Kreuz meines Herrn geheftet und erlebe nun die geistliche Freiheit der Kinder Gottes, so wie es in 2.Korinther 3,17 steht: »Wo aber der Geist des Herrn ist, da ist Freiheit.«

Wir bekommen von Gott diese Freiheit, diesen Sieg, diese Gelassenheit und Freude und diesen Frieden, wenn wir gehorsam sind und nach seinem Willen statt nach unserem fragen und dann danach handeln. Aus dem Verlauf meines bewegten Lebens habe ich eines gelernt: Wenn wir falsche Entscheidungen treffen, dann haben wir konsequenterweise auch mit falschen Ergebnissen zu rechnen. Wenn wir mit Jesus die Entscheidungen treffen, ihn um Rat und Erkenntnis bitten und dann auf ihn hören, stellt sich von ganz allein das gute Ergebnis ein. Eine Bemerkung ist mir in diesem Zusammenhang noch wichtig: Sie bezieht sich auf den weltbekannten Evangelisten *Billy Graham*. Er wurde einmal gefragt, ob er nicht Präsident der Vereinigten Staaten von Amerika werden wolle.

Worauf er nur mit einem kurzen Satz antwortete: »Dann müsste ich ja einen Schritt nach unten gehen!« Er hat erkannt, dass die Berufung Gottes viel kostbarer und segensreicher ist als das, was die Welt ihm anbieten kann. Gott hat immer das Bessere für uns!

Ich bin jetzt 64 und glücklicher und zufriedener, als ich es jemals in meinem bisherigen Leben war. Und das bezeuge ich, obwohl sich um uns herum die Situationen täglich mehr und mehr zum menschlich Unüberschaubaren hin entwickeln. Wir leben in einer Umwelt, die von einem gefährlichen Zeitgeist in Politik, Medien, Gesellschaft, Kirchen, ja vielleicht sogar in uns selbst tief drinnen geprägt ist. Wer kann uns hier und heute wirklich helfen? Bestimmt kein Mensch! Nur Gott kann uns von Erkenntnis zu Erkenntnis führen, denn er hat uns geschaffen, er liebt uns und will, dass wir zurechtkommen in diesem Endzeitdrama. Durch den Propheten Jesaja lässt er uns sagen:

> Das geknickte Rohr wird er nicht zerbrechen, und den glimmenden Docht wird er nicht auslöschen (Jes 42,3).

So habe ich es in den Dramen meines Lebens erfahren. Ich wurde nicht wirklich zerbrochen, auch wenn es mir zeitweilig so vorkam. Er hat das alles so geschehen lassen, damit ich ihn aus freiem Willen erkenne und ihn persönlich annehme, ganz ohne Zwang, nicht scheinheilig, sondern mit aufrichtigem und brennendem Herzen. Und er hat die ganze Zeit – es waren lange 56 Jahre – auf mich gewartet. Er wusste, wann ich vor ihm kapitulieren würde, und er hatte die Geduld, die Liebe und die Barmherzigkeit, mir bei dem anstrengenden Lebens-Slalom zuzusehen, manchmal hoffnungsvoll, manchmal lachend, oft weinend – ich sehe Jesus so richtig vor mir. Wie dankbar bin ich für seine Liebe, Barmherzigkeit und Geduld mit mir.

So ist er nicht nur zu mir, sondern zu allen Menschen, die sich ihm aufrichtig nahen und sich von ihm verändern lassen wollen. Und so frage ich Sie, die Sie freundlicherweise meinen langen Bericht gelesen haben: Wollen Sie sich nicht auch verändern lassen, wollen Sie Ihr Leben nicht auch neu machen lassen durch Ihren Schöpfer, der Ihnen den Lebensatem eingehaucht hat? Jesus Christus sagt in Offenbarung 21,5: »Siehe, ich mache alles neu!« Und in Matthäus 11,28 sagt er: »Kommt her zu mir, alle, die ihr mühselig und beladen seid. Ich will euch erquicken.« In Johannes 6,37 verspricht er uns: »Wer zu mir kommt, den werde ich nicht hinausstoßen!« Ich möchte Sie einladen, mit mir das folgende Gebet zu sprechen:

»Herr Jesus Christus, mir ist jetzt klar geworden, dass ich mit der Schuld meines Lebens nicht vor dir und dem lebendigen Gott bestehen kann. Du aber bist in diese Welt gekommen, um verlorene Sünder zu retten. Dein Tod am Kreuz war der Preis dafür, damit auch ich straffrei ausgehen kann. Mit meinem Leben bin ich vor dir wie ein aufgeschlagenes Buch. Du kennst alle meine Verfehlungen, jede falsche Regung meines Herzens und meine bisherige Gleichgültigkeit dir gegenüber. Ich bitte dich so herzlich: Vergib mir alle meine Schuld, und nimm alles von mir, was vor dir nicht recht ist. Du bist mein einziger Herr, dir will ich nachfolgen, dir will ich dienen, denn du bist der Weg, die Wahrheit und das Leben, und nur durch dich komme ich zum Vater. Leite du mich auf deinem Weg, lass mich mit meinem sündhaften Verhalten brechen, und wenn ich sündige, lass es mich dir sogleich bekennen. Schenke mir ein neues Leben, öffne mir dein Wort, die Bibel, schicke mich in die richtige Gemeinde. Bitte, schreibe mich in das Buch des Lebens ein und erfülle mich mit deinem Heiligen Geist. Amen.«

Heidrun Förstner-Henn, Neustadt an der Weinstraße